Karl Vorländer

Volkstümliche Geschichte
der Philosophie

EUROPÄISCHER
HOCH
SCHUL
VERLAG

Vorländer, Karl

Volkstümliche Geschichte der Philosophie

ISBN: 978-3-86741-621-4

Auflage: 1
Erscheinungsjahr: 2010
Erscheinungsorte: Bremen, Deutschland

Karl Vorländer

Volkstümliche Geschichte
der Philosophie

Inhalt:

Vorwort

Schon lange war es mein Wunsch, neben meiner zweibändigen Geschichte der Philosophie, die sich hauptsächlich in den Kreisen der Studierenden eingebürgert zu haben scheint, eine kürzere Darstellung desselben Stoffes für den freidenkenden Mann aus dem Volke zu schreiben, der für die großen Weltanschauungsfragen interessiert ist. Das ist allerdings keine leichte Aufgabe und ist wohl deshalb bisher noch nie versucht worden. Denn ein solches Buch soll kurz sein und doch die Hauptprobleme der Philosophie klar herausarbeiten, ihre Hauptgestalten lebensvoll schildern; allgemeinverständlich, ohne doch an der Oberfläche zu bleiben. Nun, »ich hab's gewagt!« Eine Aufforderung von Professor Ferd. Jak. Schmidt in der Neuen Zeit vom 12. März 1920 bestärkte mich in dem Entschluß. Jahrelanger geistiger Verkehr mit bildungsdurstigen Männern der verschiedensten Kreise läßt mich hoffen, daß ich den Ton im allgemeinen getroffen habe. Vermieden sind selbstverständlich alle fremdsprachlichen Zitate, nach Möglichkeit auch die Fremdwörter, desgleichen fast alle Literaturangaben. Wer sie sucht, wer überhaupt eingehendere Belehrung wünscht, den verweise ich auf meine gegenwärtig in sechster Auflage erscheinende größere Geschichte der Philosophie (zwei Bände, Verlag Felix Meiner, Leipzig, 368 und 533 Seiten). Wer die Werke der Philosophen selbst lesen will, findet die weitaus meisten und wichtigsten in deutscher Übersetzung, mit Einleitungen und Erläuterungen, in der ebenfalls im Verlag Meiner erschienenen, nahezu zweihundert Bände zählenden Philosophischen Bibliothek. Zum Schlusse spreche ich dem Verlag J. H. W. Dietz Nachf. in Stuttgart meinen herzlichen Dank für sein bereitwilliges sofortiges Eingehen auf meinen Antrag, dem Verlag F. Meiner für die von ihm erteilte Zustimmung aus.

Münster i. W., 1. Mai 1921
Professor Dr.Karl Vorländer

Einleitung

Name und Begriff der Philosophie

Der Anfang aller Philosophie ist, wie schon ein altgriechischer Denker gesagt hat, das »Sich wundern«. Wenn der Verstand des Kindes zu erwachen beginnt und es die Eltern oder den Lehrer mit seinen beständigen Fragen nach dem Warum? der Dinge quält, wenn der Naturmensch darüber nachzudenken anfängt: Woher stamme ich? Wozu lebe ich?, so steckt darin bereits der Keim des Philosophierens. Denn das aus dem Griechischen stammende Wort »Philosophie« bedeutet: Liebe zur Weisheit, also Drang nach Erkenntnis. Auf diesem im Vernunftmenschen stets wachen Erkenntnistrieb, im rastlosen Forschen nach der Wahrheit ruht alle echte Wissenschaft. Nicht auf dem vermeintlichen »Besitz« derselben; denn dieser macht nach einem bekannten Lessing-Wort den Menschen nur »ruhig, träge und stolz«. Das Kind nun und der noch auf einer niederen Stufe des Wissens stehende Naturmensch beruhigt sich wohl in der Regel mit der beliebigen Antwort, die ihm die Eltern, die Erfahreneren, die angeblich oder wirklich Klügeren, im anderen Falle die Herrschenden oder die Priester auf jene neugierigen Fragen geben. Bis dann beim einzelnen, wie bei ganzen Völkern, mit seinem Heranreifen allmählich ein tieferer Wahrheitsdrang erwacht, der sich mit oberflächlichen, seinen Verstand unbefriedigt lassenden Antworten nicht mehr abspeisen läßt. Er will jetzt selbst eine Ansicht von sich und der Welt auf gesichertem Boden von Grund aus neu aufbauen – wie wir es auch in unserer Geschichte der Philosophie bei allen ihren großen Wendungen bewahrheitet sehen werden –, er will vom bloßen Meinen und Glauben zum Wissen gelangen. Philosophie ist also, das wollen wir uns zunächst merken, gleichbedeutend mit *Wissenschaft* und ist in diesem Sinne auch bereits von den bedeutendsten Denkern des griechischen Altertums, Plato und Aristoteles, gebraucht worden.

Wodurch unterscheidet sich aber Philosophie von den übrigen Wissenschaften, die wir alle kennen: Mathematik, Naturwissenschaft, Geschichts-, Sprachwissenschaft usw.? Nun, sie alle haben ihr ganz bestimmtes Einzelgebiet, das sich heute, ebenso wie die technische Arbeit, immer mehr spezialisiert hat, in immer zahlreichere Teilgebiete zerfällt. Sie alle aber haben, sofern sie nicht in bloßem Sammeln und Ordnen von Stoff aufgehen wollen, das Bestreben, sich auf ihre letzten Grundlagen, ihre obersten Grundsätze zu besinnen, ihre Grenzen zu bestimmen, ihre Methode (Untersuchungsweise) festzustellen, ihren etwaigen systematischen Zusammenhang miteinander nachzuweisen, ihr gemeinsames Ziel festzustecken. Und insoweit sie das tun, nehmen sie teil an der Philosophie. Die Philosophie setzt, wenn sie auf wissenschaftlichem Grunde ruhen will, die Arbeit der Einzelwissenschaften voraus, die letzteren aber würden stumpf und blind bleiben, falls sie sich nicht über den Alltagsbetrieb der Einzelforschung erheben wollten.

Auch in der Philosophie gibt es heute eine ganze Reihe Einzelfächer. Zunächst eine Philosophie, die das menschliche Denken als solches untersucht und, je nachdem sie auf dessen Form oder seinen Inhalt gerichtet ist, *Logik* oder *Erkenntniskritik* (Prüfung der Erkenntnis) genannt wird. Auf die denkende Erfassung der äußeren Natur und die höchsten Fragen der Naturwissenschaft geht die *Natur*philosophie, während die *Psychologie* (das heißt Seelenlehre) die seelischen Erscheinungen zum Gegenstand hat und ihrerseits wiederum in eine Psychologie des einzelnen, der Geschlechter, der Berufe, Lebensalter, Völker usw. zerfallen kann. Neben diesen Wissenschaften von dem, was *ist*, steht dann eine Philosophie des Sollens, die sich mit den Zwecken unseres Wollens und Handelns beschäftigt und griechisch *Ethik*, lateinisch *Moral* (Moralphilosophie), das ist Sittenlehre, heißt. Daneben die Philosophie der *Kunst*, dieses dritten großen Kulturgebiets neben Wissenschaft und Sittlichkeit, die so, wie diese die Gesetze des Wahren und des Guten, ihrerseits die des Schönen aufsuchen will, oder die *Ästhetik*. Mit dem Fortschritt der Wissenschaften haben sich dann diesen Hauptgebieten der Philosophie noch weitere Zweige angegliedert. Wir reden heute von einer *Geschichts-*, einer *Sprach-*, einer *Religion*sphilosophie, ja sogar von einer Philosophie der Mathematik und der Technik. Von der Ethik haben sich die Philosophie des *Rechts*, des *Staats* und der *Ge-*

sellschaft (Sozialphilosophie), nach der anderen Seite hin die Wissenschaft von der Erziehung oder *Pädagogik* abgezweigt.

Alle diese verschiedenen Zweige der Philosophie werden gelegentlich von uns berührt werden. Allein ihr Betrieb fordert eine sehr eingehende Fachkenntnis, die von einem Handarbeiter bei seiner heutigen Schul- und Vorbildung nur unter den allerschwierigsten Verhältnissen erworben werden kann. Aber es gibt neben diesem »Schul«-Begriff, um mit Deutschlands größtem Philosophen Immanuel Kant zu reden, auch noch einen weiteren oder »Welt«-Begriff der Philosophie. Der philosophische Nichtfachmann – und das ist die ungeheure Mehrzahl aller an Philosophie interessierten Menschen – begehrt mehr als eine Prinzipienlehre der Wissenschaften, wie man die Philosophie im engeren Sinne nennen könnte. Ihn verlangt nach einer auf diesem Grunde aufgebauten Gesamtanschauung der Dinge, die nicht bloß seinem Drange nach Wissen und Erkennen, sondern auch seinem Trieb nach Wollen und Handeln, ja schließlich auch seinem Gefühl genügt, die ihm Antwort auf die vielerlei Rätselfragen des menschlichen Lebens gibt: kurzum nach einer ihn befriedigenden *Weltanschauung.*

Nicht jede Weltanschauung freilich ist *philosophischer* Art. Es gibt auch andere Standpunkte, von denen aus man die Welt betrachten kann: beispielsweise den des Dichters oder Künstlers überhaupt (*künstlerische* oder ästhetische) oder den des Frommen (*religiöse* Weltanschauung), des Politikers und andere, um von so untergeordneten wie dem des Geschäftsmanns, des Militärs, des Höflings oder ähnlicher ganz zu schweigen. Mit ihnen allen hat es unsere Darstellung nicht oder doch nur mittelbar zu tun; wir werden höchstens einzelne von ihnen streifen können. Unser Feld ist vielmehr nur die auf dem Boden der Wissenschaft sich erhebende *vernunftgemäße Weltbetrachtung.*

Die folgende Darstellung schildert deshalb auch nur die Philosophie derjenigen Völker, die es zum Anbau (lateinisch »Kultur«) von Wissenschaft und Kunst gebracht haben, das heißt der *Kultur*völker. Eine vielgelesene Schrift der Gegenwart hat sich in dem etwas großspurigen Ausdruck gefallen: »Wir denken heute in Erdteilen!« Das mag für Geschichte, Politik und Wirtschaftsbeziehungen stimmen, nicht jedoch für eine Geschichte der Philosophie. Völlig kultur- und deshalb auch geschichtslose Völker, wie die eingeborenen Rassen Afrikas, Amerikas, Australiens, Nordasiens, fallen außerhalb des Rahmens unserer Darstellung. Etwas anders steht es schon mit den Stämmen Asiens, genauer dessen, was wir das Morgenland oder den *Orient*, das heißt das Land, wo für uns »Abendländer« die Sonne aufgeht, zu nennen pflegen.

Hier finden sich uralte Kulturen in dem chinesischen Tiefland, in Vorderindien, an den Ufern des Nil und in den Ebenen des Euphrat und Tigris. Indes die Geschichte des philosophischen Denkens ist nicht einerlei mit Kultur-, Religions- oder Sittengeschichte. Soviel Interessantes eine Darstellung der chinesischen, indischen, ägyptischen, babylonisch-assyrischen Kultur auch bieten würde, so ist doch das ganze Denken dieser Völker – abgesehen etwa vom chinesischen – zu stark *religiös* gefärbt und liegt zudem unserer ganzen europäischen Denkweise zu fern, als daß wir näher darauf einzugehen brauchten. Die einzige Philosophie, die nach den bisher vorliegenden Forschungen diesen Namen verdient, die der Inder, hat überdies einen viel zu gewaltigen Umfang, als daß wir uns damit im einzelnen befassen könnten. Wir begnügen uns daher, im folgenden das Wichtigste aus der »Philosophie« des Orients in groben Zügen zu umreißen.

1. Im sechsten vorchristlichen Jahrhundert hat in *China* Meister Lao, das heißt der Alte, ein anscheinend tiefsinniges philosophisches System entworfen, das an den Anfang aller Dinge das *Tao*, das ist einen namenlosen Urgrund setzt, aus dem der Schöpfer des Weltalls, aller Kräfte und aller Tugenden hervorging. Selbst nicht weiter erforschbar, schreibt das Tao, als Maß aller Maße und Vernunftordnung aller Dinge, auch dem menschlichen Handeln den richtigen Weg vor. Zu ihm soll der Weise emporstreben, indem er sich von allem Sinnlichen loslöst und auf sich selbst zurückzieht. In das Volk konnte dieser tiefsinnige, aber weltfremde »Taoismus« nicht eindringen.

Viel besser paßte sich dem nüchternen Wesen des Durchschnittschinesen die praktische Sittenlehre des Kung-tse, das heißt Meister *Kung* an, der um 500 vor Christus lebte und unter dem von den Jesuiten latinisierten Namen Konfuzius auch bei uns bekannt geworden ist. Seine Philosophie scheint im wesentlichen rein praktische Sitten- und Staatslehre gewesen zu sein. Religion ist ihm die Summe der überlieferten Satzungen und Gebräuche. Er selbst nennt sich einmal »einen Überlieferer, keinen Schöpfer«. Noch heute besitzt der Konfuzianismus, dem im elften und zwölften Jahrhundert nach Christi Geburt mehrere Denker eine naturphilosophische Unterlage zu geben suchten, bei dem konservativen Charakter des Chinesen, die meisten Anhänger.

Den Sozialisten unter unseren Lesern wird von Interesse sein, daß schon fast ein halbes Jahrtausend vor unserer Zeitrechnung, bald nach Konfuzius, ein chinesischer Denker namens *Mih-tse* den Mut gehabt hat, eine Art kommunistischer Liebeslehre zu verkünden, die den Luxus, die unproduktive Arbeit, die Ungerechtigkeit und den Krieg bekämpft, allerdings das Heil noch von einer Gesinnungsänderung der Gebildeten und Regierenden erwartete. Anderthalb Jahrtausende später, um 1070 bis 1100, während man sich bei uns noch um die Vorherrschaft von Kaisern oder Päpsten stritt, soll tatsächlich in China bereits eine sozialistische Regierung bestanden haben; wir wissen jedoch nichts von einem philosophischen Niederschlag derselben.

2. Im Gegensatz zu den übrigen Völkern des Morgenlandes haben die uns als sogenannte »Indogermanen« stammverwandten, philosophischer angelegten *Hindus* ihre Philosophie in verschiedenen Systemen ausgebaut. Der gemeinsame Kern ist die Lehre vom *Brahman*, das, ähnlich dem chinesischen Tao, die Welt hervorbringt (Brahma der Weltschöpfer), trägt (Wischnu ihr Erhalter) und wieder in sich zurückschlingt (Schiwa ihr Zerstörer); und auf der anderen Seite dem *Atman*, das heißt der menschlichen Seele, die nur in dem Gedanken Ruhe finden kann, daß sie sich als mit dem All-Einen *eines* Wesens erkennt (Tat twam asi, d. h. das bist du) und die gesamte Sinnenwelt als wertlos und leidvoll von sich abstößt. Der

wichtigsten Richtung, der in den Vedas oder heiligen Büchern vorliegenden »Vedanta«-Philosophie, dünkt sogar die ganze Welt und das eigene Selbst nur Trug und Schein, von dem Schleier der Maya (der täuschenden Sinne) verhüllt. Eine andere Richtung dagegen predigte einen ziemlich krassen Materialismus. Allein alle diese fein ausgesponnenen Gedankensysteme, die von ihren deutschen Haupterforschern Max Müller und Paul Deussen den höchsten Erzeugnissen europäischen Denkens gleichgestellt werden, spielten bei den Indiern nur innerhalb ihrer höchsten Klasse, der Gelehrten *oder* Priester, eine Rolle. Das war auch sehr natürlich bei einem Volke, das seit alters her in vier streng voneinander geschiedene Klassen oder »*Kasten*« (daher die Bezeichnung »Kastengeist«!) zerfiel und, soviel wir wissen, heute noch zerfällt: 1. die höchste die der Brahminen oder Priester, die bei dem religiösen Charakter dieses Volkes, ähnlich wie im mittelalterlichen Europa, gleichzeitig auch die einzigen Gelehrten sind, der Sage nach aus dem Haupte des Schöpfergottes Brahma entsprossen; 2. die Krieger, aus seiner Brust, 3. die Ackerbauer, aus seinem Magen, 4. die Handwerker und Kaufleute, aus seinen Armen und Beinen entstanden. Unter ihnen allen die rechtlose Klasse der von den eingewanderten Hindus unterworfenen dunkelhäutigen Ureinwohner des Landes, Parias genannt. Wer ein schlechtes Leben führt, dessen Seele wird nach seinem Tode in die nächsttiefere Kaste versetzt, und umgekehrt. Neuerdings hat sich eine Versöhnung von altindischem und modern-europäischem Geiste angebahnt in den Schriften des auch bei uns bekanntgewordenen indischen Denkers und Dichters Rabindranath Tagore, der neben dem Versenken der Einzelseele in das All-Eine doch auch das Recht der Persönlichkeit betont und von dieser statt müßiger Beschaulichkeit tatkräftiges Handeln verlangt.

Gegen die kastenartige Abschließung der Brahmareligion setzte sich bereits im sechsten vorchristlichen Jahrhundert der in demselben Indien entstandene *Buddhismus* zur Wehr. Es ist keine Religion für die Auserwählten, sondern für die leidenden Massen: Alles, was ist, ist dem Leiden unterworfen, das aus dem ewig ungestillten Durst nach den Freuden und Lüsten des Lebens entspringt.

Wer dagegen seine Leidenschaften besiegt, der geht in das Nirwana ein, das heißt das ewige Verlöschen, nach den einen aller Wünsche und Begierden, nach den anderen alles Existierens überhaupt, womit denn auch den beständig sich fortsetzenden Seelenwanderungen und Wiedergeburten des Brahmanismus ein Ende gemacht ist. Soviel Edles und Hohes die Lehre Buddhas, des freiwillig arm gewordenen indischen Königssohns, auch enthält, ihre Neigung zu bloß leidender Ergebung, mönchischem Sichzurückziehen aus der Welt, Unterdrückung auch der gesunden Sinnlichkeit mag sie zwar manchen Übermodernen – noch 1918 wurde in Berlin-Wilmersdorf eine »Neubuddhistische Zeitschrift« gegründet – als Zeitbedürfnis erscheinen lassen, wie wir ihr unter anderem auch bei Schopenhauer begegnen. Allein sie lehrt die Massen nicht das, was ihnen nach unserer Anschauung weit mehr not tut: Auflehnung gegen das Unrecht, Erhebung gegen gewaltsame Unterdrückung, Kampf für ein positives gesellschaftliches Lebensideal, das einem jeden Menschen ein menschenwürdiges Dasein verbürgt. Darum schmachten auch heute noch die vielen Millionen Vorder- und Hinterindiens, Japans und Chinas in Knechtschaft und Unterdrückung.

3. Auch bei den alten *Persern* findet sich philosophisches Denken nur in religiösem Gewand. Durch die altpersische, von dem weisen Zarathustra (Zoroaster) vor 600 n. Chr. geläuterte, von den in Persien und Indien zerstreuten Parsis noch heute gepflegte Religion zieht sich als Kern der Glaube an einen von Anbeginn der Welt dauernden Kampf zwischen dem Reiche des Lichts (des Guten) und der Finsternis (des Bösen). Indem man durch gut Denken, Reden und Handeln Ormuzd, dem Gott des Guten, dient, schwächt man zugleich die Macht Ahrimans, des Lügengeistes und Prinzips des Bösen. Überwiegen die guten Taten des Menschen, so gelangt er nach seinem Tode in das Paradies, im entgegengesetzten Falle in die Hölle. – Wie man sieht, waren sowohl im Buddhismus wie in der Zarathustra-Religion bereits manche Bestandstücke des Christentums lange vor dem Auftreten Jesu vorhanden.

4. Daß die Araber und Juden philosophisch nicht unbefähigt waren, werden wir bei der Philosophie des Mittelalters noch sehen.

Bei den *alten Israeliten* aber nehmen wir kaum etwas davon wahr. Denn daß die Schöpfungsgeschichte im ersten Kapitel »Mose«, mit ihrem Aufstieg vom Unvollkommenen zum Vollkommneren von einem philosophisch beanlagten Dichter ersonnen, daß die später dem weisen König Solomo zugeschriebene Spruchweisheit und das Buch Jesus Sirach mannigfaltige Lebensweisheit in sich bergen, daß die Bücher der Propheten mit ihren flammenden Anklagen gegen den Kapitalismus bis zu einem gewissen Grad als Vorläufer der heutigen Sozialisten angesehen werden können: das alles stempelt ihre Verfasser noch nicht zu Philosophen. Am ehesten ließe sich vielleicht noch das Buch Kohçlet mit seiner ergreifenden Predigt von der Eitelkeit alles menschlichen Lebens und Strebens, die gerade dem anscheinend glücklichsten und reichsten aller Menschen als »Weisheit Salomonis« in den Mund gelegt wird, ein philosophisches Lehrgedicht nennen, oder mit noch mehr Grund das Buch *Hiob*, in dem das immer wieder dem religiösen Denken sich aufdrängende Problem behandelt wird, wie das Dasein des Übels in der Welt, das häufig gerade die Besten am meisten trifft, mit der angeblichen Güte und Weisheit eines allmächtigen Gottes vereinbar sei.

Aber das alles ist doch stark religiös gefärbt und nicht auf dem Grunde wissenschaftlichen Denkens erwachsen. Die Philosophie im strengeren Sinne des Wortes findet nicht im Morgenland ihre früheste Stätte, sondern bei demjenigen Volke, das ihr den Namen gegeben hat: bei dem, um mit Kant zu reden, »bewunderungswürdigen Volke der *Griechen*«.

Erster Teil

Die Philosophie des Altertums und des Mittelalters

A. Die griechische Philosophie

Erstes Kapitel. Die Zeit vor Sokrates

1. Entstehung der griechischen Philosophie

Mancher sich für besonders »modern« haltende Leser wird vielleicht, wenn er die Überschrift dieses ersten Teiles liest, bei sich denken: Was soll uns Menschen des zwanzigsten Jahrhunderts eine so ausführliche Beschäftigung mit den alten Griechen, die vor zweiundeinhalb Jahrtausenden gelebt haben, deren Lebens- und Wirtschaftsverhältnisse, deren Sprache, deren ganze Kultur so völlig andersartig gewesen ist? Freilich für den, der alle Werte dieser Erde am liebsten in Mark und Pfennig umwandeln möchte, haben sie keine Bedeutung. Wohl aber für den, dem geistige Kultur, Kunst, Wissenschaft noch einen unschätzbaren Wert darstellt. Vor allem gerade für die *Philosophie* hat Altgriechenland eine hervorragende, ja geradezu ausschlaggebende Bedeutung, weil griechisches Denken bereits sämtliche oder doch nahezu sämtliche große, die Menschheit und darum auch noch die Gegenwart bewegende philosophische Probleme in einfachster, für jeden gebildeten Menschen auch heute noch verständlicher Form behandelt, uns sozusagen vorgedacht hat. Alle die philosophischen Richtungen und Einzelwissenschaften, die wir im Verlauf unserer Philosophiegeschichte noch kennenlernen wollen: Idealismus und Materialismus, Dogmatismus und Skeptizismus, Nationalismus und Mystizismus, oder: Naturphilosophie und Ethik, Psychologie und Logik, mechanische und teleologische Naturauffassung, Geschichts- und Religionsphilosophie, haben Ursprung und Pflege auf altgriechischem und später, von dort verpflanzt, auf dem Boden des römischen Weltreichs gefunden.

Mit welchem von diesen Zweigen der Philosophie beginnt nun das erste selbständige Denken der griechischen Wissenschaft? Nun, es geht mit der geistigen Entwicklung der ganzen Menschheit ähnlich zu wie mit der geistigen Entwicklung des Individuums (Einzelmenschen). Wie die Aufmerksamkeit des Kindes oder des Naturmenschen, so richtet sich auch das Nachdenken der Philosophie naturgemäß zunächst auf die Erklärung der uns umgebenden äußeren Natur. Mit anderen Worten: sie ist zuerst *Natur*philosophie.

Aber eben Natur *philosophie*, nicht mehr religiöse oder theologische Naturbetrachtung. Gewiß, das erste Nachsinnen über die Rätsel des äußeren Daseins, über das »Wohin?« und »Wozu?« der Welt führt überall zuerst zu religiösen, und zwar kindlich-naiven Vorstellungen. Man stellte sich beispielsweise Sonne, Mond und Sterne, das Meer, das Erdinnere (die »Unterwelt«) als gelenkt und regiert von besonderen »göttlichen« Wesen vor; man erfand eine förmliche Welt von Gottheiten und Halbgottheiten und eine Sagenwelt (Mythologie), die von ihnen kündete. Höchstens daß man sie dann *einer* obersten Gottheit unterordnete, wie die Inder ihrem Brahma, die Israeliten, die schon besonders früh einen einzigen Nationalgott verehrten, ihrem Jehova oder Jahve, die Babylonier ihrem Baal, die Ägypter ihrem Sonnengott Ra-Ammon, die Griechen ihrem Zeus. Aber mit der Aufwärtsentwicklung des menschlichen Denkens konnte der Glaube an diese mannigfaltige Götterwelt nicht erhalten bleiben. Mochte damit noch so viele schöne Poesie, noch so viele wunderbar herrliche Gestaltung in Erz und Marmor zugrunde gehen, wie Schiller es in seinen »Göttern Griechenlands« so unnachahmlich schön besungen hat, so mußte doch an die Stelle des Gottes Helios, der »seinen Sonnenwagen in stiller Majestät lenkte«, der »seelenlos sich drehende Feuerball« der nüchternen wissenschaftlichen Wahrheit treten.

Eine Zwischenstufe zwischen beiden bildet in Altgriechenland, zeitlich wie sachlich, das Denken der sogenannten »Orphiker«, so benannt nach ihrem angeblichen Ahnherrn, dem sagenhaften nordgriechischen königlichen Sänger Orpheus, deren geheimnisvolle Weisheit noch bis lange in die Blütezeit von Hellas (Altgriechenland) hinein in phantastischen Geheimdiensten (»Mysterien«) sich fortpflanzte. Ihre Gedanken beschäftigten sich, statt des Volksglaubens an die heitere Welt der angeblich auf dem höchsten Berge Griechenlands, dem Olymp, thronenden Götter und Göttinnen, mit der Herleitung alles Gewordenen aus einem Urgrund, als den sie irgendein Unentwickeltes, die einen die Nacht, die anderen den die Erde umwölbenden Himmel, wieder andere den sie umgebenden Vater Okeanos (Ozean), die meisten ein wirres Durcheinander, das »Chaos« – ähnlich dem »Tohuwabohu« der ersten Verse des ersten Kapitels Mose – betrachteten: aus dem dann der ordnende Zeus und seine Geschwister zuerst ein naturgesetzlich geordnetes Weltall schaffen, nachdem sie die unter dem Sinnbild von überstarken Riesengeschlechtern (Giganten und Titanen) versinnbildlichten ungebändigten Naturkräfte gebändigt haben, ähnlich wie die nordischen »Asen« zunächst die urgewaltigen Eis-und Frostriesen bezwingen müssen.

Mit dieser Richtung altgriechischer Weisheit hat die beginnende Philosophie der Griechen wohl den *Gegenstand* ihrer Forschung gemein. Auch sie fragt nach dem Uranfang alles Gewordenen. Allein sie fragt danach nicht mehr in der Form religiösen, sondern *wissenschaftlichen* Denkens. Der Augenblick, wo dies geschieht, ist die Geburtsstunde der griechischen Philosophie.

Ihre Wiege stand nicht in dem unseren Lesern als Stätte höchster hellenischer Kulturblüte bekannten Athen, sondern auf der anderen Seite des griechischen Inselmeers, in Kleinasien. Karl Marx hat zuerst der Ansicht in weiteren Kreisen zum Durchbruch verholfen, daß die *wirtschaftliche* Entwicklung der Völker von durchschlagendem Einfluß auch auf den geistigen Inhalt von bestimmten Geschichtsperioden ist. Nun hatte sich aber früher als im Mutterland in den Kolonien der alten Griechen, das heißt an den kleinasiatischen, unteritalischen, thrazisch-mazedonischen Küsten des Mittelmeers, ein blühender Handel und in seinem Gefolge eine rege, nicht bloß wirtschaftliche, sondern auch politische, wissenschaftliche und künstlerische Kultur entwickelt, neben der freilich auch manche sittliche Schädigung, wie sie übermächtig werdender Kapitalismus mit sich zu bringen pflegt, einherging. Namentlich unter dem geistig besonders regsamen *jonischen* Stamm, der sich an der Westküste

Kleinasiens und den ihr benachbarten Inseln angesiedelt hatte. Hier sind Homers Gesänge zuerst erklungen, hier fand auch die griechische Lyrik (Liederdichtung) ihre frühesten Vertreter, hier entstanden die ersten großen Werke der bildenden Kunst, wie der berühmte Tempel der Göttin Artemis zu Ephesus, hier die Anfänge der Geschichtschreibung. So befindet sich denn hier auch die Geburtsstätte griechischer *Philosophie*. Denn auch die positiven Wissenschaften hatten hier ihre erste Pflege auf hellenischem Boden gefunden. Bei den ausgedehnten Handelsfahrten der Koloniegriechen zu Wasser und zu Lande hatte sich auch in kultureller Beziehung ein reger Austausch mit den Kulturvölkern des nahen Morgenlandes: den Phöniziern, Ägyptern und Chaldäern (in Babylonien und Assyrien) angebahnt, denen sie sicher in Völkerkunde, Arithmetik, Geometrie und Astronomie vieles verdankt haben. Die ersten Philosophen sind zugleich Mathematiker und Astronomen und zum Teil auch – Politiker gewesen.

Die bedeutendste aller griechischen Pflanzstädte aber an der von der Natur in jeder Weise begünstigten Westküste Kleinasiens war das reiche *Milet*, die Mutter von angeblich nicht weniger als achtzig blühenden Tochterstädten an den Gestaden des Mittel- und Schwarzen Meeres. Die erste Philosophie der Griechen ist:

2. Die milesische oder jonische Naturphilosophie (das Problem des Urstoffs)

Als »Urheber« der Philosophie wird von dem drei Jahrhunderte später lebenden Aristoteles, dem wir die zuverlässigsten Nachrichten über diese ihre Anfänge verdanken, der Milesier *Thales* (um 624 bis 545 v. Chr.) bezeichnet, ein Mann von vornehmem Geschlecht, der in der Mathematik und in der Astronomie so bewandert war, daß er eine Sonnenfinsternis, wahrscheinlich die von 585, richtig voraussagte. Er erdenkt zuerst einen stofflichen Urgrund aller Dinge, und zwar das *Wasser*. War doch für diese Küsten- und Inselgriechen das Meer das alles belebende Element, dessen Inneres ja auch voll von Leben ist; schwamm doch die Erde nach ihrer Meinung auf dem Wasser, und ist doch der Same alles Lebendigen feucht. – Dagegen sah sein ein Menschenalter später (588 bis 524) lebender Landsmann *Anaxímenes* die *Luft* als den Urstoff an, sie, das beweglichste und unbegrenzteste der Elemente, das zugleich als Atem Anfang und Ende alles tierischen Lebens darstellt. Aus ihrer Verdünnung ging ihm zufolge das Feuer, aus ihrer Verdichtung oder Zusammenziehung Winde, Wolken, Wasser und Erde hervor. – So war es denn von selbst gegeben, daß ein dritter Denker, der uns später noch besonders beschäftigen wird, *Heraklít* aus Ephesus (535 bis 475), das Feuer als Urelement annahm. Aus Feuer ist das Weltall einstmals geworden, in Feuer wird es sich dereinst auch wieder auflösen, um daraus in neuer Läuterung wieder hervorzugehen, eine Lehre, die wir uns durchaus verständlich machen können, wenn wir für das »Urfeuer« den Feuerball des Sonnensystems einsetzen.

Einen gewissen Fortschritt stellt der zwischen Thales und Anaximenes lebende *Anaximánder* insofern dar, als er nicht mehr wie diese einen bestimmten, mit den Sinnen wahrnehmbaren Stoff, sondern ein unbestimmtes, bloß gedachtes Etwas, das er das »Unendliche« oder »Unbegrenzte« nannte, und das möglicherweise auch bloß das noch völlig Unbestimmte, Gestaltlose bedeutet, als den Urgrund aller Dinge bezeichnet.

Nun sind aber sicherlich alle diese Denker nicht bei der bloßen Aufstellung eines solchen Urstoffs stehengeblieben, sondern haben auch seine *Weiterentwicklung* verfolgt. Das sehen wir an den leider nur ganz geringen Bruchstücken, die uns von der Lehre Anaximanders zufällig erhalten geblieben sind. Danach gingen aus seinem unbestimmten »Unendlichen« zunächst das Kalte und das Warme, aus ihnen das Flüssige, aus diesem durch Austrocknen die Erde, sodann die Luft und eine beide umgebende Feuerkugel (also die uns von Kindheit an geläufigen »vier Elemente«) hervor. Aus diesem Feuermeer lösten sich dann durch Bersten und Ringbildungen Sonne, Mond und Sterne los, während aus dem Urschlamm der walzenartig gestalteten Erde zuerst sehr unvollkommene, dann fischartige Lebewesen, darauf, entsprechend der zunehmenden Trockenwerdung der Erde, Landtiere, endlich – in sehr allmählicher Entwicklung – Menschen entstanden. Wie der

Leser sieht, eine phantasievolle Hypothese (Annahme), welche in gewissem Sinne Kant-Laplaces Weltentstehung und Darwins Abstammungslehre schon vorausnimmt. Und wie in die urferne Vergangenheit, so richtete sich der Blick unseres Ioniers auch in eine ferne Zukunft des Weltalls. Der einzige wörtlich erhaltene Satz aus seiner Schrift »Über die Natur« lautet: »Woraus die Dinge entstanden sind, darein müssen sie auch wieder vergehen nach ihrem Schicksal; denn sie müssen Buße und Strafe zahlen für die Schuld (ihres Daseins) nach der Ordnung der Zeit.« In ewigem Wechsel folgen einander unzählige neuentstehende und wieder vergehende Welten.

3. Erstes Auftauchen von geistigen Prinzipien: Werden und Sein. Die Zahl

a) Heraklit und das Werden

Einen sehr wesentlichen Fortschritt vollzieht dann der schon vorhin genannte *Heraklit*, indem er zum ersten Male an die Stelle des bisherigen bloß stofflichen (lateinisch konkreten, das heißt wörtlich »zusammengewachsen«) ein zwar vom Stoff noch nicht völlig losgelöstes, aber doch geistigeres, abstraktes (gleich von den Sinnen »abgezogenes«) Prinzip oder leitenden Grundsatz aufstellt. Es gibt, lehrte der Weise von Ephesus, nichts Festes und Beharrliches in der Welt. *Panta rei* (wörtlich: »alles fließt«): Alle Dinge sind in stetem Flusse, in ewigem Wechsel und *Werden* begriffen. »Nicht zweimal«, so lautet ein von ihm gern gebrauchtes Gleichnis, »können wir in denselben Fluß hineinsteigen, denn neue und immer neue Gewässer strömen ihm zu.« Der Kosmos, das heißt die geordnete Welt, gleicht einem fortwährend umgerührten Mischtrank. Und zwar vollzieht sich dieser beständige Werdeprozeß mit Vorliebe in *Gegensätzen*: Leben und Tod, Wachen und Schlafen, Mischung und Trennung, Entstehen und Vergehen, Hohes und Tiefes, selbst Gutes und Böses; es ist im Grunde alles dasselbe, nämlich nur eine verschiedene Form des gleichen Prozesses. »Streit ist der Vater aller Dinge.« Gegensatz erzeugt Einheit.

Heraklit ist ein tiefsinniger Denker, der etwas von Goethes Faust an sich hat. »Ich erforschte mich selbst,« erklärte er einmal mit stolzem Selbstgefühl, im Gegensatz zu den »Vielwissern« und dem »Unverstand« der Menge. Seine Sprache – es sind immerhin über 120 Fragmente (Bruchstücke) aus seinen Schriften erhalten – ist bilderreich, manchmal fast orakelhaft, so daß er bereits im Altertum den Beinamen »der Dunkle« erhielt, und Sokrates sagte, es bedürfe eines »delischen«, das heißt vorzüglichen Tauchers, um bei Heraklit auf den Grund zu kommen. Der »Menge« stand er auch politisch gegnerisch gegenüber. »Augen und Ohren sind schlechte Zeugen der Wahrheit, wenn sie ungebildeten Seelen angehören.« Deshalb müssen Strafen da sein, um sie im Zaume zu halten. Aber auch wider die damals in den griechischen Stadtstaaten vielfach aufkommende »Tyrannis«, das heißt Gewaltherrschaft einzelner, streitet er: »Überhebung muß man löschen gleich einer Feuersbrunst« und: »Für das Gesetz muß das Volk kämpfen wie für eine Mauer.« An eine über allem waltende Weltvernunft, wie manche meinen, hat er schwerlich geglaubt. Vergleicht er doch einmal die Ewigkeit mit einem »brettspielenden Knaben«, der die Steine aufbaut und wieder zusammenwirft. »Sein eigener Sinn ist des Menschen Dämon,« das heißt sein Charakter ist sein Schicksal.

Es ist begreiflich, daß ein so tiefsinniger und eigenartiger Denker wie Heraklit »der Dunkle« von Ephesus von jeher tiefere Naturen angezogen hat, wie schon im Altertum Plato und die Stoiker und in der Neuzeit so entgegengesetzte Denker wie den gemütstiefen Theologen Schleiermacher und die verstandesscharfe und zugleich leidenschaftliche Kämpfernatur Ferdinand Lassalles, der ein zweibändiges Werk über ihn veröffentlicht hat (1858).

b) Die Eleaten und das Sein

Durch Heraklit war der anscheinend feste Bestand aller Dinge in ein ewiges Werden aufgelöst worden. Die ergänzende Gegenlehre dazu haben die *Eleaten* aufgestellt, so genannt nach der auf Griechenlands andrer Seite, in Unteritalien gelegenen Stadt Elea, einer jener Kolonien, die als »Großgriechenland« in blühendem Kranze die Küsten Süditaliens und Siziliens umsäumten.

Ein Vorläufer der strengeren eleatischen Philosophie ist der wandernde Sänger *Xenóphanes* (um 570 bis 480), aus dem kleinasiatischen, durch sein Harz bekannten Kolophon gebürtig, der nach einem jahrzehntelangen Wanderleben sein müdes Haupt in Elea zur Ruhe legte. Xenophanes ist weniger Naturforscher als Poet. Als solcher zeigt er einige auffallend unhellenische Züge. Erhaltene Verse warnen vor Überschätzung der Körperkraft, ja schätzen selbst den Siegespreis eines Wettkämpfers von Olympia gering. Er verwirft die ganze griechische Sagenwelt einschließlich Homers, weil sie den Göttern menschliche Laster wie Diebstahl, Betrug und Ehebruch andichte. Ja, er zeigt sogar, ganz im Widerspruch zu der plastischen Schöpferkraft griechischer Bildhauer, Abneigung gegen deren bildliche Darstellung und sagt einmal geringschätzig: Rinder und Löwen würden, falls sie Hände hätten, ihre Götter in Rinds- und Löwengestalt bilden. Der Vielgötterei (Polytheismus) des Volksglaubens stellt Xenophanes die Lehre von *einem* höchsten Gott (Monotheismus) entgegen, »der weder an Gestalt den Sterblichen ähnlich ist noch an Gedanken«, »ganz Auge, ganz Geist, ganz Ohr«, völlig unbeweglich und unwandelbar ein und derselbe bleibend, » *Eines* und *Alles*«. Seine Gottheit ist also im Grunde einerlei mit dem Weltall, das selbst eine gewaltige Einheit bildet, seine Weltanschauung demnach *Pantheismus* (von *pan*: alles und *theos*: Gott).

Dieser Pantheismus erhielt eine strengere philosophische Begründung erst bei Xenophanes' Schüler Parménides (geb. 540 oder 515) aus Elea, der schon im Altertum seiner Denkergröße und seiner sittlichen Hoheit wegen in hohem Ansehen stand. Zur Wahrheit führen ihm zufolge nicht die Sinne, die uns eine Vielheit beständig sich verändernder Dinge vorspiegeln, sondern nur das reine Denken, das uns zu der Erkenntnis bringt: daß nur das *Seiende* ist, daß es dagegen ein Nichtseiendes, mithin auch ein Werden nicht geben kann. Nur ein Seiendes vielmehr kann gedacht werden; ja »dasselbe ist Denken und Sein«. Das reine Sein ist ewig, ungeworden, unbeweglich, unzerstörbar, unteilbar, allgegenwärtig, unendlich, überall sich selbst gleich. Anscheinend in einem gewissen Widerspruch hiermit nahm er dann doch für die Welt der Erscheinungen *zwei* Urstoffe:

einen lichten, leichten, feurigen und einen dunklen, schweren, erd-
haften an: der erste das wirkende, der zweite das leidende Prinzip.
Auch die menschliche Seele ist aus beiden gemischt.

Von Parmenides' Nachfolger ging sein Lieblingsschüler *Zenon*
(um 490 bis 430) so weit, daß er mit dem Dasein des Vielen auch die
Möglichkeit der Bewegung in scharfsinnigen Erörterungen bestritt
und zum Beispiel die verblüffende Behauptung aufstellte: der
fliegende Pfeil ruhe, weil er in jedem Augenblick nur in einem und
demselben Raume sei, in Wahrheit während der ganzen Dauer
seiner Bewegung.

Beide Richtungen, die des Heraklit und seiner Jünger (von
denen Krátylus folgerichtig behauptete, auch nicht *einmal* steige man
in denselben Fluß hinab) und die der Eleaten sind fruchtbar geworden für die Folgezeit. In dem ewigen »Werden« des ersteren ist
das gesamte *entwicklungsgeschichtliche* Denken im Keim ein-
geschlossen, während die Männer von Elea mit ihrer Betonung des
beharrenden Seins den »ruhenden Pol in der Erscheinungen Flucht«
(Schiller) aufdecken und so die Urheber des Gedankens der *Substanz*,
an *der* sich die Veränderungen vollziehen, geworden sind.

c) Die Pythagoreer und die Zahl

Ob Parmenides mit seinem kühnen Satze von der Einerleiheit
(Identität) von Denken und Sein bereits, wie manche meinen, an ein
anderes als das bloß körperliche Dasein gedacht hat? Wir wissen es
nicht, dürfen jedenfalls die altgriechischen Denker nicht ohne
weiteres mit unserem Maßstab messen. Sicher aber haben gleichzeitig mit ihm schon andere den Gedanken eines unkörperlichen
Seins in die Philosophie eingeführt, nämlich die Pythagoreer den
Begriff der *Zahl*.

Die Gestalt des weisen *Pythagoras* selber, der in reiferem
Mannesalter um 535 von der Insel Samos in das unteritalische
Kroton einwanderte, ist früh von Sagen umwoben worden. Mit
Sicherheit wissen wir nur, daß er dort eine sittlich-religiöse Ver-
einigung, eine Art Freundschaftsorden gründete, der im Anschluß
an die ernstere dorische Stammesart auf Einfachheit, Mäßigkeit, Ab-

härtung, Selbstbeherrschung und Treue gegen Götter, Eltern, das Gesetz drang und zu täglicher Selbstprüfung aufforderte, auch an eine Seelenwanderung und Vergeltung nach dem Tod glaubte. Die Freundestreue der Pythagoreer (vgl. Schillers »Bürgschaft«) ist sprichwörtlich geworden. Dagegen läßt sich von ihrem Mahnsatz: »Den Freunden ist alles gemeinsam« noch keineswegs, wie manche es angenommen, auf *Sozialismus* schließen, außer auf einen solchen, der allen Ordens- und Klostergemeinschaften eigen ist. Im Gegenteil, der Pythagoreische Bund, der sich bald auf eine Reihe unteritalischer Griechenstädte ausdehnte und in ihnen längere Zeit großen Einfluß gewann, trug, wie die meisten dorischen Ansiedlungen, einen ausgesprochen aristokratischen Charakter, geriet mit der Volkspartei in heftige Kämpfe und wurde schließlich um die Mitte des fünften Jahrhunderts von dieser zersprengt. Von den nach dem Mutterland Geflüchteten ließ sich *Philolaos* in Theben nieder. Den von ihm erhaltenen Bruchstücken allein verdanken wir unsere nähere Kenntnis der Pythagoreischen *Lehre*.

Das Neue und Eigenartige dieser Lehre ist, daß bei ihr zum ersten Male ein reines Gedankending zum philosophischen Prinzip gemacht wird: die *Zahl*. Wie kam das? Nun, Pythagoras und seine Jünger waren nach dem zuverlässigen Zeugnis des Aristoteles die ersten, die sich gründlich mit der *Mathematik* beschäftigten, und zwar nicht bloß mit der Geometrie der Ebene – der bekannte Satz von der Winkelsumme eines rechtwinkligen Dreiecks trägt ja noch heute Pythagoras' Namen –, sondern auch mit der Arithmetik und mit deren Anwendung auf *Musik* und *Astronomie*. Die Pythagoreer haben zuerst die Zahlenverhältnisse der Saitenlänge bestimmt, aus denen die Tonhöhe und der Wohlklang hervorgeht, haben Klanggeschlechter und Tonarten unterschieden und so die mathematischen Grundlagen der musikalischen Harmonie geschaffen. Und als Astronomen haben sie bereits gelehrt, daß die Erde und die übrigen Gestirne leuchtende Kugeln seien, die in zahlenmäßig bestimmten Abständen das heilige Zentralfeuer, den »Herd des Alls« umkreisen.

Wir brauchen nur an den ungeheuren geistigen Fortschritt zu denken, der sich auch heute noch in der Entwicklung des einzelnen wiederholt, als der Mensch bewußt zu messen und zu zählen begann. So konnten die Pythagoreer wohl als die ersten mathematischen Forscher, hingerissen von berechtigter Entdeckerfreude, in den Zahlen »die Prinzipien alles Seienden« erblicken und in begeisterten Worten deren Macht künden: »Kenntnisspendend ist die Natur der Zahl und führend und belehrend über alles Zweifelhafte und Unbekannte. Denn niemandem wäre das Geringste von den Dingen, weder an sich noch in ihren Verhältnissen zueinander, offenbar, wenn nicht die Zahl wäre und ihre Wesenheit. So aber macht sie, der Seele es anpassend, alles der Wahrnehmung erkennbar.«

Ganz erklärlich war es, daß sie dann weiter von diesem Fundament aus die Macht der Zahl auf alle möglichen Gebiete ausdehnen wollten. »So kannst du denn nicht bloß in den dämonischen und göttlichen Dingen, sondern auch in allen menschlichen Werken und Worten die Natur der Zahl und ihre Kraft überall walten sehen, sowie auch in allen technischen Künsten und in der Musik.«[1] Der Gegensatz des Geraden oder Unbegrenzten und des Ungeraden oder Begrenzenden gehe, so meinten sie, durch die ganze Welt und wiederhole sich in den Gegensätzen des Einen und des Vielen, des Rechten und des Linken, des Männlichen und des Weiblichen, Ruhenden und Bewegten, des Lichtes und der Finsternis, ja sogar des Guten und des Bösen. Oder die Abstände der Gestirne von der Sonne wurden nach den musikalischen Tonintervallen (Zwischenräumen) berechnet und, da alles in rascher Umdrehung Befindliche tönt, jene himmlische »Sphären-Harmonie« (Sphäre, d. i. Kugel) angenommen, von der im Prolog zu Goethes »Faust« die Rede ist. Zu solcher Zahlen *spekulation* kam dann, zum Teil recht willkürliche, Zahlen *spielerei* hinzu. Noch verstehen läßt es sich, daß 1 den Punkt,

---

[1] Mit Recht sagt Spengler: In Wirklichkeit sind Töne etwas Zahlenmäßiges, so gut wie Linien, Harmonien, Melodien, Reime, Rhythmen, so gut wie Perspektiv, Proportion, Schatten und Kontur (Untergang des Abendlandes, I, Seite 302).

2 die Linie, 3 das Dreieck, 4 die Pyramide bedeuten soll. Aber recht phantastisch klingt es doch, wenn 4 zugleich, weil Gleiches (2) plus Gleichem (2), die Gerechtigkeit, oder 5, weil die Verbindung der ersten männlichen Zahl 3 mit der ersten weiblichen 2 darstellend, die Hochzeit, 6 die Seele, 7 den Verstand, die Gesundheit und das Licht symbolisch ausdrücken soll, wenn die Sieben und die Zehn als heilige Zahlen galten, bei denen geschworen wurde usw.! Die großen Mathematiker haben ja allezeit etwas vom schöpferischen Genie und Künstler in sich gehabt. Und so ist von jeher nüchternste Verstandesschärfe oft genug mit einem beinahe mystischen Phantasieschwung verbunden gewesen, vor allem gerade in den Perioden neuer Entdeckungen und Erfindungen. So bei Paracelsus, Giordano Bruno, bei Beginn der Neuzeit, bei Bacon und Newton und Pascal im siebzehnten, aber auch noch bei dem Franzosen Comte, den deutschen Naturgelehrten Fechner und Zöllner im neunzehnten Jahrhundert.

Das Verdienst der Pythagoreer besteht neben ihren Leistungen in den Einzelwissenschaften – zwei von ihnen haben im vierten Jahrhundert schon die Drehung der Erde um ihre eigene Achse gelehrt – vor allem darin, daß sie zuerst in Griechenland auf die mathematisch-physikalische Gesetzmäßigkeit hingewiesen haben, die das gesamte Weltall durchwaltet und zu einem *harmonisch* geordneten Ganzen macht, wie sie denn auch den Ausdruck für das letztere, Kosmos, d. i. Ordnung, anscheinend zuerst gebraucht haben. Noch zu Platos Zeit (nach 400) standen Pythagoreer in Ansehen. Zwei von Philolaos' Schülern werden in seinem »Phädo« erwähnt; ein dritter (Lysis) war der Lehrer des berühmten thebanischen Staatsmannes und Spartabesiegers Epameinondas; ein vierter (Archytas), aus Wielands Romanen bekannt, leitete das blühende Staatswesen von Tarent. Bald darauf scheint jedoch die Pythagoreische Lehre ausgestorben zu sein, um erst nach einem halben Jahrtausend in neuem Gewand wieder aufzutauchen.

d) Von Empedokles zu Demokrit
Der scharfe Gegensatz zwischen dem eleatischen Sein und dem heraklitischen Werden, der auch in heftigem literarischem Streit

zwischen beiden Richtungen seinen Ausdruck fand, konnte denkende Gemüter nicht befriedigen, mußte vielmehr ein Antrieb werden, zwischen beiden eine Vermittlung zu suchen. Das geschah durch die Naturphilosophen des fünften Jahrhunderts, zunächst durch *Empédokles* (490 bis 430) aus der reichen sizilischen Handelsstadt Akragas, dem römischen Agrigent (heute Girgenti). Obschon, gleich den meisten dieser älteren Denker, von vornehmer Geburt, war er doch volksfreundlich. Er war nicht bloß als Philosoph, sondern auch als Arzt, Dichter, Redner, Ingenieur und Politiker hochberühmt. Mit den Eleaten leugnet er, daß Etwas aus Nichts entstehen oder in Nichts vergehen könne. Die Veränderung erfolgt vielmehr durch Mischung und »Entmischung« oder, wie er es in dichterischem Bilde ausdrückt, durch *Liebe* und *Haß*. Gleiches oder Verwandtes zieht sich an, Feindliches bleibt einander fern. Redet doch auch die heutige Wissenschaft noch von chemischen »Wahlverwandtschaften«. Weil der fliegende Stein die Erde »liebt«, strebt er dieser zu. Aus den zwei Urstoffen des Parmenides sind bei Empedokles vier »Wurzeln aller Dinge« geworden, indem zu dem Wasser des Thales, der Luft des Anaximenes, dem Feuer Heraklits die Erde als viertes hinzugefügt wird: also die bekannten, durch Aristoteles dem Mittelalter überlieferten *vier Elemente*, die erst durch die moderne Chemie zu mehr als achtzig Urstoffen erweitert worden sind.

Das Interesse unseres Philosophen war weniger dem mathematisch-physikalischen Teil der Naturforschung als der Wissenschaft von der lebendigen Natur (Biologie) zugewandt. Recht materialistisch klingt sein Satz: »Je nach vorhandenem Stoffe wächst dem Menschen die Einsicht.« Von der Mischung des Blutes hängt ihm das Denken ab. Also der Anfang der Lehre von den vier Temperamenten (den Heiß-, Kalt-, Leicht- und Schwerblütigen). Und doch ist dieser Materialismus wieder vergeistigt, also Monismus von der Art Haeckels: »Alles besitzt Denkkraft.« Die Sinneswahrnehmungen entstehen dadurch, daß kleinste Stoffteilchen der äußeren Gegenstände in die Spalten oder »Poren« unserer Sinneswerkzeuge eindringen. Auch auf dem Gebiet der vergleichenden

Naturforschung hat er wertvolle Gedanken geäußert. An Goethes ähnliche Anschauungen erinnert sein Vers: »Eines ist Haar und Laub und dichtes Gefieder der Vögel.«

Anaxágoras (500 bis 428) wanderte um 463 aus Kleinasien in Athen ein und wurde hier ein Freund des großen Staatsmannes Perikles, mit dem er gegen Ende seines Lebens die Ungunst der wankelmütigen Menge teilte, die ihn wegen seiner »Gottlosigkeit«, das heißt Verwerfung der üblichen Vielgötterei, verbannte. Vielleicht erregte den Argwohn der Altgläubigen schon seine neue Lehre vom Nûs, das heißt einer Art *Weltvernunft*, die als Kraft hinter allen Dingen walte. Als Urelemente nahm Anaxagoras nicht mehr vier bestimmte, sondern *unendlich viele* »Samen« der Dinge an, die von Uranfang an in unendlich kleinen Bestandteilen zu allen möglichen Dingen (zum Beispiel Fleisch, Blumen, Gold) vorhanden waren und sich dann nur, soweit sie gleichartig waren, zu verbinden brauchten. So gingen aus dem schlammartigen Boden der Erde, befruchtet von den aus der diese umgebenden Dunstluft (Atmosphäre) und dem leichten himmlischen Äther niederfallenden Keimen, die ersten Lebewesen hervor. Jedem Wesen wohnt so viel Erkenntnis bei, als Denkstoff (Nus) in ihm enthalten ist. Wir empfinden nicht durch das Gleichartige, sondern durch das Entgegengesetzte, zum Beispiel das kalte Wasser durch die Wärme der Hand, das Süße durch das Saure usw. Obwohl von den öffentlichen Angelegenheiten sich fernhaltend, übte Anaxagoras lange Zeit durch seine würdige Persönlichkeit und seine Weisheit auf die aufgeklärten Kreise großen Einfluß; unter anderen auch auf den berühmten Trauerspieldichter *Euripides*, der an ihn gedacht haben wird, wenn er die Glückseligkeit desjenigen preist, der rein der Forschung im Hinblick auf die ewigen Gesetze des Weltalls lebt.

Anaxagoras' Lehre von den unendlich vielen Urbestandteilen des Seienden leitet uns über zu dem Denken des Mannes, der den Abschluß dieser ersten, wesentlich naturphilosophischen Periode des griechischen Denkens bildet, aber auch schon in neue Bahnen weist.

Demokrit, schon ein Zeitgenosse von Sokrates (465 bis 370), stammte aus der griechischen Schildbürgerstadt Abdçra an der Küste Thraziens, die uns durch Wielands Roman »Die Abderiten« vertraut geworden ist. Nach langen Forschungsreisen heimgekehrt, erreichte er dort in stillem Forscherleben ein hohes Alter.

Das eigentliche Kernstück seiner Philosophie ist seine Lehre von den *Atomen.* Die ganze Welt besteht aus unzähligen kleinsten, weiter nicht mehr teilbaren (*atomos,* d. i. unteilbar) Körperchen, verschieden nur an Lage, Gestalt und Größe. Indem sie sich durch den leeren Raum bewegten, senkten sich die schwereren der Mitte zu; aus ihnen entstand unsere Erde. Aus den emporsteigenden leichteren Himmel, Luft und die durch ihre schnelle Bewegung glühend gewordenen Gestirne. Am feinsten und glattesten, rund und gleich denen des Feuers sind diejenigen Atome, welche die Seele zusammensetzen und durch den ganzen Körper verteilt sind. Aus der Welt der Atome ist jeder Zufall und jede etwa hinter derselben stehende bewußt zweckmäßig handelnde göttliche Kraft, wie Anaxagoras' »Nus«, ausgeschlossen.

So scheint Demokrits Lehre dem ersten Blick grob materialistisch zu sein. Und doch ist sie im letzten Grunde, wie alle echte Wissenschaft, »idealistisch«, das heißt auf den *Gedanken* gegründet. Sind doch die Atome sinnlich nicht mehr wahrnehmbar; und selbst wenn es gelänge, einen noch so kleinen Teil durch das Mikroskop zu beobachten, könnte man doch in Gedanken das Teilen ins Unendliche fortsetzen. Überdies nimmt Demokrit neben den Atomen ein »Leeres« an, von dem er behauptet, daß es »in Wahrheit« ebenso existiere wie die Materie. So denkt er – soviel wir wissen, in der Naturwissenschaft zum ersten Male – ein *Sein ohne Stoff,* weil es notwendig ist, um die Vielheit und die Bewegung zu erklären. Auch stellt er über die Sinneswahrnehmung, die nur das gewöhnliche »Sein« der herrschenden Meinung, zum Beispiel Süß und Sauer, Warm und Kalt, Weiß und Schwarz, das heißt alles nur »im Verhältnis zu einem anderen« (wir sagen heute dafür: *relativ* oder *subjektiv*) zu erfassen vermag, die »echte« oder »vollbürtige« Erkenntnis, das heißt das begriffliche Denken. Der Stoff oder die

Materie, aus der seine Atome bestehen, ist eben auch nur ein Hilfs-begriff, eine »Hypothese« (Voraussetzung), um die äußere Natur, die Welt der Erscheinungen zu erklären.

Und noch etwas anderes können wir aus der Betrachtung des Weisen von Abdera lernen, was man häufig seitens der Kirchlichen bestreitet: daß naturwissenschaftlicher »Materialismus« und streng mechanische Weltansicht verbunden sein können mit hohem *sitt-lichem* Idealismus. Ein glücklicher Zufall hat es gefügt, daß aus Demokrits Ethik mehr als zweihundert Fragmente, meist allerdings nur kurze Sinnsprüche, erhalten sind. Sie gehen zwar von Lust und Unlust als nächsten Beweggrund menschlichen Handelns aus, be-trachten jedoch als Endziel die »Wohlgemutheit« und Unerschütter-lichkeit der Seele. Die sinnlichen Triebe sollen sich beugen unter die Herrschaft von Norm und Gesetz, wie das sturmbewegte Meer zur Windstille besänftigt wird. Wir setzen aus der reichen Fülle dieser Sprüche, die sich auf alle Gebiete des Menschenlebens beziehen, einige besonders bezeichnende hierher: »Glückseligkeit und Elend liegen in der Seele. – Gut ist nicht das Nicht-Unrechttun, sondern das nicht einmal Unrechttun- *Wollen.* – Den herrenlosen Schmerz der im Krampf erstarrten Seele banne durch Vernunft. – Dem freien Mann ist Freimut eigen, schwierig jedoch die Wahl des richtigen Augen-blicks. – Den frischen Tag beginne mit frischen Gedanken. – Die Bildung ist für Glückliche eine Zierde, für Unglückliche eine Zu-fluchtsstätte. – Unvernünftig ist es, sich in das Unvermeidliche nicht zu fügen. – Mannesmut macht das Unheil gering.« In der Tat, wenn das scholastische Mittelalter ihn den »lachenden«, wie den pessimistischen Heraklit den »weinenden«, Philosophen genannt hat, so trifft das zu nur auf die Gelassenheit, mit der er dies Treiben der Welt ansah, und die von keiner Todesfurcht oder Unsterblich-keitshoffnung gestört war. »Einige, die von der Auflösung der sterb-lichen Natur nichts wissen, der Übeltaten aber in ihrem Leben sich bewußt sind,« so sagt er einmal, »bringen ihre ganze Lebenszeit in Verwirrung und Ängsten zu, indem sie sich lügenhafte Märchen über das Leben nach dem Tode vorspiegeln.« Und der Vielgereiste fühlte sich als *Welt*bürger: »Dem Weisen steht jedes Land offen, denn die Heimat einer edlen Seele ist die ganze Welt.«

Von Demokrits übrigen zahlreichen Schriften ist leider so gut wie nichts erhalten. Im ganzen zeigte sich die Zeit für sein Prinzip mechanischer Naturerklärung noch nicht reif. Zudem wurde die Philosophie durch seinen Zeitgenossen Sokrates und dessen Nachfolger auf andere Fragen hingelenkt. So geriet er allzufrüh in unverdiente Vergessenheit, aus der ihn erst nach zwei Jahrtausenden die Naturwissenschaft der Neuzeit wieder ans Licht gezogen hat. Heute »erklären wir die Gesetze des Schalles, des Lichtes, der Wärme, die chemischen und physikalischen Veränderungen in weitestem Umfang aus der Atomistik«[2].

Mit Demokrit schließt die vorzugsweise *naturphilosophische* Epoche griechischen Philosophierens. In der Tat hatte man damit auch alle damals denkbaren Standpunkte philosophischer Naturbetrachtung erschöpft. Wer sie alle emsig durchdacht hatte, mußte schließlich, wie der platonische Sokrates im »Phädo« oder wie »Faust« zu Anfang seines ersten Monologs, zum Zweifel an *allen* und damit auch zum Zweifel an einer allgemeingültigen Wahrheit überhaupt kommen. Inzwischen hatte sich auch bereits eine geistige Bewegung gebildet, die diese Zweifel in sich aufnahm und weiterbildete. Damit werden wir jedoch auf einen anderen Boden versetzt, den der Stadt *Athen*.

---

2 F. U. Lange, Geschichte des Materialismus, 1. Band, Seite 15

Zweites Kapitel. Die Blütezeit der griechischen Philosophie: Sokrates, Plato, Aristoteles

1. Sokrates im Kampfe gegen die Sophisten

a) Die sophistische Aufklärung

Natürlich hatten sich auch schon die Naturphilosophen mit anderen Gegenständen als dem »Kosmos«, der äußeren Natur, beschäftigt. Thales selbst wird als einer der *Sieben Weisen* bezeichnet, deren jeder der griechischen Geistesart durch einen Sinnspruch Ausdruck gegeben haben soll; Thales durch das Wort, das auch über dem Eingang zu der berühmten Weissagestätte in Mittelgriechenland, dem delphischen Orakel, stand: »Erkenne dich selbst!« Von mehreren von uns genannten der vorsokratischen Denker wird überliefert, daß sie auch Gesetzgeber ihrer Staaten gewesen seien. Mindestens von Pythagoras und Heraklit ist starkes politisches Interesse bezeugt. Gleichwohl treten erst um die Mitte des fünften Jahrhunderts die öffentlichen Angelegenheiten und, statt der äußeren Natur, das Studium des *Menschen* mit seinem Wahrnehmen und Denken, seinem Wollen und Begehren, seinem öffentlichen und privaten Handeln in den Brennpunkt des philosophischen Denkens. Um das zu verstehen, müssen wir wenigstens einen ganz kurzen Blick auf die wirtschaftlich-politische Entwicklung der alten Griechen werfen.

Die etwa im zehnten Jahrhundert entstandenen berühmten homerischen Heldensagen, die Ilias (Erzählung von den Kämpfen um das kleinasiatische Troja oder Ilion) und die Odyssee (von den Irrfahrten des klugen Helden Odysseus), sind noch ganz vom »Herren«standpunkt aus gesehen. Ähnlich wie in unserem mittelalterlichen Nibelungenlied erscheint »das Volk« noch als ganz bedeutungsloser Zuschauer der Handlung, höchstens als Knechte, die sich für ihren Herrn zu opfern haben. Anders schon das Bauerngedicht »Werke und Tage« des Böotiers Hesiód, der uns zeigt, wie schon damals der arbeitende Landmann durch den reichen Besitzenden ausgebeutet wurde. Und so zeigen die im Schulunterricht gewöhnlich nur kurz gestreiften Jahrhunderte von den Perserkriegen eine fast ununterbrochene Kette von Klassenkämpfen: so in Attika, über das wir am genauesten unterrichtet sind, zwischen den Großgrundbesitzern der Ebene, den Kleinbauern des Gebirges und den Gewerbetreibenden in Stadt und Hafen. Solons politische Reform, die eine Art Vierklassenwahlrecht und eine bedeutsame wirtschaftliche Erleichterung der Ausgebeuteten schafft, hilft nur vorübergehend. Zeitweise tritt ein Alleinherrscher (Pisistratus) an der Spitze der niederen Klassen auf. Dann erfolgt – zum erstenmal 510 – eine Demokratisierung, die jedoch erst ein Menschenalter später, nach der glücklichen Vertreibung der Perser vom heimatlichen Boden, breitere Formen annimmt. Unter der Leitung seines berühmten Staatsmannes Perikles übernimmt dann Athen ein weiteres Menschenalter (etwa 460 bis 430) hindurch die Führung Griechenlands nicht bloß in politischer und wirtschaftlicher, sondern auch in wissenschaftlicher und künstlerischer Beziehung, als die »Bildungsschule« von Hellas, wie der Geschichtschreiber Thukydides den großen Staatsmann der Epoche sagen läßt. Wer in diesem demokratischen Staatswesen zu Macht und Einfluß gelangen wollte, mußte in allen Sätteln gerecht und vor allem redegewandt sein. Das überzeugende oder überredende Wort war es, das in der Volksversammlung, im Rat, vor den Volksrichtern den Sieg errang. Diesem Bedürfnis kamen die *Sophisten* entgegen.

Der Name »Sophist« bedeutet ursprünglich den Meister in irgendeiner Kunst, besonders im Wissen, ungefähr wie unser heutiges Wort »Gelehrter«. Jetzt wurde es aber besonders von denen gebraucht, die, von Stadt zu Stadt wandernd und – was dem griechischen Vollbürger auffiel – gegen Bezahlung öffentliche und private Vorträge hielten, in denen sie allgemeine Kenntnisse verbreiteten, insbesondere aber die gebildete Jugend – heute würde man sagen: die Studenten – zum »richtigen Denken, Sprechen und Handeln in öffentlichen und Privatangelegenheiten« erziehen wollten. Der tadelnde Nebensinn, den wir heute mit den Bezeichnungen »Sophist« und »sophistisch« verbinden, rührt daher, daß wir sie fast nur aus der ungünstigen Beleuchtung durch ihre philosophischen Gegner Sokrates, Plato und Aristoteles oder aus ihrer Karikatur in den Komödien des witzig-geistreichen Aristóphanes kennen, und zweitens von der Tatsache, daß eine Reihe von ihnen, namentlich später, mehr auf glänzende Rhetorik und gewandte Disputierkunst als auf ernste Erforschung der Wahrheit sahen (siehe weiter unten).

Namentlich die Älteren unter ihnen erfreuten sich als kluge Männer und populäre Verbreiter von Bildung und Aufklärung bei der Mehrzahl der Gebildeten hohen Ansehens. So zunächst der Älteste von ihnen, Demokrits Landsmann, *Protágoras* (480 bis 415 oder 411), dessen Namen einer von Platos Dialogen trägt. Sein Hauptsatz lautet: »Der Mensch ist das Maß aller Dinge.« Jede Vorstellung besitzt eine relative Wahrheit, das heißt für den jedesmal Wahrnehmenden unter den Bedingungen seines Wahrnehmens; dem Kranken zum Beispiel erscheinen bestimmte Dinge anders als dem Gesunden. Infolgedessen tut der Mensch am besten, sich von den unfruchtbaren theoretischen Spekulationen ab- und den praktischen Aufgaben des Lebens zuzuwenden, um durch kluge Voraussicht und Erwägung der Folgen Beherrschung der Naturkräfte und der menschlichen, namentlich der politischen Verhältnisse zu lernen. In der Politik denkt Protagoras ziemlich konservativ; Recht und Sitte erscheinen ihm als die unentbehrlichen Stützen der Gesellschaft. Recht advokatenhaft klingt sein Ausspruch: die Kunst der Rede vermöge »auch die schwächere Sache zur stärkeren zu machen«. In betreff der Götter bekannte er, »nicht zu wissen, ob sie existieren oder nicht«. Vielleicht dieser freimütigen Äußerung oder seiner Gleichgültigkeit gegen die Verehrung der Volksgötter hatte er seine Verurteilung wegen »Gottlosigkeit« zu verdanken; seine Schriften wurden öffentlich verbrannt.

Protagoras hatte sogar die Gültigkeit der Mathematik angezweifelt, weil er die reinen Linien, Kurven usw. in der »Wirklichkeit« vermißte. Noch weiter in solcher Anzweiflung aller Wissenschaft ging *Gorgias* (480 bis 380) aus der sizilischen Stadt Leontinoi, und von dieser 427 in politischer Mission nach Athen gesandt, wo seine glänzende Beredsamkeit große Triumphe feierte. Wie Protagoras *jede* Meinung für berechtigt erklärte, so Gorgias eine jede für *falsch*. Es klingt allerdings beinahe wie ein schlechter Witz oder ein bloßes rhetorisches Kunststück, wenn er folgende drei Sätze aufstellte: 1. Es existiert nichts. 2. Wenn aber auch etwas existierte, so wäre es doch für den Menschen unfaßbar. Und 3. selbst wenn es faßbar wäre, so wäre es doch unaussprechlich und unmitteilbar. Ein solcher vollendeter Skeptizismus (Zweifel) schlägt sich selbst ins Gesicht. Von den **späteren Sophisten** wagte *Pródikos* von der Insel Keos schon die Entstehung der Religion in sehr aufklärerischer Weise dahin zu erklären: die Menschen der Vorzeit hätten alles vergöttert, was ihnen Nutzen brachte, zum Beispiel das Wasser als Poseidon, das Brot als Demeter, das Feuer als Hephästus usw. Bekannt ist bis heute seine moralische Fabel von »Herakles am Scheidewege«.

Der radikale politische *Individualismus*, der in dem demokratischen Athen herrschte, und von dessen nachteiligen sozialen Folgen bei Plato noch die Rede sein wird, zog auch theoretisch schon damals weitgehende Folgerungen. So setzte der vielseitige Polyhistor (Vielwisser) *Hippias* von Elis den vergänglichen Menschensatzungen das, was *von Natur* ewig und unveränderlich gelte, entgegen und stellte den an heutige anarchistisch-kommunistische Theorien anklingenden Satz auf: das Gesetz sei der Tyrann der Menschen und treibe sie durch seinen Zwang zu vielen naturwidrigen Handlungen an. Daraus zogen dann andere noch *radikalere Schlüsse*. So führt der Sophist Kallikles in Platos »Gorgias'«, ganz ähnlich wie neuerdings Nietzsche, aus: der Starke sei am glücklichsten, weil er sich am besten auszuleben vermöge, und dies könne er nur durch Verachtung von Recht und Gesetze, die ja größtenteils nur im Interesse der Masse der Schwachen aufgestellt seien. Und Kritias, der Gewalttätigste unter den »dreißig Tyrannen« nach dem Ende des Peloponnesischen Krieges, behauptete: ein kluger Staatsmann habe den Glauben an die Götter erfunden, um das Volk durch Furcht vor göttlichen Strafen unterwürfiger zu machen. Andere stellten im Gegenteil für die damalige Zeit revolutionäre Freiheitsforderungen. So verlangte Lykophron im Namen des gleichen Rechts für alle Aufhebung aller Vorrechte der Geburt, ja Alkidamas und andere – was selbst ein Plato und Aristoteles nicht gewagt haben – Abschaffung der Sklaverei; denn »die Gottheit hat alle frei erschaffen, die Natur niemanden zum Sklaven gemacht«. Phaleas von Chalkçdon endlich ist, wenn wir von dem ungefähr gleichzeitig lebenden Plato absehen, der erste griechische *Sozialist* gewesen, der Gleichheit des Besitzes, der Erziehung und Gemeinwirtschaft für alle – freien Bürger forderte, und Aristophanes' satirisches Lustspiel »Die Weibervolksversammlung« (392) beweist, daß die von ihm verspotteten Gedanken der Güter- und Frauengemeinschaft schon vor Platos Republik ihre Anhänger gehabt haben müssen.

Bei anderen Sophisten führte diese radikale Anzweiflung aller bisher geltenden Wahrheiten (wie schon bei Gorgias) zu leerer *Wortstreiterei*, oder zu absichtlich ersonnenen Fang- und *Trugschlüssen* (»Sophismen«), oder zu Vexierfragen, auf die weder ein Ja noch ein Nein als Antwort paßte, zum Beispiel: Hast du deine Hörner abgelaufen? Hast du aufgehört, deinen Vater zu schlagen? Oder die knifflige Frage: Ist es eine Lüge, wenn man lügt und dabei sagt, daß man lüge? (über die ein griechischer Philosoph drei, ein anderer zwölf Bücher geschrieben haben, ein dritter gar an den vergeblichen Anstrengungen zu ihrer Lösung gestorben sein soll). Zum Teil, wie man sieht, recht grobkörnige Witze, wie sie die »Berliner« des Altertums, die Athener liebten.

Kulturgeschichtlich gewähren die Sophisten manches Interesse, philosophisch sind sie – abgesehen von jenem wichtigen *Subjektivitäts*grundsatz des Protagoras – von geringer Bedeutung gewesen. Dagegen rief ihre *Bestreitung* aller *Allgemeingültigkeit* in Erkennen und Sittlichkeit als Kämpfer für diese ewigen Menschheitsaufgaben einen Größeren auf den Plan: den Athener

b) Sokrates

Sokrates, 470 als Sohn eines Bildhauers und einer Hebamme zu Athen geboren, ist eine der großartigsten und charaktervollsten Gestalten der Weltgeschichte. Du siehst ihn in den Straßen, auf dem Markt, in den vielbesuchten Gymnasien (Turnanstalten) seiner Vaterstadt, die er in den siebzig Jahren seines Lebens fast nie verlassen hat, kurz überall, wo Menschen anzutreffen sind, umhergehen. Ganz ungriechisch ist schon seine untersetzte Gestalt und sein Antlitz mit den etwas hervorquellenden Augen, der stumpfen Nase. Bald mit diesem, bald mit jenem der ihm zufällig in den Wurf Kommenden fängt er ein Gespräch an. Denn die Bäume draußen und die Landschaft, meinte er, können mich nichts lehren. Den väterlichen Beruf, den er anfangs gleichfalls ausgeübt, hat er aufgegeben; *Menschen*bildner im tieferen Sinne des Wortes will er werden. Er beginnt sein Zwiegespräch, zu dem bald auch andere hinzutreten, mit irgendeinem Punkt, der dem Betreffenden gerade nahe liegt, etwa dessen Beschäftigung oder Beruf, und bittet ihn um Aufschluß über Wesen und Zweck seiner Tätigkeit, die er selbst nicht zu wissen vorgibt (sokratische Ironie). Dann verstrickt er ihn durch geschickte Kreuz- und Querfragen und bringt ihn schließlich zu dem Eingeständnis, daß er im Grunde doch nicht wisse, was er zu wissen vorgegeben habe, während er (Sokrates) doch wenigstens gewußt habe, daß er das, wonach er gefragt, tatsächlich nicht wisse. Falls der Angeredete sich dann durch die beschämende Einsicht in die gezeigte Unwissenheit nicht von der Fortsetzung des Gesprächs abschrecken ließ, führte er ihn in ernsthafter Unterredung, indem er aus ihm selber neue Erkenntnisse herauszulocken suchte, Schritt für Schritt weiter bis zu seinem Ziele, das heißt dem festen Ausdruck des Gesuchten im *Begriff*. Dieses sein Verfahren nannte er wohl in humoristischer Anspielung auf den Beruf seiner Mutter »Mäeutik«, das ist Entbindungskunst: die Wahrheit soll aus der eigenen Seele des anderen heraus geboren werden, wobei er selbst nur Hilfe leistet.

In alledem schon zeigte sich Sokrates im vollsten Gegensatz zu den *Sophisten*. Sie behaupteten, alles zu verstehen und lehren zu können, – *er* nannte sich bescheiden nicht einen Weisen (obwohl das delphische Orakel ihn für den Weisesten aller Griechen erklärt hatte), sondern bloß »Liebhaber der Weisheit« (»Philosoph«); sie machten aus ihrer Unterweisung ein bezahltes Geschäft; er nahm selbst von den Reichsten seiner Zuhörer nie einen Deut und hat an irdischer Habe kaum eine Mine (gleich 80 Mark) hinterlassen; sie suchten durch formvollendete Reden zu glänzen, er sprach mit vollendeter Schlichtheit des Ausdrucks, nur auf die Sache gehend; sie haben mehr oder weniger zahlreiche Schriften hinterlassen, er wollte nur durch den unmittelbaren Verkehr von Mund zu Mund, von Seele zu Seele wirken. Vor allem aber: sie bestritten, daß es *allgemeingültige* Wahrheiten gebe, sein ganzes Dichten und Trachten war auf die Behauptung derselben gerichtet.

In dem Ringen nach wahrem Wissen besteht seine ganze Philosophie, ohne die ihm das Leben nicht lebenswert erscheint, was er auch durch die Tat bis zu seinem letzten Atemzug bewiesen hat. Nicht also in einem bestimmten System, sondern im Philosophieren selbst, in der Selbstbesinnung, in der Prüfung alles vermeintlichen Wissens auf sein Begründetsein. Die Dinge interessieren ihn zunächst noch gar nicht, sondern die Problemstellung, die *Methode*, welche gipfelt in der Feststellung dessen, »was ein jedes Ding ist«, also in der Bestimmung seines *Begriffs*.

Das Anwendungsfeld dieser induktiven, das heißt vom Einzelnen zum Allgemeinen »hinführenden« Begriffsbestimmung ist vor allem die *Ethik*. Denn gerade *deren* Allgemeingültigkeit wollte er sich von den Sophisten nicht wegdisputieren lassen. Wie das Wesen und der Zweck irgendeines Dinges, zum Beispiel des Tisches da, in seiner »Güte«, seiner Tüchtigkeit zu etwas besteht, so ist es auch beim Menschen. Auch sein Wesen und Zweck besteht in seiner Tüchtigkeit oder *Tugend*. Und diese Tugend darf, wenn anders sie haltbar sein will, nicht auf unklaren Gefühlen oder Gewohnheit der Überlieferung beruhen, sondern auf *Einsicht*. Es ist ein Wissen von ihr möglich, sie ist lehrbar und erlernbar. Ja, Sokrates versteigt sich sogar zu der Behauptung: »Niemand handelt *absichtlich* schlecht.« Denn täte er dies, so hätte er entweder die rechte Einsicht noch nicht besessen, oder sie wäre eben noch unvollkommen oder unklar gewesen, wenn sie sich von der Unkenntnis, die in den sinnlichen Trieben liegt, hätte überwinden lassen. Wenn und solange die Erkenntnis in meiner Brust herrscht, können nicht gleichzeitig Begierde, Furcht, Zorn und andere Triebe über mich herrschen. Das Gute ist übrigens zugleich das Gesunde, Heilsame, wahrhaft Nützliche und Lustbringende.

Zur Volksreligion verhielt er sich nicht gerade feindlich, sprach aber doch mehr als von den Göttern von *der* Gottheit, welche die Welt und des Menschen Schicksal regiert. Ja, er fühlte das Göttliche auch in seiner eigenen Seele als eine Art innerer Stimme zu sich reden, namentlich ihn warnen. Denn als solche innere Stimme, verwandt unserem »Gewissen«, ist wohl das sogenannte »Daimonion« (Daimon gleich Gottheit) aufzufassen, von dem er zuweilen redet, und das ihm wahrscheinlich die Anklage einbrachte, er wolle »neue Götter einführen«. Ob er an eine persönliche *Unsterblichkeit* geglaubt hat, ist zweifelhaft. Jedenfalls war er von dem festen Vertrauen erfüllt, daß »dem Guten nichts Übles geschehen kann, weder im Leben noch nach seinem Tode, und daß seine Sache von den Göttern nicht verlassen wird«.

Ähnlich wie zur bestehenden Religion war seine Stellung auch zur bestehenden *Staats*ordnung. Die formale Demokratie, die zuletzt sogar Verlosung (statt Wahl) der Ämter eingeführt hatte, konnte seinen Begriff von politischer Tüchtigkeit nicht befriedigen. Wenn man überall sonst im gewöhnlichen Leben die Leute, zum Beispiel den Schuster, den Tischler, den Steuermann, nach ihrer Tüchtigkeit auswählt, wie viel mehr muß man es im Staatswesen tun! Auch sonst gab er, wo es seine feste Überzeugung galt, der Meinung der Menge nicht nach. Dazu kam, daß zu den jungen Leuten, die durch seine unwiderstehliche persönliche Anziehungskraft zu näherem Umgang mit ihm bewogen worden waren, so tyrannische und eigenwillige Naturen wie der vornehme Kritias, der leichtsinnige Alkibiades gehörten. Grund genug, den Argwohn gegen ihn bei der rückständigen Philistermasse zu steigern, ihm den Vorwurf zu machen, daß er »die Jugend verführe«.

Auf diese Doppelanklage der Jugendverführung und der Einführung neuer Götter ist einer der sittlich reinsten und religiösesten Männer, die je gelebt haben, verurteilt worden, der Mann der Freiheit von der »frei« sein wollenden Demokratie. Aber er übte den von ihm stets geforderten Gehorsam gegen die Gesetze des Staates, wenngleich er von ihnen an die Richter in der Unterwelt, das heißt die ungeschriebenen, ewigen Sittengesetze, appellierte, lehnte die von den Freunden angebotene Befreiung aus dem Gefängnis ab und trank mit der heiteren Gelassenheit, die den Philosophen ziemt, den Giftbecher.

Sokrates' eigenartige Persönlichkeit hat einen mächtigen Einfluß nach den verschiedensten Seiten hin geübt. Wir wenden uns zunächst seinem *größten* Schüler, Plato zu.

2. Plato

Plato dankt einmal den Göttern für vier Dinge: daß er geboren sei 1. als Mensch, 2. als Mann, 3. als Grieche und 4. als Bürger Athens zu Sokrates' Zeit. Aus einem der vornehmsten Geschlechter entstammend – die Legende schrieb ihm später, genau wie Jesus, einen göttlichen Vater (Apollo) und eine jungfräuliche Mutter zu –, wurde er denn auch körperlich und geistig aufs sorgfältigste erzogen und mit der ganzen wissenschaftlichen und künstlerischen Bildung des damaligen Athens ausgerüstet. Und doch galt ihm dies alles nichts – er soll unter anderem seine Jugendgedichte verbrannt haben – im Vergleich zu dem vertrauten Umgange mit seinem geliebten Meister Sokrates, den er von seinem 21. bis 28. Lebensjahre (406 bis 399) genoß. Nach dessen Tod verließ er die ihm auch politisch unerfreulich gewordene Vaterstadt und ging auf Reisen, die ihn unter anderem zu dem Mathematiker Theodoros in Cyrene (Nordafrika), nach dem Lande uralter Priesterweisheit am Nil, zu den Pythagoreern in Tarent und an den Hof des älteren Dionys in Sizilien führten. Nach Athen heimgekehrt, gründete er vierzigjährig, also 387 seine Philosophenschule nahe einem dem Halbgott Akademos geweihten Gymnasium, daher *Akademie* genannt. Hier hat er, abgesehen von zwei Reisen nach Syrakus (367 und 361), wo er vergeblich auf den jüngeren Dionys im Sinne seines Staatsideals (siehe unten) einzuwirken hoffte, zurückgezogen von den öffentlichen Angelegenheiten bis zu seinem achtzigsten Jahre gelebt und gewirkt.

Glücklicherweise sind alle seine Schriften, gegen dreißig an der Zahl, erhalten. Sie sind sämtlich in der Form von Zwiegesprächen

(Dialogen) abgefaßt und zeigen eine von keinem anderen griechischen Prosaiker erreichte Künstlerschaft der Sprache, die mit plastischer Anschaulichkeit und zuweilen dramatischer Lebendigkeit des Gesprächs gepaart ist. Der Hauptredner ist jedesmal Sokrates, dem der dankbare Jünger seine eigene Philosophie in den Mund legt, während der Titel des Dialogs gewöhnlich nach dem wichtigsten Mitunterredner gewählt ist.

In den frühesten Dialogen entfernt sich Plato noch nicht besonders weit von der Lehre des Meisters. Der erste, die sogenannte »Apologie des Sokrates«, ist dessen von Plato selbst in Worte gefaßte Verteidigungsrede vor Gericht; das Thema des zweiten im Gefängnis spielenden: weshalb Sokrates die ihm von seinem alten Freunde Kriton angebotene Gelegenheit zur Befreiung nicht annehmen will. Vier andere kleinere Gespräche erörtern nacheinander die Bedeutung bestimmter Tugenden: der Tapferkeit, Besonnenheit, Frömmigkeit, Freundschaft und Liebe. Fünf weitere Dialoge setzen sich mit den Sophisten auseinander; ebenso auch das erste Buch seines späteren Hauptwerks, des »Staates«. Seine eigene Philosophie kommt erst in den Schriften seiner Reifezeit zum Durchbruch, die seine *Ideenlehre* enthalten.

Mit Plato stehen wir an dem Quellpunkt des *Idealismus* und damit zugleich alles wissenschaftlichen Denkens. Er faßt zum erstenmal mit aller Klarheit – die Eleaten, Demokrit, Sokrates bildeten nur Vorstufen dazu – den Gedanken eines rein gedachten Seins, welches dadurch *ist*, daß es *gedacht* wird. Diese ganz neue Art des Seins und zugleich das Denken derselben bezeichnet er nun auch mit einem damals noch ganz neuen Namen: der *Idee*, die wörtlich ein geistiges »Schauen« bedeutet. Natürlich behandelt er auch die zu ihr führenden Vorstufen der Erkenntnis. Deren unterste Stufe stellt die sinnliche Wahrnehmung dar, die für sich allein selbstverständlich keine sichere Erkenntnis zu liefern vermag. Auch die zusammenfassende und vergleichende Überlegung, mit der die Seele die ihr gebotenen Sinneswahrnehmungen erst zur »Vorstellung« schlechtweg, dann zur richtigen Vorstellung weiter verarbeitet, führt noch nicht zur Erkenntnis des wahrhaft Seienden, des Bleibenden im

Fluß der Erscheinungen, mit einem Wort zur Wissenschaft. Das vermag nur die Idee. »Auf die Idee hinschauend«, als das Muster, das ihm vor Augen steht, verfertigt schon der Tischler seine Bettstelle, der Techniker sein Modell, aber auch der größte Künstler sein Werk. Die Idee ist das sich gleich Bleibende, das dem vielen Gleichbenannten Gemeinsame, das wirklich und wahrhaft Seiende.

Um sie vor aller Versinnlichung zu schützen, stellt Plato die Ideen in seiner bilderreichen Sprache wohl auch als »thronend an einem überhimmlischen Ort«, als »unkörperliche, unräumliche, unsinnliche Wesenheiten«, als »ewig, farblos, gestaltlos« dar; Eigenschaften, die alle auch auf unsere *Gedanken* zutreffen. Das mag verschuldet haben, daß weniger poetische Naturen – schon sein Schüler Aristoteles beginnt damit – sie als eine Art außerhalb der übrigen Welt irgendwo ein Sonderdasein führender Geister oder persönlicher Wesen mißverstanden hat. Und doch sagt unser Philosoph ganz klar, daß seine Ideen, die es von allem möglichen, Hohem wie Niedrigem gibt – zum Beispiel von Tisch, Bett, Messer –, nur *Gedankendinge* sind, die unsere eigene Seele erst erzeugt. Der Drang zu ihrer Hervorbringung, zum Gebären dessen, womit die Seele schwanger geht, ist es, der den Philosophen wie den Künstler macht; es ist der Eros, das ist das liebende Verlangen, der geistige Zeugungs- und Schaffenstrieb, den der Dialog »Das Gastmahl« so unübertrefflich schön geschildert hat.

Aber Sinn und Geltung bekommen die Ideen erst dadurch, daß sie sich auf Sinnendinge beziehen. Ein Hauptmittel dazu ist die *Mathematik*, die zwischen dem Vernunft-Denken und den sinnlichen Wahrnehmungen in der Mitte steht. Sie wurde von Plato und seinen Jüngern aufs eifrigste gepflegt. »Kein der Geometrie Unkundiger trete ein!« soll über dem Eingang seiner Akademie gestanden haben. Vom ewig wechselnden Werden zum beständig Seienden führen die »Wecker zum reinen Denken«: die Zahlenkunst (Arithmetik) und Geometrie. Der mathematischen Methode ist auch einer der bis heute wichtigsten Grundbegriffe wissenschaftlichen Denkens entlehnt: derjenige der »*Hypothese*«, als der *Voraussetzung*, die das Gesuchte vorläufig als gefunden annimmt, um es sodann durch die aus ihr gezogenen Folgerungen und deren Verknüpfung wirklich zu finden. Auch die Idee ist eben »Hypothesis«, Grundsatz im eigentlichsten Sinne des Worts, selbst unbedingte letzte Voraussetzung und Unterlage des philosophischen Denkens. Die Wissenschaft von den Ideen nennt Plato die Dialektik, weil erst die gemeinsame Erzeugung der Begriffe in der Unterredung (dem »Dialog«) mit anderen zum Reiche der Ideen führt.

Wir müssen weitere schwierige Einzelheiten, wie die Lehre von der Materie, hier übergehen. Desgleichen seine erst in einem seiner spätesten Dialoge entwickelte Naturphilosophie. Sie bildet den schwächsten Teil von Platos philosophischem System, den er selbst gelegentlich als ein geistreiches »Spiel« bezeichnet, und für den er nur Wahrscheinlichkeit, nicht wissenschaftliche Wahrheit in Anspruch nimmt. Die Weltseele, die er hier als eine Art Mittelding zwischen dem Einen und dem Vielen, dem Schaffenden und dem Geschaffenen annimmt, und die den von dem göttlichen Weltbildner erschaffenen Urquell alles Lebens darstellt, hat allerdings genug Unheil von der spätantiken und mittelalterlichen bis zur neueren Philosophie (Schelling) angerichtet.

Gleich ihr ist auch die Einzelseele des Menschen in erster Linie jedenfalls nur Lebensprinzip, die Psychologie also – wie fast bei allen Denkern des Altertums – bloß ein Teil der allgemeinen Naturlehre. Steine werden bewegt; Pflanzen, Tiere und Menschen dagegen bewegen sich selbst, was wir leben nennen. Über die Unsterblichkeit des Einzelnen spricht er sich an verschiedenen Stellen verschieden aus; jedenfalls glaubt er sie nicht mathematisch beweisen zu können. Jener Dreiteilung der Seele in bezug auf das Erkennen (Wahrnehmung, Vorstellung, Idee) entspricht eine ebensolche für die Welt des Willens: das Begehren, das Mutartige oder die Willenskraft, das vernunftgemäße Wollen. Das letztere lenkt als Einsicht, nach dem schönen Gleichnis im Phädrus, das übrige Zweigespann, von dem das edlere Roß (die Willenskraft) das zügellose (die Begierde) bändigen hilft.

Damit stehen wir am Eingang in den dritten und letzten Teil von Platos Philosophie: seiner *Ethik*. Auch sie findet, gleich der Wissenschaft, ihre Begründung in der Ideenlehre. Die höchste aller Ideen ist die *Idee des Guten*. Auch sie muß in schwieriger Untersuchung erst gefunden werden. Denn sie ist das Letzte alles Erkennbaren, »mit Mühe nur zu schauen«, »hoch über allem Sein«, dafür auch die Erkenntnis der Wahrheit »an Würde und Kraft« noch überragend. Von allen anderen Ideen, selbst der des Schönen, gibt es Abbilder hienieden; von der des Guten nicht. Sie ist wie die Sonne, die alles Seiende erst erleuchtet und fruchtbar macht; weshalb sie gelegentlich auch mit dem Begriff gleichgesetzt wird, in den der Mensch das Höchste, was er nicht mehr auszudenken, sondern nur noch zu empfinden vermag, zu fassen sucht: der *Gottheit*. Der Mensch muß sich, wie das wunderbar schöne Gleichnis im siebten Buche des »Staates« ausführt, an ihre »Schau« erst gewöhnen, nachdem er bis dahin, gefesselt an die Höhle des Scheins, bloß Schattenbilder erblickt hat. Und eine zweite »Verwirrung der Augen« überkommt ihn, wenn er dann, noch geblendet von ihrem Glanz, wiederum hinabsteigt zu seinen früheren Mitgefangenen in der Höhle, das heißt der Welt des täglichen Lebens, die, weiter in ihrer Dämmerung dahinlebend, jenen Künder der Idee – wie es ja immer den großen Idealisten und Propheten einer neuen Idee ergangen ist – nicht begreifen, ja als irrsinnig verspotten. Wie bei allen großen Ethikern (Kant, Fichte), wird ferner auch bei Plato das Gute aufs schärfste vom bloß Angenehmen, also auch von der *Lust* geschieden, für die schon die Tiere als »vollgültige Zeugen« genügen würden. Damit wird die Freude am Natürlichen und Schönen nicht verbannt. Ist doch der Eros, das liebende Verlangen (siehe oben), auch die Wurzel alles künstlerischen Schaffens. Und die Idee des Guten stimmt die Seele zu einer inneren Harmonie, deren Seligkeit aller vergänglichen mit Irrtum und Täuschung gemischten Lust weit überlegen ist.

Aber die Ethik bedarf der *Anwendung*, der Verwirklichung im Leben des Einzelnen wie der Gesamtheit. Wohl möchte, wer aus der dumpf-dunklen Höhle der Alltäglichkeit zur sonnenbeglänzten

Höhe der Idee emporgestiegen, am liebsten stets in ihrem Anschauen verweilen, aber gerade die Idee des Guten treibt ihn wieder hinab zu jenen Armen an Geist, den »Höhlenbewohnern«, um auch sie emporzuführen zum Licht, das sie noch nicht kennen. – Die Tugenden des Einzelnen sind: Besonnenheit oder *Selbstbeherrschung*, die den begehrlichen Teil des Menschen in Schranken hält, *Mannhaftigkeit*, die seiner Willenskraft, Einsicht oder *Weisheit*, die dem vernünftigen Teile der Seele entspricht. Die höchste aber, die drei andern beherrschende Grundtugend ist die der *Gerechtigkeit*, das Thema seines größten Werkes, der »Republik«. Denn das sittliche Leben des Einzelnen kann sich nur verwirklichen in dem Abbilde des Menschen im großen, dem *Staate*. Platos Hauptwerk handelt denn auch vom Staat. In ihm gipfelt seine Philosophie. Die zehn Bücher der Politeia (Staatsverfassung), gewöhnlich mit ihrem lateinischen Namen »Republik« zitiert, enthalten theoretische Philosophie, Ethik, Geschichtsphilosophie, Gesellschaftskritik, Erziehungs- und Staatslehre, alles in einem. Die Grundzüge seiner theoretischen und Moralphilosophie haben wir schon kennengelernt. Beginnen wir also mit seinen geschichtsphilosophischen Ausführungen über *Entstehung* und *Entwicklung* des Staates. Denn es steht keineswegs so, daß der große Idealist sein sozialistisches Staatsideal ohne Kenntnis der wirtschaftlichen Grundlagen des Staates und seiner historischen Entwicklung entworfen hätte. Er läßt ihn vielmehr, im zweiten Buche seines Werkes – das erste war allgemeinen Betrachtungen über den Begriff des Gerechten oder Sittlichguten gewidmet –, aus den alltäglichsten Bedürfnissen vor unseren Augen entstehen. Er schildert, wie diese Bedürfnisse dann zu verschiedenen Arten der Technik, zur Arbeitsteilung, zur Warenerzeugung und zum Warenhandel, zur Ausbildung des Geldes als Tauschmittel führten; wie dann infolge von Gebietsstreitigkeiten und Kriegen zu der erwerbenden eine kriegerische und eine regierende Klasse hinzukamen.

Er übt ferner, hauptsächlich im achten Buch seiner Politeia, eine *Kritik der zu seiner Zeit bestehenden Gesellschaftsordnung*, die an Eindringlichkeit und Schärfe von der sozialistischen Kritik des neun-

zehnten und zwanzigsten Jahrhunderts, von Marx bis Trotzky, kaum
überboten worden ist. Die Jagd nach dem Gelde ist für einen bedeutenden Teil der Gesellschaft die alleinige Triebfeder des
Handelns geworden. Durch die schrankenlose Erwerbsmöglichkeit,
wie sie der wirtschaftliche Individualismus gerade dem Willens-
starken und Skrupellosen, zumal unter den schon von Haus aus
Begüterten bietet, wird der eine Teil der Bevölkerung überreich, der
andere sinkt zum Bettlertum hinab. Neben dem »Drohnentum« der
Müßiggänger und Verschwender, das den gesellschaftlichen Körper
»wie Schleim und Galle« durchseucht, macht sich ein profitgieriges,
unbarmherziges Spekulantentum breit, protzenhaft und ungebildet,
einzig auf weitere Kapitalanhäufung bedacht; denn der Kapitalismus
ist seiner Natur nach unersättlich. Seine Opfer sind mit Schulden
überhäuft, ihrer Ehre und jedes Einflusses im Staate beraubt und
brüten infolgedessen über Umsturzpläne. Schon bei Plato findet sich
das Wort von den » *zwei* Staaten«, die sich in jedem derartigen Staate
feindlich gegenüberstehen: dem der Armen und dem der Reichen.
Von dem letzteren (der Plutokratie, der Herrschaft des Reichtums)
ist der bestehende Staat immer abhängiger geworden, wie Bebel
oder Liebknecht es einmal im Reichstag ausgedrückt hat: die Staats-
regierung ist, ob bewußt oder unbewußt, zum »Kommis der besitzenden Klassen geworden«.

Die seelische Rückwirkung auf die Massen bleibt nicht aus. Sie
sagen sich: »Unsere Herren sind nichts wert.« Schließlich wird die
verhaßte Geldaristokratie gestürzt, die Demokratie (Volksherrschaft)
tritt an ihre Stelle. Doch in ihr wirkt nun die vom Kapitalismus
großgezogene Profitsucht weiter. Nichts gilt mehr als das materielle
Interesse, alles andere erscheint dumm oder lächerlich. Es entsteht
ein Kampf aller gegen alle (Marx: ein »allseitiger Kampf von Mann
gegen Mann«). Sitte, Religion, Rechtschaffenheit sind außer Kurs
gesetzt, in tierischem Genuß »nach Art des Viehs« lebt man dahin.
Bis endlich in diesem Kampf, in dem ruinierte Nichtstuer sich oft
schlau zu Führern der arbeitenden Massen emporschwingen, der
Rücksichtsloseste und Stärkste siegt, die größte »Freiheit« in die

schlimmste Knechtschaft, die Gewaltherrschaft eines Tyrannen umschlägt.

Was soll nun geschehen, um diesen »Fieberzustand« des Staates
zu heilen? Mit kleinen Hilfsmitteln, die sich auf dem Boden der bestehenden Ordnung bewegen, ist es nach Plato nicht getan; sie
gleichen dem Probieren von immer neuen Kuren, die in Wirklichkeit
die tiefsitzende Krankheit des Patienten bloß mannigfaltiger machen.
Es bedarf vielmehr einer *Radikalkur*, die auch vor dem »Brennen und
Schneiden« des Gesellschaftskörpers nicht zurückscheut. Alle die
schönen und nützlichen Dinge, mit denen die »großen« Führer der
Demokratie, ein Themistokles und Perikles, Athen ausgerüstet:
Tempel und Theater, Werften und Häfen, Flotte und Heer, ausgedehnte Festungswerke usw., können einen Staat nicht groß
machen, wenn es an der inneren Einheit und Tüchtigkeit der Bürger
fehlt. Eine von Grund auf veränderte *Erziehung* ist vonnöten, Erziehung zu einer völlig neuen Gesellschaftsordnung. So wird bei
Plato die Pädagogik, wie überall, wo sie einen wahrhaft großen Zug
genommen hat (Pestalozzi, Fichte, Natorp), aus einer Individual- zur
Sozialpädagogik: Erziehung nicht durch einzelne, wie die Sophisten
meinten, sondern durch die neue Gesellschaftsordnung selbst.

Diese neue Erziehung, die einen wesentlichen Teil der
»Republik« ausmacht, wird nun allerdings von unserem Philosophen *zunächst* nur für die *regierenden* Klassen des neuen Staates
gefordert. Das hängt mit den allgemeinen und besonders wieder mit
den psychologischen, von uns schon oben (Seite 37) angedeuteten,
freilich wohl auch den politisch-aristokratischen Grund-
anschauungen unseres Denkers zusammen. Da der Staat das im
großen, was der Einzelmensch im kleinen ist, nämlich ein in sich
zusammenhängender Organismus, so entsprechen die drei Grund-
schichten der Gesellschaft den drei Grundtätigkeiten der menschlichen Seele. Ihrem »begehrlichen« Teil, den sinnlichen Trieben entspricht im Staatswesen der größte Teil des Volkes, die Masse derer,
welche für die notwendigen wirtschaftlichen Bedürfnisse (Nahrung,
Kleidung, Wohnung, Hausrat usw.) des Ganzen sorgen, also die
Bauern, Handwerker und Kaufleute. Dem »Mutartigen« oder der

Willenskraft der Einzelseele entsprechen politisch die »Wächter« oder »Hüter«, die den Bestand des Staates nach außen durch die Abwehr feindlicher Angriffe, nach innen durch die Durchführung der neuen Gesetze sichern, also unseren Heeresangehörigen und Beamten vergleichbar sind. Der Vernunftkraft des einzelnen endlich entspricht diejenige Schicht, der Plato die oberste Leitung der Gesetzgebung und vor allem des Wichtigsten, der Erziehung anvertrauen will: die Philosophen. Die Haupttugend des ersten oder Nährstandes ist die Selbstbeherrschung oder Besonnenheit, welche die Triebe zügelt, die des zweiten oder Wehrstandes die Mannhaftigkeit, die des obersten oder Lehrstandes die Weisheit. Über sie alle ragt, als sie alle beherrschende und umfassende, die *Gerechtigkeit*, die jedem das Seine gibt, empor. So finden wir in dem Aufbau des neuen Sozialstaates sowohl die psychologischen wie die ethischen Grundzüge der platonischen Philosophie wieder.

Für die erwerbende Masse, die »Lohngeber und Ernährer« der beiden anderen Stände, zu denen übrigens die Tüchtigeren unter ihnen emporsteigen können, bleiben Privateigentum und Sonderfamilie bestehen. Sie sind nicht bloß Bürger, sondern auch »Freunde«, ja Brüder der anderen, von denen sie geschützt und gefördert werden. Die neue *Erziehung* dagegen wird vorläufig nur den beiden oberen Ständen zuteil. Schon vor deren Geburt ist der Staat für die Tüchtigkeit seiner künftigen Erhalter und Leiter besorgt. Die tüchtigsten und kräftigsten Männer sollen sich mit den besten und edelsten Frauen verbinden. Nach den ersten drei Jahren vorherrschend leiblicher Pflege soll die von jetzt ab gemeinsame Erziehung, um harmonische Menschen heranzubilden, in gleichem Maße auf die körperliche wie auf die geistige Ausbildung gerichtet sein. Die erstere war ja im alten Griechenland sowieso zu Hause; ich brauche nur an die Worte Gymnastik und Gymnasium (griechisch Gymnasion, eigentlich eine Stätte, wo man unbekleidet oder leichtbekleidet turnt) zu erinnern. Sie soll auch bei Plato, durch die verschiedenen Altersstufen hindurch in verschiedenem Maß, gepflegt werden. Die geistige Ausbildung geschieht zunächst, dem frühen Kindesalter gemäß, durch Erzählungen aus der Märchen- und

Sagenwelt, aus denen jedoch alle unsittlichen, der Götter oder Helden unwürdigen Züge, auch zum Beispiel Schilderungen angeblicher Schrecknisse in der Unterwelt (beim Christentum Hölle) zu verbannen sind. Dann folgt Lese- und Schreibunterricht. Der begeisterungsfähigen Jugend von vierzehn bis sechzehn Jahren werden vor allem Gedichte, namentlich lyrische (Lieder), und die damit verwandte Musik, unter Ausschaltung alles Üppigen und Weichlichen, Leidenschaftlichen und Zweideutigen, als seelische Kost geboten; dem angehenden Jünglingsalter vom sechzehnten bis achtzehnten Jahre die ernsteren mathematischen Wissenschaften, einschließlich Physik und Astronomie. Nur die auf das wahrhaft Gute und Schöne gerichtete Kunst soll zugelassen sein, damit eine ernste, sittliche Gesinnung, eine reine und hohe Gottesvorstellung, eine mutvolle Verachtung des Todes und der vergänglichen Güter des Lebens in den jungen Seelen erzeugt wird. Auch das *weibliche* Geschlecht soll an dieser Erziehung teilnehmen. Plato ist einer der frühesten Vertreter der Frauenemanzipation (das heißt Befreiung des weiblichen Geschlechts aus seiner Sklaverei). Er meint, daß die beiden Geschlechter nur im Grad, nicht in der Art ihrer Kräfte verschieden seien. Deshalb sollen die Mädchen und Frauen auch an den gymnastischen Übungen, gegebenenfalls sogar am Kriege teilnehmen; nur sollen ihnen dabei die leichteren Beschäftigungen zugewiesen werden.

Nach Beendigung des Kursus in Musik und Mathematik erhalten sodann die Achtzehnjährigen, ähnlich wie bis vor kurzem bei uns, eine zweijährige militärische Ausbildung. Darauf tritt eine erste Auslese ein. Die wissenschaftlich weniger Begabten verbleiben im Stande der »Hüter«; die übrigen betreiben fortan die Wissenschaften eingehender und in mehr systematischer Form, etwa wie auf unseren Universitäten. Danach erfolgt eine zweite Auslese: die minder Vorzüglichen gehen nun zu allerlei praktischen Staatsämtern über; die Begabtesten aber widmen sich noch fünf weitere Jahre der Erkenntnis des Seienden (Ideenlehre), um sodann ihrerseits höhere Regierungsämter zu übernehmen. Falls sie sich in diesen fünfzehn Jahren bewähren, sind sie mit fünfzig Jahren reif, unter die Zahl der

»Herrschenden« oder Philosophen aufgenommen zu werden. Ihr Beruf ist von jetzt an die Gesetzgebung und die Überwachung von deren Ausführung. Die von ihrem jeweiligen Amte, zu dem das Los sie beruft, freie Zeit widmen sie weiterer philosophischer Vertiefung.

Damit nun die beiden regierenden Stände, die Philosophen und die Hüter, durch keine persönlichen Interessen an der Hingabe für das Ganze gehindert werden, soll keiner von ihnen eigenes Vermögen besitzen: weder Gold und Silber, noch eine eigene Wohnung, noch Vorratskammern, in die nicht jeder gehen könnte. Den nötigen Lebensunterhalt empfangen sie in bestimmter Ordnung von den Bürgern der erwerbenden Stände in der Weise, daß sie keinerlei Mangel leiden, indes auch nichts für das nächste Jahr übrig behalten. Sie wohnen und speisen gemeinschaftlich. Ebenso sind ihnen auch die Frauen und Kinder gemeinsam, so daß weder ein Vater das eigene Kind kennt, noch das Kind den Vater. Alle bilden eben eine große Familie; teilen soweit wie möglich Freuden und Schmerzen miteinander. Erst ein solcher Zustand, in dem niemand mehr etwas sein eigen nennt als seinen Leib, wird die Befreiung von aller Zwietracht bringen sowie von allen Rechtshändeln, die jetzt um den Besitz irdischer Güter unter den Menschen entbrennen.

Wie man sieht, ein sehr weitgehender Kommunismus, der allerdings nur auf die Angehörigen der beiden oberen Stände sich bezieht, also nur einen *Halbkommunismus* darstellt. Von einer Ausdehnung auf das erwerbende Volk hielt Plato wohl zunächst, wie schon angedeutet, sein aristokratisches Mißtrauen gegen die »von Natur unphilosophische« Masse ab. Dann aber waren ja auch zu seiner Zeit die wirtschaftlichen Vorbedingungen (Großbetrieb usw.) für einen Voll- und Produktionssozialismus bei weitem nach nicht vorhanden. Und die Herbeiführung des neuen Sozialstaates durch völlige Umgestaltung des bisherigen kann er sich eben nur als von oben herunter geleitet vorstellen. Zuerst hoffte er wohl, daß die in seiner »Akademie« in seinem Sinne erzogenen Jünger das neue Geschlecht mit dem neuen Geiste erfüllen sollten; denn Staatsverfassungen wachsen nicht auf den Bäumen, sondern wurzeln in der Sinnesart der Bürger. In diesem Sinne war wohl auch sein bekannter

Satz gemeint: »Nicht eher wird eine Erlösung von den Übeln in den Staaten, ja beim Menschengeschlecht überhaupt eintreten, ehe die Philosophen zur Regierung kommen oder die jetzigen Könige und Machthaber gründlich philosophieren.« Und er hat auch mehrmals – bei dem älteren wie bei dem jüngeren Dionys – einen praktischen Versuch gemacht. Allein seine Hoffnungen, einen ähnlichen politischen Einfluß wie einst der Bund der Pythagoreer in Griechenland (siehe Seite 18) zu gewinnen, schlugen fehl. Dennoch versiegte sein hochgespannter Idealismus nicht. Gegen Ende seines Lebens entwarf er in einem neuen Buche, den »*Gesetzen*«, die Grundzüge eines *zweit*besten Staates, der den bestehenden Verhältnissen besser angepaßt, mehr Aussicht auf Verwirklichung böte.

Er denkt ihn sich als eine Art Agrarkolonie im Innern der großen Insel Kreta, die, nebenbei bemerkt, ebenso wie das alte Sparta in vergangener Zeit allerlei sozialistische Einrichtungen besessen hatte und so einen gewissen Anknüpfungspunkt bot. Das ganze Staatsgebiet ist, ähnlich wie im Sparta des sagenhaften Gesetzgebers Lykurg, in lauter gleiche »Landlose« (5040 an Zahl) für alle Vollbürger aufgeteilt. An die Stelle völliger Aufhebung der Familie für die beiden oberen Stände ist eine sorgfältige Überwachung der Ehen und des häuslichen Lebens aller, an die Stelle der »Ideen«erkenntnis eine mathematisch-musische (siehe oben) Ausbildung nebst einer geläuterten Staatsreligion getreten, an Stelle der »Philosophen« regiert eine Vereinigung der einsichtigsten und bewährtesten Bürger nach geschriebenen, aber fortbildbaren Gesetzen. Mit dieser Abschwächung des Staatsideals der »Republik« sind jedoch andererseits wesentliche *Fortschritte* (in *unserem* Sinne) verbunden. Die starre Trennung der Stände ist gemildert, die Kluft zwischen Herrschenden und Beherrschten beinahe geschlossen; der Wert der wirtschaftlichen Arbeit wird stärker gewürdigt, der Volksbildung *aller* Klassen, nicht zu vergessen der weiblichen Jugend, größere Aufmerksamkeit geschenkt. Der bedeutsamste Fortschritt aber ist der, daß im Gegensatz zum Halbkommunismus der »Republik« der *Vollsozialismus*, das heißt die volle Wirtschaftsgemeinschaft für sämtliche Staatsbürger – zu denen allerdings die unfreien Landarbeiter nicht gehören –

wenigstens grundsätzlich ins Auge gefaßt wird. Jeder soll sein Ackerlos, ja »sich selbst und seine Habe« als »Gemeingut des ganzen Staates« ansehen. Eine Gemeinsamkeit alles Eigentums und der gesamten Bewirtschaftung von Grund und Boden wäre noch »zu groß für das heutige Geschlecht und die Art, wie es aufwächst und erzogen wird«. Es bleibt, zusammen mit der Gemeinsamkeit der Frauen und Kinder und aller Habe, ein Ideal »vielleicht für Götter und Göttersöhne«, von dem der Philosoph nicht weiß, »ob es irgendwo existiert oder dereinst kommen wird« (Fünftes Buch der »Gesetze«).

Wir haben den Hauptinhalt von Platos Staatslehre auch deshalb etwas ausführlicher dargestellt, weil man darin noch einmal den ganzen Plato mit seiner Ideenlehre, Psychologie und Ethik, überhaupt in seiner Eigenart wie in einen Brennpunkt zusammengefaßt erblickt. Die Hoffnung, die er auf seine Schüler setzte, erfüllte sich nicht. Wohl hat die »Akademie« länger als irgendeine andere Philosophenschule, beinahe noch ein Jahrtausend hindurch bestanden. Aber in all dieser Zeit hat sie wohl manchen redlichen Mann, aber keinen einzigen hervorragenden Kopf hervorgebracht, außer dem erst sechs Jahrhunderte später lebenden Plotín. Sie haben sich gerade an das weniger Dauerhafte in ihres Meisters Lehre, an die mystischen Neigungen und pythagorisierenden Gedanken seines Alters, die wir mit Absicht übergangen haben, angeschlossen und außerdem populären praktisch-ethischen Erörterungen sich zugewandt, denen wir in anderem Zusammenhang noch begegnen werden. Der einzige seiner Schüler, der weltgeschichtliche Bedeutung für sich in Anspruch nehmen kann, schlug völlig andere Bahnen ein. Es war *Aristóteles*.

3. Aristoteles (384 bis 322)

bildet so ziemlich in allen Beziehungen das Gegenstück zu seinem Lehrer Plato. Aus dem Mittelstand, in der griechischen Kleinstadt Stagira an der mazedonischen Küste als Sohn des königlich mazedonischen Leibarztes Nikomachos geboren, der übrigens früh starb, trat auch er später etwa acht Jahre in den Hofdienst, und zwar – als Erzieher des später so berühmt gewordenen Kronprinzen Alexander (des Großen), ohne daß dies Verhältnis besondere Spuren bei einem der beiden hinterlassen hätte. Auch in der von ihm 334 zu Athen begründeten und elf Jahre lang geleiteten Philosophenschule, nach den dem Apollo Lykaios geweihten Gymnasium, in dessen schattigen Laubengängen er seinen Schülern, am Nachmittag auch einem größeren Publikum Vorlesungen hielt, *Lyzeum* genannt, scheint er mehr doziert, als nach sokratischer Methode Zwiesprache mit seinen Jüngern gehalten zu haben. Dagegen war er ein vielseitiger Gelehrter, der auf allen Gebieten damaligen Wissens bewandert war. Schon Plato, dessen Unterricht er von 368 bis 347 genoß, soll ihn »»den Leser« genannt haben; er zuerst legte sich eine eigene größere Bücherei an, hat auch schon als Schüler Platos selbständig geschriftstellert und die Redekunst gelehrt. Dagegen mangeln ihm die Kühnheit und Tiefe des Denkens, die einen Plato auszeichneten, dem seine Nüchternheit nicht gerecht wurde. Und ebenso der Idealismus von dessen Wollen. Er bleibt in Sittenlehre und Politik der Mann der »richtigen Mitte«. Trotzdem wurde auch er wegen »Gottlosigkeit«, das heißt Vernachlässigung der Götterverehrung, angeklagt – in Wahrheit mögen ihn wohl in dem nach Alexanders Tod »patriotisch« gewordenen Athen seine Beziehungen zum mazedonischen Königshause verdächtig gemacht haben – und rettete sich nach der benachbarten Insel Euböa. Dort ist er im folgenden Jahre (322) an einer Magenkrankheit gestorben.

Aristoteles' Verdienste liegen vor allem auf einer ganzen Reihe von wissenschaftlichen *Einzel*gebieten, auf denen er als kluger Kopf das Wissen seiner Zeit zusammenfaßte, zum Teil darüber hinausging und Selbständiges geleistet hat. So ist er

1. der Vater der *formalen*, das ist praktisch-schulmäßigen *Logik* geworden. Er zuerst hat die heute in jedem Handbuch der Logik zu findenden Einteilungen der Urteile, Schlüsse, Beweisführungen geschaffen, hat gezeigt, wie eine richtige Definition (Begriffsbestimmung) zustande kommt, hat die Begriffe in zehn »*Kategorien*«, das heißt Hauptgattungen von Aussagen über das Seiende gegliedert, die wir mit ihm selbst entnommenen Beispielen hier an-

führen wollen: 1. Substanz (Ding), zum Beispiel der Mensch, das Pferd; 2. Quantität (Größe), z. B. zwei oder drei Ellen lang; 3. Qualität (Beschaffenheit), z. B. weiß, gebildet; 4. Relation (Verhältnis), z. B. doppelt, größer; 5. Ort, z. B. auf dem Markte, im Lyzeum; 6. Zeit, z. B. gestern, voriges Jahr; 7. Lage, z. B. liegt, sitzt; 8. Zustand oder »Haben«, z. B. ist beschuht, bewaffnet; 9. Tätigkeit, z. B. schneidet, brennt; 10. Leiden, z. B. wird geschnitten, wird gebrannt. Wie man sieht, entsprechen die meisten von ihnen den grammatischen Wortarten. Philosophisch am wichtigsten sind die vier zuerst genannten, besonders der Substanzbegriff. Durch das ganze Mittelalter hindurch, ja noch bis tief in die zweite Hälfte des neunzehnten Jahrhunderts hinein, in den scholastisch-katholischen Seminarien wohl noch heute, hat man nach der aristotelischen Logik unterrichtet, und ein großer Teil der gebräuchlichen philosophischen Kunstausdrücke stammen von ihm. Für die Methode tiefer dringender Wissenschaft reichte allerdings dieses Schema nicht aus, das nur einer autoritätsgläubigen Scheinphilosophie genügen konnte, die nicht neue Wahrheiten finden, sondern nur angeblich vorhandene »beweisen« wollte.

2. Die eigentliche oder »erste« Philosophie des Aristoteles findet man in den vierzehn Büchern seiner »*Metaphysik*«. Der heute so viel gebrauchte Name (wörtlich: »nach der Physik«) rührt von dem rein äußerlichen Umstand her, daß das Werk von einem späteren Ordner seiner Schriften hinter seine »Physik« gestellt wurde. Aristoteles' Grundphilosophie stellt nicht, wie Platos Ideenlehre, zuerst einmal die Frage nach der Gewißheit der Erkenntnis, sondern geht sofort von der gewöhnlichen Vorstellungsweise des Durchschnittsmenschen, den sogenannten Einzeldingen, etwa dem Manne hier oder dem Pferde dort, aus. Von ihnen will sie zum Allgemeinen, vom Zufälligen zum Wesentlichen oder, wie es mit einem dritten ebensolchen Begriffspaar ausgedrückt wird, vom *Stoff* zur *Form* emporleiten. Der Stoff (die Materie) ist das gestaltlos zugrunde Liegende, die Form seine Gestaltung. Das Bauholz zum Beispiel ist die Form des unbehauenen Baumstammes, dagegen wieder, zusammen mit Erde und Steinen, »Stoff« zu einem Haus. Beim

Menschen ist der Leib der Stoff, dessen Form die Seele, die ihrerseits wieder den Stoff für die Vernunft, die »Form der Form« darstellt. Ja, der Stoff sinkt schließlich zur bloßen »Möglichkeit« herab, deren Verwirklichung die Form bildet, wie im Keime schon der zukünftige Baum, im Knaben der künftige Mann steckt. Der Übergang aus der Möglichkeit in die Wirklichkeit geschieht durch Bewegung beziehungsweise Veränderung, deren letzter Grund ein »erstes Bewegendes« ist, das, selbst unbewegt und unbeweglich, unveränderlich, schlechthin vollkommen, unkörperlich, mithin ein vernünftiges Wesen, kurzum der *göttliche Geist* ist, der keinen anderen Zweck außer sich selbst besitzt.

So erscheint hier zum erstenmal in rein begrifflicher Formulierung der *Monotheismus* (Glaube an *eine* Gottheit), wohl mit einzelnen pantheistischen Zügen, aber im ganzen doch im Gegensatz zu Xenophanes *außer*weltlich, im Gegensatz zu Sokrates' und Platos ethischer Auffassung wesentlich verstandesmäßig gedacht: seine Selbstanschauung bildet Gottes einzige Seligkeit. Dagegen sehnt sich die Welt nach ihm, wie das Unvollkommene zu dem Vollkommenen hinstrebt, alles Werden zu seinem Zweck.

Damit sind wir zu dem letzten und wichtigsten philosophischen Grundprinzip des Aristoteles gelangt: dem Zweckbegriff, den eigentlich erst er bewußtermaßen in die Philosophie eingeführt hat. Er tritt damit in offen bekannten Gegensatz zu Demokrits mechanisch-kausaler Erklärung der Natur. So gebraucht er ausdrücklich das Beispiel: das Wasser des Wassersüchtigen fließe nicht aus wegen des ärztlichen Messers, sondern nur durch das Messer wegen der Gesundheit. Auch die Natur schafft nach dem ihr vorschwebenden Zweck die einzelnen Exemplare der Tier- oder Pflanzengattung. Die Blätter der Pflanzen sind zu ihrem Schutz, die Wurzeln zu ihrer Nahrung da; der Zweck des Samenkorns ist der Baum usw. Wo ein Zweck nicht offen zutage liegt, darf man sich ihn erdenken, denn »die Natur tut nichts umsonst«. Keine Frage, daß mit dieser Lehre vom Zweck (Teleologie) ein vielfach nützlicher Gesichtspunkt in die Naturwissenschaft, vor allem die organische, hineinkommt; aber als Erklärung gedacht doch ein Rückschritt hinter die schon von Demokrit gelehrte strenge *Naturnotwendigkeit,* der darum auch von der wiedererwachenden Naturwissenschaft zur Zeit der Renaissance entschieden bekämpft wird und noch den Ärger Goethes erregte.

Seine vier »Grundprinzipien« legt der Philosoph einmal zusammenfassend an dem Beispiel des Hauses dar: den Stoff bilden die Bausteine, die Form der »Begriff« des Hauses, die bewegende Ursache ist der Baumeister, der Zweck das fertige Haus. Es gibt also bei ihm eigentlich vier verschiedene Arten von Ursachen: eine begriffliche, eine Bewegungs-, eine Stoff- und eine Zweckursache. Fragen wir nun nach Sinn und Bedeutung dieser ganzen »Metaphysik«, so fehlt völlig die platonische Frage nach der Gewißheit und den Bedingungen menschlicher Erkenntnis. Dagegen war doch ein wissenschaftlich äußerst fruchtbarer Gedanke in dieser Vorstellungsweise enthalten; nämlich derjenige der *Entwicklung.* Aristoteles' Denken bleibt vielfach in Formeln wie vom »Wesen« der Dinge, in allerlei Gegensätzen befangen, aber es baut doch grundsätzlich eine ungeheure Stufenleiter denkbarer Zustände und Wesen auf, von der »ersten«, noch ungeformten »Materie« bis empor zu den höchsten Formen geistiger Tätigkeit.

3. Dies an sich etwas abstrakte Gedankengerüst bekleiden dann mit Fleisch und Blut seine Schriften aus dem Gebiet der Einzelwissenschaften, vor allem die *naturwissenschaftlichen,* welche die Mehrzahl unter ihnen bilden. Er hat eine Astronomie (»Vom Himmel«), eine Meteorologie, eine Physik, eine Schrift vom Entstehen und Vergehen, eine große Tiergeschichte, eine Schrift über die Seele und eine ganze Anzahl kleiner zoologischer Abhandlungen geschrieben und ist durch sie der Lehrer nicht bloß für seine Zeitgenossen, sondern auch für achtzehn folgende Jahrhunderte geblieben.

Die Welt besteht nach Aristoteles von Ewigkeit her. Ihr vollkommenster Teil ist das Himmelsgewölbe mit seinen von beseelten Geistern gelenkten Fixsternen. Niederer, und zwar nicht bloß im örtlichen Sinne, ist schon die Sphäre (Umkreis) der Planeten, einschließlich Sonne und Mond, am unvollkommensten die Welt »unter dem Monde«, unsere Erde, die gleichwohl den Mittelpunkt des Weltalls bildet. Ihre Urbestandteile sind die vier bekannten, von Empedokles übernommenen Elemente, die beständig ineinander übergehen oder sich miteinander vermischen. Die *Physik* ist die Lehre von der Bewegung oder Veränderung, die in Orts-, Stoffveränderung und Ab- oder Zunahme bestehen kann, und so je nachdem die Grundlage für unsere heutige Mechanik, Chemie, organische Naturwissenschaft bildet. Für die beiden ersteren und ihre mathematische Grundlegung ist jedoch unser ganz vom Zweckgedanken erfüllter Denker wenig interessiert; er bekämpft deshalb auch Pythagoras, Plato und Demokrit. Die Natur ist ihm vor allem ein großer Organismus, eine von dem »ersten Beweger« zweckvoll geordnete Einheit. Sein Hauptinteresse gehört daher der Wissenschaft von den Lebewesen oder der

Biologie. Die niedersten Tiere entstehen ihm zufolge durch Urzeugung aus Schlamm oder tierischen Aussonderungen, die höheren dagegen nur aus gleichartigen. Überall spielt der Zweck hinein. Das Niedere dient stets dem Höheren: die Pflanze dem Tier, das Tier dem Menschen, das Weibliche dem Männlichen (im Gegensatz zu Plato!), der Leib der Seele. Der Leib verhält sich zur Seele wie der Stoff zur Form, das Auge zur Sehkraft. Trotzdem ist auch bei Aristoteles, wie fast bei allen Denkern des Altertums, die

Psychologie nur ein Teil der Biologie. Auch von der Seele gibt es drei Stufen: 1. die Pflanzen- oder vegetative Seele, die bloß der Ernährung und Fortpflanzung dient, 2. die Tier- oder Sinnenseele, 3. die menschliche oder Vernunftseele, der allein die bewußte Erinnerung, das Sicherinnern an etwas zukommt. Er spricht auch, bereits von einer Einheit der Sinnestätigkeit, einer Art Gemeinsinn, dessen Sitz er nur auffallend erweise, damit hinter Demokrit und Plato zurückgehend, statt in das Gehirn in das Herz verlegt! Wie er denn auch auf dem Gebiete der Zoologie trotz seines großen Tatsachensinns und seiner guten Beobachtungsgabe zuweilen noch recht rückständige Ansichten äußert, wie zum Beispiel, daß die Raben durch die Kälte weiß, Rebhühner durch einen von Menschen her streichenden Windhauch befruchtet werden könnten und anderes mehr. Jedenfalls hat er aber, wie auf zahlreichen anderen Gebieten der beschreibenden Naturforschung, so auch auf dem des Seelischen, manche wertvolle Anregungen gegeben und ist so der Begründer der empirischen Psychologie (Erfahrungs-Seelenlehre) geworden. Die dem Menschen eigentümliche Form der Seele ist das Denken oder der Geist. Von dem tätigen unterscheidet er merkwürdigerweise noch einen »leidenden« Geist, welcher einer unbeschriebenen Tafel gleicht, die bestimmt ist, vom »tätigen« Geiste beschrieben zu werden. Erst wenn er losgelöst sein wird von diesem seinem vergänglichen Bruder, wird der reine oder göttliche Geist, der von oben herab in uns gelegt ist, zu seinem wahren Sein gelangen. Ob damit eine persönliche Unsterblichkeit behauptet ist, darüber haben Aristoteles' Anhänger von Anfang an bis in den Beginn der Neuzeit lebhaft gestritten.

Neben der »tätigen« und »leidenden« gibt es drittens noch eine »praktische« Vernunft, die unser Wollen und Handeln lenkt. Damit sind wir auf dem Gebiete der aristotelischen

4. *Ethik.* Aristoteles ringt nicht, wie Plato, mit der Frage: *Gibt* es überhaupt reine Sittlichkeit? Und eine wissenschaftlich begründbare Ethik? Er bekennt, nicht zu verstehen, was »ein Gutes an sich«, was die »Idee« des Guten bedeute. Das Gute ist vielmehr, so beginnt seine für seinen Sohn Nikomachos geschriebene (»nikomachische«) Ethik, in jeder Kunst und bei jedem Tun »das, wonach alles hinstrebt«, mithin der Zweck des betreffenden Tuns: für die Heilkunst die Gesundheit, für die Kriegskunst der Sieg, für die Wirtschaftslehre der Reichtum usw.! Maßstab ist demnach der unmittelbare Nutzen. »Nicht damit wir wissen, was die Tugend ist,« treiben wir Ethik, »sondern damit wir tüchtige Leute werden«. Oberster aller Zwecke, höchstes aller Güter ist die *Glückseligkeit,* die freilich nicht im Sinnengenuß oder im bloßen Besitz äußerer Güter besteht, aber letztere doch mit einschließt. Von den einzelnen Tugenden setzt er die des *Denkens,* als da sind Vernunft, Weisheit, Kunst, praktische Einsicht, über die des *Charakters*: Mannhaftigkeit, Mäßigkeit, Selbständigkeit. Wahrhaftigkeit usw. Eigentlich »denkselig« sind nur die

Götter und die theoretisch begabten Menschen; für die gemeine Masse hat der vornehme Gelehrte wenig übrig. Von den »ethischen« oder Charaktertugenden bildet eine jede die richtige Mitte zwischen zwei zu tadelnden Extremen: so die Tapferkeit zwischen Feigheit und Tollkühnheit, die Mäßigkeit zwischen Wollust und Stumpfsinn, die Freigebigkeit zwischen Geiz und Verschwendung. Der philosophische Wert der aristotelischen Ethik liegt somit nicht in der theoretischen Erörterung, sondern in seiner reichen Menschenkenntnis und guten seelischen Beobachtung. Besonders eingehend erörtert er die beiden Tugenden, welche die sittliche Grundlage des menschlichen Zusammenlebens in Familie und Staat bilden: die Freundschaft und Nächstenliebe und die Gerechtigkeit. Damit stehen wir bei Aristoteles'

5. *Politik oder Staatslehre.* Ist doch die Aufgabe der Ethik nach griechisch-römischer Auffassung nur im Staate lösbar. Von Aristoteles stammt das berühmte Wort: »Der Mensch ist ein staatbildendes Lebewesen.« *Ent*standen um des nackten Lebens willen, *besteht* der Staat zum Zweck des Gutlebens, das heißt, wie wir bereits aus seiner Ethik wissen, des wahren Glückes aller seiner Bürger. Wie Plato, eifert auch er gegen die Gewinnsucht, sofern sie über die Befriedigung des naturgemäßen Bedürfnisses hinausgeht, gegen Kapitalanhäufung, ja gegen den Geschäftssinn überhaupt, der ihm des freien und gebildeten Mannes unwürdig erscheint, und scheut auch vor starken Eingriffen des Staates in das wirtschaftliche Leben nicht zurück. Aber sein Maßstab bleibt doch bei alledem der Durchschnittsmensch, seine Staatskunst wie seine Sittenlehre eine solche der rechten Mitte, die den Anschluß an das historisch Gegebene sucht. Die Abschaffung des Privateigentums geht »Wider die Natur«! Die Tugend bedarf der Muße. Der Schwerpunkt fällt demnach für ihn in den wohlhabenden, rentnerhaften Mittelstand, dessen Angehörige dann freilich gleiche politische Rechte besitzen sollen. Indes gehört zu diesen Vollbürgern nicht der erwerbende und Arbeiterstand. Noch weniger natürlich die Sklaven. Es gibt von der »Natur« zu niedriger Arbeit bestimmte Völker (die »Barbaren«, d. i. Nichtgriechen) und Menschenklassen! Der Sklave ist eine »lebendige

Maschine«, gewissermaßen »ein Teil seines Herrn«; das wird so lange dauern, bis einmal – eine bemerkenswerte Vorausahnung des neunzehnten Jahrhunderts! – Maschinen erfunden sein werden, welche die bisherige Sklavenarbeit verrichten. Zu seiner uns schon bekannten einseitigen Überschätzung des Denkerstandes stimmt es, daß er trotz seiner eigenen freien Anschauung ganz wie gewisse Leute noch heute die bestehende Religion für – »das Volk« erhalten wissen will.

Von Interesse ist seine Lehre von den Staatsverfassungen; den drei zweckmäßigen: Monarchie, Aristokratie, gemäßigte Volksherrschaft und ihren drei Ausartungen: Tyrannis, Oligarchie (Herrschaft von wenigen) und Pöbelherrschaft. Sehr anzuerkennen ist auch hier wieder der scharfe psychologische Blick und die reiche politisch-historische Erfahrung, mit der er Entstehen, Entwicklung und Untergang dieser Staatsformen sowie ihren Übergang ineinander zu schildern weiß. Als Mann der »rechten Mitte« ist er natürlich ein Anhänger der gemäßigten »Volks«herrschaft, die auch wirtschaftlich in der Mitte zwischen Platos Sozialismus und dem radikalen Individualismus oder Liberalismus des »Allesgehenlassens« steht. Und selbst die Verwirklichung dieses seines sehr »gemäßigten« Staatsideals erklärt er für sehr schwierig, »da allezeit nur die Schwächeren, nicht die Mächtigeren sich um Gleichheit und Gerechtigkeit ernstlich kümmern«.

Daß seine »Politik« unvollendet geblieben ist, ist besonders wegen der auf diese Weise fehlenden Lehre von der Erziehung, auf die auch er großen Wert legt, sehr zu bedauern. Auch von seiner

6. *Kunstlehre* ist nur eine »Rhetorik« und die Schrift »Über die *Dichtkunst*« erhalten. Die erstere, die Überzeugung durch Wahrscheinlichkeitsgründe zum Zwecke hat, enthält neben der Behandlung der noch bei Cicero eine Rolle spielenden verschiedenen Redegattungen (Staats-, gerichtlichen und Prunkrede) auch anziehende Ausführungen über die für den Redner in Betracht kommenden Charaktertypen, Stimmungen und Lebensalter seiner Zuhörer. – Von seiner Poetik ist in der Hauptsache nur der die

Tragödie und das Epos (Heldenerzählung) behandelnde Teil erhalten. Ob er bei seiner Trockenheit die Lyrik überhaupt näher erörtert hat? Jedenfalls leitet er die Kunst nicht wie Plato aus der schöpferischen Zeugungskraft des Eros ab, sondern recht nüchtern aus – dem Nachahmungstrieb der menschlichen Natur. Der Zweck der Kunst ist, abgesehen von dem rein praktischen Zweck der technischen Künste, zunächst Erholung und edle Unterhaltung des Geistes, aber daneben doch auch ein höherer: zeitweilige Läuterung und Befreiung der Seele von den sie überwältigenden Leidenschaften, wie in seiner durch Lessings »Hamburgische Dramaturgie« berühmt gewordenen Begriffsbestimmung der Tragödie zum Ausdruck kommt.

Aristoteles' Schule, die von dem Umherwandeln in den Peripatoi (Spaziergängen) des Lyzeums den Namen *Peripatetiker* erhielt, hat zwar noch jahrhundertelang bestanden, aber ebensowenig wie die platonische besonders hervorragende Köpfe hervorgebracht. Gewiß hat sein unmittelbarer Nachfolger Theophrast von Lesbos durch seine *Botanik* das ganze Mittelalter unterrichtet und durch seine Schilderung menschlicher Charaktere in einer besonderen Schrift noch das achtzehnte Jahrhundert unterhalten, hat Aristóxenos, von den Pythagoreern in Tarent herkommend, sich als Theoretiker und Historiker der *Musik* einen Namen gemacht und die Seele einer Harmonie von Tönen verglichen, während Dikäarch von Messana in seiner Kulturgeschichte den *Naturzustand* verherrlichte und die Entwicklung des Privateigentums als Abfall vom Naturgesetz ansah, andererseits Strato der Physiker statt der Zweckbetrachtung eine rein physikalische Erklärung der Natur verlangte und ganz *materialistisch* den Sitz des menschlichen Geistes zwischen die Augenbrauen verlegte. Indessen auf die Entwicklung der griechischen Philosophie haben alle diese Denker keinen Einfluß von Bedeutung gehabt. Die späteren Peripatetiker scheinen sich denn auch fast nur als Philologen betätigt, das heißt mit der Neuherausgabe und ausführlichen Auslegung der Schriften ihres Meisters beschäftigt zu haben.

Um so größer ist dessen Einfluß auf die Folgezeit, namentlich das gesamte Mittelalter, gewesen. Gerade seine nüchterne, niemanden durch allzu scharfe Betonung von Grundsätzen abstoßende, vielmehr sich dem Bestehenden anschmiegende und vermittelnde Art erleichterte diesen Prozeß. Sie kam insbesondere der *Kirche* wie gerufen, als diese sich mit der Zeit nach einer philosophischen Begründung des nicht unmittelbar von der Offenbarung abhängigen Teiles ihrer Lehren umsah. Seit dem achten Jahrhundert unserer Zeitrechnung wurden seine Schriften auch von den Arabern und Juden studiert (siehe viertes Kapitel) und dadurch auch dem Abendlande wieder gründlicher bekannt. So haben wir denn die merkwürdige Tatsache festzustellen, daß der »Heide« Aristoteles geradezu »*der*« Philosoph für die mittelalterliche Kirche geworden ist, daß der größte Meister der Scholastik, Thomas von Aquino, ihn in allen Fragen weltlicher Wissenschaft empfiehlt und auch noch Melanchthon ihn in etwas modernisierter Form auf den protestantischen Hochschulen des sechzehnten Jahrhunderts eingeführt hat. Erst die neuzeitliche Philosophie und Naturwissenschaft, die durch die Namen Descartes, Galilei, Kant bezeichnet wird, macht dieser Autorität ein Ende. Seitdem haben, abgesehen von seinen natürlich unbestreitbaren Verdiensten auf Einzelgebieten, wie der Logik, empirischen Psychologie und Naturbeschreibung, bezeichnenderweise immer nur die Verfechter des Bestehenden oder rückwärts gerichtete Naturen an ihn angeknüpft.

Plato und Aristoteles sind, obwohl unter sich ganz verschieden, die beiden großen Systematiker und sozusagen klassischen Vertreter der griechischen Philosophie. Wir müssen uns nun zunächst wieder zu der Zeit um Sokrates' Tod zurückwenden, um die Entwicklung der griechischen und später römischen Philosophie außerhalb dieser beiden klassischen Denker zu verfolgen.

Drittes Kapitel. Griechisch-römische Lebensphilosophie

Im Unterschied von der durch Plato und Aristoteles gepflegten systematischen Behandlung wenden sich andere von Sokrates ausgehende Denker nur *einer* Seite der von diesem geübten Betrachtung, nämlich den Fragen des sittlichen Lebens und Handelns zu. Sie fragen: Zu welchem Zwecke *lebt* der Mensch? Welches ist das *höchste Gut*, nach dem er streben soll? Und wie gestaltet er demgemäß sein Leben am zweckmäßigsten? Wir gruppieren sie der Einfachheit wegen nicht zeitlich, sondern nach ihrer sachlichen Verwandtschaft, und erhalten so drei Gruppen: I. die *Cyrenaiker* und *Epikureer*, II. die *Zyniker* und *Stoiker*, III. die *Skeptiker* und *Eklektiker*. Sie werden uns dann zugleich auch auf den Boden des *römischen* Weltreichs führen.

1. Die Cyrenaiker und die Epikureer

1. Aristipp und die Cyrenaiker

Am wenigsten mit Sokrates' innerstem Wesen gemein hat der mit ihm im Umgang gewesene, aber theoretisch schon vorher, von dem Sophisten Protagoras beeinflußte *Aristipp* (435 bis 355) aus dem reichen und genußliebenden Cyrene in Nordafrika, ein geistreicher Lebemann, wie ihn Wieland in seinem gleichnamigen Roman schildert. Ihm ist der höchste Lebenszweck die *Lust*, das eigene Wohlbefinden, wie es die Natur schon Kinder und Tiere lehrt: Genieße froh die Gegenwart, mache dir keine Sorge um Vergangenes oder Zukünftiges! Als Sokrates ihn einmal fragte, ob er lieber zu den Regierenden oder den Regierten gehören möchte, erwiderte er nach Xenophon: »Zu keinen von beiden«: er zieht es vor, sich von den öffentlichen Angelegenheiten überhaupt fernzuhalten, da sie nur Pflichten und Mühen bringen. Natürlich wird der Weise nicht die gröbste, sondern die am wenigsten üble Folgen, dagegen die längste Dauer versprechende Lust wählen; man muß dabei – das ist denn doch *ein* sokratischer Gedanke – der Einsicht folgen, auch die Herrschaft über den Genuß in der Hand behalten. In Aristipps Sinne ist Tugend *Genußfähigkeit*. Das war freilich nur eine Lebensphilosophie für wohlhabende Leute.

Aristipps Lehre hielt sich noch länger in Cyrene, daher ihr Name, unter allerlei Modifikationen (Umänderungen im einzelnen). Bei einem seiner Nachfolger, Hegesias, schlug ihre Genußfreudigkeit in das Gegenteil, den *Pessimismus*, um. Da die gerühmte Glückseligkeit nur selten erreichbar ist, müsse man sich mit Gleichgültigkeit gegen alle Launen des Geschicks wappnen, und gelinge auch das nicht, das in diesem Falle wertlos gewordene Leben lieber wegwerfen. Hegesias' Vorträge in Alexandrien sollen schließlich verboten worden sein, weil sie viele Zuhörer zum Selbstmord getrieben hätten.

In verfeinerter Gestalt erscheint die cyrenaische Genußlehre wieder bei dem fast ein Jahrhundert nach Aristipp lebenden

2. Epikur (341 bis 270) und seiner Schule

Epikur, ein Schulmeistersohn aus Samos, begründete 306 seine Genossenschaft, der auch Frauen angehörten, in seinem Garten bei Athen. In ihren Reihen herrschte ein heitergeselliger Ton, ohne Sittenlosigkeit: mit Unrecht ist Epikurs liebenswürdiger persönlicher Charakter namentlich von den Kirchenvätern und ihnen folgend dem ganzen christlichen Mittelalter verdächtigt worden, bis er und seine Lehre ihre Rettung beziehungsweise Wiedererstehung um die Mitte des siebzehnten Jahrhunderts, also nach zwei Jahrtausenden, durch Gassendi erlebten.

Die Epikureer treiben wieder Erkenntnislehre, Psychologie und Naturphilosophie, in letzterer dem demokritischen Atomismus folgend mit gewissen Abweichungen im einzelnen, über die Karl Marx im Jahre 1841 seine Doktorarbeit geschrieben hat. Allein die Hauptsache ist ihnen doch die Frage nach dem höchsten Gut, mithin die *Ethik*.

Freilich die *Religion*, wenigstens die der Menge, spielt in dieser Ethik keine Rolle. Marx nennt in seiner Arbeit Epikur den »größten griechischen Aufklärer« und zitiert in dem Vorwort den Satz Epikurs: »Gottlos ist nicht, wer die Götter der Menge verachtet, sondern wer den Meinungen der Menge von den Göttern anhängt.«

Da diese Götter »in den Zwischenräumen der zahllosen Welten in seliger Ruhe sich selbst genügend« leben und in Natur und Welt nicht eingreifen, da ferner die menschliche Seele nach dem Tode mit dem Körper sich in ihre Atome auflöst – wir brauchen deshalb den Tod nicht zu fürchten, denn solange *wir* da sind, ist der Tod nicht da, und sobald *er* da ist, sind *wir* nicht mehr –, so kommt es für den Menschen darauf an, auf dieser Erde ein möglichst *glückseliges Leben* zu führen. Dabei soll jedoch die vernünftige Einsicht bestimmend sein, der Geist das »Fleisch« – hier findet sich das im Neuen Testament so oft gebrauchte Wort zum ersten Male statt »Körper« – beherrschen. Der Weise beneidet bei Wasser und Brot selbst Zeus nicht. So geht Epikur zwar von dem Egoismus, das ist dem Glücksgefühl des eigenen Ich, aus, aber sein Idealbild unterscheidet sich nicht allzu weit von dem seiner philosophischen Gegner, der Stoiker, insofern auch er unerschütterliche Ruhe des Gemüts bei allen Wechselfällen des Lebens als das zu erstrebende Ziel hinstellt. Dagegen fehlt allerdings der strenge Pflichtgedanke der Unterordnung des einzelnen unter das Allgemeine. Von den Staatsgeschäften hält man sich am besten der damit verbundenen Sorgen halber ganz fern, ja auch von der Eheschließung und Familiengründung. Ohne sie lebt man in größerer Ruhe und Ungestörtheit in ruhig stiller Verborgenheit ein heiter gelassenes Leben, das die Freundschaft hochhält, Milde gegen die Sklaven, Wohlwollen gegen alle Menschen übt und schließlich gestattet, unerträglichen Leiden durch freiwilligen Tod ein Ende zu machen. Der Zweck des Staates besteht bloß in der Sicherung der Gesellschaft gegen das Unrecht, von dem die große Menge nur durch Strafen zurückgehalten werden könne.

2. Die Zyniker und die Stoiker

1. Die Zyniker: Antisthenes und Diogenes

Wie man sieht, war das Lebensideal Epikurs nur eine gemäßigte Ausgabe des cyrenaischen, auch in der Geringschätzung des Wohlhabenden gegen die Masse. Anders bei den Zynikern, deren Lebensphilosophie auf den ersten Blick als eine solche des *Proletariats* erscheinen könnte.

Der Begründer dieser Richtung, der Athener *Antisthenes* (440 bis 370) war denn auch selbst arm und fühlte sich als Vertreter der niederen Klasse, der er angehörte. Von einer thrazischen Mutter stammend, also nur Halbblut, erklärt er Familie, Staat und Vaterland, aber auch Vermögen, Ehre, ja sogar Gesundheit und Freiheit für gleichgültige Dinge.

Es gibt ihm zufolge nur *eine* Tugend für Mann und Weib, Herrn und Knecht, und sie besteht in der freiwilligen Enthaltsamkeit von allen diesen Gütern, kurz in der *Bedürfnislosigkeit*. Rückkehr von der überfeinerten Kultur, die zu seiner Zeit besonders in reichen Handelsstädten wie Athen und Korinth Platz gegriffen hatte, zu Natur, Abhärtung, ehrlicher Arbeit ist seine Losung. Vom Wissen hielt er nichts. Vielleicht hatte ihn sein Lehrer Gorgias zu völligem Zweifel an aller Wissenschaft geführt. Antisthenes aber zog daraus, ein antiker Rousseau, den Schluß, daß alle Wissenschaft, die nicht auf das Praktische gehe, eitler Tand sei, alle darauf erbaute Kultur nur ins Verderben führe. Zur reuelosen Lust führt allein die *Tugend*, und diese besteht in der sokratischen Kraft der *Selbstbezwingung*. Sklave ist bloß, wer sich von seinen Lüsten beherrschen läßt. Auch hatte er den Mut, die Volksreligion offen zu verwerfen oder doch die Götter- und Heroensagen im Sinne eines reinen Monotheismus, des Glaubens an die eine Gottheit, umzudeuten.

Fast karikiert erscheint, wenn man den Anekdoten der Überlieferung glauben will, Antisthenes' Lehre und die ihr gemäße Lebensführung in der Gestalt des *Diogenes* aus Sinope in Kleinasien, der später in Korinth lebte und dort 323 starb. Bekannt ist er als der rauhe Sonderling, der umsonst mit der Laterne nach wahren »Menschen« suchte, der, vielleicht mit Absicht gerade in der reichsten und üppigsten Stadt Griechenlands, ein bewußtes Bettlerleben ohne feste Wohnung, mit dürftigstem Gerät, dürftigster Nahrung und Kleidung führte und von dem mächtigen König Alexander als einzige Gunst erbat: Geh' mir ein wenig aus der Sonne! Gewiß, nach dem Derwisch in Lessings »Nathan« ist »der wahre Bettler einzig und allein der wahre König«; aber doch nur im Sinne vollendeter Unabhängigkeit von aller Welt, Personen wie

Dingen. Und um dieser willen braucht man durchaus nicht auf alle Segnungen der Kultur zu verzichten und »in einer Tonne zu leben«, wie es der willensstarke, derbwitzige und immer schlagfertige Weise in Korinth getan haben soll. Jedenfalls kann eine solche Bettlerphilosophie keine Lebensphilosophie des arbeitenden Proletariats sein. Und von Sozialismus ist dabei erst recht keine Spur vorhanden; es wäre bestenfalls nur eine Gemeinsamkeit nicht des Besitzens, sondern des *Nicht*besitzens.

Anerkennenswert ist andererseits die Selbstbeherrschung, Einfachheit, Abhärtung dieser *Zyniker*, deren Name höchstwahrscheinlich von dem Gymnasium Kynosárges herrührt, in dem Antisthenes lehrte, nicht von der »hündischen« Lebensweise, derentwegen sie von ihren Gegnern verspottet wurden. Lobenswert in unserem Sinne ist ferner ihr ganz ungriechisches Eintreten für die Aufhebung aller trennenden Schranken der Stände, der Nationalität und des Geschlechts sowie ihre geläuterte religiöse Anschauung, die sie in der Ausübung der Tugend den wahren Gottesdienst erblicken ließ. Dagegen ging ihre Verwerfung aller Kultur und Verherrlichung des »Naturgemäßen« vielfach, namentlich in geschlechtlicher Beziehung, doch ins Rohe über, so daß die Worte »zynisch« und »Zynismus« heute zur Bezeichnung des Schamlosen in Wort und Handlung geworden sind. Für die Wissenschaft haben sie so gut wie nichts geleistet. Dagegen mag ihr freies Bettlerleben in selbstgewählter Bedürfnislosigkeit manchen der überfeinerten Kultur Überdrüssigen angezogen haben, wie denn der vornehme und reiche Thebaner Krates sich seinem Meister Diogenes zuliebe freiwillig seines Reichtums entäußerte und seine ebenso vornehme wie geistreiche Geliebte Hipparchia sein Bettlerleben teilte.

Auch die Ethik der Zyniker, die trotz aller Gegensätze grundsätzlich mit der ihrer cyrenaischen Gegner auf dem nämlichen Boden steht, dem des höchsten Gutes oder der Glückseligkeit, ersteht bald darauf wieder in gemäßigterer Form: in der *Stoa*.

2. Die Stoiker

Ihr Name stammt von der mit Gemälden geschmückten »bunten« Halle (Stoa) in Athen, wo der Stifter der Schule, Zeno (336 bis 264), lehrte. Er stammte, wie dies übrigens für fast alle dieser nachsokratischen Denker zutrifft, wenn sie auch in der alten Philosophenstadt Athen ihre Lehrwirksamkeit entfalten, nicht aus Griechenland selbst, sondern aus Kleinasien. Die Namen der ihm folgenden Schulhäupter interessieren uns nicht.

Die Hauptsache ist auch bei den Angehörigen der Stoa die *Ethik*, das heißt die Lehre vom höchsten Gut, das ihnen freilich nicht ohne vorangehende Logik oder Erkenntnislehre wissenschaftlich möglich dünkt. Indes die *Logik* ist innerhalb des philosophischen Systems nach ihrer Ansicht doch nur der Umzäunung eines Gartens zu vergleichen, dessen Bäumen die Naturlehre *(Physik)* ähnlich ist, während das Wertvollste, die Früchte, erst die Ethik bringt. Wir können daher ihre wenig eigenartige Logik übergehen und weisen auch nur kurz auf ihre monistische, nahezu materialistische Naturlehre hin, die sie dann gleichwohl mit allerlei an Aristoteles erinnernden Zweckgedanken und mit einem pantheistischen Gottesglauben zu vereinigen wußten.

Ihre Sittenlehre gründet sich auf den stärksten und ursprünglichsten Trieb des Menschen: den der *Selbsterhaltung*, wendet ihn jedoch alsbald ins Sittliche. Der *Natur* gemäß heißt zugleich der *Vernunft* gemäß, *sich selbst*, seinem innersten Wesen *getreu* leben. Die Tugend wird in scharfem Gegensatz der Lust entgegengestellt; sie allein reicht aus zur Glückseligkeit und ist durch Wissen zu erlangen. Besonders stark, stärker als bei allen früheren Denkern außer Sokrates, tritt der *Pflicht*gedanke hervor. Höchstes Ziel des einzelnen muß es sein, aus freier Wahl aufzugehen im Allgemeinen.

Der Weise oder Tugendhafte (das ist nach stoischer Auffassung dasselbe) ist frei von allen Leidenschaften: Lust und Trauer, Furcht und Begierde, die als unvernünftige Regungen der Seele zu bekämpfen sind (stoische *Apathie*). Alle äußeren Güter, ja selbst das Leben sieht der stoische Weise, ähnlich wie die uns schon bekannten

Zyniker, die denn auch bei der Stoa in hohem Ansehen standen, als gleichgültig an. Der Weise allein ist in Wahrheit frei, reich, glücklich, ein König, ja den Göttern gleich. Der Mensch besitzt entweder alle Tugenden oder gar keine, ist entweder wacker und weise oder ein Tor und Schlechter. Diese starre Trennung konnte freilich gegenüber der tatsächlichen Wirklichkeit nicht aufrechterhalten werden; so schob man denn zwischen Weise und Toren eine Klasse der »Fort-schreitenden« ein. Auch machte man allmählich einen doch sittlich recht bedenklichen Unterschied zwischen dem unbedingt Gebotenen und dem bloß »Angemessenen«, wie denn die Stoa später besonders stark in moralischer Kasuistik, das heißt in der Aufstellung und Ent-scheidung von Fällen war, wo ein Konflikt zwischen verschiedenen Pflichten vorzuliegen schien. (Zu solcher Kasuistik gelangt leicht, wer sich allzuviel bloß theoretisch mit Moralvorschriften beschäftigt, vergl. die Scholastik des Mittelalters, den Jesuitismus der Neuzeit!)

Auch der Standpunkt der Selbstgenügsamkeit (»Autarkie«) des einzelnen Weisen konnte nicht starr festgehalten werden, da er dem anderen Grundsatz von dem Aufgehen ins Allgemeine widersprach. So wurden denn Freundschaft, Ehe und Staat nicht verworfen, sofern sie sittlich gestaltet sind. Im Grunde kann es freilich, da nach stoischer Anschauung in allen Menschen die gleiche Vernunft lebt, nur *ein* Gesetz, *ein* Recht, *einen* Staat geben. Alle Menschen sind Brüder, der echte Stoiker folglich *Kosmopolit* (»*Weltbürger*«). Schon der Stifter der Stoa (Zeno) hat das Ideal eines *Weltstaats* entworfen, in dem keine Gerichtshöfe, Tempel, Gymnasien und – Tauschmittel mehr nötig sind: eine Mischung also von anarchistischen und sozialistischen Gedanken, die insofern auch in einem losen Zu-sammenhang mit der Wirklichkeit standen, als um diese Zeit (300 v. Chr.) das nationale Dasein Griechenlands aufgehört und dem Weltreich Alexanders und seiner Nachfolger Platz gemacht hatte. Jedenfalls hat die stoische Lehre vom »Naturrecht« viele Jahr-hunderte lang bis tief in die Neuzeit hinein das europäische Denken beherrscht. In religiöser Färbung werden wir der Philosophie der Stoa auf dem Boden des römischen Kaiserreichs wieder begegnen.

3. Skeptiker und Eklektiker

Von den sich vielfach heftig untereinander befehdenden »Schulen« der Akademiker, Peripatetiker, Stoiker und Epikureer behauptete jede, im Besitz der wahren Lebensweisheit zu sein. Demgegenüber mußte der bereits in der Sophistik (Gorgias, die »Eristiker« mit ihren Trugschlüssen!) so stark aufgetretene Zweifel (*Skepsis*, eigentlich die bezweifelnde Erwägung) aufs neue sich regen, zumal da die politische und wirtschaftliche Zerrüttung der griechischen Welt, trotzdem ihre Kultur einen großen Teil des Morgenlandes erobert hatte, vom dritten vorchristlichen Jahrhundert ab immer stärker wurde. Man unterscheidet eine ältere, mittlere und jüngere Skepsis.

Die Vertreter der ersteren sind zwei Südgriechen: ein gewisser Pyrrhon (gest. 275) aus Elis und sein Schüler Timon aus Phlius bei Korinth (gest. 235). Auch für diese Skeptiker, die naturphilosophisch an *Demokrit* angeknüpft zu haben scheinen, besteht, wie für den letzteren und eigentlich für alle die genannten Philosophenschulen, das höchste Gut in der unerschütterlichen *Seelenruhe*. Nur glauben sie auf viel einfacherem und unmittelbarerem Wege zu diesem Ziele gelangen zu können, nämlich durch das »Ansichhalten« des Urteils, das den Geist von verwirrenden und beunruhigenden Irrtümern befreit. Die Beschaffenheit der Dinge an sich, so lautet ihre Lehrmeinung, ist uns durchaus unbekannt. Wir dürfen deshalb nie etwas mit Sicherheit behaupten wollen, sondern höchstens sagen: »Es *scheint* mir so«, müssen also mit unserem Urteil an uns oder zurückhalten. Darum scheinen doch diese älteren Skeptiker ernste Wahrheitsucher gewesen zu sein, die in den positiven Wissenschaften erfahren waren.

Stärker scheint die Zweifelsucht in der sogenannten »*mittleren*« *Akademie*, das heißt den Platonikern des dritten und zweiten Jahrhunderts v. Chr., gewaltet zu haben, über die wir in der Hauptsache nur durch Cicero, freilich unvollkommen, unterrichtet sind. Von ihnen soll unter anderen Arkesilaus sogar seinen eigenen Satz, daß wir nichts wissen können, wiederum anzuzweifeln zu müssen geglaubt haben, während er nach Sextus Empirikus (Seite 64) damit nur seine Schüler hätte auf die Probe stellen wollen. Und Karneades, der doch – zuerst, soviel bekannt – eine Theorie der *Wahrscheinlichkeit* aufgestellt hat, soll nach dem Kirchenvater Laktanz an einem Tage eine Rede für die Gerechtigkeit, am folgenden eine dagegen gehalten haben. Daß er dem stoischen Beweis für das Dasein Gottes aus der zweckmäßigen Einrichtung des Weltalls das Vorhandensein der Übel in der Welt und andere Widersprüche entgegenhielt, mochte sein Andenken freilich der Kirche nicht empfehlen.

Die »neueren« Akademiker, die Cicero 87 in Rom und 79/78 zu Athen hörte, gaben die Skepsis auf und führten statt dessen einen flachen *Eklektizismus* (wörtlich: »Auswahl«-Philosophie) ein. Die Wahrheit liege in dem, worin alle echten Philosophen übereinstimmten, was in allen Hauptpunkten bei Platonikern, Aristotelikern und Stoikern der Fall sei. Wir werden diesem Eklektizismus vor allem bei Cicero wieder begegnen, wollen jedoch zunächst die weitere Entwicklung des *Skeptizismus* in *Griechenland* zu Ende führen, obwohl wir damit bereits in die nachchristliche Zeit hineinkommen.

Änesidém von Kreta, der im ersten Jahrhundert vor oder um die Zeit vor Christi Geburt lebte, knüpft an die ernstere Lehre des älteren Skeptizismus wieder an. Wenn er zehn verschiedene Arten, den Zweifel zu begründen, aufstellt, so will er damit eigentlich nur die *Bedingtheit* alles menschlichen Erkennens durch die Verschiedenheit der Zustände, Gegenden, Bildung, Sitten, Sinneswerkzeuge usw. beweisen in bewußtem Anschluß an Heraklits Lehre vom ewigen Fluß aller Dinge. Das Denken *dieser* Skeptiker ist ernstlich auf Erforschung der Wahrheit gerichtet, die sie nicht, wie Gorgias, lächelnd aufheben, sondern durch ihr prüfendes Zweifeln, ihre Warnung vor voreiliger Selbstzufriedenheit erst recht begründen wollen. Deshalb nannten sie ihre Lehre auch »Anleitung«.

Diesem Skeptizismus, den wir heute vielleicht eher Positivismus nennen würden, huldigten vor allem die Ärzte und andere Männer der positiven Naturforschung. In dem ägyptisch-griechischen

Alexandria hatte sich um 200 n. Chr. eine förmliche Schule »empirischer *Ärzte*« gebildet, die sich im Gegensatz von »dogmatischer« Erörterung der Krankheitsursachen rein an die Beobachtungen der Erfahrung hielten. Ihr philosophischer Wortführer war einer aus ihrer Mitte: *Sextus* mit dem Beinamen *Empirikus*, dessen uns erhaltene Schriften allerdings durch ihre Trockenheit und Weitschweifigkeit bei allem Scharfsinn enttäuschen. In der Ethik hielten übrigens auch diese jüngeren Skeptiker an der »Ataraxie«, das heißt unerschütterliche Ruhe des Gemüts, als dem höchsten Gute der Seele fest.

4. Römische Philosophen

Mit unseren letzten Ausführungen befinden wir uns, der Zeit wie dem Orte nach, bereits auf dem Boden des römischen Weltreichs. Von einer besonderen römischen Philosophie darf man nicht reden. Eine solche gibt es nicht. Der römische Volkscharakter war von jeher viel zu sehr dem Praktischen, unmittelbar Nützlichen zugewendet, als daß die idealen Geistesmächte, Wissenschaft und Kunst, bei ihm hätten gedeihen können. Philosophie insbesondere galt dem echten alten Römer als unnützer Wortkram oder im schlimmeren Fall gar als religions- und sittengefährlich. Hatte doch der früheste römische Dichter (Ennius) durch ein naturphilosophisches Lehrgedicht und eine Übersetzung der Schriften des griechischen Aufklärers Euemeros »Unglauben« in das römische Lesepublikum hineingetragen. So wurden denn auf Betreiben des bekannten alten Markus Porcius Cato, der den Sokrates für einen mit Recht zum Tode verurteilten Schwätzer erklärte, in den Jahren 173 bis 155 dreimal Senatsbeschlüsse gefaßt, welche die nach Rom gekommenen griechischen Redelehrer und Philosophen aus der Stadt auswiesen. Im letzten Falle war es ein Dreiblatt von je einem bekannten Platoniker, Peripatetiker und Stoiker. Indes durch solche Gewaltmaßnahmen war das Eindringen griechischer Philosophie auf die Dauer nicht aufzuhalten. Insbesondere um den hochgebildeten jüngeren *Scipio*, den Besieger Karthagos (gestorben 129), bildete sich ein Kreis, welcher der neuen Bildung begierig entgegenkam.

Am besten lag dem Staatssinn und der Mannhaftigkeit (*virtus*, das lateinische Wort für »Tugend«), aber auch dem Tugendstolz und der Neigung zu moralischer Kasuistik, die dem echten Römer eigen war, von der griechischen Philosophenschule die *stoische*, zumal in ihrer wesentlich praktischen Ausprägung in der »mittleren« Stoa, die sich geschickt sowohl den anderen philosophischen Richtungen wie der römischen Sinnesweise anzupassen wußte, insbesondere der römischen Rechtswissenschaft und Religion. Zu ihr bekannten sich daher so bedeutende Männer wie Stilo und G. Scävola, »die Begründer der wissenschaftlichen Philologie und wissenschaftlichen Jurisprudenz« (Mommsen). Von dem griechischen Stoiker Panätius, der die Seele dieses Kreises war, stammte wahrscheinlich auch Scävolas, des römischen Pontifex Maximus – d. h. obersten Priesters, heute noch die lateinische Bezeichnung des Papstes – Lehre von der *dreifachen Theologie* der Dichter, Staatsmänner und Philosophen: die sagenhafte Darstellung der ersteren sei unwahr und unwürdig, die zweite, die den herkömmlichen Gottesdienst aufrechthält, unentbehrlich, die dritte vernunftgemäße zwar wahr, jedoch für die Menge – unbrauchbar!

Die philosophischen Lehrer der Römer blieben vorderhand Griechen, die griechisch redeten und griechisch schrieben. So der ein halbes Jahrhundert nach Panätius lebende Posidonius (130 bis 50), eine Art Universalgelehrter, dessen glänzende und vielbesuchte Vorträge auf der Insel Rhodus unter anderen Pompejus, der bekannte römische Feldherr und Politiker, und der berühmte Redner Cicero in ihrer Jugend gehört hatten. Denn es wurde allmählich unter der vornehmeren Jugend Roms als ein Erfordernis höherer Bildung angesehen, nach den Hauptstätten griechischer Weisheit: Athen, Rhodus und Alexandria zu gehen, um dort, wie heute auf der Universität, zu »studieren«. Das bedeutete damals: Belehrung über die Aufgabe des Menschen und den besten Weg zur Glückseligkeit, daneben etwas theoretische Vorbildung für die erstrebte öffentliche Laufbahn in sich aufzunehmen.

Der einzige bedeutendere philosophische Denker, den Rom selbst in seiner republikanischen Zeit hervorgebracht hat, war der jung gestorbene *Lukrez* (Titus Lukretius Carus, 97 bis 55 v. Chr.). Auch er ist kein schöpferischer Philosoph, sondern hat nur die Lehre Epikurs lebendig in sich aufgenommen. Aber sein uns glücklicherweise erhaltenes, in dem uns durch Goethe und Schiller vertrauten Versmaß des Hexameters abgefaßtes großes Lehrgedicht »Über die Natur der Dinge« weiß doch den an sich trockenen Stoff durch inneres Feuer und lebensvolle Schilderungen aus Natur- und Menschenleben in kraftvoll altertümlicher Sprache zu beleben. Als den Uranfang der Dinge sieht er mit Demokrit und Epikur die Atome an, aus denen in bestimmten Verbindungen auch die Empfindungen entstehen, die, wie besonders die Geschlechtsliebe in Buch IV, streng materialistisch erklärt werden. Die Seele ist einerlei mit der Wärme und dem Lebenshauch, der mit dem Tode aus unserem Körper entweicht. Die zweckmäßige Einrichtung der uns bekannten Welt ist nur ein besonderer unter vielen denkbaren Fällen. Nächst ihrer Entstehungsgeschichte wird auch eine höchst interessante Entwicklungsgeschichte der Lebewesen, besonders der Menschheit von ihrem Urzustand an in Sprache, Künsten, Staat und Religion gegeben. Wahre Frömmigkeit besteht nicht in gottesdienstlichen Zeremonien – im Gegenteil, die Religion hat sich nach Lukrez allezeit als eine Quelle von Aberglauben, Täuschung und allen möglichen anderen Übeln auf Erden bewiesen –, sondern darin, daß man »alles mit beruhigtem Geiste zu betrachten vermag«. Ein neuer Beweis der Vereinbarkeit von theoretischem »Materialismus« mit edler sittlicher Gesinnung.

Ein »Philosoph« ganz anderer Art war der berühmte Markus Tullius *Cicero* (106 bis 43), der, nachdem er zum Zweck seiner rednerischen Ausbildung in Athen und Rhodus griechische Professoren der verschiedensten Philosophenschulen gehört, erst in seinen letzten drei Lebensjahren, durch den Umschwung der politischen Verhältnisse zu unfreiwilliger Muße verdammt, eine Menge philosophischer Bücher zusammenschrieb. Über sein Verfahren hierbei bekennt er seinem vertrauten Freund Attikus brieflich sehr offen: »Es sind Abschriften, die mit ziemlich geringer Mühe zustande kommen; ich tue nur die Worte hinzu, die ich im Überfluß besitze.« In der Tat kommt ihm nur das Verdienst zu (falls man es als ein solches betrachten will), seine Landsleute und mittelbar auch uns mit den Nachzüglern der griechischen Philosophie in formschöner, aber auch recht oberflächlicher, öfters auch irreführender Darstellung zuerst bekanntgemacht zu haben. Wir würden uns daher mit ihm überhaupt nicht zu beschäftigen brauchen, wenn er nicht von jeher, beinahe bis zur Gegenwart, ein so großes literarisches Ansehen besessen hätte. Gewiß, er hat einen glänzenden Stil, aber dem entspricht nicht der Inhalt. Schwierige Probleme läßt er am liebsten beiseite, scharfe Begriffsbestimmungen sind seine Sache nicht. Das merken auch schon unsere Primaner, die sich fast sämtlich aus dem römischen Schönredner trotz seiner formalen Vorzüge nichts machen. In der Erkenntnislehre huldigt er der verschwommenen Wahrscheinlichkeitslehre der mittleren und neueren Akademie, die Physik interessiert ihn nur, insoweit sie mit dem Gottesglauben in Beziehung steht. Sein Lieblingsgebiet ist dagegen die Moralphilosophie mit Tugend, Vorsehung und Unsterblichkeit, voll der schönsten Gemeinplätze. Wie es mit seinem Charakter steht, hat sein in allen Farben schillerndes politisches Leben gezeigt, und was von seinen schönen Redensarten von Menschenliebe, Humanität und dergleichen zu halten ist, seine tatsächliche soziale Stellungnahme. Von irgendwelchen sozialen Pflichten der Besitzenden ist in seinem ganzen breitspurigen Buche »Über die Pflichten« kaum je die Rede; dagegen bezeichnet er ebendort das »Gewerbe aller Lohnarbeiter, deren körperliche, nicht geistige Arbeit gekauft wird«, als »eines Freien unwürdig und schmutzig«; denn »der Lohn selbst« ist bei ihnen »nur das Handgeld ihrer Knechtschaft«. Er aber betrachtet die sozialen Verhältnisse lediglich vom Standpunkt der »Gutgesinnten« oder »Besten« (Optimaten), das heißt der herrschenden Klassen: des regierenden Senatoren- und des großkapitalistischen Ritterstandes. Er blieb daher auch trotz seines schwächlichen Charakters immer ein verbissener Feind aller Reformversuche, zumal radikaler Art, der »aufrührerischen« Gracchen und gar des »verruchten« Katilina, denn »was kann es für eine größere Pest geben als Ausgleichung der Güter!« Den armen Quiriten (römischen Bürgern) gönnt er nicht die von einem ihrer Vertreter, der Volkstribunen, geforderten Ackerstellen, wohl dagegen – Gnadenspenden der Aristokratie, Zirkusspiele, den Aufenthalt in der Hauptstadt und auf dem Forum (Markt), das dort auszuübende freie Stimmrecht und – ihre Würde!

Trotz alledem und obwohl bei ihm als philosophischem Dilettanten (bloßem »Liebhaber« der Philosophie) von ernsthafter Methode nicht die Rede sein kann, ist ihm jedenfalls das Verdienst zuzuerkennen, daß er die philosophische Begriffssprache, insbesondere die *termini technici*, Fachausdrücke, für die Römer geschaffen hat. Und da auch er mit seiner Verteidigung der auf der »Übereinstimmung aller Völker« beruhenden göttlichen Vorsehung, Tugend, Willensfreiheit usw. sowie mit seiner ganzen, jede schroffe Hervorkehrung von »Prinzipien« sorgfältig vermeidenden Art, ebensowenig wie Aristoteles, bei der Kirche Anstoß erregte, so ist er nächst diesem der einflußreichste Lehrer des Mittelalters gewesen.

Cicero kann nicht als Anhänger einer bestimmten Schule, sondern nur als *Eklektiker* bezeichnet werden. Ähnlich der Dichter *Horaz*, der sich selbst gelegentlich einmal scherzhaft als »Schweinchen von der Herde Epikurs« verspottet, indes doch das stoische Wort gesprochen hat: »Wenn der Erdkreis zerbrochen wankt, werden seine Trümmer einen Unerschrockenen treffen,« im übrigen »auf keines Meisters Worte schwören« wollte. Von sonstigen bekannten Römern aus Cäsars und Augustus' Zeit werden der junge Cato und M. Brutus als Stoiker, Ciceros Freund Attikus und Cassius als Epikureer, Crassus als Peripatetiker, der gelehrte Vielschreiber Varro als Eklektiker bezeichnet.

Von bedeutenderen *latein*schreibenden philosophischen Schriftstellern und geborenen Römern kommt neben Lukrez und Cicero eigentlich nur noch Lucius Annäus *Seneka* (3 bis 63 n. Chr.), der Erzieher und Minister des Kaisers Nero, in Betracht. Ganz in die Gattung populärer »Lebensphilosophie« gehören seine zahlreichen, meist in Briefform abgefaßten, kleineren Aufsätze über alle möglichen sittlich-religiösen Gegenstände, unter anderem über die Vorsehung, die Standhaftigkeit, die Gemütsruhe, den Zorn, die Milde, die Wohltaten usw. Auch er weiß seine der Stoa entlehnten Gedanken in sehr schöne Worte zu fassen: »Sich selbst getreu sein« ist das Ziel, »Tun, nicht Reden lehrt die Philosophie«. Ganz im Widerspruch zum *Alt*römertum wird Mitleid, Milde, Weltbürgertum, Menschenliebe, ja selbst Feindesliebe gepredigt. Auch die Sklaven sind unsere Brüder, denn ihr Geist wird nicht zum Sklaven. Er ist der große Römer, der sich gegen die grausame Volksunterhaltung der Fechterspiele ausgesprochen hat. Immerhin werden diese edlen Gedanken häufig durch übermäßige Rhetorik und ein gewisses Haschen nach Effekt überwuchert. Bekanntlich hat er sich ja auch als leitender Minister unter Nero von den Versuchungen der Macht nicht freigehalten, indes die Abweichungen seiner Taten von seinen Worten schließlich doch durch einen entschlossenen Tod gesühnt.

Endlich ist bei Seneka noch eine starke *religiöse* Färbung, die dem früheren Stoizismus fehlt, festzustellen, ja sogar eine auffällige Verwandtschaft mit christlichen Gedankengängen. Er ist im Gegensatz zu dem männlichen Selbstvertrauen der alten Stoa tief durchdrungen von dem Gefühl menschlicher Schwäche, sehnt sich nach Erlösung aus den Banden des Leibes und preist den Tod als Erretter von dem Erdenelend, das für uns nur eine Prüfungszeit ist, und als Beginn eines neuen Lebens in einem erhofften besseren Jenseits. Dazu kommt Glaube an Gott als unserem Vater, Ergebung in seinen Willen, Dankbarkeit für seine Wohltaten. In der Tat sind die Übereinstimmungen mit dem Christentum so stark, daß man ihn zum heimlichen Christen hat stempeln wollen und sogar ein erdichteter Briefwechsel zwischen Seneka und dem Apostel Paulus Glaube finden konnte.

Die *religiöse Färbung* des Stoizismus dauert auch nach Seneka noch fort, auch unter den nun wieder griechisch schreibenden Anhängern dieser Richtung. So vor allem in den Schriften des in Kleinasien geborenen und als *Sklave* nach Rom gekommenen, später dort freigelassenen *Epiktét* (um 50 bis 120), der durch die Vorträge des edlen Musonius Rufus für die stoische Ethik gewonnen wurde und diese dann selbständig erst in der Hauptstadt, dann, nach der Vertreibung der Philosophen von dort durch den grausamen Kaiser

Domitian, in der kleinen Hafenstadt Nikópolis in der nord-griechischen Landschaft Epirus lehrte. Er ist ein volkstümlicher Sittenprediger, der wie Sokrates, dem er auch in seinem unschein-baren Äußeren ähnelte (er war überdies an einem Fuße lahm, angeb-lich infolge einer Mißhandlung während seiner Sklavenzeit), seinen Zuhörern ins Gewissen redet und bei ihnen denn auch großen Erfolg hatte. Der Philosoph soll vor allem Seelenarzt sein, das kranke Ge-müt heilen. Wie bei Seneka, den er an Lauterkeit des Charakters übertrifft, finden sich auch bei ihm eine ganze Reihe christlicher Züge, die ich vorzeiten einmal in einer besonderen Abhandlung »Christliche Gedanken eines heidnischen Philosophen« dargestellt habe (»Preußische Jahrbücher«, August 1897). Auch er hat eine reine und hohe Vorstellung von Gott, dessen Kinder wir alle sind, dessen Schickungen wir daher mit Ergebenheit und Geduld ertragen sollen. Er fordert Reinheit der Gesinnung, Mäßigkeit, Barmherzigkeit, Sanftmut und Geduld neben dem Zorn, wo er not tut, ferner all-gemeine Menschenliebe, die sich auch auf die Sklaven erstreckt, zu deren Gunsten Familie, Freundschaft, Staat stark zurücktreten: alles Züge, die ganz unantik sind, vielmehr, wie insbesondere auch das Verbot des Schwörens und des Ehebrechens, an die neutestament-liche Auffassung erinnern.

Dennoch ist ein unmittelbarer Zusammenhang mit dem Christentum, wie er von einzelnen Theologen vermutet worden ist, nicht bloß äußerlich nicht nachzuweisen, sondern auch aus inneren Gründen abzulehnen. Denn im Gegensatz zu der christlichen Offen-barungsreligion ist bei Epiktet die *Vernunft*, im Gegensatz zu dem christlichen Demuts- und Gnadenbegriff bei ihm das rüstige Ver-trauen auf die *eigene* Kraft der alleinige Maßstab. Der Kern seiner Lehre besteht in der Unterscheidung dessen, was *nicht* bei uns steht, dem wir uns ruhig fügen müssen, und dessen, was in *unserer* Macht steht: dessen Bewußtsein uns zu kraftvoller Ausübung des höchsten uns verliehenen Gutes, der Willensfreiheit, anspornen soll. Auch fehlt bei ihm der Glaube Senekas an ein persönliches Fortleben nach dem Tode, und erklärt er auch im Notfall das freiwillige Aus-scheiden aus dem Leben für erlaubt.

Gleichzeitig mit Seneka und Epiktet tauchte übrigens, als Rückschlag gegen die Überkultur und Sittenverderbnis der Kaiserzeit, auch der *Zynismus* wieder auf: zum Teil in edlen, sittlich hochstehenden Männern, zum Teil freilich auch in solchen, die unter seinem Deckmantel müßiggängerischem Schmarotzertum, persönlicher Eitelkeit und ungesitteten Manieren huldigten, wie sie der Spötter Lucian in seinen Satiren ergötzlich beschrieben hat.

Die letzte bemerkenswerte Gestalt unter den Stoikern der Kaiserzeit ist ihr Vertreter auf dem Kaiserthron selbst: der edle *Mark Aurél* (121 bis 180). Seine griechisch geschriebenen »Selbstbetrachtungen« stimmen ihrem Inhalt nach meist mit den »Unterhaltungen« Epiktets überein. Nur macht sich bei dem kaiserlichen Philosophen eine spiritualistische, ja fast mystische Wendung bemerkbar, die den Unterschied zwischen dem Geist und seiner leiblichen Hülle stark betont, den Leser auffordert, sich auf sich selbst zurückzuziehen, mit seinem »Genius« sich zu besprechen.

So leitet er zu der letzten philosophischen Wendung des Altertums über.

5. Die Theosophie des Neuplatonismus. Schluß

Die neue Religion des Christentums hätte ihre weltgeschichtlichen Erfolge nicht oder doch nicht so rasch erringen können, wenn ihr nicht verwandte Strömungen auf dem Boden der antiken Weltanschauung entgegengekommen wären. Wir sahen die Sehnsucht aus dem Ekel an der Gegenwart nach einem rettenden Neuen, das man nicht mehr von der menschlichen Vernunft, sondern von irgendeiner Art übernatürlicher Offenbarung erwartet, bereits mehrfach sich ankündigen. Man griff, und zwar vor allem in der überzivilisierten Haupt- und Weltstadt selbst, aus Überdruß an den bisherigen Weltanschauungen, die sich nicht bewährt zu haben schienen, nach allen möglichen ausländischen Religionskulten: der ägyptischen Isis-, der persischen Mithras-Verehrung, kurz zu Mystik und Aberglauben aller Art. Dem suchte auch die Philosophie ihrerseits, bewußt oder unbewußt, Rechnung zu tragen, indem sie immer stärker in *Theosophie* (»Gottesweisheit«) überging und sich dabei an diejenigen Richtungen altgriechischer Weisheit anlehnte, welche diesem Drange die meisten Anknüpfungspunkte zu bieten schienen: die *pythagoreische* und die *platonische.*

Unsere Darstellung darf sich darüber um so kürzer fassen, als das Eigentümliche dieses Neupythagorismus und Neuplatonismus weniger in philosophischen als theologischen Anschauungen besteht: neben einer rein geistigen Auffassung der Gottheit, Annahme einer Reihe von »Dämonen« oder halbgöttlichen Wesen und Glauben an besonders von Gott begnadete Menschen, wie Pythagoras, Plato und den um 200 n. Chr. das römische Reich durchziehenden Apollonius von Tyana, dem man vielfältige Wundertaten, Jungfrauengeburt, Allmacht und Allwissenheit, Auferstehung, geheimnisvolles Verschwinden von der Erde, wie einem heidnischen Gegenbild Christi, andichtete. Im Sittlichen aszetische Richtung: Unterdrückung des »Fleisches«, der Sinnlichkeit, Enthaltung von Fleisch und Wein, vom Tieropfer, von der Ehe, einfaches Linnengewand, Gütergemeinschaft, wie sie sich ähnlich schon seit etwa 150 v. Chr. bei der jüdischen Sekte der *Essçner* im Ostjordanland gezeigt hatte. Von den gemäßigteren griechischen Neupythagoreern sei hier nur der milde und edelgesinnte *Plutarch* aus Böotien (50 bis 125 n. Chr.) erwähnt, der freilich berühmter durch seine Lebensbeschreibungen bedeutender Griechen und Römer geworden ist. (Karl Moor in Schillers »Räubern«: Mich ekelt's dieses tintenklecksenden Säkulums, wenn ich in meinem Plutarch lese von großen Männern!)

Die eigentliche Theosophie entwickelte sich stärker bei den phantasiereicheren *Morgenländern*. So hatte sich eine Verschmelzung jüdischen und griechischen Geistes vor allem in der großen Handelsstadt an der Nilmündung *Alexandrien* angebahnt, die schon seit dem Verfall des griechischen Mutterlandes, etwa von 300 an, zum Hauptsitz der Gelehrsamkeit wurde und, neben Observatorien, botanischen, zoologischen und anatomischen Instituten, besonders durch ihre weltberühmte Bibliothek glänzte. Hier begegneten sich nicht bloß der Handel und die Sprachen, sondern auch die

Religionen aller Weltteile, hier war schon bald nach Beginn des dritten Jahrhunderts vor Christus das Alte Testament, angeblich von siebzig Gelehrten, daher »Septuaginta« genannt, in die Weltsprache des Griechischen übersetzt worden. Der Verschmelzung jüdischen Denkens mit griechischer Philosophie gibt vor allem der vornehme alexandrinische Jude *Philo* Ausdruck, ein Zeitgenosse Jesu, 25 vor bis 50 nach Christi Geburt lebend, der unter Kalígula als Führer einer jüdischen Gesandtschaft in Rom erschien.

Philo ist zwar in erster Linie Jude, hält nicht bloß den Urtext des Alten Testaments, sondern sogar auch dessen Übersetzung durch die »Siebzig« Wort für Wort von Gott inspiriert (»eingegeben«) und bewundert Moses als größten Philosophen. Aber er verehrt doch daneben auch Pythagoras, Plato und andere griechische Denker und hält sich darum für berechtigt, die Bibel in weitestem Maße bildlich auszulegen. Der Baum des Paradieses bedeutet ihm die Gottesfurcht, Kain die Sophistik usw. Da das wahre Sein, wie er mit Plato anerkennt, im reinen Denken liegt, so muß auch *Gott* als das *eine*, unbeschränkt einfache, gänzlich eigenschaftslose »Seiende« gedacht werden. Gott ist über alles Endliche so erhaben, daß wir nur begreifen können, *daß* er existiert, nicht *was* er ist. Seine Werkzeuge sind die »Ideen«, zum Beispiel die des Wahren, Guten und Schönen, die oft als bloße »Kräfte«, wie seine Macht und Güte aufgefaßt, oft aber auch als seine dienenden Geister (Engel) zu Personen umgestaltet werden. Die oberste, alle übrigen in sich zusammenfassende Kraft, der Vermittler zwischen Gott und Welt, genauer die Gottheit als wirkende und schaffende Kraft, ist der *Logos*, eigentlich Wort oder Gedanke, der auch als erstgeborener »Sohn Gottes«, Tröster, Weltseele bezeichnet wird und so dem christlichen Verfasser des sogenannten Evangeliums Johannis eine willkommene Gelegenheit gab, an diese Lehre anzuknüpfen. Die höchste Aufgabe des Menschen ist, Gott immer ähnlicher zu werden durch den Sieg des Geistes über das Fleisch und Ausrottung der Leidenschaften, womit jedoch mönchische Weltflucht bei ihm nicht verbunden ist. Aber nur durch die Gnade Gottes wird der Mensch gerecht; *er* allein wirkt das Gute in uns. Die höchste Seligkeit, hinter der alles Denken und

Wollen zurücktritt, ist das selbstvergessene Sichversenken in die Gottheit.

Philo hat eine mannigfache Wirkung geübt: auf verschiedene neutestamentliche Schriften (außer auf das vierte Evangelium auch auf die Briefe an die Kolosser, Epheser, Hebräer), auf die christliche Mystik, auf die Methode, religiöse Urkunden zu einem spekulativen System umzudeuten; zunächst aber auf die Philosophie des im dritten nachchristlichen Jahrhundert emporkommenden letzten philosophischen Systems der Antike, den *Neuplatonismus*.

Als Begründer der neuen Lehre gilt der Sackträger Ammonius von Alexandrien (175 bis 242), der bereits im Christentum erzogen war, aber, als er »Philosophie und Vernunft gekostet« hatte, zum hellenischen Glauben zurückkehrte. Das überragende Haupt der Schule jedoch wurde sein Schüler *Plotin* (204 bis 270), der gleichfalls aus Ägypten stammte, aber nach seines Lehrers Tode nach Rom ging, wo er eine eigene Schule begründete und sich durch seine lautere Persönlichkeit wie durch den begeisterten Schwung seiner Lehre in weiten Kreisen, unter anderen auch bei dem Kaiser Galliénus und seiner Gemahlin, große Verehrung erwarb, so daß schon ein Plan entworfen wurde, eine Philosophenstadt Platonópolis (Plato-Stadt) in Kampanien zu gründen, die auch politisch-wirtschaftlich nach Platos Ideal eingerichtet werden sollte.

Gleich Plato schätzt auch Plotin Mathematik und Dialektik, nennt auch er das Denken ein Schauen und ein Erzeugen oder Ge-bären, ist auch er der Meinung, daß alle Dinge, die ganze »Natur« durch das begriffliche Denken erst erzeugt werden. Allein im Unter-schied von Plato, mindestens dem Jüngling und dem Manne, beginnt er wie Philo – und noch entschiedener und bewußt systematischer – mit dem Begriff, mit dem eine besonnene Philosophie allenfalls ab-schließt: dem des *Ur-Einen*, das auch als das *Gute* oder die *Gottheit* bezeichnet wird, und von dessen Beschaffenheit wir uns nicht den geringsten Begriff machen können. Aus der Überfülle dieses Ur-Einen geht durch »Ausstrahlung« zunächst der *Geist* hervor, der in sich schon eine Zweiheit, nämlich ein Erkennendes und ein Erkanntes, begreift und der durch die Ideen, Urbilder und bewegende Kräfte, weiter wirkt. Sein von ihm ausstrahlendes Abbild ist die *Seele*, als Welt wie als Einzelseele die Vermittlerin zwischen der geistigen und der Körperwelt, indem sie nach den von ihr angeschauten Ideen aus der Materie die Sinnenwelt formt: so daß wohl auch zwei Seelen, eine höhere, rein geistige, und eine niedere, die Körperwelt formende, unterschieden werden. Und so folgt – nicht zeitlich, sondern gedanklich – eine unendliche Stufenreihe weiterer »ausgestrahlter« Wesen oder Kräfte, mit stets abnehmender Vollkommenheit bis zur niedrigsten und unvollkommensten, der form- und bestimmungslosen »Materie«. Immerhin vermag auch sie das Bild durchgängiger Harmonie, das die Welt als Ganzes bietet, nicht zu stören.

In der Abkehr von der Einheit zum Zwiespalt und der Vielheit, vom Ewigen zum Zeitlichen, vom wahrhaft Seienden zu dem Nichtigen und Kraftlosen liegt zugleich das Wesen des »Bösen«, das eigentlich nur in dem Mangel des Guten besteht. Damit sind wir bei Plotins *Ethik* angekommen, die ein durchaus idealistisches Gepräge trägt. Das Gute ist um seiner selbst willen zu erstreben, es ist im Grunde, aller Verschiedenheit der Zeiten und Sitten zum Trotz, nur *eines*; selbst Gott wäre ohne Tugend ein bloßer Name; und die Tugend, einerlei mit unserem eigenen Selbst, duldet keinen Herrn über sich. Gleichwohl erhält diese verhältnismäßig selbständige Sittenlehre schließlich eine immer stärkere *religiöse* Färbung. Unser Beruf ist es, unseres Ursprungs eingedenk, mit allen Kräften der göttlichen Urheimat unserer Seele wieder zuzustreben. Das geschieht aber nur durch einen Reinigungsprozeß unseres eigenen Ich, der schließlich zu dem Höchsten, was sich denken läßt, einen Zustand bewußtloser Verzückung (Ekstáse), trunkener Versenkung in die Gottheit, völliges *Eins* werden mit dem Ur-Einen, gelangt, das wir dann in liebendem Schauen genießen. Plotin selber wollte diese höchste Seligkeit nur einmal in seinem langen Leben genossen haben.

Lösen sich so bei Plotin Logik, Physik und Ethik schließlich in religiöse Mystik auf, so fehlt als letzte im Bunde auch die *Ästhetik*, neben dem Wahren und Guten das *Schöne* nicht. Auch hier gilt es emporzusteigen von seinen Abbildern zu dem Ur-Schönen. Die Sehnsucht nach ihm nennt er, wie Plato, den Eros. Die Schönheit liegt in der Bewältigung des Stoffes durch die Idee, dem Durchleuchten des Idealen in der sinnlichen Erscheinung. Der wahre Künstler schafft nicht als bloßer Nachahmer der Natur, sondern nach den in seiner Seele wohnenden Urbildern des Schönen. Freilich im letzten Grunde ist das Ur-Schöne mit dem Guten einerlei.

Die griechische Volksreligion suchte Plotin, ähnlich wie Philo die jüdische, durch geistige Umdeutung ihrer Sagen und Gebräuche mit seiner Lehre in Übereinstimmung zu bringen. Er selbst begnügte sich mit einem inneren Gottesdienst. »Die Götter müssen zu mir kommen, nicht ich zu ihnen,« sagte er, als ihn einst ein Schüler in einen Tempel mitnehmen wollte. Und seine letzten Worte sollen ganz seiner Lehre entsprochen haben: »Ich versuche jetzt das Göttliche in mir zu dem Gott im All zurückzuführen.«

So hat Plotin noch einmal ein großes, tief durchdachtes philosophisches System aufgestellt, das aber doch im letzten Kern mit seiner übertriebenen Abwendung von Welt und Sinnlichkeit etwas Ungesundes enthält, wie es in dem Worte seines Biographen Porphyrius zum Ausdruck kommt: »Es sah aus, als ob er sich schäme, in einem Körper zu stecken.«

Mit Plato ist auch Plotin erst von der Renaissance wieder aufs neue gewürdigt worden. Seine unmittelbaren Schüler und Nachfolger waren unbedeutend. Von ihnen wollte der eben genannte Porphyrius (232 bis 304) des Meisters Lehre nur erläutern und popularisieren. Das folgende Jahrhundert verballhornisierte sie sozusagen. Denn wie soll man es anders nennen, wenn der syrische Grieche *Jamblichus* (gest. 330) Plotins »Ur-Einem« ein noch »unaussprechlicheres« Urwesen voraussetzt und als dessen Ausstrahlungen mit orientalischer Phantasie eine wahre Musterkarte von Gottheiten erfindet: drei intelligible und drei intellektuelle Gotteskräfte (christliche Dreieinigkeit?), dann zwölf himmlische Götter (die olympischen?), die sich weiter zu 36, dann zu 360 vervielfachen;

darauf 72 Arten (!) von unterhimmlischen, 42 von Naturgöttern; endlich ein ganzes Heer von Erzengeln, Engeln, Dämonen und Heroen. Zu seinen Anhängern gehörte auch der edelgesinnte, aber phantastische Kaiser *Julian*, von der Kirche »der Abtrünnige« zubenannt, der noch einmal, aber vergeblich als »Romantiker auf dem Throne der Cäsaren« (361 bis 363), wie ihn D. F. Strauß und Ibsen geschildert haben, den antiken Götterglauben wiederherzustellen suchte, übrigens in dem von seinen Schriften, Briefen und Reden Erhaltenen keine selbständigen philosophischen Gedanken aufweist. Zu dem neuplatonischen Kreise gehört auch die 415 von einem fanatischen Christenpöbel zu Alexandria ermordete jungfräuliche Philosophin *Hypátia*.

Im fünften Jahrhundert setzte sich der Neuplatonismus in der von den alten Philosophenschulen allein noch bestehenden *platonischen* zu Athen fort, wandte sich aber, nachdem der alte Glaube endgültig im Kampfe gegen den »Galiläer« unterlegen war, wieder mehr gelehrter Tätigkeit, insbesondere der Erklärung platonischer und aristotelischer Schriften zu: kurz, es ist »Epigonen«-(Nachkommen-) Tätigkeit. Der bedeutendste dieser Gelehrten ist der Syrer *Próklus* (410 bis 485), der, von plotinischen Grundgedanken ausgehend, drei Entwicklungsstufen alles Seienden: ein Beharren, Hervorgehen und Sichzurückwenden annimmt, dessen System als Ganzes jedoch eine Mischung philosophischen Tiefsinns und dürrer Gelehrsamkeit, dialektischen Scharfsinns und kritiklosen Wunderglaubens bildet. – Der letzte Vertreter eines wieder zur Besonnenheit zurückgekehrten, mit stoischen Anschauungen gemischten Neuplatonismus im weströmischen Reich ist der auf Befehl des Ostgotenkönigs Theoderich hingerichtete, übrigens äußerlich schon dem Christentum angehörige edle Römer *Boëthius* (480 bis 525), der in seinem Kerker, sich selbst zur Tröstung, eine von zwar nicht christlichem, aber doch echt religiösem Geiste durchwehte, in lateinischer Prosa abwechselnd mit Versen gehaltenen Schrift »Über den Trost der Philosophie« niederschrieb, deren Grundgedanke die Überwindung der Leidenschaften durch die Vernunft und das Vertrauen auf die göttliche Vorsehung bildet. In demselben Jahre 529, in dem die Gründung des ersten Benediktinerklosters auf der Höhe von Montecassino (im Neapolitanischen) den endgültigen Sieg einer neuen Weltanschauung verkündete, hob der oströmische Kaiser Justinian die letzte antike Philosophenschule zu Athen als unchristlich auf, zog ihr Vermögen ein und verbot allen weiteren Vortrag heidnischer Philosophie. Die letzten sieben Platoniker – wie am Anfang, so stehen auch am Ende der griechischen Philosophie »sieben Weise« – wanderten nach Persien aus, in dessen Herrscher sie einen Philosophenfreund zu finden hofften, kehrten jedoch bald enttäuscht zurück. Damit schließt die Geschichte der antiken Philosophie, die erst nach beinahe einem Jahrtausend wieder zu neuem Leben erwacht.

B. Die Philosophie des Mittelalters

Viertes Kapitel

Von einer Philosophie des christlichen Mittelalters kann nur in bedingtem Sinne gesprochen werden. Denn wo das Denken von kirchlichen Autoritäten abhängt, baut es sich nicht mehr auf bloßer Vernunft auf. Immerhin läßt die Kirche bis zu einem gewissen Punkte auch heute noch dem philosophischen Denken freien Lauf. Und das Christentum hat überdies, auch in seiner kirchlichen Form, von Anfang an so starken Einfluß auf die europäische Kultur geübt, daß wir das Wichtigste aus diesem langen Zeitraum auch unseren Lesern vorführen zu müssen glauben. Wir können und müssen uns aber dabei kurz fassen.

1. Die Zeit der Kirchenväter (bis etwa 700 n. Chr.)

Das Urchristentum hat weder mit philosophischer Forschung noch mit vernunftgemäßer Weltanschauung etwas zu tun. Im Gegenteil, es zeigt eine deutliche Abneigung gegen die Philosophie, wenn zum Beispiel Paulus an die Kolosser schreibt: »Sehet zu, daß euch niemand als Beute davonführe durch die Philosophie und leeren Betrug nach der Überlieferung der Menschen und den Spuren der Welt und nicht nach Christus!« Eine Abneigung, die von dieser ebenso kräftig erwidert wird. Eine Ausnahme macht nur das übrigens erst um die Wende des ersten Jahrhunderts nach Christi Geburt entstandene vierte Evangelium in seiner Bekanntschaft mit der philonischen Logoslehre (vergl. Seite 74). Wer seinen »Faust« gelesen hat, kennt dessen bekannte Anfangsworte: »Im Anfang war das Wort (der Logos).« Auch die bis etwa 150 in griechischer Sprache schreibenden sogenannten »apostolischen Väter« zeigen philosophisch noch keinerlei Interesse. Ebenso brauchen wir auf die das ganze zweite Jahrhundert durchziehende Bewegung des *Gnostizismus* nicht näher einzugehen. Denn obwohl sie dem »dürftigen« Glauben der Gemeinde eine vergeistigte Erkenntnis (griechisch: »Gnosis«) gegenüberstellen will, ist doch diese »Erkenntnis« so voll von orientalischer Phantastik – die Gnostiker stammen sämtlich aus dem Morgenland – und theologischer Spitzfindigkeit, daß ihre nähere Schilderung nicht in eine Geschichte der Philosophie, sondern der Kirche gehört. Die zugrunde liegenden religionsphilosophischen Gedanken: 1. Entwicklung des Alls aus dem Urgrund in einer unendlichen Stufenreihe, 2. Wiedererhebung der unvollkommenen in Sünde und Verdammnis versunkenen Welt zu ihrem göttlichen Urquell, haben wir zudem in besserer Form bei Plotin kennengelernt.

Sobald jedoch das Christentum weitere Kreise, insbesondere auch die Gebildeten zu ergreifen begann, fühlte man, fühlten diese selbst das Bedürfnis, ihre Religion als mit Vernunft und Philosophie vereinbar, als Religion des Geistes und der Freiheit nachzuweisen: so der um 166 zu Rom als Märtyrer gestorbene Justin und andere »Apologeten«, das heißt Verteidiger der neuen Religion. Für andere freilich, zum Beispiel einen gewissen Hermias, blieben die »draußen«, das ist außerhalb der Kirche »stehenden Philosophen« und ihre Lehre eine Ausgeburt der von gefallenen Engeln mit Erdenfrauen erzeugten bösen Geister! Schärfer als die meisten zieht die Konsequenz der erst im Mannesalter zum Christentum übergetretene, selbst philosophisch gebildete Jurist *Tertullián* (150 bis 220). Es gibt keine Versöhnung zwischen Athen und Jerusalem, »Akademie« und Kirche. Alle weltliche Weisheit ist vor Gott Torheit. Wer das Evangelium besitzt, für den ist Wissenschaft nicht vonnöten. Ein christlicher Handwerker besitzt höhere Gotteserkenntnis als ein Plato. Die göttliche Offenbarung ist nicht bloß über-, sondern geradezu *wider*vernünftig. Die Auferstehung Jesu zum Beispiel ist gerade darum gewiß, weil sie dem menschlichen Verstand unmöglich scheint. Daher der ihm zugeschriebene Satz: »Ich glaube, weil es absurd ist, wider den Verstand geht.« Auch in der Ethik gilt dem leidenschaftlichen, übrigens Latein schreibenden Nordafrikaner der wahre Christ als ein »auf einer gezähmten Bestie (der Sinnlichkeit) reitender Engel«, den jedes Weltamt, zum Beispiel auch der Kriegsdienst, verunreinigt.

Daher war denn auch der Versuch anderer, eine *christliche* Philosophie zu begründen, von vornherein zum Scheitern verurteilt, sei es, daß sie Jesus mit Plato in Übereinstimmung zu bringen suchten, wie nach Justin der maßvolle Clemens von Alexandria (gest. 215), oder gar ein dem Gnostizismus verwandtes, nur von dessen allzu starken Phantastereien gereinigtes spekulatives System errichteten, wie der scharfsinnige Origenes (185 bis 254), der deshalb aus der Kirche ausgeschlossen wurde.

Der berühmteste, einflußreichste und bedeutendste unter den »Kirchenvätern« der ersten sechs Jahrhunderte, den wir eben darum etwas genauer betrachten müssen, ist *Augustinus* (354 bis 430). Sein Leben und seine seelische Entwicklung hat er in seinen, heute in beinahe sämtliche Sprachen Europas übersetzten »*Confessiones*« oder Selbstbekenntnissen selber erzählt, ebenso ungeschminkt wie Rousseau, nur noch rhetorischer als dieser. Als Sohn eines heidnischen Vaters und einer frommen Christin hatte er eine bei seinem leidenschaftlich-sinnlichen Temperament doppelt bewegte innere Entwicklung, auch philosophisch schon verschiedene Standpunkte durchgemacht, ehe er durch den berühmten Bischof Ambrosius in Mailand als Dreiunddreißigjähriger dem Christentum gewonnen wurde. Als Bischof in seiner nordafrikanischen Heimat ist der Sechsundsechzigjährige gestorben, während die Vandalen seine Stadt belagerten.

Augustin geht aus von der *Selbstgewißheit* der inneren Erfahrung. »Gehe nicht nach draußen, kehre in dich selbst ein; im Inneren des Menschen wohnt die Wahrheit.« Das könnte an sich zu dem Subjektivismus oder Kritizismus eines Descartes oder Kant führen und auf religiösem Gebiet zu einem entschiedenen Protestantismus, der keinen anderen Maßstab als das eigene Gewissen kennt. Aber nun kommt die theologische Wendung. Die »ewigen«, »an sich gewissen« Wahrheiten liegen nicht im Menschen, sondern in *Gott*, dem Urquell aller Dinge, der dann ganz neuplatonisch als das höchste Sein und das höchste Gut, die höchste Liebe und die höchste Schönheit bezeichnet wird. Den Kern des menschlichen Wesens sieht Augustin in der Kraft des *Willens*, wie er selbst ihn sich in den leidenschaftlichen Kämpfen seiner nach innerem Frieden dürstenden Seele errungen hatte. Auch das Denken, ja selbst der Glaube an die Gnade Gottes beruht im letzten Grunde ebenfalls auf unserem Willensentschluß. Um so auffallender ist, daß er dann später doch zu einer immer stärkeren Ausbildung der schon in den Briefen des Apostels Paulus verkündeten Lehre von der göttlichen Vorausbestimmung (Prädestinationslehre) kam. Seit Adam hat der Mensch nur noch die Freiheit zum Bösen (Erbsünde), dem die Forderung kräftigen sittlichen Handelns aus der inneren Gesinnung heraus doch widerspricht. Die Tugend ist das mit der Vernunft übereinstimmende Verhalten, das zu ewiger Glückseligkeit führt; nur daß zu den vier platonischen Grundtugenden noch die drei christlichen: Glaube, Liebe, Hoffnung, hinzukommen müssen. Freilich jene innere Gesinnung muß – eine christliche sein. Alle heidnischen Tugenden sind ohne Wert, ja »glänzende Laster«, wenn man nicht den richtigen Glauben besitzt. Und nur die göttliche *Gnade*, auf die wir an sich keinen Anspruch haben, kann uns von zeitlichem und ewigem Verderben erretten. Vermittelt wird sie allein durch die Kirche und deren Sakramente. *Extra ecclesiam nulla salus*, das heißt: Außerhalb der Kirche gibt es kein Heil.

Damit kommen wir schließlich zu Augustins *Geschichtsphilosophie*, die er gegen Ende seines Lebens in seinem Werke »Über den Gottesstaat« niedergelegt hat. Wohl nicht unbeeinflußt von seinen manichäischen Jugendanschauungen – der christliche Perser Mani hatte im dritten Jahrhundert die altpersische Lehre vom ewigen Kampfe zwischen Licht und Finsternis erneuert –, lehrt er, daß seit Weltbeginn das Reich des Teufels und das Reich Gottes miteinander im Kampfe stehen, das heißt der irdische und der Gottesstaat. Jener jagt selbstsüchtigen, irdischen Zwecken nach und ist im besten Fall eine von Gott zugelassene Zwangsanstalt zur Linderung und Bestrafung des Bösen. Der Gottesstaat existiert schon jetzt im Himmel und zieht durch den Arm der Kirche seine auf Erden weilenden Glieder zu sich. Die durch Gottes Ratschluß von vornherein unverbrüchlich feststehende weltgeschichtliche Entwicklung vollzieht sich in sechs Zeitstufen, in deren letzten, mit Christus beginnenden wir gegenwärtig stehen. Das nahe bevorstehende Weltende wird die Gläubigen zur ewigen Seligkeit des himmlischen Jerusalem, die Angehörigen des weltlichen Staates zur ewigen Verdammnis führen. Das ist aus Platos Republik in der kirchlichen Staats- und Geschichtsphilosophie geworden! Von eigentlichem Sozialismus natürlich keine Spur, obwohl er, wie die Mehrzahl der Kirchenväter, wider den mammonistischen Kapitalismus eifert.

Augustin ist durch seine machtvolle Persönlichkeit sozusagen *der* Kirchenvater des christlichen Abendlandes geworden, wie Aristoteles dessen Philosoph; *er* vor allem hat die antike Weltanschauung auf beinahe ein Jahrtausend aus dem christlich gewordenen Europa verdrängt. Ja, seine Wirkungen erstrecken sich noch über die eigentliche römische Kirche hinaus auf Luther und Kalvin, auf die evangelischen Mystiker und die französischen Jansenisten, ja bis in die Gegenwart.

Bald nach seiner Zeit freilich beginnt für die christliche Kultur eine Zeit raschen Hinabgleitens. Während vom Morgenland aus der Islam siegreich vordringt, erscheint im christlichen Westeuropa alles geistige Leben nahezu erloschen. Die kirchliche Gelehrsamkeit geht fast ganz in Zusammenstellung und Ordnung des kirchlichen Wissensstoffs, in der Abfassung geistloser Kompendien (schulmäßiger Lehrbücher) auf. Die »Philosophie« ist endgültig als Schulsache in den Dienst der Kirche getreten. Die Zeit der Scholastik beginnt.

2. Die Scholastik (vom 9. bis zum 15. Jahrhundert)

»*Scholastiker*« hießen ursprünglich die Lehrer der sogenannten »sieben freien Künste«, in denen man im fünften Jahrhundert die bis dahin herausgebildeten Schulwissenschaften zusammengefaßt hatte: dem leichteren »Dreiweg« (*trivium*, daher unser heutiges »trivial« gleich allgemein bekannt, abgedroschen): Grammatik, Arithmetik, Geometrie, und dem schwierigeren »Vierweg«: der Musik, Astronomie, Dialektik und Rhetorik. Dann allmählich alle, die sich schulmäßig mit den Wissenschaften, insbesondere der Philosophie oder, was ja durch das ganze Mittelalter hindurch fast dasselbe ist, mit Theologie beschäftigen; vor allem deren Lehrer an den großen

Universitäten: Paris, London, Köln usw. Die *Scholastik* ist demgemäß eine »Philosophie«, welche die Lehrsätze (Dogmen) der Kirche in ein System zu bringen und mit den Mitteln des Verstandes, namentlich einer haarspaltenden Dialektik, zu begründen und weiter auszubilden strebt. Ihre Sprache ist das die Gelehrten und den Gottesdienst aller christlichen Völker verbindende, also gewissermaßen internationale Kirchenlatein; ihr Musterphilosoph, wie wir wissen, Aristoteles. Wir teilen ihre Geschichte in ihre *Frühzeit* (vom 9. bis zum 12. Jahrhundert), ihre *Glanzzeit* (13. und 14. Jahrhundert) und ihren *Ausgang* (14. und 15. Jahrhundert). Daran schließt sich noch ein Blick auf die, namentlich deutsche, *Mystik* und auf die der Blütezeit vorhergehende *jüdisch-arabische* Philosophie. Wir heben nur die eigenartigeren und selbständigeren Ansätze hervor.

a) Die Frühzeit der Scholastik

Noch einmal, zu Anfang der Epoche, erinnert ein Denker aus dem damals noch nicht Englands Schuldknechtschaft verfallenen, sondern wissenschaftlich glänzenden Irland, Johannes Eriugena (810 bis 877), das heißt der in Irland Geborene, eine Zeitlang unter Karl dem Kahlen Leiter der Pariser Hofschule, an den größten griechischen Philosophen, wenigstens an dessen spätere *neu*platonische Gestalt. Er will noch die »wahre« Autorität mit der Vernunft versöhnen. Für den Wissenden sind Hölle, Himmelfahrt, Paradies, jüngstes Gericht nur Versinnbildlichungen geistiger Zustände. Das Böse ist nur eine aus der Freiheit des Menschen hervorgehende verkehrte Willensrichtung.

Die Kultur der karlingischen Zeit, das heißt derjenigen Karls des Großen und seiner Nachfolger, ging nur zu rasch in Trümmer. Namentlich in den bisherigen Hauptkulturländern Italien und Frankreich war das folgende, das zehnte Jahrhundert eine Zeit tiefster Sittenlosigkeit und Unkultur, während in Deutschland die Taten der Ottonen philosophischer Muße keinen Raum gestatteten. So gerät denn ein geistreicher Gelehrter, wie der um die Wende des Jahrtausends (999 bis 1003) auf den päpstlichen Thron erhobene *Gerbert* von Reims, wegen seiner für die Zeit hervorragenden Naturkenntnisse geradezu in den Ruf eines Zauberers, wie er auch dem zwei Jahrhunderte nach ihm lebenden Albertus Magnus nicht erspart geblieben ist. Vom elften Jahrhundert an macht sich dann innerhalb der Kirche wieder ein wissenschaftlicher und sittlicher Aufschwung bemerkbar. Die Führung übernimmt bis auf weiteres Frankreich. Hier nahm der Abt *Berengar* von *Tours* einen verhältnismäßig freien Standpunkt ein, der anstatt des »tötenden« Buchstaben den Geist der Heiligen Schrift sucht und auch Synoden und Konzile (Kirchenversammlungen) für nicht unfehlbar erklärt, wenn sie gegen die Vernunft und die Wahrheit beschließen, übrigens schließlich doch, wie so viele andere nach ihm, der kirchlichen Autorität »sich löblich unterworfen« hat.

In welchem Übermaß von Spitzfindigkeiten sich die mittelalterliche Scholastik zum Teil ergangen hat, ist oft genug erzählt worden und soll hier nicht wiederholt werden. Ist es doch, um nur ein einziges, allerdings besonders krasses Beispiel zu erwähnen, vorgekommen, daß allen Ernstes die Frage erörtert wurde, ob Christus auch in Gestalt eines Weibes, eines Esels oder eines – Kürbis hätte erscheinen, und in welcher Weise er in diesem Falle die Erlösung hätte vollbringen können. Aber man könnte dem nicht ohne Grund entgegenhalten: das sind nur Auswüchse. Obwohl auch in dem theologischen Hauptwerk des berühmtesten aller Scholastiker, Thomas von Aquino, eine ganze Reihe von Kapiteln von dem Schlaf, der Nahrung und der Verdauung (!) der – Engel handeln! Was für ein unfruchtbares Problem aber, sogar als *Haupt*problem, die scholastische Philosophie vom elften Jahrhundert an bis *heute* beschäftigt hat, zeigt der zu Berengars Zeit zuerst entbrannte und dann das gesamte Mittelalter durchziehende sogenannte *Universalien*streit. Es handelt sich dabei um die von einem Erklärer des Aristoteles aufgeworfene Frage, ob die Gattungsbegriffe (lateinisch: *universalia*), zum Beispiel die Eiche oder das Rind, wirkliche körperliche Dinge oder nur in unserer Vorstellung vorhanden seien. Die eine Partei, die sogenannten *Realisten*, behaupteten, die Gattungsbegriffe seien das Ursprüngliche und Wirkliche, also die wahrhaften Dinge (*res*), welche die Sonderwesen aus sich erzeugten. Ihnen gegenüber behaupteten die *Nominalisten*, daß jene Allgemeinbegriffe bloße Worte *(nomina)* seien, während in Wirklichkeit nur die einzelnen Dinge existierten, von denen eben unser Verstand jene allgemeinen Begriffe abstrahiert (»abgezogen«) habe: eine Auffassung, die uns als die bei weitem natürlichere erscheint. Zwischen beide Parteien schob sich dann später, wie es gewöhnlich zu gehen pflegt, noch eine dritte, vermittelnde Richtung, die sich auf Aristoteles selbst berief, wonach die Gattungsbegriffe zwar eine »reale Existenz« besäßen, jedoch bloß in oder an den Einzeldingen.

Allerdings wurde der Nominalismus dann auch gleich von einem seiner frühesten Verfechter Roscelin gesteigert zu etwas einseitig klingenden Sätzen wie: »Es gibt keine Farben an sich, sondern nur gefärbte Körper« oder: »Es gibt keine Weisheit an sich, sondern nur weise Menschen.« Die hätte ihm die Kirche übrigens wohl hingehen lassen. Daß er indes seine Lehre auch auf die heilige Dreieinigkeit auszudehnen und zu behaupten wagte, die drei »Personen« der Gottheit seien drei getrennte Substanzen, mithin im Grunde drei »Götter«, brachte ihn zwar nicht, wie im sechzehnten Jahrhundert Servet zu Genf, auf den Scheiterhaufen, brach ihm aber insofern den Hals, als er zum Widerruf gezwungen wurde; worauf dann lange Zeit der »Realismus« allein das Feld behauptete.

Im übrigen erörterte man in der Hauptsache doch eigentlich nur *theologische* Probleme. So verdankt der »heilige« *Anselm* von Canterbury (1033 bis 1109) – Sohn eines norditalienischen Edelmannes, dann Abt eines französischen Klosters, schließlich Erzbischof des vornehmsten englischen Sprengels, die Kirche war also schon damals recht international – seine in kirchlichen Kreisen bis zur Gegenwart fortdauernde Berühmtheit nur zwei theologischen Lehrstücken: 1. dem sogenannten »ontologischen«, aus dem bloßen Begriff des »Seins« geschöpften vermeintlichen *Beweis* für das *Dasein Gottes*; 2. seiner auch heute noch von der gesamten katholischen und evangelischen Orthodoxie (Rechtgläubigkeit) als Kernstück festgehaltenen Lehre von der logischen Notwendigkeit der »stellvertretenden Genugtuung« oder des *Opfertodes Christi*, wonach bekanntlich Gott-Vater als unbarmherziger Richter auf einer Buße der Menschheit für ihre ungeheure Sündenschuld von Adams Zeiten her bis in alle Zukunft besteht und dann den »stellvertretenden« freiwilligen Opfertod des von ihm selbst auf die Erde entsandten Gottmenschen Christus als ausreichende Sühne dafür annimmt.

Von den zunächst folgenden Denkern erweckt philosophisch wie menschlich die größte Teilnahme der Südfranzose Peter *Abälard* (1079 bis 1142), der sich durch den unglücklichen Liebeshandel mit seiner klugen und schönen Schülerin Heloise (er wurde zur Strafe für die von der Kirche verbotene Liebe von deren grausamem geistlichen Oheim bekanntlich entmannt) für alle Zeiten bekanntgemacht hat. Er wagte es, gegen die bisher von der Kirche geübte Methode bis zu einem gewissen Punkte sich aufzulehnen, indem er meinte, die Vernunft sei doch schließlich dem Menschen von Gott zum Guten verliehen. Auch der Zweifel habe seinen Nutzen, denn er führe zur Forschung und diese zur Wahrheit. Auch er macht freilich die in den Augen des modernen Menschen nicht mehr haltbare Unterscheidung zwischen dem »Aufgeklärten« und der »beschränkten Fassungskraft« der Menge. Der erstere dürfe sich die Bibel geistig auslegen. Ihm bedeute zum Beispiel die Himmelfahrt nur die Erhebung der Seele zum Himmlischen, die Dreieinigkeit Gottes Eigenschaften: Macht, Liebe und Weisheit, und ähnliches. Er verstand es auch, seine aufklärerischen Gedanken in eine schriftstellerische Form zu kleiden, die ihn vor den gröbsten Angriffen der Gegner sicherte. So stellte er in seinem Buche »*Sic et non*«, das heißt »Ja und nein«, die Ansichten der bedeutenderen Kirchenväter *für* und *gegen* einander gegenüber, es dem Leser überlassend, die Widersprüche zu lösen. Und in seinem »Dialog zwischen einem Christen, Juden und Philosophen« brauchte er seine eigenen Ansichten, wenn sie zu frei waren, nur dem letzteren, das heißt dem konfessionslosen Freidenker, in den Mund zu legen. Älter als die Offenbarung ist nach diesem das natürliche Sittengesetz, das von Christus nur wiederhergestellt worden ist. Gegenüber Anselms Sühnetheorie hebt Abälard die Macht der erlösenden Liebe hervor. Am Schlusse finden sich alle drei Gesprächführenden zusammen auf dem Boden des Sittengesetzes und des allgemeinen Menschentums. Die Ethik hat er dann auch noch in einer besonderen Schrift »Erkenne dich selbst!« behandelt, die den Hauptwert der sittlichen Handlung auf die Gesinnung und das Gewissen des Handelnden legt.

Allein er bleibt sich selbst nicht treu. An anderen Stellen betont er, daß die »kleine Vernunft« des Menschen die göttlichen Dinge nicht erfassen könne, sondern daß es dazu der Erleuchtung von oben bedürfe. Über dem Wissen steht auch ihm der Glaube. Er hält fest an der Verdammnis der Ungetauften, an der Unterscheidung von läßlichen und Todsünden, an verschiedenen Graden der Seligkeit im Jenseits und anderes mehr. Trotz alledem entging er der Verketzerungssucht seiner Gegner, darunter namentlich des berühmten Kreuzzugspredigers Bernhard von Clairvaux nicht. Gerade weil seine Schriften überall von Hand zu Hand gingen und, selbst am päpstlichen Hofe, gern gelesen und erörtert wurden, wurde er zweimal angeklagt und verurteilt und – widerrief!

Auch sonst tauchten immer wieder, auch in jenen dunklen Zeiten, helle Köpfe auf, die, indem sie in *Glaubens*sachen der Autorität der Kirchenväter zu folgen erklärten, in wissenschaftlichen Fragen allerlei kecke Behauptungen aufstellten. So beschäftigte sich der Engländer Adelard von Bath schon mit Tierpsychologie, und der Franzose Wilhelm von Conches verlegte bereits den Sitz der Denkkraft, der Phantasie und des Gedächtnisses in bestimmte Gehirnzellen. Aber die Kirche war wachsam, sie zwang zum Widerruf gefährlicher Meinungen, ja eine Kirchenversammlung zu Paris verbot 1209 den Mönchen überhaupt das Lesen physikalischer Schriften des Altertums als sündhaft. Um so genehmer waren ihr die bloßen Kompendienschreiber und »Summisten«. »Summen« (wörtlich: Inbegriff) nannte man nämlich die Sammlungen theologischer Lehrmeinungen. Die verbreitetste wurde, gerade um ihrer Farblosigkeit willen, die des Lombarden Petrus, gestorben 1164 als Bischof von Paris, zu der dann im Laufe der Jahrhunderte noch eine Unzahl erklärender Kommentare (Erläuterungsschriften) geschrieben wurden. Ein anderer dieser Summenschreiber, der hochgelehrte Alanus von Lille (gest. 1203), der die Kirchenlehre gegen Juden, Mohammedaner und Ketzer verteidigte, läßt sich übrigens selbst einmal den recht ketzerischen Satz entschlüpfen: daß die Autorität »eine wächserne

Nase« besitze, die man je nach Belieben bald hierhin, bald dorthin drehen könne. Stilistisch steht über dem Durchschnitt dieser Lehrbuchverfasser der 1180 als französischer Bischof gestorbene Engländer Johannes von Salisbury, der sich auch von den üblichen scholastischen Spitzfindigkeiten und Wortklaubereien ziemlich frei hält und sowohl in seiner Logik wie in seiner Ethik manche treffende Einzelbemerkung macht, übrigens auch den Tyrannenmord unter Umständen billigt, in philosophischen Dingen, wie sein Vorbild Cicero, Eklektiker ist.

Etwa um 1200 schließt die Frühzeit der Scholastik ab. Ihre Blüte hängt mit dem Bekanntwerden des bis dahin nur zum Teil überlieferten ganzen Aristoteles zusammen. Dazu war jedoch eine Beruhigung notwendig mit der inzwischen im Morgenland und in Spanien ausgebildeten arabisch-jüdischen Philosophie.

b) Die arabisch-jüdische Philosophie

1. Die Araber

Von jeher war der aufgeweckte Stamm der *Araber* – Wüstenbewohner wie Händler – mit praktischer Naturkenntnis (Chemie, Medizin, Astronomie, etwas Mathematik) bis zu einem gewissen Grade vertraut gewesen. Im siebten Jahrhundert kam dann der religiöse Aufschwung durch Mohammed und der Siegeslauf von dessen Lehre hinzu. Anfangs zeigten sich die Mohammedaner feindlich gegen die ihnen bei ihrem Vordringen begegnenden fremden Bildungselemente: bekannt ist der Befehl des Kalifen Omar zur Verbrennung der berühmten Bibliothek von Alexandria, weil sie unnütz sei, wenn sie mit dem Koran (der mohammedanischen Bibel) übereinstimme, schädlich, falls sie etwas anderes enthalte. Dann aber begann das begabte und aufnahmebegierige Volk sich rasch mit der abendländischen Wissenschaft bekanntzumachen, insbesondere mit den ihr aus syrischen Quellen zugeflossenen naturwissenschaftlichen und philosophischen Schriften des Aristoteles. Besonders der uns schon von der Kindheit her durch die Erzählungen aus »Tausendundeiner Nacht« bekannte Kalif Harun al Raschid zu Bagdad gründete in zahlreichen Städten seines weiten Reiches

Schulen und Büchereien und legte nach einem siegreichen Kriege dem griechischen Kaiser zu Konstantinopel die Bedingung auf, daß ihm von sämtlichen in den griechischen Bibliotheken befindlichen Werken je ein Exemplar überlassen würde, um es ins Arabische zu übersetzen. In der Mathematik und den Naturwissenschaften, besonders Astronomie, Optik, Chemie, wurden die Lehrmeister bald von ihren scharfsinnigen Schülern überflügelt, besonders seitdem diese in Spanien ein blühendes Reich begründet hatten. Schon Harun al Raschid sandte Karl dem Großen als Geschenk eine kunstvolle Wasseruhr; ein arabischer Geograph vollzog bereits eine gelungene Gradmessung: noch heute nennen wir unsere Ziffern die arabischen und haben von den Arabern die zuerst bei den Indern aufgekommene Algebra oder Buchstabenrechnung empfangen. In dem spanischen Kordova entstand eine große Bibliothek und eine Hochschule, die unter anderem von Gerbert (Seite 84) besucht wurde, wie auch der für seine Zeit sehr fortgeschritten denkende Staufenkaiser Friedrich II. mit sarazenischer, das heißt arabischer Weisheit wohl vertraut war. Der um 1100 in Spanien wirkende Alhazen bestimmte bereits ziemlich richtig die Höhe der Atmosphäre, und schon viel früher war der große Chemiker Geber in Sevilla mit vielen chemischen Vorgängen und Stoffen weit besser als das Altertum oder gar das christliche Mittelalter bekannt, das sich unterdessen mit scholastischen Wortstreitigkeiten beschäftigte.

So beginnt wie in Altgriechenland auch in Bagdad die Philosophie mit dem Betrieb der positiven Wissenschaften. Und die ersten deutlicher hervortretenden Denker, Alkindi im neunten und Alfarabi im zehnten Jahrhundert, sind mit ihren aufklärerischen Bestrebungen etwa den Sophisten zu vergleichen, während der gegen 1000 n. Chr. in Basra bestehende Geheimbund der »lauteren« oder »aufrichtigen« Brüder noch radikalere Tendenzen verfolgt, aber gleich dem um dieselbe Zeit auftauchenden, wahrscheinlich von den Indern beeinflußten Orden der Sufisten, das ist Wollträger, die in ihrem aszetischen Verzicht auf alle Erdengüter sonst den Zynikern von der Art des Diogenes ähneln, doch weit mehr als die betreffenden griechischen Denker religiöses Gepräge trägt. Der systematischen Art des Aristoteles und auch dessen Lehre steht schon viel näher der bedeutendste unter den morgenländischen Ärzten und Philosophen Ibn Sina, im Abendland bekannter in seiner latinisierten Namensform *Avicenna* (980 bis 1037), dessen »Kanon (Leitfaden) der Medizin« Jahrhunderte hindurch Mohammedanern und Christen als medizinisches Unterrichtsbuch diente. Seine Seelenlehre ist ausgesprochen empirisch (der Erfahrung entnommen), während seine allgemeine Philosophie mehr neuplatonisch-mystischen Charakter zeigt. Um 1100 jedoch erhält die gesamte freiere Philosophie des mohammedanischen Morgenlandes, die noch nicht genug Rückhalt in den Massen besaß, einen vernichtenden Stoß durch die »Widerlegung der Philosophie« des Persers Alghazel, der dann durch seine allgemeinverständlich geschriebene »Wiederbelebung der Religionswissenschaft« auch positiv der wiederaufkommenden Rechtgläubigkeit des Islam (d. i. Ergebung, nämlich in Gott) zum Erfolg verhalf.

So flüchtete sich die freiere Denkweise im zwölften Jahrhundert in das damals noch von den Arabern (dort Mauren genannt) regierte südliche *Spanien*, dessen Hauptstädte Kordova und Sevilla durch ihre Pflege von Kunst und Wissenschaft die nur durch kriegerische Tapferkeit ausgezeichneten, sonst noch überaus rohen christlichen Spanier bei weitem überflügelten. Der berühmteste aller maurischen Denker war der Sohn des Roschd, von den Abendländern *Avérroës* genannt (1126 bis 1198), Theologe, Rechtsgelehrter, Arzt und Philosoph zugleich, eine Zeitlang Richter, dann Leibarzt des Kalifen von Kordova, zuletzt wegen seiner Freidenkerei nach Marokko verbannt. Er ist schon vollkommen ein Jünger des Aristoteles, den er als das uns von der göttlichen Vorsehung gegebene Muster bezeichnet, »damit wir wüßten, was zu wissen möglich ist«. Er hat zahlreiche, von den Scholastikern eifrig benutzte Kommentare zu den Schriften des Meisters abgefaßt, von dem er übrigens hauptsächlich die naturalistische Seite (Ewigkeit der Welt, Wesenseinheit der Vernunft und Unsterblichkeit der letzteren, bei gleichzeitiger Sterblichkeit der Einzelpersonen) betonte. Der Offenbarungsreligion der Menge will er nicht entgegentreten; der Philosoph aber hat zu erklären und zu *beweisen*. Die würdigste Verehrung der in sich vollkommenen, daher bedürfnis- und willenlosen Gottheit besteht in der wissenschaftlichen Erkenntnis seiner Werke.

Mehr als auf seine Glaubensgenossen, deren politische Macht und geistiger Einfluß bald nach ihm immer mehr zurückging, hat er auf die christlichen Denker bis in die Zeit der Renaissance und auf die gleichzeitige *jüdische* Philosophie in Spanien gewirkt.

2. Jüdische Denker

Schon länger bestand bei den Juden eine phantastische, Philo, der Gnosis und dem Neuplatonismus verwandte mystische Geheimlehre, die sogenannte *Kabbala* (Überlieferung). Gegen sie wandten sich vom zehnten Jahrhundert ab die von der spanisch-arabischen Philosophie beeinflußten israelitischen Denker, welche die jüdischen Glaubenssätze mit der Vernunft in Einklang zu bringen suchten. Sie schrieben auch zunächst arabisch. Von ihnen zeigt der »Sohn des Gabriel«, Avicebron (1020 bis 1070) mehr neuplatonische Färbung, während *Moses*, der Sohn des Richters Maimun, daher *Maimonides* genannt (1135 bis 1204), Aristoteles als den zuverlässigsten Führer auf dem Gebiet weltlicher Weisheit betrachtet, während er auf dem religiösen Offenbarung und Vernunft miteinander verbinden will. Das höchste Gut ist die Erkenntnis der Wahrheit. Seine Gottesvorstellung steht auf hoher Stufe: Gott ist über alle Natur und Körperlichkeit hoch erhaben, sein Wesen ist unerforschlich. Desgleichen seine Sittenlehre: auf das Tun des Guten um des Guten willen kommt alles an. Die Sittlichkeit des frei wollenden Menschen ist Sein und Zweck aller Weisheit. Noch heute übt Maimonides einen wohltätigen Einfluß auf das religiöse Judentum.

Durch die lateinischen Übertragungen nun, die diese und andere jüdische Gelehrte von den arabischen Übersetzungen des Aristoteles und zahlreichen Schriften der arabischen Aristoteliker, namentlich des Averroes, anfertigten, wurde der *ganze* Aristoteles zum ersten Male den christlichen Gelehrten bekannt und dadurch die Blütezeit der Scholastik herbeigeführt.

c) Die Blütezeit der Scholastik

Nicht bloß das Bekanntwerden des gesamten Aristoteles, der von nun an immer mehr als »Norm der Wahrheit«, als »die geschriebene Vernunft« gilt und häufig einfach als » *der* Philosoph« bezeichnet wird, ruft einen neuen Aufschwung der scholastischen Studien hervor, sondern auch das gleichzeitige Emporblühen der Universitäten, zuerst Paris (1215) und Oxford, denen bald auch solche in anderen Städten folgten, und die Gründung der beiden neuen Bettelorden, der Franziskaner und Dominikaner, die nicht bloß das sittlich-religiöse, sondern auch das wissenschaftliche Leben zu reformieren suchten.

So übte der von seinen Schülern als »König der Theologen« und »unwiderleglicher Doktor« gepriesene englische *Franziskaner Alexander von Hales* (gest. 1245) zuerst, in Schriftsteller- wie Lehrtätigkeit, die seitdem üblich gewordene *scholastische Methode.* Nachdem zuerst das irgendeinem Text entnommene, in der Regel theologische Thema festgestellt ist, werden zunächst alle denkbaren bejahenden oder verneinenden Antworten zusammengestellt, sei es, daß sie in *Autoritäts*gründen, nämlich Bibelsprüchen oder Aussprüchen berühmter Kirchenväter, oder in *Vernunft*gründen, das heißt Lehren der antiken Philosophen, vor allem *des* Philosophus, oder der arabischen und jüdischen Denker bestehen; schließlich die Entscheidung entweder mit oder ohne Vorbehalt und »Distinktionen« (Unterscheidungen) gegeben. Alexanders »Summe« (Inbegriff) der gesamten Theologie behandelte mehr als 440 solcher Themata. Wie ihm, so gilt auch seinem Schüler und Ordensgenossen (später Ordensgeneral) Bruder *Bonaventura* (1221 bis 1274), eigentlich Johannes Fidanza, Aristoteles in allen Weltdingen als Führer, während er auf religiösem Gebiet der Mystik (siehe später) zuneigt.

Dem franziskanischen Doppelgestirn steht ein noch berühmteres *dominikanisches* gegenüber: Albertus Magnus und Thomas von Aquino.

Der aus Schwaben gebürtige *Albert* von Bollstädt (1206 bis 1280), der vor allem in Köln lehrte und wegen seiner für seine Zeit bedeutenden naturwissenschaftlichen Kenntnisse den Beinamen »der Große« erhielt, ist der erste und eigentlich der einzige berühmte Deutsche unter den namhaften Scholastikern. Jetzt wurden überhaupt zuerst wieder, im Anschluß an Aristoteles' allmählich auch im Urtext von Konstantinopel her bekannt werdende Schriften und die seiner Schüler (zum Beispiel Theophrasts Botanik), die Anfänge von Zoologie und Botanik getrieben, ebenso wie, im Anschluß an die berühmten Mediziner des Altertums Galenus und Hippokrates, die der Heilkunde, während man anfangs die Krankheiten mit Beschwörungen und Gebeten behandelte oder als Strafe Gottes ansah, in die man sich willenlos zu ergeben hätte, glückliche Kuren aber als Teufelswerk betrachtete. Bei Albert tritt bereits die später immer stärker werdende Unterscheidung zwischen *philosophischer* oder natürlicher und *theologischer* Erkenntnis deutlich hervor. In der letzteren folgt er hauptsächlich Augustin, in ersterer fast durchweg dem Aristoteles, wie denn auch die philosophischen unter seinen nicht weniger als 21 mächtige Foliobände füllenden Schriften in der Hauptsache gelehrte und erläuternde Umschreibungen *des* Philosophen und seiner arabisch-jüdischen Übersetzer und Erklärer sind und Albert »der Große« überhaupt mehr Gelehrsamkeit als Scharfsinn entwickelt.

Bedeutend vielseitiger und systematischer, ja mit großer Kunst ausgearbeitet finden wir die Philosophie Alberts wieder bei seinem Lieblingsschüler, dem berühmtesten aller Scholastiker, **Thomas von Aquino** (1225 bis 1274), der, als Grafensohn zu Aquino im Gebiet des Königreichs Neapel geboren, nicht bloß in Rom, Bologna und Neapel, sondern auch an den Hochschulen von Paris und Köln mit immer wachsendem Beifall lehrte und bereits ein halbes Jahrhundert nach seinem Tode heilig gesprochen wurde. Schon 1567 päpstlicherseits feierlich unter die großen Kirchenlehrer, neben Augustin, Hieronymus, Ambrosius und Gregor den Großen, versetzt, gilt er auch heute noch als der erste aller katholischen Theologen. Die neueste, noch unvollendete unter den vielen Gesamtausgaben seiner Werke (die vorletzte 1872 ff. zählte 34 Quartbände) ist 1882 »auf Befehl und Kosten« Papst Leos XIII. begonnen worden.

Das Eigenartige und Bedeutsame des thomistischen Denkens besteht darin, daß er die aus Aristoteles geschöpfte Gedankenwelt dem kirchlichen Denken einordnet und so ein in seiner Weise großartiges philosophisch-theologisches Gebäude errichtet. Die Vernunft oder das »natürliche Licht« wird nicht einfach als Maßstab verworfen. Selbst in theologischen Dingen kann die Vernunft helfen, zum Beispiel Beweise für das Dasein Gottes finden, gegnerische Einwürfe widerlegen usw. Aber sie wird doch nur als Vorstufe zur Offenbarung und die *Philosophie*, wie alle weltliche Wissenschaft, nur als *Magd* der *Theologie* betrachtet. Von Aristoteles aber ließ sich nicht bloß die gesamte Logik, sondern auch fast die ganze Psychologie und Ethik, ja mit gewissen Änderungen auch die »Metaphysik« ohne Schaden dem kirchlichen Lehrgebäude einfügen: wie denn Thomas auch die aristotelische Lehre von Form und Materie und die vom *Zweck* sich im ganzen und großen durchaus aneignet. Der »Natur« und dem Handeln der Menschen hat Gott eine gewisse Selbständigkeit in den Naturgesetzen beziehungsweise der Willensfreiheit verliehen. Das menschliche Erkennen entsteht dadurch, daß die Seele Abbilder der äußeren Gegenstände in sich aufnimmt. Die Unsterblichkeit auch der Einzelseele folgt aus ihrer Nichtstofflichkeit.

Auch die *Ethik* des Aquinaten zeigt den aristotelischen Grundzug. Das sittliche Ziel für den Menschen liegt in der Entwicklung seiner vernünftigen Natur. Es wird ein umfangreiches System von »Affekten« (Gemütsstimmungen) und Tugenden entworfen. Zu den vier aus dem Altertum bekannten Kardinal- oder Grundtugenden, die nur zur natürlichen und darum unvollkommenen Glückseligkeit führen, kommen die drei christlichen (Glaube, Liebe, Hoffnung), welche die vollkommene, himmlische und ewige Seligkeit bewirken. Die Denktugenden zieht Thomas, gleich seinem griechischen Vorbild, den Charaktertugenden vor; er ist überhaupt *Intellektualist*, das heißt Verstandesmensch. Das beschauliche Leben steht ihm höher als das tätige; das höchste Gut besteht ihm in der unmittelbaren Anschauung Gottes. Auf den Inhalt seiner Moral im einzelnen brauchen wir nicht einzugehen: er ist in jeder römisch-katholischen Moraltheologie der Gegenwart zu finden.

Wie das nichttheologische Interesse seines Lehrers Albert den naturwissenschaftlichen, so ist das von Thomas hauptsächlich den *politischen* Fragen zugewandt. Da ist nun sehr bemerkenswert sein Unterschied von Augustin, der sonst in so starkem Maße sein Vorbild ist, daß er nach dem Ausdruck eines modernen Anhängers (Willmann) »auf den augustinischen Stamm das aristotelische Pfropfreis gesetzt hat«. Gewiß, auch bei Thomas ist der irdische Staat letzten Endes nur eine Vorbereitung auf den himmlischen, dessen sichtbaren Ausdruck auf Erden die römisch-katholische Kirche bildet. Indes dem weltlichen Staate wird doch ein berechtigter natürlicher Zweck zuerkannt. Der Mensch ist als politisches und geselliges Lebewesen (vergl. Aristoteles) durch die Natur auf die Vereinigung zur Familie, Gemeinde und Staat hingewiesen. Die nützlichste Staatsform ist auch in seinen Augen die Monarchie, die jedoch mit teils aristokratischen, teils demokratischen Bürgschaften gegen ihre Ausartung in Despotismus (Gewaltherrschaft) zu versehen ist. Auch das Recht ist göttlichen Ursprungs, und nicht zum wenigsten dank dem Thomismus hat das »Naturrecht« bis heute eine bedeutende Rolle innerhalb der katholischen Lehre gespielt. Gerechtigkeit bedeutet: jedem das Seine geben. Der Reiche soll sich nur als Verwalter seiner irdischen Güter fühlen und von seinem Überfluß den Armen mitteilen, falls dieser wirklich in Not ist. Gegen den Handel zeigt sich Thomas mißtrauisch, und das Zinsnehmen wird verurteilt. Der Staat soll die Anhäufung des Reichtums in den Händen weniger zu verhindern suchen und stützt sich am besten – auch das ist ja ganz aristotelisch – auf einen zahlreichen Mittelstand. Der Wert der Ware ist die Summe von Arbeit und Auslagekosten derer, die sie erzeugt haben; so daß das Haupt der Scholastiker heute von manchen Gelehrten, wie namentlich dem katholischen Marxisten Pfarrer Hohoff in Paderborn, als ein Verkünder der modernen Arbeitswerttheorie betrachtet wird. Das *Privat*eigentum allerdings bekämpft er nicht, erklärt es vielmehr, wie Aristoteles, für eine naturgemäße Einrichtung, ohne darum etwa bestehendes Gemeineigentum ausschließen zu wollen. Die kommunistische Eigentumsform wäre nur bei höchster Selbstentsagung und auf Grund größten äußeren Zwanges denkbar, was auf die Dauer unhaltbar ist.

So hat Thomas von Aquino die Weltanschauung der mittelalterlichen Kirche in ein geschickt und scharfsinnig ausgedachtes System gebracht. Persönlich war er, wo ihn nicht, wie zum Beispiel gegen die Ketzer, sein kirchlicher Standpunkt verblendet, eine milde und edle Natur. Die Einwände, die eine selbständig gewordene Philosophie gegen seine Lehre erheben muß, gelten der Sache, nicht der Person. Schon unter seinen Zeitgenossen fand er viele Anhänger. Von ihnen seien hier nur zwei erwähnt: der später Papst gewordene Petrus Hispanus (gest. 1277), dessen logischem Schulbuch die bekannten Gedächtniswörter für die Arten der Schlüsse (Barbara, Celarent usw.) entstammen, und der große Dichter der *Divina Comedia*, der Florentiner *Dante* (1265 bis 1321), dessen politische Schrift »*De monarchia*« von thomistischen Ansichten stark beeinflußt ist, allerdings mit einem gewichtigen Unterschied: während nach Thomas alle christlichen Herrscher dem Papst ebenso gehorchen müssen »wie unserem Herrn Jesus Christus selber«, tritt bei dem großen Italiener das Kaisertum selbständig *neben* das Priestertum.

Auf der anderen Seite fand indes der Thomismus, ja damals mehr als heute, auch zahlreiche Gegner innerhalb der Kirche, vor allem unter dem Rivalenorden, den Franziskanern. Der bedeutendste von ihnen, vielleicht der scharfsinnigste aller mittelalterlichen Denker überhaupt, war der Ire **Duns Scotus** (1270 bis 1308), der – in Oxford Magister aller Wissenschaften geworden – bald alle übrigen Gelehrten überstrahlte, aber leider bereits mit 38 Jahren in Köln starb. Mit ihm beginnt sich die von Albertus Magnus eingeleitete und von Thomas vollendete Verbindung von Vernunft (Aristotelismus) und Kirchenlehre wieder zu lösen. Scotus betont im Unterschied von dem Aquinaten den *Gegensatz* zwischen *Theologie* und *Philosophie* oder Glauben und Wissen. Wie ein halbes Jahrtausend nach ihm Kant, erklärt er die Unsterblichkeit der Seele, die zeitliche Schöpfung und viele andere Kirchenlehren, ja sogar das Dasein Gottes als durch die Vernunft nicht beweisbar; freilich wird dadurch der Glaube nur gestärkt. Denn was für den Philosophen wahr, kann für den Theologen falsch sein. Auch Aristoteles ist nicht unfehlbar. So könnte man schon von einer beginnenden Zersetzung der Scholastik durch den »Scotismus« sprechen. Doch steht sein Urheber mit seiner Methode, seinen Begriffen und Spitzfindigkeiten (nicht umsonst hieß er der *Dr. subtilis,* d. h. scharfsinnig bis zur Spitzfindigkeit) noch so durchaus auf dem Boden mittelalterlichen Denkens, daß wir ihn noch der Höhe der Scholastik zurechnen möchten.

Noch in einem anderen wichtigen Punkte tritt er zu Thomas in Gegensatz. Bei Duns ist der *Wille (voluntas)* die Grundkraft der Seele, hat den Vorrang vor dem Intellekt oder Verstand. Thomas war Intellektualist, Scotus ist Voluntarist. Die Vorstellungen sind nur Gelegenheitsursachen und Diener des Wollens. Auch in der Psychologie des letzteren, zum Beispiel in seiner Unterscheidung vom bloßen Wünschen oder Begehren, zeigt er sich als scharfsinniger Beobachter, der auf der Erfahrung fußt. Die Selbständigkeit und Freiheit des Willens ist so groß, daß selbst die göttliche Gnade, ihm bloß beizustehen, ihn nicht zu nötigen vermag; wäre doch sonst auch die menschliche Verantwortlichkeit vernichtet. Auch das Gefühl der Lust und Unlust bestimmt ihn nicht, sondern begleitet nur sein Tun. Auch darin erinnert er an Kant, wie desgleichen darin, daß das Gute, also die *Ethik,* in erster Linie Sache des Willens ist. Die höchste Vollkommenheit liegt daher für ihn nicht, wie für Thomas, im mystischen Schauen, sondern in dem ganz auf Gott gerichteten tätigen Willen, das heißt der *Liebe.*

Andererseits hängt ihm freilich das Gute doch wieder von Gott ab; es ist nicht an sich gut (Thomas), sondern gut, weil Gott es gebietet. Gott ist nicht mit Verstandesbeweisen zu erfassen, sondern nur als überragende letzte Ursache und zugleich letzter Zweck der Welt. Auch auf ihn wird der Primat (das heißt der Vorrang) des *Willens* vor dem Denken übertragen und dahin übertrieben, daß behauptet wird, die freie göttliche Willkür hätte die Welt auch ganz anders schaffen, die Erlösung auf eine ganz andere Art geschehen, zum Beispiel Christus Stein werden lassen können; weshalb dann gerade in der scotistischen Schule solche Spitzfindigkeiten ausgesponnen wurden, wie wir sie an früherer Stelle (Seite 85) kennengelernt haben. – Das eigentliche und bleibende Wesen jedes Dinges liegt ihm, wie der aristotelischen Metaphysik, in der Form, während die »erste« Materie, von der seine Spitzfindigkeit noch eine »zweit-erste« und »dritt-erste« unterscheidet, nur die Bildsamkeit der Dinge überhaupt bezeichnet.

3. Der Ausgang der Scholastik. Die deutsche Mystik

Unter den zeitgenössischen Gegnern des Thomas findet sich auch einer, der – allerdings eine Ausnahmeerscheinung in dieser Zeit – schon ganz moderne Gedanken aufwirft. Es ist der Engländer *Roger Bacon* (1214 bis etwa 1294), der sein ganzes Vermögen physikalischen Experimenten opferte. Er hat den Mut, von den gefeierten Albert und Thomas zu sagen, sie seien »Knaben, Lehrer, ehe sie gelernt«; letzterer habe dicke Bücher über Aristoteles geschrieben, ohne Griechisch zu verstehen, über Naturwissenschaftliches ohne mathematisch-physikalische Kenntnisse. Die Logik und Grammatik bestimmter Meister nachbeten, die stete Berufung auf berühmte Namen und »Autoritäten« hat keinen Wert. Nicht auf gelehrte Formeln kommt es an, sondern auf Quellenstudium, vor allem an der Natur selbst, also auf *Erfahrung*. Das Abc der Philosophie ist die Mathematik, die Königin aller Wissenschaften aber die Experimentalwissenschaft. Bacon hat denn auch selbst Vergrößerungsgläser erfunden, die Wirkung des Pulvers gekannt, chemische Entdeckungen gemacht, richtige Beobachtungen über das Sehen und die Strahlenbrechung angestellt und anderes mehr; ja er hat die pfeilschnelle Bewegung von »Wagen ohne Zugtiere« und »Schiffen ohne Ruder und Segel« um ein halbes Jahrtausend vorausgeahnt. Auch weiß er, daß unzusammenhängende Beobachtungen nicht genügen, diese vielmehr methodisch geregelt, die bedingenden Ursachen aufgesucht und so das Gesetz gefunden werden muß. So könnte man den Mönch des dreizehnten Jahrhunderts beinahe für einen modernen Menschen halten. Dem stehen jedoch wieder allerlei scholastische Rückständigkeiten entgegen. So erkennt er *neben* der natürlichen Kausalität (Gesetz von Ursache und Wirkung) der Wissenschaft noch eine *über*natürliche der schaffenden Gottheit, neben der äußeren noch eine innere von Gott eingegebene Erfahrung an, deren Gipfelpunkt die mystische Verzückung ist. In der Kirche ist der Glaube das Erste, die Erfahrung das Zweite, das Begreifen erst das Dritte. In die menschliche Willensfreiheit spielen astrologische Einflüsse (der Stand der Planeten und anderes) mit ein; Aristoteles wird bedauert, weil er die Quadratur des Kreises nicht gefunden usw. So hat Roger zwar für seine Zeit viel geleistet – Goethe gedenkt seiner rühmend in der »Farbenlehre«, Eugen Dühring erklärt ihn gar für den einzigen Philosophen des Mittelalters –, aber doch keine nachhaltige Wirkung geübt.

Wir übergehen das sonderbare Beginnen des Spaniers Ramon *Lull* (Raimundus Lullus, 1235 bis 1315), dessen »Große Kunst« mit einem spitzfindig ausgeklügelten System von sieben konzentrischen Kreisen, in denen alle möglichen aus Aristoteles, der Scholastik und der Kabbala aufgerafften Begriffe zusammengestellt waren, durch deren Verschiebung und Kombinationen (Verbindungen) alle gewünschten Wahrheiten »beweisen« zu können behauptete, und wenden uns gleich dem letzten bedeutenden Scholastiker zu.

Es ist *Wilhelm* von *Ockham* (um 1300 bis 1350), gleichfalls ein Engländer, der Erneuerer des Nominalismus (Seite 85 f.). Die allgemeinen Begriffe existieren ihm zufolge nur objektiv, das heißt im denkenden Geiste, nicht subjektiv oder in der Wirklichkeit. (Die beiden Begriffe *subjektiv* und *objektiv*, die so viel unnütze Verwirrung in der Geschichte der Philosophie angerichtet haben, besaßen also bei diesem ihrem Urheber gerade die umgekehrte Bedeutung wie heute!) Sie sind demnach keine wirklichen Abbilder, sondern nur Zeichen der Dinge. Auch das Dasein Gottes und seine Eigenschaften können nicht von der Vernunft bewiesen werden. Ockham ist ein fortgesetzter Duns Scotus, dessen Zwiespalt zwischen Philosophie (Vernunftwissenschaft) und Offenbarung bei ihm seinen Höhepunkt erreicht. Die *Theologie* ist *keine* Wissenschaft, sondern Glaube, und Ockham – bleibt Theologe. Darum verbleibt er, trotz aller Betonung der Erfahrungserkenntnis, insbesondere auch in seiner Seelenlehre, im Grunde doch auf dem Boden der Scholastik. Ja, einige von deren wunderbarsten Spitzfindigkeiten werden auf ihn zurückgeführt, wie die fast frivole Ansicht, daß Gott infolge seiner unbeschränkten

Willkür statt der menschlichen Gestalt in Christus auch die »Esels-
natur« hätte annehmen können! Auch seine Ethik erkennt kein Gutes
und Schlechtes an sich, sondern nur ein solches durch den Willen
Gottes an, zu dessen Ehre auch lasterhafte Handlungen geboten
erscheinen können.

Trotzdem stellt sich Ockham in dem gerade damals lebhaft entbrannten Streite zwischen Papst (Bonifaz VIII.) und Kaiser (Ludwig
dem Bayer) entschieden auf Seite der weltlichen Gewalt. Er schrieb
dem Kaiser, zu dem er nach München flüchtete: »Verteidige mich
mit dem Schwert, ich will Dich mit der Feder verteidigen.« Das Ge-
meinwohl zu fördern, ist allein Sache des *Staates*. Falls der Fürst
diese Pflicht verletzt, hat das Volk das Recht, ihn abzusetzen oder
gar zu töten. Auch in der Kirche steht die Gesamtheit der Gläubigen
über Papst, Kirchenversammlungen und Geistlichkeit (Klerus).
Ockham eifert auch wider den Reichtum und die dadurch bewirkte
Verweltlichung der Kirche; der »vollkommenste Zustand« bleibt
unserem Bettelmönch zuletzt doch die gänzliche Besitzlosigkeit.

So widerspricht eigentlich in Wilhelm von Ockham bereits die
Scholastik sich selber. Sie nimmt denn auch im Laufe des folgenden
Jahrhunderts immer mehr an Kraft und Einfluß ab. Seine Nachfolger
wenden sich entweder, wie Johann Buridan (1327 und 1348 Rektor
der Pariser Universität), von dem das bekannte Beispiel von der
schwierigen Wahl des Esels zwischen zwei Heubündeln stammen
soll, mehr psychologischen und physikalischen Problemen zu und
beteiligen sich an der Gründung neuer Universitäten (Wien 1365,
Heidelberg 1386), oder sie zeigen eine ausgesprochene Neigung zur
Mystik, in welche die Philosophie des Mittelalters ausläuft.

Die Mystik ist dem klaren weltfrohen Geiste des klassischen
Altertums fremd. Wir sahen sie nur vor dem Beginn des
griechischen Philosophierens bei den sogenannten Orphikern
(Seite 10 f.) auftauchen, dann erst wieder vor ihrem Ende bei den
Morgenländern Philo und Plotin und ihrem Anhang. Dagegen
zeigen sich sehr bald Spuren ihrer rein gefühlsmäßigen Betrachtung
im *Christentum*: sowohl im vierten Evangelium und der Offenbarung

Johannis wie auch an einzelnen Stellen der Paulus-Briefe; dann im gesamten Gnostizismus. Aber auch Augustin ist nicht frei davon. Die Mystik kam allen denen entgegen, die sich von dem allgemach mit dem Siege der Kirche sich immer mehr ausdehnenden Dogmen- und Zeremonienwesen unbefriedigt, von ihrer fortschreitenden Verweltlichung abgestoßen fühlten, indem sie dem frommen Gemüt mystische (geheimnisvolle) Vereinigung mit dem Urquell alles Seienden, der Gottheit, versprach. In dieser Richtung wirkten namentlich die wahrscheinlich gegen Ende des fünften Jahrhunderts verfaßten »areopagitischen« Schriften, die – eine in dem ersten christlichen Jahrhundert vielfach ohne Anstoß geübte Manier – dem angeblich ersten Bischof von Athen, Dionysius vom Areshügel (einem sagenberühmten Hügel bei Athen) angedichtet wurden.

Über der gewöhnlichen erhebt sich hiernach eine höhere Theologie, die uns vermittels der Stufenreihe der Läuterung, Erleuchtung, Weihung und Gottverähnlichung schließlich bis zur völligen »Vergottung« erhebt. Auch bei Johannes Eriugena (Seite 84) kehren Ansätze dieser Gefühlsrichtung wieder, besonders aber – im Verein mit der Kreuzzugsstimmung des zwölften Jahrhunderts – bei dem berühmten Abte *Bernhard* von *Clairvaux* (1091 bis 1153), der in seiner Schrift »Von der Verachtung der Welt« als die höchste der Seligkeiten preist »die geheimnisvolle Auffahrt der Seele in den Himmel, das süße Heimkehren aus dem Lande der Leiber in die Region der Geister, das Sichaufgeben an und in Gott«. Als die Grundlage aller Frömmigkeit gilt ihm die beschauliche Betrachtung, als ihre Krone die Gottesliebe, auf deren höchster Stufe der Mensch auch sich selbst nur Gottes wegen liebt.

Eine radikalere, pantheistische und zugleich kommunistische Wendung nahm die Mystik gegen Ende des zwölften Jahrhunderts in *Amalrich* von Bena (Kloster bei Chartres in Frankreich), der schon den kühnen Gedanken auszusprechen wagte, daß jeder Mensch, je nach dem Maße seiner Gotteserkenntnis, »Himmel« und »Hölle« in der eigenen Brust trage und, ähnlich wie zu gleicher Zeit der schwärmerische Abt Joachim von Fiore in Unteritalien, das baldige Nahen eines Reiches des Heiligen Geistes verkündete, der in jedem ihn in sich Fühlenden wirke und alle Standesunterschiede vernichten werde. Natürlich wurde seine Lehre von der Kirche verdammt, ja nach seinem Tode (1206) seine Gebeine ausgegraben und verscharrt, seine Anhänger – mit denen wahrscheinlich auch die »Brüder und Schwestern vom freien Geiste« zusammenhängen – als Ketzer mit Feuer und Schwert verfolgt.

Vollkommen friedlich blieb dagegen die gemütsinnige Mystik der beiden *Viktoriner*, das heißt Äbte des Klosters St. Viktor bei Paris, des deutschen Grafen Hugo (1096 bis 1141) und seines schottischen Nachfolgers Richard (gest. 1173). Während das äußere Auge des Menschen nach Hugo nur mit dem Sinnlichen, das innere mit dem begrifflichen Denken zu tun hat, so besteht die Tätigkeit des höchsten, des »geistigen« Auges in der unmittelbaren Anschauung des Göttlichen, welche die heilige Ruhe der reinen Liebe in uns hervorruft. Auch nach Richard wird die Beschaulichkeit erst durch den Tod der Vernunft in uns geboren und erhebt sich nicht bloß über, sondern auch wider diese. Die fromme Mystik des heiligen Franz von Assisi, des Stifters der Franziskaner, ist bekannt; und so ist es denn auch kein Wunder, daß auch für den uns schon bekannten Franziskanergeneral Bruder *Bonaventura*, den *Dr. seraphicus* in Goethes »Faust«, die höchste Stufe der Erkenntnis die »Vereinigung mit dem himmlischen Seelenbräutigam« darstellt.

Auch Albertus Magnus bezeichnete in einer Schrift seines Alters die völlige Hingabe an Gott, die in dessen Anschauen besteht, als das höchste zu erstrebende Ziel der theologischen Erkenntnis, und ähnlich sein Schüler Thomas, der doch im allgemeinen eine Verstandesnatur ist. Gegen Ende des Mittelalters nimmt, mit dem Niedergang der eigentlichen Scholastik, in den tieferen Christen diese Richtung zu. Wir nehmen sie wahr bei Peter von Ailly (1350 bis 1425) und seinem Schüler und Freund Johannes Gerson (1363 bis 1429), beide Kanzler der Universität Paris, beide von großem Einfluß auf das berühmte Konstanzer Konzil (1414 bis 1418). Gerson verband mit seinem Ockhamschen Standpunkt in der Scholastik eine ausgesprochen mystische Theologie, die jedoch bei ihm ziemlich gesund geblieben zu sein scheint, indem sie vom inneren Erleben Gottes ausging, das auch dem Einfältigen möglich ist.

Das war in Deutschland schon früher von dem großen Mystiker verkündet worden, den wir zum Schluß noch zu betrachten haben: *Meister Eckhart* aus Thüringen (1260 bis 1327), Mitglied des Dominikanerordens und größtem Prediger seiner Zeit, »der in *deutschen* Worten zu seinen Zeitgenossen redete, auch in seinen Schriften. Nicht *was* er uns sagt, ist das Neue und Eigenartige an ihm, sondern *wie* er es uns sagt: mit der Innigkeit des deutschen Gemüts, schöpfend aus dem unversiegbaren Quell der deutschen Sprache. *Gott* hat nicht bloß in seinem Sohne der Menschheit »sich bekannt und sein Wort gesprochen«, sondern in aller Kreatur, deren Idee er in sich vorgebildet schaute. Er ist allerorten, denn er ist ungeteilt. Alle Dinge gehen von ihm aus und wollen zu ihm zurück. So auch die menschliche *Seele*. Sie trägt ein doppeltes Antlitz. Das eine ist dieser Welt und dem Körper zugekehrt, das andere, in der Tiefe unseres »Gemüts« als göttliches Fünklein ruhend, ist auf Gott gerichtet. Wenn der Mensch zu Gott kommen will, so muß er sich selbst sterben, damit das Göttliche in ihm zur Herrschaft gelange. Dann kommt er in den Zustand, den die alten Stoiker die Apathie nannten, Eckhart aber die »Abgeschiedenheit«, das ist Freiheit von allen Leidenschaften, oder auch »Gelassenheit«. Ist so Gott in meiner Seele geboren, so kann ich nicht mehr fallen. In diesem Sinne sind alle Menschen *ein* Sohn Gottes. Alles Übel, alle Schranken, alles Mangelhafte ist nur ein Abfall von Gottes Wesen.

*Tugend*haftes Handeln ist mithin eigentlich nur ein Wirkenlassen des Göttlichen in mir, ohne besonderen Zweck. Sittlichkeit ist nicht Tun, sondern *Sein*, das mühelos aus der Seele fließt. Alle Tugenden sind daher im Grunde genommen nur *eine*; Liebe (»Minne«) ist ihr Kern. Liebe vertreibt alle Furcht und bedeckt alle Sünde; sie ist stark wie der Tod, fester wie die Hölle. »Darum soll der Mensch also sein, daß all sein Leben *Liebe* sei.« Die äußeren Werke wie Fasten, Beten, Büßen und dergleichen schätzt Eckhart nur, insofern sie die Einkehr in sich selbst fördern. Denn wenn die Seele »Frieden und Freiheit des Herzens in einer stillen Ruhe« finden will, so muß sie alle ihre Kräfte »sammeln von allen zerstreuten Dingen in ein inwendiges Wirken«. Das wahre Gebet bedarf keiner Worte. Bei alledem ist unseres Mystikers Denken jedoch viel zu gesund, um in bloßer untätiger Beschaulichkeit, die vielmehr Selbstsucht ist, aufzugehen. Wir sollen vielmehr das Ewige ins Zeitliche übertragen und diese unsere *zeitliche* Aufgabe »ordentlich, redlich und wissentlich« vollführen. »Wäre der Mensch in Verzückung, wie St. Paulus war, und wüßte einen siechen Menschen, der eines Süppleins von ihm bedürfte, ich achte es weit besser, daß du ließest aus Minne von der Verzückung und dientest dem Dürftigen in größerer Minne.« Aus dem rechten Herzensgrund fließet das rechte Handeln von selbst. Es gibt viele Wege zu Gott. Du kannst ihn beim Herdfeuer oder im Stalle ebenso gegenwärtig haben als in der Einöde oder in der Klosterzelle. Und der Mensch, der sich nach der Vereinigung mit Gott sehnt, braucht ihn auch nicht weit zu suchen, »er ist nicht ferner denn vor der Türe des Herzens, da steht er und wartet, wen er bereit findet, der ihm auftue und ihn einlasse«.

Gott seinerseits, der des Menschen Seele zu der »Wiedereinbildung« alles außer ihm Seienden in sich bedarf, stellt ihr nach, um sie zu sich zu ziehen. »Gott mag mich nicht entbehren; wäre ich nicht, so wäre Gott nicht.« Gott ist Mensch geworden, damit *ich Gott* werde. – Das war der Kirche zuviel. Und da der kühne Dominikanermönch auch die kirchlichen Dogmen zu vergeistigen und verinnerlichen wagte – im Jüngsten Gericht zum Beispiel spricht ihm zufolge nicht der göttliche Richter, sondern ein jeder sich selbst das Urteil –, da seine Lehre die schroffe Scheidewand zwischen Priesterstand und Laien (Ungelehrten) bewußt durchbrach, so wurde auch gegen diesen trefflichen Christen ein Ketzergericht aufgeboten und 28 seiner Sätze verdammt. Er starb jedoch, ehe das päpstliche Endurteil erschien.

Wir haben Eckhart ausführlicher behandelt, weil die innersten und tiefsten Gedanken der deutschen Mystik bei ihm am deutlichsten zutage treten. Seine Nachfolger kommen ihm nicht gleich. Die meisten geraten – was bei der Begründung der Mystik auf das *Gefühl* sehr leicht geschehen konnte und fast immer wieder geschehen ist und noch geschieht – in das Süßliche und Erbauliche hinein, wie es zum Beispiel in dem vielgelesenen Andachtsbuch des Thomas von Kempis (von Kempen bei Köln, 1380 bis 1471) der Fall ist. Am nächsten kommt ihm der glänzende Volksprediger Johann *Tauler* von Straßburg (1300 bis 1361), der unter anderem im stärksten Gegensatz zu Augustin behauptet: das Beispiel der tugendhaften Nichtchristen zeige, daß der Mensch von Natur aus lieber das Gute wirke; sodann die von Luther in seinen Anfängen (1518) neu herausgegebene Schrift eines Unbekannten: *Theologia deutsch.*

Wenn deren Kernsatz lautet: »Gib alle Selbheit auf!«, so ist damit freilich der Gegensatz zu aller wahren Philosophie, die gerade auf der Selbständigkeit der menschlichen Vernunft sich aufbaut, am kürzesten bezeichnet. Und so hatte zwar Eckharts tiefe Verinnerlichung der Religion der Reformation des sechzehnten Jahrhunderts den Boden bereitet, und in seiner zuweilen äußerst starken Heraushebung des religiösen *Ich* (siehe oben) steckt sogar schon der Keim einer neuen Zeit. Aber diese neue Zeit mußte doch aus anderen Quellen als nur der religiösen schöpfen; darum gehört selbst ein Eckhart, wenn er auch schon neue Pfade weist, mit seiner Abweisung aller weltlichen Weisheit inhaltlich doch noch dem Mittelalter an.

Zweiter Teil
Die Philosophie der Neuzeit
Fünftes Kapitel. Der Beginn: Renaissance, Humanismus, Reformation

Der innerste Gegensatz zwischen dem *Mittelalter* und der *neuen Zeit* möchte wohl am kürzesten dahin zu formulieren sein: Jenes zeigt *Gebundenheit* auf allen Lebensgebieten, in Staat, Gesellschaft, Wirtschaft, Wissenschaft, Religion und Kunst, während diese auf allen diesen Gebieten nach Abwerfung der bisher getragenen Fesseln, nach *Freiheit* strebt. Natürlich beginnt die Neuzeit nicht mit einem bestimmten Jahr, etwa 1492 oder 1517, wie es noch in vielen Schulbüchern steht, sondern sie hat sich allmählich im Schoße der mittelalterlichen Gesellschaft vorbereitet. Das Städtewesen, die Anfänge des Kapitalismus, die Ablösung des Lehnswesens durch den Fürsten- und Beamtenstaat, die Auflockerung der kirchlichen Bande in Kunst und Wissenschaft gehen, wie wir zum Teil schon gesehen haben, bereits ins vierzehnte oder dreizehnte Jahrhundert zurück. Im Laufe des fünfzehnten Jahrhunderts beginnt sie dann auf allen Gebieten mit Macht hereinzubrechen. Wir haben nur die Entwicklung auf philosophischem Felde zu verfolgen. Hier war Loslösung von den bisherigen *kirchlichen* Fesseln das Problem. Da entsprach es nur der Natur der Sache, daß man an das einzige Beispiel in der bisherigen Entwicklung der Menschheit anknüpfte, wo die Philosophie sich von religiöser Bevormundung freigehalten hatte: die Antike. Es war eine »Wiedergeburt« (französisch: *Renaissance*) des klassischen Altertums, die sich Schlag auf Schlag in allen Kulturländern des westlichen Europas nacheinander vollzog, zunächst in

A. Italien

Eben hier war der Boden zu einer solchen »Wiedergeburt« am besten vorbereitet. Hier war noch eine halb-antike Sitte und Sprache, hier noch manche alte Erinnerungen und Denkmäler vorhanden. Hierhin flüchteten vor der drohenden Herrschaft der gefürchteten Osmanen zahlreiche Gelehrte der bisherigen Griechenhauptstadt

Konstantinopel. Hier hatten sich die politisch-sozialen Ordnungen des Mittelalters am frühesten ausgelebt, in zahlreichen blühenden Städten Handel und Wandel reich entfaltet.

Die neue Zeit bemächtigt sich zuerst der Kunst: der Dichtkunst in den Dante, Petrarca und Boccaccio. Dann der bildenden. Es folgen die Universitäten mit ihren Rednern, Juristen, Philologen und Philosophen. Dann ergreift die Bewegung auch die praktischen Stände: die Staatsmänner, die Privatleute, Kaufleute, Fürsten und Päpste, wie sie das berühmte Haus der Medici zu Florenz in sich vereinigt, zählen zu ihren eifrigsten Förderern. Der Gegenstand aber der neuen Geschichtschreibung, Biographie, Poesie, Plastik und Malerei ist vor allem der Mensch. Während im Mittelalter der einzelne verschwindet hinter seiner Genossenschaft, so entfaltet sich jetzt die freie *Persönlichkeit*. Scharf ausgeprägte Individualitäten (eigenartige Persönlichkeiten) treten in Fülle hervor. Die Selbständigkeit der Frau wird, wenigstens in den höheren Schichten der Gesellschaft, zum ersten Male anerkannt.

Auch die Schönheit der Form wird wieder zu einer Hauptsache. Statt des Gegensatzes zwischen Gläubigen und Ungläubigen entsteht derjenige der Ungebildeten und Gebildeten. Es ist eine Zeit der Lebensfülle, der Weltfreude auf allen Gebieten, des Kultus der reinen Menschlichkeit. So ist der *Humanismus* ein zweites Stichwort der Epoche. Die Volksmasse freilich bleibt von dieser ganzen Bewegung noch jahrhundertelang im wesentlichen ausgeschlossen.

Auf dem Felde der Philosophie fand die neue Bewegung ihr Panier in dem Namen des großen griechischen Idealisten *Plato*. An dem Hofe der Medici ward eine Akademie nach dem Muster der platonischen gestiftet, welche die Schriften des bewunderten Meisters studierte und, bald durch den neuerfundenen Buchdruck vervielfältigt, in dem ganzen gebildeten Europa verbreitete, freilich vielfach noch an der neuplatonischen Auffassung haften blieb. Aber auch die *Aristoteliker* blieben von der neuen Strömung nicht unberührt. So wagte einer ihrer bedeutendsten Köpfe, Pietro *Pomponazzi* (1462 bis 1524, berühmt als glänzender Redner und

Lehrer an den Hochschulen Padua und Bologna), die persönliche Unsterblichkeit zu leugnen und, was mehr ist, zu behaupten, daß diese Leugnung sogar das Tun des Guten um des Guten willen, ohne Aussicht auf Belohnung oder Bestrafung im Jenseits fördere. Allerdings sei der von Staat und Kirche gebotene Unsterblichkeitsglaube gut – für die Masse, die des Zügels bedürfe. Und neben sehr derber Betonung des Natürlichen – zum Beispiel, daß die Wirkung des Glaubens auf die Menge die nämliche sein würde, selbst wenn die betreffenden Heiligengebeine aus Hundeknochen beständen! – steht doch wieder am Schluß die Verbeugung vor der Kirche.

Auch in der äußeren Form wandte man sich jetzt von der Schwerfälligkeit und Künstlichkeit der Scholastik ab. So pflegte zum Beispiel der berühmte Lorenzo Valla (1408 bis 1457), im Anschluß an Cicero und andere Meister der Sprache, wieder ein elegantes Latein, wagte auch die verfemte Lehre Epikurs wieder ans Licht zu ziehen. In der Philosophie warf man sich in Italien, vielleicht weil man hier doch das stärkere Berühren des religiösen Themas scheute, auf das Feld der *Naturphilosophie*. Bei dem Mailänder Mathematiker, Astrologen und Arzt *Cardano* (1501 bis 1576) tritt dies Motiv sogar ganz offen hervor. Aus dem Selbstdenken über Religion entstehen bei der Masse – Tumulte; darum keine religiöse Diskussion, keine wissenschaftliche Abhandlung in der Landessprache! Für ihn ist alles in der Welt beseelt, wie bei Empedokles durch Sympathie und Antipathie verbunden. Die Weltseele, auch als Wärme oder Licht bezeichnet, durchdringt und verknüpft den Stoff; ihr Wesen besteht in Bewegung. Die Philosophie dringt jetzt zum ersten Male auch nach Süditalien vor. Telesio (1508 bis 1588) stiftet in Neapel eine Akademie und schreibt ein Buch »Über die Natur nach ihren eigenen Grundsätzen«, das dem bloß »leidenden« Stoff zwei »tätige« Urkräfte, Wärme und Kälte, gegenüberstellt, übrigens auch den Geist als feine Materie bezeichnet.

Weitaus berühmter durch sein tragisches Schicksal aber ward Telesios Landsmann *Giordano Bruno* (1548 bis 1600), schon mit 15 Jahren Dominikanernovize, vom 28. Jahr an ein unstetes Wanderleben durch die Hauptkulturländer führend – auch in Marburg,

Wittenberg, Prag hat er doziert oder geschriftstellert -, 1592 zu Venedig in die Hände der Inquisition (Ketzeruntersuchungsbehörde) gefallen, von dieser sieben Jahre im Kerker gehalten und, da er den Widerruf weigerte, am 17. Februar 1600 auf demselben Campo di Fiore (Blumenmarkt) zu Rom öffentlich verbrannt, wo seit 1889 sein Denkmal steht.

Das Mitleid mit dem Märtyrer darf uns indessen gegen die Mängel seiner Philosophie nicht blind machen. Ein heißblütiger Südländer, halb Poet, auch von Rhetorik und selbst Eitelkeit nicht frei, ist er zu klarer, methodischer Ausgestaltung seines vom Neuplatonismus ausgegangenen Denkens nicht gekommen. Das eigentlich Bedeutsame an ihm ist seine großzügige *pantheistische* Weltanschauung. Das Weltall ist *unendlich*, unser Sonnensystem nur eins von unzähligen, die sich bilden und wieder vergehen, unsere Erde dagegen nur gleich einem Atom. Gott ist nicht außerhalb oder über, sondern *in* der Natur, als deren »höchste Ursache, Prinzip und das Eine«, wie der Titel seines wichtigsten Dialogs lautet. *Ein* ewiges Gesetz waltet im All und hat alles harmonisch geordnet. Diese Einheit zeigt sich, wie im Größten und Umfassendsten, so auch im Kleinsten: dem Minimum oder der *Monade*, von denen es unzählige in den verschiedensten Graden gibt, indem sie sich zu immer größeren zusammensetzen. Nur tritt bei ihm an die Stelle der mathematischen Begründung noch die dichterische Phantasie. Die Weltseele ist es, die als alles bewirkende Ursache, als zweckvoll handelndes inneres Prinzip aller Bewegung, als Form dem Stoffe, wenngleich nicht körperlich, innewohnt.

Pantheistisch ist auch Brunos sittlich-religiöse Weltanschauung. Für den, der das innerste Wesen der Welt zu erfassen vermag, verschwinden alle scheinbaren Mängel in der Vollkommenheit des Ganzen, dessen Spiegel er auch im Kleinsten erblickt. Dem *einen* unendlichen Sein, dem Urquell des Wahren, Guten und Schönen wieder zuzustreben, ist die wahre Religion. Freilich, was unser Wissen vermehrt, vermehrt auch unseren Schmerz, sobald wir unser bisheriges Ziel als zu niedrig gesteckt erkennen; und es bedarf immer wieder »heroischer Leidenschaft« - wie er sie in siebzig begeisterten Sonetten besungen hat –, um sich über die Widersprüche und Widerstände des Lebens zu erheben. Aber der Mensch, der sich in der Unendlichkeit des Alls zu verlieren schien, findet sich – ein Gedanke, der an den Schluß von Kants praktischer Vernunft erinnert – in der Unendlichkeit seines *inneren* Lebens und seiner Bestimmung wieder. Der Mittler zwischen ihm und der unendlichen Form ist das Schöne und die Kunst, die wahre Philosophie zugleich Poesie, Malerei, Musik. Und indem der Mensch das selige Bewußtsein hat, seiner Selbstvervollkommnung nachlebend, sich der »Monade der Monaden«, der Gottheit, immer mehr zu nähern, besitzt auch der Tod für ihn keine Schrecken mehr.

So hat Bruno zwar noch nicht die moderne Naturwissenschaft gefunden – das war einem seiner Landsleute, wie wir sehen werden, vorbehalten –, wohl aber in seiner feurigen Phantasie ein großzügiges Weltbild gegeben, das auch die Geister großer Nachlebender wie Spinoza, Leibniz, Goethe, Schelling befruchtet hat.

Wie Bruno, hat es auch sein gleichfalls im Dominikanerorden aufgewachsener Landsmann, der Kalabrese Thomas *Campanella* (1568 bis 1639) durch seine lebhafte Bekämpfung der aristotelischen Scholastik mit der Kirche, oder wenigstens dem Jesuitenorden, durch seine nationale Opposition gegen die Unterdrückung seiner Volksgenossen mit deren spanischen Herren verdorben und nicht weniger als siebenundzwanzig Jahre in verschiedenen Gefängnissen zugebracht, bis er gegen Ende seines Lebens durch Richelieu in Paris eine Zuflucht fand. Er macht, neben dem geschriebenen Buch der Offenbarung, auf das lebendige Buch der Natur aufmerksam, zeigt jedoch in seiner Naturphilosophie nichts, was als Eigenartiges über Bruno hinausginge, wenn es nicht der an Augustin und (später) Descartes erinnernde Ausgangspunkt ist: daß der Mensch alles übrige, sogar Gottes Dasein und Ureigenschaften (Macht, Weisheit, Güte) nur von *seinem* eigenen Bewußtsein aus erkennt. Bekannter ist er denn auch durch einen anderen Umstand, nämlich dadurch geworden, daß er, wenn auch nicht die erste (siehe später Morus), so doch eine der ersten *kommunistischen Utopien*, den »Sonnenstaat« (1623), geschrieben hat. Campanella bekennt sich einmal in einem

Sonett als von Jugend auf im Kampfe stehend gegen die drei Erzfeinde der Menschheit: *Tyrannentum, Sophistik* und *Heuchelei*, die aus der Selbstsucht, der Tochter der Unwissenheit, entspringen, und der alle Übel dieser Welt: Krieg, Neid, Lüge, Teuerung, Ungerechtigkeit usw. entstammen. In seinem von einem priesterlichen Philosophen und seinen Ministern Macht, Weisheit und Liebe (vergleiche oben) geleiteten Zukunftsstaat sind denn auch diese Laster nicht mehr möglich, denn sie verschwinden ihm zufolge mit dem Privateigentum, an dessen Stelle Gemeinsamkeit des Schaffens (Produktion), des Verbrauchs (Konsumtion) und der Familie (Frauen und Kinder) tritt. Körperliche Arbeit wird ebenso hochgeschätzt wie geistige. Da alle arbeiten, so genügt ein vierstündiger Arbeitstag.

Im Gegensatz zu der Idealpolitik Campanellas, der den größten Teil seines Lebens abseits vom Weltgetriebe zugebracht hat, steht die vollkommene Realpolitik des ein Jahrhundert vor ihm lebenden florentinischen Staatsmannes Niccolo *Machiavelli* (1469 bis 1527). Machiavelli ist als Vertreter einer reinen *Macht*politik berüchtigt. Gewiß, er erkennt in der Politik nur *eine* Tugend, die Tatkraft, an. Das Gute tun die Menschen nach diesem Realisten oder, wenn man will, Pessimisten bloß aus Zwang: Hunger und Armut zwingen sie zur Arbeit, nur das Gesetz hält sie vom Unrecht ab. Das Christentum – Machiavelli schätzt die Kirche nur aus politischen Gründen – hat mit seiner Hochpreisung der Demut, der Selbstüberwindung, der Kraft im Leiden die Menschen schwach gemacht (Nietzsche!). Ihm dagegen sind diejenigen am verächtlichsten, die weder Entschlossenheit zum Guten noch zum Bösen zeigen. Wer die »Sittlichkeit« nicht verletzen will, soll als Privatmann leben. In der Politik, die ihm übrigens, weil er für die in der Stille wirksamen *wirtschaftlichen* Kräfte noch kein Auge hat, in bloßem äußeren Machtkampf und dem in der damaligen Zeit aufs höchste ausgebildeten Intrigenspiel aufgeht, muß man nicht fragen: Was ist gut oder schlecht?, sondern nur: Was bringt Vorteil oder Nachteil? So erscheint ihm die Geschichte als ein immerwährender Kreislauf von Ordnung und Kraft über Müßiggang und Unordnung zur Zerrüttung, und aus dieser wieder Rückkehr zu Kraft und Ordnung. Sein Italien schien ihm nicht ohne Grund eben damals auf dem Tiefstand der Zerrüttung angekommen zu sein. Und *deshalb* fordert er für seinen »Fürsten« – *Il Principe,* dies der Titel seiner Hauptschrift – jene reine Machtpolitik, der alle Mittel zu ihrem Zwecke recht sind, zu der übrigens auch, im schärfsten Gegensatz zum Mittelalter, die Forderung völliger Trennung von Kirche und Staat gehört, da er in Papsttum und römischer Kirche das schlimmste Hindernis des von ihm ersehnten Nationalstaates erblickt. Daß es mit der bloßen sittlichen Verurteilung des einseitigen und kalten, aber scharfen und klaren »Machiavellismus« nicht getan ist, haben zwei berühmte Beispiele gezeigt. Friedrich der Große, der als Kronprinz einen »Antimachiavell« schrieb, sing seine Außenpolitik sofort mit sehr »machiavellistischen« Handlungen an; und Fichte, einer der begeistertsten Ethiker, die je gelebt haben, hat unter dem Druck der politischen Ereignisse von 1806/07 in einem Aufsatz über »Machiavell« dessen Grundsätzen im wesentlichen zugestimmt.

Trotz seiner »amoralischen«, das heißt die obersten Grundsätze der Sittlichkeit für die Staatskunst verneinenden Lehre, bleibt Machiavelli ein Erzeugnis der »Renaissance«, mit anderen Worten ein moderner Mensch. Im übrigen brach über Italien, unter dem Druck des von der spanischen Weltmacht unterstützten Jesuitismus und der Inquisition, schon in der zweiten Hälfte des sechzehnten Jahrhunderts eine geistige Reaktion herein, von der nur einzelne Denker wie Galilei leuchtend sich abheben. – Ein später Nachzügler der Renaissanceepoche ist der Neapolitaner G. B. *Vico* (1688 bis 1744), der Bodins (Seite 123) *Geschichtsphilosophie* fortsetzt, indem er ein allgemeines Entwicklungsgesetz in der Menschheitsgeschichte aufzuzeigen sich bemüht, wonach die Menschen, durch ihre Natur und zugleich ihre sozialen Bedürfnisse getrieben, selbst ihre Geschichte gestalten und zum Beispiel ins Altertum wie in der Neuzeit dem anfänglichen theokratisch- (gottesstaatlich-) patriarchalischen ein aristokratisch-ritterliches, auf dieses ein bürgerlich-demokratisches oder -monarchisches Zeitalter folgt.

Doch es ist Zeit, daß wir uns den Wirkungen der neuen Gedanken auf die übrigen Völker Europas zuwenden.

B. Deutschland

Auf der Scheidelinie zwischen Mittelalter und Neuzeit, halb noch den Problemen der vergangenen Zeit, halb schon ganz modernen Fragestellungen zugewandt, steht hier die Denkergestalt des Winzersohnes Nikolaus Krebs aus dem Dorfe Kues an der Mosel, der dann unter dem Namen *Nikolaus Kusanus* (1401 bis 1464) berühmt wurde und 1448 sogar den römischen Kardinalshut erhielt. Mit der späteren Scholastik oder besser Mystik teilt er die Gliederung der Erkenntnis in: 1. den nur verworrene Bilder liefernden Sinn, 2. den sondernden Verstand, 3. die spekulative Vernunft und über ihnen allen 4. die mystische Anschauung oder die Vereinigung der Seele mit Gott, in dem alle Gegensätze sich in Einheit auflösen, alle Möglichkeiten verwirklicht sind. Freilich, der Mensch muß sich bewußt sein, daß er sich Gott oder dem Unendlichen zwar stetig anzunähern, es aber nie ganz zu erfassen vermag. Das ist der Zustand des »*bewußten Nichtwissens*« (*docta ignorantia*), wie der Titel seiner Hauptschrift lautet. Auch der Mensch ist ein Spiegel des Alls, eine »kleine Welt« (Mikrokosmus) für sich. Sein Geist ist ein Nachbild des Göttlichen, ohne ihn gäbe es keine Werte auf der Welt. Und indem er seine ursprünglichen Anlagen zu entfalten, mit Gott eins zu werden strebt, ist auch er auf dem Weg von der »bewußten Unwissenheit« zur »unendlichen Erkenntnis«.

Neben diesen tiefsinnigen, teils pantheistischen, teils mystischen, stehen dann aber auch ganz modern-wissenschaftliche Gedanken. Er schätzt die Mathematik hoch als Muster der Gewißheit, erörtert das Unendliche, den Grenzübergang, das spezifische Gewicht, das Atom, lehrt die Kugelgestalt und Achsendrehung der Erde, läßt die erste Karte von Deutschland in Kupfer stechen und macht Vorschläge für methodisch anzustellende Experimente. Schon keimen in seinen Sätzen die Gedanken der Individualität, der Entwicklung, der Widerspiegelung der Gegenstände im Bewußtsein. Und er, der Kardinal der römischen Kirche, spricht den Satz aus: Es gibt, trotz aller Verschiedenheit der Zeremonien, in Wahrheit nur *eine* Religion!

Die von dem Kusaner ausgesprochene Mahnung, lieber als in allem Bücherkram in dem von Gott vor uns aufgeschlagenen großen Buche der Natur zu lesen, fand im Deutschland des sechzehnten Jahrhunderts mächtigen Widerhall. Es machte sich jener leidenschaftliche, wenn auch vielfach noch ungeklärte und phantastische Drang nach aller Dinge »Kraft und Samen«, anstatt der Wortkrämerei, immer stärker geltend, dem Goethe im ersten Monolog seines Faust so lebendigen Ausdruck gegeben hat. Der Hauptvertreter dieser Richtung ist der vielfach umhergetriebene geniale Schweizer Chemiker und Arzt Theophrastus Bombast von Hohenheim, genannt *Paracelsus*. Der einzige Gegenstand der Philosophie ist für diesen von seinen Anhängern hochgefeierten, von seinen Gegnern heftig befehdeten Geist, der seine Lehren mit rücksichtsloser Wahrhaftigkeit teils mündlich, teils schriftlich in derb kraftvollem *Deutsch* darlegte, die *Natur*erkenntnis, die höchste Wissenschaft die *Medizin*. Der wahre Zweck der Chemie ist ihm nicht mehr, »Gold zu machen« oder den »Stein der Weisen« zu finden, sondern »Arzneien zu bereiten«. Die Grundbestandteile alles Irdischen sind drei: 1. das, was brennt (Schwefel); 2. das, was raucht und sich verflüchtigt (Quecksilber); 3. das, was als Asche zurückbleibt (Salz). Durch das erste wird das Wachstum, durch das zweite die Flüssigkeit, durch das dritte die Festigkeit der Körper bewirkt. Sie setzen die »große Welt« (Makrokosmus) wie auch die »kleine Welt« (Mikrokosmus), das heißt des Menschen Geist, Seele und Leib zusammen. Ist einer der drei Stoffe im menschlichen Organismus zu stark oder zu schwach vorhanden, so entstehen Krankheiten, die mithin auch nur durch chemische Heilmittel gehoben werden können. Eine Fülle wichtiger Präparate wurden von ihm selbst hergestellt und so ein mächtiger Anstoß zur Reform des Apothekerwesens gegeben.

In einem gewissen Widerspruch damit nimmt er dann nun freilich – was an den heutigen *Vitalismus* erinnert – ein jedem Individuum innewohnendes, fast persönlich gedachtes Lebensprinzip, einen »Regierer« (*Archeus*) an, der die Nahrung verdaulich, die unverdaulichen Stoffe ausscheiden macht und so für Erhaltung des richtigen Gleichgewichts sorgt. Überhaupt verbinden sich in dem »seltsam wunderlichen Manne«, wie ihn ein Zeitgenosse nennt, mit den wissenschaftlichen noch viel phantastische Elemente. Von der irdischen oder elementarischen Welt mit ihren Elementargeistern: Salamander, Undinen, Sylphen und Gnomen (Faust!), unterscheidet er die siderische oder Sternen- und eine göttliche oder »deale« Welt. Die Theologie hat mit dem »natürlichen Licht« der Philosophie nichts zu tun, ist vielmehr Sache der Offenbarung und des Glaubens. Bei starkem Selbstbewußtsein war er doch ein guter Mensch, der in dem Emporbringen der Kranken, dieser »arm, elend, dürftig Leut« seine Hauptaufgabe erblickte, und ein christlich gesinnter Humanist, der die Menschheit durch Gewissensernst und liebevolle Wahrhaftigkeit zum »Reiche Gottes« hinleiten wollte.

Als Nachfolger im weiteren Sinne kann man den beinahe ein Jahrhundert später lebenden Niederländer Johann Baptist *van Helmont* (1577 bis 1644) betrachten, der in seinem stillen Laboratorium in Brüssel die Geheimnisse der chemischen Stoffe erforschte und besonders durch seine wichtigen Untersuchungen über Säuren und »Gase« (ein von ihm erfundenes Wort!) für die Geschichte der Chemie von Bedeutung geworden ist. Mit diesen nüchternen Forschungen verband er freilich auch eine starke Neigung zur Mystik.

Wir müssen nun von diesen *natur*philosophischen Bestrebungen zu dem deutschen *Humanismus* im engeren Sinne zurücklenken, der im allgemeinen von der Naturphilosophie sich abwendet. Nur der abenteuerliche Agrippa von Nettesheim bei Köln (1486 bis 1535) beschäftigt sich eingehender mit ihr. Er suchte namentlich die Stärke und den Einfluß der vier Elemente zahlenmäßig zu bestimmen, nahm aber, vom Neuplatonismus angeregt, außerdem noch einen über ihnen waltenden »Weltgeist« *(spiritus mundi)* als »fünftes Wesen« oder sogenannte »Quintessenz« an.

Die übrigen deutschen Humanisten geben sich fast ausschließlich mit den Geisteswissenschaften ab, besitzen jedoch neben ihrer hohen kulturgeschichtlichen nur geringe philosophische Bedeutung.

Wir nennen unter ihnen den berühmten Förderer des Griechischen und Hebräischen Johann Reuchlin (1455 bis 1522), den feinen und klugen, aber ängstlichen Holländer Erasmus (1467 bis 1536), der zwar alles der Prüfung der Vernunft unterwerfen will, aber philosophisch nur ein Nachtreter der Antike ist; den kampffrohen und revolutionär gesinnten Ulrich von Hutten (1483 bis 1523) mit seinem mutigen: »Ich hab's gewagt« und seinem freudigen: »Es ist jetzt eine Lust zu leben!«; den Kreis derer, die in ihren derb-satirischen »Briefen der Dunkelmänner« die Beschränktheit und Sittenlosigkeit gewisser Mönchskreise verspotteten. Endlich den für die Geschichte der Pädagogik bedeutsamen Johann Sturm in Straßburg (1507 bis 1589), nach dessen Grundsätzen man die Schulen, statt der Namen die Sachen kennen, über sie ein begründetes Urteil fällen und in angemessener Form sprechen lehren sollte.

Trotzdem drang der eigentliche Humanismus mit seiner Vorliebe für »die Alten« in Deutschland nur in die verhältnismäßig dünne Schicht der Gebildeten ein. Was dagegen die Masse ergriff, war die religiöse Bewegung der *Reformation*.

Einig sind Renaissance und Reformation darin, daß sie gegenüber dem Joch der Autorität, der das Mittelalter sich beugt, auf das Recht der freien *Persönlichkeit* zurückgehen. Aber der Renaissance ist es dabei in erster Linie um dies Recht und um ihre freie Entfaltung in Wissenschaft und Kunst zu tun, während die Reformation fast ausschließlich des Menschen Verhältnis zu Gott, also das religiöse Problem im Auge hat.

Die großen deutschen Reformatoren haben deshalb auch keine selbständige *philosophische* Bedeutung. Der größte von ihnen, *Luther*, geht eben doch nur, ganz ähnlich wie sein frühmittelalterliches Vorbild Augustin, von den Bedürfnissen des religiösen Gemüts, von der Frage nach dem Heil seiner Seele aus und steht im übrigen den praktischen Mystikern des ausgehenden Mittelalters am nächsten. Den Aristoteles greift er, anfangs wenigstens, scharf als »die Wehr der Papisten« an und erklärt, vielleicht ebendarum, die Vernunft für des Teufels Buhle. – Anders sein gelehrter Freund *Melanchthon*, auf den er sich in philosophischen Dingen mehr und mehr verläßt. Dieser, die weit schwächere, aber zur Vermittlung geschaffene Natur, sucht die aus Cicero geschöpfte Lehre vom »natürlichen Licht« der uns von Gott selbst als Richtschnur verliehenen Vernunft mit den Heilswahrheiten des Evangeliums zu verschmelzen; natürlich, ohne daß ihm das völlig gelingt. Er hat selbst im Anschluß an seine Wittenberger Vorlesungen eine Reihe lateinischer (!) Lehrbücher über Psychologie, Naturlehre, Dialektik und Ethik verfaßt. Es fehlt diesem das gelehrte Wissen seiner Zeit umfassenden Geist zwar das schöpferische Vermögen. Dagegen hat das mit bedeutendem Organisationsgeschick verbundene Lehrtalent dieses »Präzeptors (Schulmeisters) Germaniens« dem gesamten höheren Schulwesen unseres Vaterlandes jene enge Verbindung des biblischen Christentums mit dem klassischen, besonders dem lateinischen Altertum eingeimpft, die jahrhundertelang angedauert hat und zum Teil heute noch vorhanden ist. An den neuen protestantischen Universitäten insbesondere kam durch seinen christlich und humanistisch gemilderten Aristotelismus eine Art protestantische Scholastik auf, die sich kaum minder wie die katholische als ein Hindernis des freien Denkens bewies: zumal da ja schon zu Luthers Lebzeiten der anfangs so kühne Ansturm des protestantischen Gewissens gegen alle einengende Überlieferung, wohl am meisten aus Furcht vor den revolutionären Instinkten der Masse (Bauernkrieg, Täuferbewegung), in ein starres Festhalten am Buchstaben, die zu schaffende freie Volks- in eine Fürsten- und Landeskirche sich verwandelt hatte. – Die kleine Schweiz mit ihrer durch *Zwingli*, den Verehrer Platos, Ciceros und Senekas wie auch des italienischen Neuhumanisten Pico von Mirandola, vertretenen vernunftgemäßeren Auffassung des Christentums konnte demgegenüber nicht aufkommen. *Kalvin* endlich, der Reformator des westlichen Europas, ist in noch höherem Grade als Luther ausschließlich, und zwar im wesentlichen durch Augustin bestimmter Theologe, so daß seine Behandlung nicht hierher gehört.

Tieferen philosophischen Sinn als das immer mehr konfessionell und dogmatisch erstarrende Gelehrtentum der protestantischen

Universitäten zeigen einzelne außerhalb derselben stehende fromme *Mystiker*. So der mit den Wiedertäufern in innerem Zusammenhang stehende Süddeutsche *Sebastian Franck* (1500 bis 1545). Wenn schon die »Zwickauer Schwarmgeister« Karlstadt und der Prophet des Kommunismus Thomas Münzer die Konsequenzen der evangelischen Freiheit in religiöser wie politischer und sozialer Beziehung weiter als Luther gezogen hatten, so tat dies Francks stille Gelehrsamkeit nicht minder. Nach ihm ist die »Historie« Jesu für den wahren Christen nur die »Figur«, das heißt die äußere Einkleidung; der echte Glaube besteht in dem Einwohnen des göttlichen Geistes in uns, das durch inneres Erfahren auch demjenigen zuteil werden kann, der den Namen Christi nie vernommen hat. Der eigenartigste Vertreter dieser an Meister Eckhart erinnernden, ganz aufs Innerliche gerichteten Mystik ist der gemütstiefe und in seiner Weise geniale Schuster von Görlitz *Jakob Böhme* (1575 bis 1624), auf dessen Darstellung in unserer größeren Geschichte der Philosophie (I, Seite 313 bis 315) wir verweisen.

Auch in Deutschland und seinen Nachbarlanden erstreckt sich der Einfluß der neuen Gedanken nach der *politischen* Seite hin, und zwar, soweit tiefere Denker in Frage kommen, doch in einer dem Machiavellismus entgegengesetzten Richtung. Gewiß, die Lutheraner verfechten im Anschluß an Luther und Melanchthon das göttliche Recht der Obrigkeit, und Philosophen von allgemeiner Bedeutung hat es in Deutschland zwischen dem Kusaner und Leibniz nicht gegeben. Anders der Kalvinist Johannes *Althus* (Althusius, 1557 bis 1688), der als Rechtsbeistand der Stadt Emden wacker die Rechte der ostfriesischen Bürger und Bauern gegen den dortigen Adel vertrat und mit Begeisterung den Freiheitskampf der benachbarten Niederländer gegen die spanische Gewaltherrschaft verfolgte. Er betrachtet in seiner vielgelesenen »Politica« von 1603 als Quelle des Rechts, darin ein Vorläufer Rousseaus, den – natürlich nicht als geschichtliche Tatsache, sondern nur als Leitidee aufzufassenden – ursprünglichen Gesellschaftsvertrag und tritt demgemäß für den Grundsatz der *Volkssouveränität* ein, die er freilich, den damaligen Zeitverhältnissen entsprechend, hauptsächlich in der

Macht der »Stände« gegenüber dem Fürsten verkörpert sieht. So ist er der Begründer oder Wiederhersteller des allerdings schon von der Stoa und einem Teil der Scholastik (Thomas von Aquino) verkündeten, aus der Natur des Menschen fließenden Rechts, das heißt des *Naturrechts* geworden.

Ausführlicher begründet wurde dies Recht bald darauf von dem Holländer *Hugo Grotius* (1583 bis 1645). Grotius (eigentlich de Groot), bereits mit sechzehn Jahren Doktor der Rechte und früh zu hohen politischen Stellungen in seinem Vaterland gelangt, dann nach dem Sturz seiner, der republikanischen Partei nur durch eine List seines treuen Weibes lebenslänglichem Kerker entgangen, seit 1635 das wichtige Amt eines schwedischen Gesandten in Paris bekleidend, ist ein vielseitiger Kopf: Humanist, Geschichtschreiber, Politiker und Theologe zugleich. Aber sein eigentliches Verdienst für die Geschichte des philosophischen Denkens besteht in der *Selbständigmachung der Rechtswissenschaft*. Allerdings erkennt er neben dem *Naturrecht*, das auf die menschliche Vernunft gegründet ist, noch ein auf der Offenbarung beruhendes »göttliches« Recht an, aber das Gebiet beider wird doch streng voneinander geschieden. Das Naturrecht entspringt lediglich dem natürlichen Triebe des Menschen zur Gemeinschaft und beruht auf einem stillschweigenden ursprünglichen Vertrag. Es kann auch von Gott nicht abgeändert werden, so wenig wie der Satz, daß $2 \times 2 = 4$ ist. Wie der Staat durch den Willen der ihn zusammensetzenden einzelnen entstanden ist, so kann auch deren Recht ihm gegenüber nie verschwinden. Die Rechtsordnung dient Grotius, wie seinem Vorbild in dieser Beziehung, dem römischen Recht, im wesentlichen zum Schutze der persönlichen Interessen, ist also Liberalismus, nicht Sozialismus. Die Rechtsstrafe soll angewandt werden, nicht weil gefehlt worden ist (Vergeltungstheorie), sondern damit nicht gefehlt werde (Vorbeugungstheorie).

Fast noch wichtiger ist Grotius als Begründer des *Völkerrechts* in seinem berühmten Werke »über das Recht des Krieges und des Friedens«, das er 1625 während des schon entbrannten Dreißigjährigen Krieges herausgab. Der Krieg ist nur dann gerecht, wenn offenbares göttliches oder menschliches Recht verletzt worden ist; er muß nach den Grundsätzen der Rechtlichkeit geführt werden. Treue und Redlichkeit sind die beste Politik. Kein Volk soll wegen abweichenden Glaubens bekriegt werden (wie es damals an der Tagesordnung war), selbst nicht ein heidnisches; denn den Glauben an übernatürliche und an geschichtliche Wahrheiten kann man niemand aufdrängen. Die Erhebung einzelner gegen den Staat ist als Aufruhr streng zu unterdrücken.

C. Spanien und Frankreich

Selbst bis nach dem rechtgläubigen *Spanien* streckte der Humanismus seine Wurzeln aus. Hier drang der freilich später nach den Niederlanden ausgewanderte Freund des Erasmus, Ludwig *Vives* (1492 bis 1540), im Kampfe mit der autoritätssüchtigen Scholastik und ihrem Meister Aristoteles auf Neubegründung der Wissenschaften auf die Erfahrung, namentlich die der *Seelen-* und der *Erziehungslehre*. Nicht darüber soll man sich den Kopf zerbrechen, *was* die Seele sei, sondern an der Hand von Tatsachen, die er selbst allerdings großenteils noch aus Büchern schöpft, feststellen, *wie* sie *tätig* sei. Die niederen Formen des organischen Lebens sind die Grundlagen des höheren, bewußten. Das Erkennen ist abhängig von den Gehirnschwingungen, Lebenskraft und Gemütsbewegungen vom Herzen. Die menschliche Seele hält er allerdings für unmittelbar von Gott geschaffen. Außer seinen pädagogischen Reformbestrebungen ist Vives auch als einer der ersten dafür eingetreten, eine geordnete staatliche Armenpflege einzurichten, anstatt sie dem Zufall des Almosens zu überlassen.

Selbst die durch das Tridentiner Konzil (1546 bis 1563) ihre Lehre fortan von allen Neuerungen sorgfältig abschließende alte Kirche blieb von dem Hauche des Humanismus nicht gänzlich unberührt. Die durch den neuen Orden der *Jesuiten* in ihr gepflegte »Philosophie« blieb zwar Scholastik, erhielt aber durch den spanischen Jesuiten *Suarez* (1548 bis 1617) wenigstens eine geschmackvollere Darstellung, die selbst von Schopenhauer noch geschätzt wird. Und mit ihm verfochten andere Mitglieder der Gesellschaft Jesu in Spanien, wie *Mariana* (1537 bis 1624), Bellarmin und andere, denselben politischen Grundsatz wie der Protestant Althus: der Staat sei aus einem Vertrag zwischen Fürsten und Volk entstanden, das letztere daher berechtigt, einen schlechten Herrscher abzusetzen, ja zu töten, falls er den Staat zugrunde richtet, die öffentlichen Gesetze und die heilige Religion verachtet. Unter dem »Volk« werden freilich von ihnen noch fast durchaus die bevorrechteten Stände verstanden.

Frankreich wurde in der zweiten Hälfte des sechzehnten Jahrhunderts zu stark durch innere Kämpfe, und zwar Religionskriege in Anspruch genommen, als daß die Wissenschaften hätten gedeihen können. Immerhin machte sich Petrus Ramus (Pierre de la Ramée, 1515 bis 1572) durch eine Reform der Logik verdient, die auch in den Nachbarländern viele Anhänger gewann. Wichtiger für eine Geschichte der Weltanschauungen ist der weltmännische *Skeptizismus*, der sich mit dem neuen Menschheits- und Persönlichkeitsgefühl des Humanismus zu einem Ganzen verbindet und in drei verschiedenen Typen: einem Edelmann, Priester und Arzt zum Ausdruck kommt.

Michel von *Montaigne* (1533 bis 1592) erscheint auf den ersten Blick bloß als geistreicher Plauderer über alle möglichen Gegenstände; er ist der Erfinder des bei den Franzosen heute noch so geschätzten Essays, wie er seine allgemeinverständlichen, leichtgeschürzten, mit dem echt französischen geistvollen Witz (Esprit) gefüllten Aufsätze nennt; er blieb daher auch bei uns noch Jahrhunderte hindurch ein Liebling der Gebildeten, unter anderen Kants, und wird von seinen Landsleuten noch heute geschätzt. Aber dahinter steckt doch eine ernstere Weltanschauung, die dem »Sich-über-nichts-wundern« *(Nil admirari)* des Horaz verwandt ist. Da es ein völlig sicheres Erkennen nicht gibt – »Was weiß ich?« ist eine der beliebtesten von Montaignes Wendungen –, so ist es an uns selbst, den Wert in die Dinge hineinzulegen. Die Welt aber sollen wir wie ein an uns vorbeiziehendes Schauspiel betrachten, uns durch sie in unserer heiteren Gelassenheit nicht stören lassen, natürlich, ehrlich gegen uns und andere, und unserer eigenen Natur treu bleiben. Allerdings ist mit dieser heiteren Lebenskunst doch eine allzu große

Zurückhaltung von allen ernsteren Kämpfen der Zeit verbunden und mit dem Zweifel an der Möglichkeit rechter Erkenntnis des Gerechten und Göttlichen eine allzu starke Fügsamkeit gegenüber den bestehenden Ordnungen in Kirche und Staat gepaart.

Auch auf Montaignes Freund, den menschenfreundlichen und als Kanzelredner ausgezeichneten Pariser Priester Pierre *Charron* (1541 bis 1603), hatten die Religionskriege mit ihren sittlichen Folgen einen abschreckenden Eindruck gemacht und ihn zum Nachdenken über die wahre Weisheit getrieben, der er sein Hauptwerk (*De la sagesse,* »Von der Weisheit«), das erste in einer Landessprache geschriebene moralphilosophische Buch der Neuzeit, widmet. Er findet sie in der Einsicht in die Schranken unseres Wissens, die uns dann zu Natürlichkeit, frommer Rechtschaffenheit, Seelenruhe und Gleichmut leitet. Ein treuer Sohn seiner (der katholischen) Kirche, erhebt er sich doch einmal zu der kühnen Äußerung: »Ich will, daß man ein guter Mensch sei, auch wenn es kein Paradies und keine Hölle gibt.« Die freiesten Stellen in seiner Schrift hat er freilich später ausgemerzt, und das Höchste bleibt ihm doch die religiöse Offenbarung.

Auch der geborene Portugiese Franz *Sanchez* (1562 bis 1632), der bereits als Zweiundzwanzigjähriger zum Professor an der schon im Mittelalter berühmten medizinischen Hochschule in dem südfranzösischen Montpellier ernannt wurde, kehrte in seiner Schrift über das Thema »Daß man nichts weiß« seinen skeptischen Standpunkt, und zwar schärfer und schulmäßiger als die beiden vorigen, hervor, bleibt jedoch gegenüber dem scholastischen Wortkram hauptsächlich an der allgemeinen Forderung der Rückkehr zu den Dingen selbst haften, ohne selbst schon einen Beitrag zu der neuen Wissenschaft zu leisten.

Auch in Frankreich beschäftigte man sich jetzt mit *Staats*theorien. So gab der Rechtsgelehrte J. *Bodin* (Bodinus, 1530 bis 1596) 1577 ein wesentlich ethisch gerichtetes Werk »Vom Staate« heraus, in dem er entgegen Machiavelli eine monarchische Regierung nach den Gesetzen oder der Natur verlangt. Wichtiger ist, daß er in einer besonderen geschichtsphilosophischen Schrift als einer der ersten auf die geographischen Vorbedingungen des Volkscharakters und der Wirtschaftsweise der verschiedenen Länder hingewiesen und eine gewisse Gesetzmäßigkeit der geschichtlichen Entwicklung anerkannt hat. Noch bedeutsamer ist die *religionsphilosophische* Stellung, die er in seiner spätesten Schrift, dem *»Collegium heptaplomeres«*, das heißt dem »siebenfachen Gespräch« je eines Lutheraners, Kalvinisten, Katholiken, Israeliten, Mohammedaners und – zweier Vertreter der *natürlichen* Religion einnimmt. Er kommt zu dem Ergebnis, daß die letztere als ihr Kern und Wesen in allen Bekenntnissen steckt, indem der Glaube an Gott, Freiheit und Unsterblichkeit von Natur jedem Menschen innewohnt. Der Staat soll alle dulden und schützen, nur nicht – die Atheisten. Und selbst diese zahme Schrift wurde nur in Abschriften insgeheim verbreitet, wird noch im achtzehnten Jahrhundert öfters mit Abscheu erwähnt und ist erst 1857 von einem Gießener Gelehrten vollständig herausgegeben worden!

D. England

1. Morus' »Utopia«

Wenn in Deutschland die Reformierten, in Spanien die Jesuiten, in Frankreich die Hugenotten, jeder von seinem Interessenstandpunkt aus, den Grundsatz der Volkssouveränität verteidigten, so hat doch keiner von ihnen im entferntesten daran gedacht, *sozialistische* Prinzipien zu verkünden. Das war einem *englischen* Humanisten vorbehalten.

Ein Jahr nach dem Erscheinen von Machiavellis »Fürsten«, genau ein Jahr vor dem Auftreten Martin Luthers entwarf der Engländer Thomas *More* (Morus, 1480 bis 1535) in seiner lateinisch geschriebenen *Utopia* (zu deutsch: »Nirgendheim«) zum ersten Male wieder seit Plato den ausgeführten Plan eines sozialistischen Staatsideals. Und dieser Entwurf ist nicht etwa ein phantasiereiches Gedankenspiel, sondern ernstesten politischen Erwägungen entsprungen. Das geht mit voller Deutlichkeit aus der Einleitung hervor, die in sehr realistischen Zügen das traurige Los der Massen in dem damaligen England schildert, das vor allem durch die seitens

der profitsüchtigen Reichen unternommene Umwandlung fruchtbaren Ackerlandes in gewinnbringende Schafweide veranlaßt ist. Es
gibt kein anderes Mittel, diese Not zu beseitigen, als die Abschaffung
des Privateigentums und Einführung gemeinsamer Produktion. Das
wird dann in romanhafter Form, aber in ernster Absicht an dem
erdichteten Gemeinwesen der Insel »Nirgendheim« dargelegt.
Gewiß verraten einzelne Züge noch den gläubigen Katholiken oder
den Menschen des sechzehnten Jahrhunderts, im ganzen aber ist die
Schrift durchaus *modern*. Eine ganze Reihe sozialer Gegenwarts-
probleme erfahren schon hier ihre Erörterung: die genossenschaftliche Produktion der Arbeit und ihr ebenfalls genossenschaftlicher
Konsum, die Verkürzung der Arbeitszeit (Sechsstundentag!),
Arbeitsrecht, Arbeitspflicht, Arbeitsorganisation, die Frauenfrage,
die Pflege von Wissenschaft und Bildung für alle, die Behandlung
der Religion als Privatsache. Auch kennen die Utopier keine zwei-
fache Moral: eine für die Niederen, eine andere für die Höheren.
Selbstverständlich gibt es keinerlei Vorrechte der Geburt. Der Krieg
gilt als tierische Roheit. Die Einehe wird beibehalten, indes sind Ehe
und Familie keine Werkzeuge wirtschaftlicher Unterdrückung mehr.
Auch die üblichen Einwände gegen die Durchführbarkeit des
sozialistischen Gedankens werden widerlegt. Gewiß gibt es eine
Reihe gesetzlicher Mittel, die Ungerechtigkeit der heute bestehenden
Verhältnisse zu *lindern*; das einzige Mittel aber, die Armut und Un-
bildung der Massen zu *beseitigen*, ist die Abschaffung des Privateigentums an den Produktionsmitteln. Daß auch damit nicht sofort
alles Übel auf der Welt aufhören werde, wußte er; denn »nichts wird
gut und vollkommen sein, wenn nicht die Menschen gut und vollkommen sind«.

Morus' Schrift errang zwar einen großen literarischen Erfolg,
hatte aber keine praktische Wirkung. Er selbst wurde zwar wider
seinen Willen bald darauf zu hohen Staatsämtern, 1529 sogar zum
Lord-Kanzler des Königreichs erhoben, mußte jedoch seinen Freimut
gegenüber dem tyrannischen Heinrich VIII. mit dem Tode durch
Henkershand büßen, den er mit standhaftem Mut ertrug. Seine
»Utopia« aber hat einer ganzen Literaturgattung den Namen ge-

geben, und bis zu dem Auftreten von Marx und Engels hat sich die sozialistische Theorie in den Bahnen des »Utopismus« bewegt.

Ein Jahrhundert nach Morus hat ein anderer englischer Kanzler ebenfalls eine Utopie geschrieben, aber von wesentlich anderer Art. Er bildet auch sonst fast in allem das Gegenstück zu jenem. Es ist

2. *Baco von Verulam* (1561 bis 1626)

Baco wird in England und wurde vor noch nicht langer Zeit vielfach auch in Deutschland als *Begründer der neueren Philosophie*, ja auch der *modernen Naturwissenschaft* angesehen. Das letztere ist er auf keinen Fall. Er war überhaupt kein Naturforscher, sondern Jurist und Politiker von Beruf und, von Ehrgeiz getrieben, in der Wahl seiner Mittel nicht wählerisch. Man muß, sagt er selbst einmal, um in der Welt emporzukommen, sich den Verhältnissen anbequemen und den Launen der Mächtigen fügen. So rückt er denn schließlich (1618) zum Lord-Kanzler und Baron von Verulam auf, wird aber drei Jahre darauf wegen Bestechlichkeit vom Parlament verurteilt und zieht sich infolgedessen ins Privatleben zurück, um sich fortan allein wissenschaftlichen Beschäftigungen zu widmen. Er ist ein Gegner der mathematischen Physik; Kopernikus und Galilei gelten ihm als Leute, »die alles mögliche erdichten, wenn es nur in Rechnungen aufgeht«. Er schätzt das Experiment zwar in Worten, hat aber selbst kaum naturwissenschaftliche Experimente angestellt. Darum gehört er nicht zu den Begründern der neuen Naturwissenschaft, sondern bleibt in der Linie dessen, was Telesio, Bruno, Ramus, Sanchez und andere Männer der Renaissance im Kampfe gegen die Scholastik geleistet haben, also Natur *philosoph*.

Dagegen ist er insoweit modern, als er ganz von der Aufgabe erfüllt ist, welche die Mutter aller Wissenschaften, die *Naturwissenschaft*, für die Kultur der neuen Zeit zu leisten hat. Ihre Aufgabe ist, die Natur zu ergründen, um sie in den Dienst des Menschen zu stellen. Denn *Wissen* ist Macht. Zu diesem praktischen Zweck muß sich der Naturforscher zunächst von allen *Vorurteilen* der Sinne und des Verstandes befreien.

Solcher »*Idole*«, das ist Trugbilder, unterscheidet er vier: 1. Solche, die der *Menschengattung* überhaupt anhaften, daß sie alle Dinge zu sehr nach menschlichem Maßstab auffaßt, zum Beispiel überall in der Natur Ordnung und Regelmäßigkeit sieht und sich zu gern in Abstraktionen verliert; 2. die Vorurteile des *einzelnen*, die durch seine besonderen Anlagen, Gewohnheiten, Erziehung, Verkehr und Lektüre bewirkt werden; 3. die der *Sprache*, welche Wörter für nicht vorhandene Dinge (zum Beispiel Glück, erster Beweger, Planetenkreise) bildet und begrifflichen Unklarheiten und Unbestimmtheiten Vorschub leistet; 4. solche der philosophischen Überlieferung: sei es nun rationalistischer (Aristoteles) oder empirischer oder mystischer Art. Die wahre Methode, meint Baco, will weder alles aus sich herausspinnen wie die Spinnen (das heißt die dogmatischen Metaphysiker) noch bloß Stoff sammeln wie die Ameisen (das heißt die reinen Erfahrungsmänner), sondern ihn durch eigene Kraft verarbeiten wie die Bienen.

Diese seine eigene, natürlich längst von ihm von der Wissenschaft geübte, aber von ihm zuerst laut verkündete *Methode* nennt unser Philosoph die der *Induktion*, wörtlich: Hinführung, weil sie von einzelnen Erfahrungen durch stetiges Aufsteigen zu allgemeineren Sätzen hinführt. Oder auch die der *Fälle* (Instanzen), indem zwei Tafeln von Fällen aufgestellt werben: solche, in denen die betreffende Erscheinung, etwa die Wärme, auftritt (zum Beispiel bei den Sonnenstrahlen, bei Vitriolöl und Pferdemist!), und solche, in denen sie nicht auftritt (zum Beispiel bei Mondstrahlen, Nordwind, kalten Blitzen!). Zu diesen Tafeln der »bejahenden« und »verneinenden« Fälle tritt dann als dritte eine solche der »Grade«, wo das Minder oder Mehr der einen Tatsache, zum Beispiel des Lichtes, auch ein Minder oder Mehr der anderen, zum Beispiel der Wärme, zur Folge hat. Aus diesen werden dann wieder alle Fälle ausgeschieden, die nicht zur »Form« oder dem »Wesen« des betreffenden Gegenstandes gehören, bis dann schließlich auf diese sehr umständliche Weise die »*Form*« oder das »*Wesen*« des Dinges herauskommt. Das Wesen oder die Form der Wärme zum Beispiel besteht in demjenigen, was sich überall findet, wo Wärme ist, nirgends, wo sie fehlt, stärker oder schwächer vorhanden ist, je nachdem mehr oder weniger Wärme da ist. Mit dieser »Form« oder dem »Wesen« der Dinge bleibt Baco trotz mancher zutreffenden Einzelbemerkung schließlich doch in der von ihm in Worten so stark bekämpften Scholastik stecken und dringt nicht zu dem wirklich wissenschaftlichen Begriff des Natur *gesetzes* vor. Er verharrt in einer Zwitterstellung zwischen der alten Metaphysik und der von Galilei und Kepler (siehe Seite 131 ff.) bereits begründeten modernen Naturwissenschaft. Begründet er doch die Kreisbewegung der Gestirne damit, daß sie daran – »ihre Freude haben, weil dies allein eine ewige und unendliche Bewegung ist«.

So hat Baco die »große Erneuerung« der Wissenschaften, die der Titel seines Hauptwerkes verkündet, selber noch nicht eingeleitet. Mathematik und Physik sind ihm gut genug für das bloß Stoffliche in der Natur; das »in höherem Grade Feststehende« zu finden, wird der Metaphysik als der trefflichsten aller Wissenschaften überlassen. Dagegen gibt sein Buch »Über die Würde und die Fortschritte der Wissenschaften« (1623), neben einer Einteilung des gesamten Wissenschaftsfeldes, manche fruchtbaren Einzelgedanken. In den drei Teilen der Wissenschaft wird die *Geschichte*, die sowohl die Natur- als die Geistes- (Staaten-, Philosophie- und Literatur-) Geschichte umfaßt, auf das Gedächtnis gegründet, die *Dichtkunst* zwar auf die Phantasie, indes doch von demselben Baco, in dem man neuerdings den wirklichen Verfasser der Shakespeare-Dramen hat sehen wollen, sehr nüchtern als »willkürlich erdichtete Geschichte« definiert, deren höchsten Zweig die lehrhafte Poesie darstellt! Die *Philosophie*, die mit einer sogenannten »ersten«, allerlei allgemeine logische Grundsätze enthaltenden Philosophie beginnt, zerfällt in die Anthropologie (Lehre vom Menschen), Naturphilosophie und natürliche Theologie, die hauptsächlich den Atheismus zu widerlegen hat. Denn nur »leichtes Kosten vom Trank der Wissenschaften kann zum Atheismus führen: tiefere Züge führen zur Religion zurück«. Für die eigentliche *Theologie* gilt die gerühmte wissenschaftliche Methode der Induktion überhaupt nicht. Ihre von Gott inspirierten (wörtlich: eingehauchten) Heilswahrheiten stehen so unumstößlich fest wie die

Regeln des Schachspiels! Der Glaube steht höher als die Wissenschaft, Aberglaube freilich ist noch unsittlicher und unreligiöser als Unglaube. Ganz in der Weise der späteren Scholastik werden Philosophie und Theologie streng voneinander geschieden. Je stärker eine Offenbarungslehre der Vernunft widerspricht, um so religiöser ist es, daran zu glauben.

Die *Sittenlehre* wird in dem Hauptwerk nur beiläufig, dagegen öfters in den in der geistreich-unterhaltenden Weise Montaignes und in der Landessprache geschriebenen »moralischen, wirtschaftlichen und politischen Essays« (1. Auflage 1591, 3. Auflage 1625) behandelt. Dem praktischen Engländer geht das tätige über das beschauliche Leben. Um die Seele mit Erfolg zu leiten, muß man die Charaktere, Neigungen und Vorurteile der Menschen studieren. Auf die *Staatslehre* will Baco in seinem dem »Meister der Regierungskunst« (!) König Jakob I. gewidmeten Hauptwerk nicht näher eingehen, da die Schwierigkeit der Sache eine wissenschaftliche, die Natur der Staatskunst eine offene Erörterung erschwere.

Bacos Kernsatz vom »Wissen als Macht« spiegelt sich auch in dem Bruchstück seiner König Karl I. gewidmeten Utopie »Neue Atlantis« wider. In diesem Zukunftsstaat gibt es zahlreiche Anstalten für Untersuchungen mit dem Mikroskop, andere zur Erforschung des Schalles, der Gerüche usw., ja schon Fernrohre und Fernsprecher, Dampfwagen und Luftschiffe, chemische Nahrungsmittel, Vorbeugungsmittel gegen Krankheiten und vieles andere, was unser das ganze Wissen der Zeit umspannender geistreicher Denker mit prophetischem Blick vorausgeahnt hat; kurz alles, was das Herz begehrt und was das Leben so behaglich und leicht wie möglich macht. Nur von einer *sozialen* Neuordnung ist keine Rede.

Baco ist eben im letzten Grunde trotz seines reichen Wissens und seiner gewandten Formen kein wirklich schöpferischer und vorwärtsstrebender Geist. So schließt er für uns nur die Naturphilosophie der Renaissance ab. Die neuzeitliche Philosophie ist in Wahrheit erst durch die im siebzehnten Jahrhundert entstehende mathematische Naturwissenschaft begründet oder doch vorbereitet worden.

Sechstes Kapitel. Die neue Naturwissenschaft

1. Die Vorläufer

Ihre drei Vorläufer sind:

Leonardo da Vinci, Kopernikus und Kepler

Der große *Leonardo* (1452 bis 1519) aus Vinci in Norditalien war nicht bloß bildender Künstler, das heißt Maler, Bildhauer und Baukünstler, sondern auch Ingenieur, Astronom, Anatom und Violinist, und zwar auf den meisten dieser Gebiete selbstschöpferisch. Und er geht überall auf die wissenschaftlichen Grundlagen zurück. Selbst das Geheimnis der Schönheit beruht auf dem Notwendigen und Gesetzmäßigen, und dieses wieder auf Maß und Zahl. Der Wert des Wissens hängt nicht von seinem Gegenstand, sondern von dem Grad der Gewißheit ab, die eigentlichen Wissenschaften sind daher Mathematik und Mechanik. Auch die idealistische Grundlage aller Wissenschaft hat er bereits anerkannt: wir begreifen nach ihm nur das, was wir in unserem eigenen Geist entworfen haben.

Auf die Gestaltung der modernen Weltanschauung aber wirkte noch viel unmittelbarer Nikolaus *Kopernikus* aus Thorn (1473 bis 1543), Humanist wie Erasmus, der in Krakau, Wien und Italien studiert hatte und sein späteres Leben als Domherr in dem westpreußischen Frauenburg zubrachte. Hier in der Stille begann er bereits 1506 sein wahrhaft weltumwälzendes Werk »Von den Umwälzungen der Himmelsbahnen«, das heißt der *Umdrehung der Erde* und der übrigen Planeten *um die Sonne,* indem er *mathematisch* nachwies, daß unter seiner Voraussetzung die Bewegungen der Gestirne sich genau in der Weise vollziehen müssen, wie sie uns erscheinen. Durch die neue Lehre ging eine ganze Welt althergebrachter Vorstellungen nicht bloß sinnlich-naiver, sondern auch religiöser »in Dunst und Rauch auf« (Goethe). Deshalb hatte sie der vorsichtige Domherr auch bei seinen Lebzeiten noch nicht veröffentlicht; erst kurz nach seinem Tode gab sie ein Nürnberger evangelischer Theologe heraus. Von Luther wurde ihr Urheber noch als Narr bezeichnet, von den meisten Zeitgenossen, soweit sie sie überhaupt begriffen, heftig angefeindet; auf dem päpstlichen Index (Verzeichnis) verbotener Bücher hat sie bis 1757 gestanden! Ihr erster nachdrücklicher Verteidiger in Deutschland war der Schwabe

Johann *Kepler* (1571 bis 1630), der sich anfänglich in seinem »Weltbeschreibenden Geheimnis von dem bewundernswerten Verhältnis der Himmelskreise« (1596) noch in stark neuplatonischen Bahnen bewegt, aber doch schon den Grundgedanken vertritt, daß Gottes Geist sich in den harmonisch geordneten *geometrischen Größenverhältnissen* des Weltalls offenbare. »Nichts als Größen oder durch Größen vermag der Mensch vollkommen zu erkennen.« Und in dreizehnjähriger Arbeit gelangte er dann zu einer mathematisch genauen » *Physik* des Himmels«, die er 1609 in seiner »Neuen Astronomie« an »den Bewegungen des Planeten Mars« darlegte. An die Stelle »bewegender *Seelen*« sind ihm jetzt natürliche *Kräfte* getreten, und der Kraftbegriff erhebt sich dann zum Kraftgesetz. Bei ihm findet sich für seine bekannten drei Regeln, auf deren Inhalt wir hier nicht einzugehen haben, der uns heute so geläufig gewordene Ausdruck *»Naturgesetze«*. Sein mathematischer Nachweis der Ellipsen-Bewegung richtet sich nicht nur gegen das gesamte Altertum und Mittelalter, das den Kreis als die »vollkommenste« Figur vergöttert hatte, sondern auch gegen die neumathematischen »Chemiker und Paracelsisten« (Seite 115 f.). Mit der Renaissance teilt er nur die Überzeugung von einer *Harmonie*, welche die ganze Welt von den größten Weltkörpern bis zum kleinsten Kristall durchdringt, und die doch keine Eigenschaft der Dinge, sondern von dem schöpferischen Menschengeist erdacht ist. Die Wissenschaft aber muß – genau wie bei Plato und wieder bei Kopernikus – von Voraussetzungen (Hypothesen) ausgehen, durch die der Zusammenhang der Dinge ohne Widerspruch mit der Erfahrung sich erklären läßt.

Als selbständige Wissenschaft wurde die mathematische Physik erst begründet von dem Italiener

2. Galilei (1564 bis 1642)

Drei Tage vor Michelangelos Tod, am 15. Februar 1564, wird in Pisa – von dem dortigen schiefen Turm hat er später seine Fallversuche angestellt – Galileo Galilei geboren: die Renaissance tritt ihr Zepter an die mathematische Naturwissenschaft ab.

Mit der Renaissance verbindet Galilei nur noch seine Gegnerschaft gegen die Autorität des Aristoteles – »wir haben es nicht mit einer Welt von Papier, sondern mit der Welt unserer Sinne zu tun« –, sein Gebrauch der Mutter- statt der lateinischen Gelehrtensprache, sein Drängen auf Natur, Erfahrung, nüchterne Sachlichkeit. Das wissenschaftliche Hilfsmittel zum Verständnis des Alls aber ist ihm die Mathematik. Das Buch der Natur »ist in *mathematischer* Sprache geschrieben, seine Schriftzüge sind Dreiecke, Kreise und andere geometrische Figuren«. Nicht der Sinnenschein vermag uns richtig zu leiten: er muß berichtigt werden durch das Urteil des *Verstandes*, der uns erst lehren kann, *weshalb* etwas so oder so ist. Der beste Beweis ist die Kopernikanische Lehre, durch die nicht bloß die größte Einfachheit, sondern zum ersten Male eine »gewisse und notwendige Ordnung« in das ganze Weltall kam. »Gott« erscheint bei Galilei schon als beinahe dasselbe wie die Natur.

Die Methode der Wissenschaft kann nicht nur aus der Zusammenzählung von Einzelfällen (vergl. Baco) bestehen, sondern muß zuerst die verwickelten Erscheinungen der sinnlichen Wahrnehmung in ihre einfachsten Bestandteile auflösen und dann aus ihnen die tatsächlichen Vorgänge erklären, eigentlich »zusammensetzen« (wir sprechen daher noch heute, namentlich in der Planimetrie, von »analytischer«, das heißt zergliedernder, und »synthetischer«, das heißt zusammensetzender Methode), wie er es dann bei der Ableitung seiner Fall- und Wurfgesetze praktisch gezeigt hat. Als »Ursachen« gelten ihm nicht mehr die »Dinge« (Substanzen) der Scholastiker, sondern die mathematisch meßbare *Bewegung*. So beginnen erst durch Galilei die »Formen«, das »Wesen«, die »Zweckursachen« und »verborgenen Qualitäten« des Mittelalters und der beginnenden Neuzeit aus den physikalischen

Lehrbüchern allmählich zu verschwinden. Selbst die sogenannte »Schwere« ist für ihn ein bloßer Name. Desgleichen Geruch, Geschmack, Farbe, Wärme, Widerstand usw., die nur im empfindenden menschlichen Körper ihren Sitz haben, so daß sie, diesen weggedacht, auch wegfallen würden. Diese sogenannten »sekundären Qualitäten« (nicht-ursprüngliche Eigenschaften) der »Dinge«, denen wir bald bei Descartes, Hobbes und Locke wieder begegnen werden, entstehen erst durch die Bewegung zwischen den sogenannten Gegenständen und unseren Sinnesorganen. Die »ersten« und notwendigen Eigenschaften, die wir den »Dingen« beilegen *müssen*, sind: Gestalt, Zahl und Bewegung.

So hat der große Italiener den Grund zur mechanischen Naturwissenschaft gelegt, die nach Helmholtz alle Kräfte in Bewegungskräfte aufzulösen strebt. Er hat so für die Entwicklung der *Philosophie* zur *Wissenschaft* weit mehr geleistet als seine philosophischen Kollegen, die Aristoteliker in Padua, die nicht durch seine Fernrohre schauen wollten, um nicht die von ihnen geleugnete Bewegung der Planeten sehen zu müssen. Ihm selber, der öffentlich für die Kopernikanische Lehre eintrat, ging es schlimm genug. War schon Kepler um seiner Anschauungen willen von den Rechtgläubigen beider Bekenntnisse aufs heftigste verfolgt und vielfach umhergetrieben worden, so geriet der italienische Denker achtundsechzigjährig in die Fangarme der Inquisition, die ihn zwar nicht, wie Giordano Bruno, auf den Scheiterhaufen brachte, aber doch zur Ableugnung seiner Lehre zwang. Ob er die berühmten Worte: »Und sie (die Erde) bewegt sich doch!« wirklich gesprochen hat, ist nach neueren Forschungen ungewiß. Das traurigste für ihn war, daß dem dazu noch erblindenden Gelehrten für das letzte Jahrzehnt seines Lebens der Mund gewaltsam geschlossen ward. Aber der Fortschritt der Wahrheit läßt sich durch alle äußere Gewalt nicht aufhalten. Die moderne Naturwissenschaft begann trotzdem ihren Siegeslauf.

3. Das naturwissenschaftliche Jahrhundert

Eine ganze Reihe wichtiger naturwissenschaftlicher Entdeckungen, an denen sich die verschiedenen Kulturvölker wetteifernd beteiligten, folgten einander Schlag auf Schlag. Schon 1590 war in Holland das Mikroskop, 1609 ebendort das Fernrohr erfunden, das letztere dann durch Kepler, Galilei und den deutschen Jesuiten Scheiner verbessert worden, mit dessen Hilfe Galilei die Jupitermonde und die Planetenphasen entdeckte. Um 1600 versuchte der Engländer Gilbert zum ersten Male eine wissenschaftliche Erklärung der elektrischen und magnetischen Erscheinungen, wenngleich er noch eine »beseelte« Materie annahm. Gleichfalls in England entdeckte Harvey 1628 den Kreislauf des Blutes, Napier 1614 die Logarithmenrechnung. 1643 erfand Torricelli, ein Schüler Galileis, das Barometer, 1654 führte der Magdeburger Otto v. Guericke dem Deutschen Reichstag die Luftpumpe vor, 1679 bestimmte der Franzose Mariotte das Gesetz des Luftdrucks. Auch entstanden jetzt zum ersten Male in Westeuropa gelehrte Gesellschaften: in Paris (1616) und London (1662), von denen namentlich die englische *Royal Society* (»Königliche Gesellschaft«) ein wichtiger Mittelpunkt der Naturforschung wurde, während in dem durch den Dreißigjährigen Krieg und seine Nachwehen zerrütteten Deutschland die Universitäten jesuitisch oder lutherisch verknöcherten.

Die naturwissenschaftliche *Methode* und damit die Philosophie – beides fällt in jener Zeit beinahe zusammen (vergl. unten den Titel von Newtons Hauptwerk) – wird vor allem durch vier Namen gefördert: Gassendi, Boyle, Huygens und Newton. Von ihnen ist der Südfranzose *Pierre Gassendi* (1592 bis 1655) am wenigsten Naturforscher. Er hängt noch stark mit der Renaissance-Denkart zusammen. Eine liebenswürdig weltmännische Natur, wußte er sich nach außen hin mit seiner, der katholischen Kirche abzufinden und unterdrückte seine Verteidigung der Kopernikus und Bruno. Und wenn er nicht bloß die Person, sondern auch die Lehre des viel verleumdeten Epikur in Schutz nahm und des letzteren Atomenlehre erneuerte, wobei er den Begriff des Moleküls als einer Verbindung von Atomen einführte, so sicherte er deren Vereinbarkeit mit der Kirchenlehre dadurch, daß er für Gott und die Seele des Menschen eine *Ausnahme* von dem Gesetz des Mechanismus gelten ließ, ähnlich etwa, wie heute der Jesuit Wasmann den Darwinismus annimmt, ausschließlich – der Abstammung des Menschen. Nicht bloß gegen die Aristoteliker seiner Zeit, sondern auch schon gegen Descartes wollte er sich streng an die Erfahrung halten. Und schon ganz modern klingt es, wenn er, auf die Grenzen des Naturerkennens hinweisend, zeigte, daß die Gegner des Materialismus ebensowenig wie dieser das Hervorgehen der Empfindung aus der empfindungslosen Materie zu erklären vermögen.

Ihm befreundet war der gelehrte Pater Mersenne in Paris, der Umgang mit zahlreichen, zum Teil sehr freigesinnten Denkern pflog und unter anderem eine Erklärung zum 1. Buch Mose herausgab, in der mehr Fleiß auf die Zusammenstellung der »naturalistischen« und atheistischen Einwürfe als auf ihre »Widerlegung« verwendet war. Der Engländer

Robert Boyle (1626 bis 1691)ist der Begründer der wissenschaftlichen *Chemie*, die nichts mehr mit der Verwandlung von anderen Metallen in Gold oder der Herstellung von Lebenselixieren zu tun, sondern an der Hand methodisch anzustellender Experimente eine sichere Philosophie der Chemie aufzustellen hat. Seine wichtigen und zahlreichen Einzelentdeckungen gehören nicht hierher. Aber er hat zuerst den modernen Begriff des chemischen *Elements* als des nachweislich nicht weiter zerlegbaren Bestandteils der Körper aufgestellt. Und die *Natur* faßt er, obwohl persönlich gottesgläubig, ja zu religiöser Grübelei neigend, im Gegensatz zu Aristoteles wie zu Paracelsus, lediglich als ein »System von Regeln«, als einen das gesamte All durchziehenden Mechanismus auf. Die geheimnisvollen »Kräfte« der Naturphilosophie lehnt er ebenso ab wie die »substantiellen Formen« der Scholastik. Es gibt nur eine einzige, ausgedehnte und undurchdringliche, jedoch teilbare Materie, durch deren ihr von Gott anerschaffene Bewegung kleinste Körperchen (»Korpuskeln«) von bestimmter Lage und Gestalt entstehen, die zu zusammengesetzten »Molekülen« sich mischen können. Mit den geistigen Erscheinungen befaßt sich der strenge Naturforscher nicht, sondern absichtlich nur mit der Welt, wie sie »am Abend des vorletzten Schöpfungstags« gewesen sei.

Christian Huygens (1629 bis 1695) aus dem Haag (Holland), der berühmte Erfinder des Pendels und Urheber der Wellentheorie des Lichtes, schloß sich philosophisch Gassendi an und bildete dessen »Korpuskulartheorie« weiter. Alle Veränderung in der Natur entsteht durch Atombewegung, die vermittels des Weltäthers von Körper zu Körper übertragen werden kann. Die Menge der Bewegungsgröße wie der Kraft erhält sich. Die wahre Philosophie muß alle Naturwirkungen durch *mechanische* Gründe erklären. Diese mathematisch zu formulierenden »Prinzipien« haben sich dann in ihren Folgerungen an der Welt der Erscheinungen zu bewähren. So folgt auch Huygens, gleich Kopernikus, Kepler und Galilei, der platonischen Methode der »Hypothesis«.

Und ebenso der Vollender der mathematischen Naturwissenschaft im siebzehnten Jahrhundert, **Isaak Newton** (1643 bis 1727), in der Schule ein stiller und in sich gekehrter Knabe, der nur in der Mathematik reißende Fortschritte machte und dem ein vom Baume fallender Apfel den Anstoß zu seiner großen Entdeckung des Weltgesetzes der Gravitations- oder Schwerkraft gegeben haben soll. Gleich der erste Satz seines berühmten Werkes von 1687: »Mathematische Anfangsgründe der Naturphilosophie« richtet sich gegen die »substantiellen Formen« und »verborgenen Eigenschaften« der Scholastik, an deren Stelle er die Naturerscheinungen auf *mathematische Gesetze* zurückführen will, um aus ihnen schließlich das ganze Weltsystem, die Bewegungen der Planeten und Kometen, des Mondes und des Meeres abzuleiten. Er beruft sich zwar auch, gleich den Männern der Renaissance, auf Anschauung und Erfahrung, allein er gründet die letztere nicht mehr auf die sinnliche Wahrnehmung, sondern auf das reine Denken. Ausdrücke wie Anziehung, Stoß, Streben zum Mittelpunkt sind bei ihm, nach seiner ausdrücklichen Erklärung, mathematisch gemeint. So sind die von ihm als Natur»gesetze« formulierten Begriffe der Masse, Kraft, Bewegung, Trägheit, Ursache, Zeit und des Raumes die Grundbegriffe der modernen Naturwissenschaft und Newton deren *erster Systematiker* geworden.

So liegt nach ihm eine Welt vor uns, die ohne Zweck und Absicht, ohne Willkür und Wunder, rein auf sich selbst ruht und zu ihrer Selbsterhaltung keiner Gottheit bedarf. Dieser Gedanke bedrängte Newtons aufrichtig frommes Gemüt, und so führte er denn, im Widerspruch zu seinem System, die Wechselwirkung der Körper letzten Endes auf ein »geistiges« Prinzip, den Willen Gottes, zurück, für den der gesamte große Mechanismus der Natur nur ein Mittel zur Erfüllung seiner Zwecke ist. Indessen dieser Gedanke gehört dem *Menschen* Newton, nicht dem Philosophen und Denker an, mit dem es unsere Darstellung zu tun hatte.

Siebtes Kapitel. Das siebzehnte Jahrhundert.

Die vier großen philosophischen Systematiker (Descartes, Hobbes, Spinoza, Leibniz)

Die neuzeitliche Philosophie konnte erst beginnen, nachdem die methodische Arbeit der modernen Naturwissenschaft ihr vorausgegangen war. Ihr Begründer ist daher nicht, wie ein Teil unserer Gelehrten immer noch meint, der Engländer Baco, sondern der Franzose Descartes. Deutschland liegt noch im philosophischen Schlafe: in der zweiten Hälfte des sechzehnten Jahrhunderts erfüllt von theologischem Parteigezänk, dann unter den äußeren und inneren Verwüstungen des Dreißigjährigen Krieges fast zusammenbrechend und auch nachher nur langsam sich erholend. In Frankreich dagegen waren die Religionskämpfe Ende des sechzehnten Jahrhunderts im wesentlichen beendet, so daß das wirtschaftliche und infolgedessen auch das geistige Leben sich bis zu gewissen Grenzen freier entfalten konnte. Hollands und Englands Blüte folgen nach. So treten denn die führenden europäischen Kulturländer *nach*einander in die philosophiegeschichtliche Entwicklung ein: zuerst der Franzose *Descartes* (1596 bis 1650), dann der Engländer *Hobbes* (1588 bis 1679), darauf der Niederländer *Spinoza* (1632 bis 1677) und erst zum Schluß der Deutsche *Leibniz* (1646 bis 1716).

1. Descartes

René Descartes (früher häufiger lateinisch als Renatus Cartesius zitiert), einem Adelsgeschlecht Mittelfrankreichs entstammend, wird in einer Jesuitenschule erzogen; aber – und das ist eben das Moderne an ihm – er reißt sich kühn von den überlieferten Vorstellungen los, um sich, um die Philosophie frei auf sich selbst zu stellen. Einmal in seinem Leben, sagt er, muß jeder, der ernsthaft nach Wahrheit strebt, sich fragen: Was ist Wahrheit? Welches sind die Richtlinien und Grenzen menschlichen Erkennens? Und so spürt auch er, während er 1619 als Offizier unter Tilly in den Winterquartieren an der Donau lag, plötzlich den Gedanken in sich durchbrechen, ähnlich wie einst Sokrates: Zum Einfachsten zurück, ganz von vorne anfangen! Das

Allergewisseste aber, woran kein Zweifel möglich ist, ist: daß ich *denke* und daß ich *existiere*. Mit seinem berühmten Satze: *Cogito, ergo sum* (Ich denke, mithin bin ich) beginnt die neue Philosophie.

Und zwar darf ich nur von dem ausgehen, was ich *klar* und *deutlich* erkenne. Gewiß sind alle sogenannten »Dinge« im Grunde bloße »Vorstellungen« unseres Ich; aber nur das »klare« und »deutliche« Vorstellen erzeugt wahres Wissen und damit wahres Sein. Muster solcher wahren oder methodischen Erkenntnis – denn allein durch die *Methode*, dadurch, daß wir die Dinge in eine »gewisse Ordnung« stellen, gelangen wir zu klarer Erkenntnis – sind Geometrie und Arithmetik. Der (von Descartes selber mächtig geförderten) sogenannten analytischen Geometrie muß die Philosophie ihre uns schon von Plato und Kopernikus her bekannte Methode entlehnen: Unbekanntes als bekannt annehmen, von dem dann das in Frage Stehende, auch wenn es bekannt ist, »als ob es unbekannt wäre«, in strenger Schlußreihe abzuleiten ist. Gewiß ist auch die von Baco betonte *Induktion*, schon um der Vollständigkeit der Einteilung eines Allgemeinen in seine Unterarten willen, für die Wissenschaft unentbehrlich. Allein sie führt nicht bloß zur streng logischen Ableitung *(Deduktion)* hin, sondern setzt diese im Grunde bereits voraus. Die wahre Einsicht muß sich zwar an der Erfahrung bewähren, beruht aber auf der Verknüpfung der Begriffe durch das reine Denken, d. h. das »natürliche Licht« der allen gemeinsamen Vernunft.

Auch in Mathematik und Naturwissenschaft müssen wir zunächst einmal alle überlieferten Lehrmeinungen abweisen, auf neuer Grundlage ein neues Gebäude errichten. Die Geltung der *Mathematik* hängt von ihrer »Naturwirklichkeit« nicht ab. Die Idee eines Dreiecks muß in uns vorhanden sein, ehe wir ein sinnlich Wahrnehmbares als Dreieck erkennen. Figuren und Zahlen *sind* dadurch, daß sie gedacht werden. Die Gegenstände der *Naturwissenschaft*, die Körper, werden ebenfalls zunächst nur durch die rein mathematischen Merkmale der Gestalt und Ausdehnung bestimmt, die sinnlichen Empfindungen der Härte, Schwere, Farbe usw. zunächst ausgeschaltet. Die kleinsten Körperchen, auf die Descartes mit den Begründern der modernen Naturwissenschaft (6. Kapitel) die Materie zurückführt, sind geometrische Gebilde, gleich den Atomen Demokrits. Dazu tritt dann die Bewegung: alle Naturerscheinungen werden mechanisch, durch Stoß und Druck, erklärt. So hat Descartes zum ersten Male ein *mechanisches* Gesamtbild nicht nur des Himmels (Astronomie), sondern auch der Erde, und nicht bloß der toten, sondern auch der lebenden Natur bis an die Grenze der Bewußtseinstätigkeit entworfen. In seiner Physiologie hat eine besondere »Seele« im Grunde keinen Platz.

Diesen streng methodisch-wissenschaftlichen Standpunkt, den namentlich die aus seinem Nachlaß herausgegebenen »Regeln zur Leitung des Geistes« und seine »Abhandlung von der Methode« (1637) vertreten, und der ihm seinen Ruhm als Vater der neueren Philosophie sichert, hat nun freilich Descartes in seinen am bekanntesten gewordenen späteren Schriften, den der rechtgläubigen Pariser Universität gewidmeten » *Betrachtungen* über die erste Philosophie« (1641) und den » *Prinzipien* der Philosophie« (1644), nicht folgerichtig festgehalten. Die zuvor von ihm zu stark zugunsten des reinen Denkens zurückgesetzte sinnliche Anschauung macht sich jetzt geltend und führt ihn zu einem mit seiner Grundlehre nicht vereinbaren *Dualismus*, d. h. zu der Annahme einer denkenden Substanz des Geistes und *daneben* einer ausgedehnten des Körpers, die beide nur zufällig im Menschen verbunden sind, an sich miteinander nichts zu tun haben. So wird aus dem reinen Selbstbewußtsein (Ich), von dem sein ganzes Philosophieren, als dem Maßstab und Quell aller Wahrheit, ausgegangen war, jetzt ein » *Ding*, das denkt« und daneben auch will und fühlt, die »Seele«. Ja, diese bekommt sogar, obschon sie eigentlich mit dem *ganzen* Körper verbunden ist, einen besonderen »Sitz« in dem einzigen unpaarigen Gehirnorgan: der Zirbeldrüse. Die »Lebensgeister«, d. h. die feinsten und beweglichen Blutteilchen, dringen in das Gehirn ein, stoßen hier die Zirbeldrüse an, reizen so die Seele zur Empfindung usw. Spiritualisten (Verfechter des »reinen Geistes«) wie Materialisten konnten sich daher mit gleichem Recht auf Descartes berufen.

Auf dem Gebiet der Erfahrungsseelenlehre (empirischen Psychologie) hat dieser manche Anregungen gegeben, namentlich wichtige Einteilungen getroffen, wie die der Vorstellungen (Ideen) in 1. angeborene, 2. von außen kommende und 3. von uns selbst gemachte oder erfundene Phantasievorstellungen (zum Beispiel von einem Flügelroß). Da aus dem reinen Denken nur klare und deutliche (S. 138) Vorstellungen entspringen können, so werden die Leidenschaften, gleich allen dunklen und verworrenen Vorstellungen, auf Einflüsse des Körpers zurückgeführt. Nur der Mensch besitzt übrigens eine Seele; die Tiere sind bloße Maschinen, ihre Empfindungen bloße Reflex-, d. h. unwillkürliche Bewegungen.

Auch gegenüber der Theologie hielt Descartes seinen grundsätzlichen Standpunkt, der selbst in »Gott« nur eine menschliche Idee erblickt, nicht aufrecht. Zu einer Zeit, wo die Verbreitung der Korpuskulartheorie vom Pariser Gericht noch mit der Todesstrafe belegt war, mußte er freilich eine gewisse Vorsicht üben. Und er besaß nicht den Mut eines Bruno oder Galilei, gab deshalb auch seine an Kopernikus sich anschließende Schrift »Von der Welt« nicht heraus und hielt es, seinem ersten Biographen zufolge, weil er »Ruhe über alles liebte«, mit dem Wahlspruch: »Glücklich lebt, wer im Verborgenen lebt«; »der Inquisition« aber streute er durch allerlei Verbeugungen vor der alleinseligmachenden Kirche »Sand in die Augen«. So bringt denn die dritte seiner »Betrachtungen« (Meditationen), zum ersten Male wieder seit dem Scholastiker Anselm von Canterbury, einen ausdrücklichen, ziemlich gequälten *Gottesbeweis*: Ich unvollkommenes Menschenwesen könnte den Gedanken Gottes unmöglich fassen, wenn er nicht durch ihn selber in mich gelegt wäre; also – muß Gott existieren! Und weil ich eine Substanz (Ding) bin, so muß mein unendlicher Urheber natürlich erst recht Substanz, und zwar die wahre, unendliche Substanz sein.

Mit sittlich-religiösen Fragen wird Gott übrigens gar nicht in Verbindung gebracht. Diese treten überhaupt bei unserem Philosophen, entweder aus Scheu vor der Kirche oder infolge seines vorherrschend theoretischen Interesses, stark zurück. Nachdem er vorsichtshalber fast seine ganze Schriftstellerzeit (1629 bis 1649) in dem damals fast allein einigermaßen Denk- und Religionsfreiheit gewährenden Holland zugebracht hatte, folgte er 1649 dem Rufe der gelehrten Königin Christine von Schweden nach Stockholm, vermochte jedoch das rauhe Klima und die Veränderung seiner Lebensweise im Lande »der Bären, des Eises und der Felsen« nicht zu ertragen und starb schon im folgenden Jahre, am 11. Februar 1650.

Descartes' Nachwirkung

Descartes' Lehre fand, eben infolge ihrer zwiefachen Auslegbarkeit, viele Anhänger: in Frankreich, den Niederlanden, Deutschland, ja sogar in Italien, England und der Schweiz. Und zwar knüpften die bedeutendsten unter ihnen gerade an die schwächsten Punkte seines Systems, den Dualismus zwischen Gott und Welt und den zwischen Leib und Seele, an. Der Niederländer Arnold *Geulincx* (1625 bis 1669) suchte eine Versöhnung des Descartesschen Dualismus dadurch herzustellen, daß er annahm, Gott habe wie ein guter Mechaniker Vorsorge getroffen, daß des Menschen Körper und Geist, wie zwei gleichgearbeitete und gleichgestellte Uhren, in einander stetig genau entsprechendem Gange blieben, nur für den Notfall sich ein gelegentliches Eingreifen vorbehalten; weshalb man diese Lehre auch Okkasionalismus, d. h. »Gelegenheits-Philosophie« nannte. – Tiefer ging der Pariser Theologe *Malebranche* (1638 bis 1715), der nicht bloß einen ähnlichen Parallelismus zwischen Leib und Seele und daneben »Gelegenheitsursachen« zum Eingreifen der Gottheit annimmt, sondern Gott auch als Urheber aller Erkenntnis, als »Ort der Geister«, wie den Raum als »Ort der Körper« ansieht. – Noch stärker tritt die Kluft zwischen Wissenschaft und Glauben in dem im übrigen durch seine glänzenden mathematischen Leistungen wie durch seine Bekämpfung der jesuitischen Ethik in seinen »Briefen an einen Provinzbewohner« (1656 f.) berühmten *Pascal* hervor. Neben der klaren Einsicht in die Wahrheiten der Mathematik steht hier unvermittelt die Welt des Gefühls, die bei ihm schließlich zu völliger Unterwerfung der Vernunft unter die göttliche Gnade und biblische Offenbarung führt. Gott muß nicht bloß das Ende, sondern auch der Anfang aller Philosophie sein. Und im Falle der Ungewißheit über unser Geschick nach dem Tode bietet der Glaube jedenfalls die größere Sicherheit! So deckt Pascals ehrliche Folgerichtigkeit die

Kluft zwischen der neuen Philosophie und der Kirchenlehre auf, die Descartes und die meisten seiner Anhänger, bewußt oder unbewußt, zu verschleiern versucht hatten. Ähnliches ist bei dem Engländer Hobbes der Fall.

2. Hobbes

Hobbes hat lange als »Atheist«, »Materialist« und zugleich politischer Absolutist, nicht am wenigsten auch in seinem Vaterland, in schlechtem Rufe gestanden, von dem ihn erst ein deutscher Forscher, der bekannte Sozialphilosoph Ferdinand Tönnies, befreit hat. Wohl war Thomas Hobbes, als Sohn eines englischen Landpfarrers 1588 geboren, politisch im ganzen konservativ gesinnt und schrieb seine erste wichtigere Schrift »Grundzüge der natürlichen und Staatsgesetze« – als schon Zweiundfünfzigjähriger! – zugunsten des bedrängten Königtums; aber er hat sich später mit Cromwells Republik ausgesöhnt, denn das Wesen der Staatssouveränität war ihm wichtiger als ihre äußere Form. Seine Hauptwerke gab er erst von 1642 bis 1658 heraus. Bis in sein hohes Alter frisch und heiter – noch im 88. Lebensjahr mit Leibesübungen und Ballspiel, Singen und Baßgeigestreichen beschäftigt –, starb er über 91 Jahre alt im Hause einer ihm seit Jahrzehnten eng befreundeten Adelsfamilie.

Auch Hobbes steht auf dem Boden der mechanischen Naturwissenschaft; ja, er will – darin besteht seine Hauptleistung – ihre Grundsätze auch auf den Einzelmenschen und den Staat ausdehnen, auch diese wie ein Uhrwerk oder »eine andere, etwas verwickelte Maschine« betrachten, deren Herz die Feder, deren Nerven die Schnur, deren Gelenke die Räder seien. Aufgabe des Philosophen ist es, die »Maschine« in ihre Einzelteile zu zerlegen, das heißt, ohne Bild gesprochen, das uns durch die Empfindung Gegebene gedanklich zu zergliedern. Denn reine Wissenschaft in Mathematik, Physik und Politik ist möglich – bloß von *Gedanken*dingen: so daß der verketzerte Materialist schließlich doch als wissenschaftlicher Idealist erscheint. Sein Satz: »Es gibt keine Geister« richtet sich nur gegen Engel, Gespenster und ähnliche Phantasien der Scholastik, mit der man den blutjungen Oxforder Studenten einst gequält hatte;

allerdings auch gegen das Gespenst der »Seele«, dies »so poetische und doch so schreckliche Phantasiegebilde« (Tönnies). Hobbes will nur *Tatsachen* und deren ursächliche Zusammenhänge darstellen. Philosophie ist Lehre von der Bewegung oder Tätigkeit der natürlichen und politischen Körper. Sie gliedert sich in die Lehre 1. von der *Natur*, 2. vom *Menschen*, 3. vom *Staat*.

1. Naturlehre (enthalten in der Schrift »Vom Körper«, 1655)

Wie Descartes, so führt auch Hobbes alles Naturerkennen auf Gestalt und Bewegung zurück. Auch das Licht und die Töne hat er bereits als solche Bewegungen erkannt, die sich von dem wahrgenommenen Gegenstand bis zu der wahrnehmenden Person fortpflanzen. Sie unterliegen mathematischen Gesetzen, sind also meßbar. Auch Widerstand ist Bewegung. Die sogenannten sinnlichen Eigenschaften der äußeren Dinge Ton, Farbe usw. sind nur Vorstellungen des sie empfindenden Menschen. Das unendliche All, das ihm mit Gott zusammenfällt, ist für uns unfaßbar, ein Anfang der Welt unbeweisbar, ein erster Urheber nicht unbewegt denkbar. Wahrscheinlicher als der leere Raum dünkt ihm, wie später Kant, ein Ätherfluidum. Er kennt nur strenge und allgemeine Naturgesetzlichkeit. Die »Wunder« vergleicht er einmal mit Pillen, die man ganz hinunterschlucken muß und nicht kauen darf, da man sie sonst wieder ausspeit. Seine vielfach heute noch interessanten physikalischen Einzelheiten sind bisher noch zu wenig beachtet worden.

2. Lehre vom Menschen (veröffentlicht 1658)

Auch die Handlungen des Menschen sind *naturnotwendig*, sein Wille also unfrei. Wohl will Hobbes nicht bestreiten, daß wir uns, zumal in Erinnerung und Phantasie, frei *fühlen*, und daß man in diesem Sinne, was man »wolle«, auch tun könne. Aber nur das letzte, der Handlung unmittelbar vorhergehende Begehren liegt der Beurteilung der anderen offen, nicht die ganze Reihe seiner Vorbedingungen. Natürlich brachte ihn diese Lehre, ähnlich wie Spinoza, in den Geruch eines materialistischen »Atheisten« und verwickelte ihn in eine lange Fehde mit einem Bischof der Hochkirche, obwohl er als letztzurückliegendes Glied in der Kette von Ursache und Wirkung das – Wirken Gottes bezeichnet hatte.

Seine Schrift »Vom Menschen« enthält zahlreiche wertvolle Gedanken, unter anderem über die Entstehung der Erde, des Lebens, der Sprache, das Sehen, die Vervollkommnungsfähigkeit der Fernrohre und Mikroskope. Desgleichen über die menschlichen Begierden und Leidenschaften, unter denen dem hervorragenden Menschenkenner und -beurteiler die nach Macht und Ehre die hervorstechendsten erscheinen. Jeder empfindet voll Lust, was er vor anderen voraus hat, mit Ärger, was ihm fehlt. Der beständige Wettbewerb, die gewöhnlich hinter Heuchelei verborgene Selbstsucht und Eitelkeit, das vielfach berechtigte Mißtrauen gegen die anderen veranlassen fortwährend Streit und Gewalthandlungen. Vor allem, wenn es sich um das *Eigentum* handelt. »Wenn der Satz, daß die drei Winkel eines Dreiecks gleich 2 Rechten sind, dem Interesse der Besitzenden zuwider wäre, so wäre diese Lehre durch Verbrennung aller Geometriebücher unterdrückt worden, soweit die Beteiligten es durchzusetzen vermocht hätten.«

Trotz seiner scharfen Erkenntnis menschlicher Schwächen hält Hobbes eine fortschreitende Entwicklung der Menschheit für gegeben, falls sie sich vom Aberglauben, d. i. der Furcht vor übernatürlichen Gewalten befreit und dem Studium der Wissenschaft, vor allem der Mathematik und Physik, mit Eifer widmet; dazu des von ihm neu begründeten Naturrechts, auf dem Sitten- und vor allem Staatslehre sich aufbauen. Die bedeutendste Leistung von Hobbes liegt denn auch auf dem Gebiet, zu dem ihn die von den leidenschaftlichsten politischen Kämpfen erschütterte Gegenwartsgeschichte seines Landes (Absolutismus der Stuarts, Revolution, Republik, Restauration, d. h. Wiederherstellung des Königtums) hintreiben mußte: der

3. Staatslehre,

der drei größere Werke gewidmet sind: 1. das epochemachende Buch »Vom Bürger« (Paris 1642), 2. der für seine Landsleute bestimmte, daher im Unterschied von den übrigen, lateinisch geschriebenen Werken in englischer Sprache abgefaßte »Leviathan« (London 1651), 3. die Geschichte des sogenannten »langen Parlaments (1640 bis 1660)« in dem mit zahlreichen kritischen Bemerkungen versehenen »Behemoth«, d. h. dem Ungetüm der Revolution. Wir haben es weniger mit seinen auf England bezüglichen, als mit seinen allgemeinen politischen Erörterungen zu tun.

Der natürliche Zustand der Menschheit ist, wie es seiner Lehre von den menschlichen Affekten entspricht, der »Krieg aller gegen alle« *(bellum omnium contra omnes)*. Der Staat ist auch nicht, wie Aristoteles und Grotius behaupten, durch den Geselligkeits-, sondern durch den Selbsterhaltungstrieb der einzelnen entstanden, der jedoch allmählich zu vernünftiger Selbstbeschränkung des bloßen Machtwillens der einzelnen und zum »Frieden«, das heißt dem Halten abgemachter Verträge, treibt. Damit nun die Verträge gehalten und »jedem das Seine« zuerteilt werde, wie es das natürliche Recht verlangt, muß das Staatsoberhaupt, das den vernünftigen Gesamtwillen in sich verkörpert, mit *unbeschränkter Machtvollkommenheit* bekleidet werden. Diese kommt aber im letzten Grunde nur dem *Gesetz* zu: die zufällige Person, die an der Spitze des Staates steht, ist nur dessen Vollzieher. Der *Staat*, als Verkörperung des öffentlichen Gewissens, hat allein zu entscheiden, was gut und was böse ist. Vor ihm müssen alle Privatmeinungen, alle Privatgewissen verstummen. Nur, daß der Bürger sich selbst tötet oder auf seinen Vater und Bruder schießt, wie es bei uns in wilhelminischen Zeiten einmal geboten wurde, kann auch nach diesem Absolutisten der Souverän nicht befehlen. Die äußere Verfassungsform ist ihm Nebensache, wenn auch seiner Ansicht nach die Volksherrschaft leicht zu einer Herrschaft von begabten Rednern führt und die Monarchie eher vor heftigen Parteikämpfen bewahrt. Darum versöhnte er sich auch nach einiger Zeit mit Cromwells Republik und verfaßte für seine Landsleute, daher in englischer Sprache, sein Aufsehen erregendes Werk (1651) »Leviathan«, d. h. nach dem Buche Hiob »das Tier, dem kein anderes gleich ist«.

Damit meint er den von allen anderen Gewalten, insbesondere auch der Kirche, völlig losgelösten *rein weltlichen* Staat. Da nach Jesus das Reich Gottes »nicht von dieser Welt ist«, darf der Priesterstand, der sich eigenmächtig zum Herrn in der Kirche aufgeschwungen hat, keinen Gehorsam für sich fordern. Gedanken können überhaupt nicht verboten oder bestraft werden; ihre Äußerung in Wort und Tat bloß dann, wenn das Staatswohl es erheischt. In diesem Falle darf allerdings der Staat sogar Aberglauben unter Umständen als »Religion« festsetzen. Aber eine aufgeklärte Regierung wird die natürliche Freiheit der Bürger nur so weit einschränken, als es zum Wohle des Ganzen unerläßlich ist. Denn »nichts ist mehr geeignet, Haß zu erzeugen, als die Tyrannei über des Menschen Vernunft und Verstand«. Sie wird vielmehr die Freiheit des Denkens, Lehrens und Schriftstellerns, sowie auch des – Andersglaubens fördern und die Wissenschaft von der kirchlichen Unterdrückungssucht freimachen, deshalb auch die Universitäten verweltlichen. Im übrigen hüte sich der Staat vor allzuviel Gesetzmacherei; zu viel Gesetze haben Erstarrung oder Verwilderung zur Folge und gleichen ausgelegten Schlingen.

Dem Gesetz muß sich der Mächtigste wie der Geringste unterordnen; alle Klassenjustiz wird entschieden verdammt. Wie keine Kirchen-, so kennt Hobbes' Staat auch keine Klassenvorrechte. Hier äußert sich bei unserem »Absolutisten« schon tiefe soziale Einsicht. Die Kaufleute nennt er einmal »von Natur geschworene« Feinde des Staates und seiner Steuern; ihr ganzer Stolz besteht darin, »grenzenlos reich zu werden durch die Klugheit des Kaufens und Verkaufens«. Auch von dem heute noch oft zu hörenden kapitalistischen Einwand, daß sie den ärmeren Klassen Arbeit geben, hält er wenig. Denn sie veranlaßten die Armen doch nur, »ihre Arbeit ihnen zu ihren eigenen, der Kaufleute, Preisen zu verkaufen«, so daß jene durch Arbeit im Zuchthaus sich einen besseren Lebensunterhalt verschaffen würden. Und aus seinem Satze: »Allmählich wird auch das niedere Volk aus der Unwissenheit herausgeführt« spricht ein besseres Verständnis und Zutrauen zu den unterdrückten Klassen, als es bei manchem an sich vielleicht radikaleren Freidenker von Voltaire und Diderot bis heute zu finden ist.

Die philosophischen Gegner Hobbes' waren zu unbedeutend, als daß wir sie hier zu erwähnen brauchten. Dagegen verlohnt es sich, noch einen kurzen Blick auf die sonstigen *politischen* Theorien der damaligen, gerade in Großbritannien wildbewegten Zeit zu werfen. Im Unterschied von Hobbes vertrat *Filmer* (1604 bis 1653), dessen »Patriarcha« erst lange nach seinem Tode (1680) gedruckt wurde, das göttliche Recht des patriarchalischen Königtums von Adams Zeiten her, der die Herrschergewalt von Gott selbst empfangen und sie auf Noah, Abraham usw. vererbt habe; der König ist von Gottes Gnaden und keinem menschlichen Gesetz unterworfen. Solchen Theorien gegenüber pries der berühmte blinde Dichter des »Verlorenen Paradieses«, John *Milton* (1609 bis 1674), in flammenden Flugschriften das Recht der Revolution und der politischen, kirchlichen und häuslichen Freiheit, während Algernon *Sidney* (1604 bis 1683), der unter Karl II. sein graues Haupt wegen angeblichen Hochverrats unter das Richtbeil legen mußte, in seinen »Untersuchungen über die Regierungsform« Filmers biblische Beweise mit philosophischen Gründen Schritt für Schritt widerlegte. Lockes Liberalismus gehört schon einer anderen Zeit an (siehe folgendes Kapitel).[3] Aber auch sozialistische Theorien treten zur Zeit der Revolution (1647 ff.) in der Bewegung der Levellers (wörtlich Gleichmacher), wie Eduard Bernstein in den »Vorläufern des neueren Sozialismus« gezeigt hat, bereits deutlich hervor; aber sie werden noch nicht philosophisch begründet und gehören deshalb nicht an diese Stelle.[4]

3. Spinoza

Eine ganz eigenartige Gestalt in der Philosophiegeschichte, dieser schmächtige Abkömmling spanisch-portugiesischer Juden mit

---

3 Näheres über diese Theorien siehe in meines Vaters Franz Vorländer »Geschichte der philosophischen Moral, Rechts- und Staatslehre der Engländer und Franzosen«, Marburg 1855.
4 Wir gedenken sie demnächst in einer übersichtlichen Darstellung der Geschichte des Sozialismus in der Philosophie von Plato bis heute zu berühren.

den tiefen Zügen des dunkelfarbigen Antlitzes, den glänzenden schwarzen Augen und der hohen Stirn, herangewachsen in der aufblühenden Hauptstadt des freien Hollands, gebildet am Alten Testament, am Talmud und der jüdisch-mittelalterlichen Scholastik, und doch übergegangen zu der neuzeitlichen Philosophie der Humanisten, Galileis und Descartes', so daß den Dreiundzwanzigjährigen der »große Bann« der Amsterdamer Synagoge trifft. Er lebt dann weiter als Benedikt (bis dahin Baruch) Spinoza, ohne einer anderen religiösen Gemeinschaft beizutreten, an verschiedenen kleinen Orten Hollands, die letzten sechs Jahre im Haag, seinen Lebensunterhalt mit dem Schleifen optischer Gläser verdienend, was bei seiner schwindsüchtigen Anlage wahrscheinlich seinen frühen Tod befördert hat. Er brachte sein Leben hin als ein wahrer Philosoph, erhaben über Leidenschaften und weltlichen Ehrgeiz, mild und wohlwollend gegen andere, streng gegen sich selbst.

Wir lassen den erkenntnistheoretischen Unterbau seiner Lehre, den er in seiner wahrscheinlich schon vor 1661 abgefaßten Abhandlung »über die Läuterung des Verstandes« gibt, als verhältnismäßig unwichtig vorläufig beiseite und wenden uns gleich seinem System zu, wie es in seinem erst kurz nach seinem Tode (1677) veröffentlichten Hauptwerk, der »*Ethik*«, vorliegt.

Wie vor ihm die Neuplatoniker und die Scholastiker des Mittelalters, wie Schelling und Hegel nach ihm, *beginnt* Spinoza sogleich mit dem, womit kritische Denker lieber endigen: dem Urgrund aller Wirklichkeit, dem *Unbedingten*. Jedoch nicht als Mystiker, sondern als Logiker. Seine »Ethik«, die sich überhaupt mit dem, was wir heute unter Ethik verstehen, erst in ihrem vierten Buche beschäftigt, hebt, der das ganze Werk ausgesprochenermaßen durchziehenden »mathematischen Methode« gemäß, sofort an mit nicht weniger als acht Begriffsbestimmungen, darunter des »Grundes seiner selbst«, der von keinem anderen Ding abhängigen Substanz, der Gottheit. Alle übrigen Dinge sind bloß die Eigenschaften (Attribute) oder Arten (Modi), in welchen sich die *eine* Substanz offenbart. Ob man sie *Gott* oder *Natur* nennt, macht für die Sache wenig aus, zumal da sie nicht *auf* die Dinge, sondern *in* den Dingen wirkt. So ist Spinozas

Weltanschauung vollendeter *Pantheismus*: Gott und das All sind dasselbe.

Die beiden Attribute, die wir Menschen an der all-einen Substanz (Gott-Natur) am deutlichsten zu erkennen vermögen, sind *Denken* (Bewußtsein, Geist) einer-, *Ausdehnung* (Körper, Materie) andererseits. Alle Gedanken, zum Beispiel auch die des Menschen, folgen nur aus Gottes Denken, alle Körper nur aus seiner Ausdehnung. Gleichwohl ist beides, zum Beispiel der bloß gedachte und der ausgedehnte, »wirkliche« Kreis, ein und dieselbe Sache, nur auf verschiedene Weise aufgefaßt. Der menschliche Körper besteht – Spinoza zeigt sich hier als ein Vorläufer der Leibnizschen Monadenlehre (Seite 157) – aus vielen Individuen verschiedenster Art, deren jedes wiederum sehr zusammengesetzt ist und von den äußeren Dingen ebenso mannigfaltig beeinflußt wird, wie es selbst sie beeinflußt. So fällt Spinozas scheinbare Einheitslehre *(Monismus)* doch wieder in eine Zweiheitslehre *(Dualismus)* auseinander, indem er Geistiges nur aus Geistigem (Spiritualismus), Körperliches nur aus Körperlichem (Materialismus) erklärt wissen will.

Überhaupt erblickt er die Aufgabe der Philosophie nicht sowohl in Erkenntniskritik als im Entwerfen eines großartigen, im letzten Grunde doch durch sein religiöses Interesse bestimmten Weltbildes. Das zeigt sich auch in seiner Lehre von den Arten der Erkenntnis. Wahre Erkenntnis vermittelt bloß die Vernunft *(ratio)*, die ja nur ein Teil des unendlichen göttlichen Geistes ist. Sie betrachtet die Dinge nicht als zufällig, sondern in ihrer Notwendigkeit, »wie sie an sich sind«, d. h. losgelöst von Raum, Zahl und Zeit *sub specie quadam aeternitatis* (»sozusagen unter dem Gesichtspunkt der Ewigkeit«). Gewiß, Spinoza steht fest auf dem Boden der mechanischen Naturauffassung, gleich Galilei, Descartes und Hobbes. Er teilt mit ihnen die Abneigung gegen das Hineintragen der »Zweckursachen« in die Natur und bezeichnet die Erklärung der Naturerscheinungen unmittelbar durch den göttlichen Willen als ein »Asyl der Ignoranz« (Zuflucht der Unwissenheit) für den Naturforscher. Aber noch höher steht ihm doch das »anschauende« Wissen, das die ewigen Eigenschaften der Dinge als in Gottes ewigem Wesen gegründet sieht.

Freilich bekennt er, ganz wie ein mittelalterlicher Mystiker, nur sehr wenige Dinge auf diese letzte und höchste Art erkannt zu haben.

Das zweite Buch der »Ethik«, das diese Erörterungen pflegt, schließt mit der bestimmten Ablehnung des freien Willens. Jeder Willensvorgang ist vielmehr von einem voraufgehenden abhängig. Die Menschen *glauben* frei zu sein, weil sie sich die Ursachen, von denen ihr Handeln im Grunde bestimmt ist, nicht vergegenwärtigen. – Ganz in diesem Sinne behandelt daher das dritte Buch, das Spinozas *Psychologie* enthält, eingestandenermaßen die menschlichen Handlungen und Begierden »ebenso, als ob von Ebenen, Linien oder Körpern die Rede wäre«. Er will sie nicht, wie die meisten es tun, belachen oder verabscheuen, sondern *verstehen*, und gibt darum in diesem Buch eine höchst interessante Naturgeschichte der Gefühle. Jedes Ding strebt, »in seinem Sein zu verharren, seiner Vernichtung zu entgehen«. Der Mensch freut sich über die Zerstörung dessen, was er haßt, trauert über die Vernichtung dessen, was er liebt. Es werden nicht weniger als 48 Gefühle begriffsmäßig bestimmt, von denen die meisten paarweise, jedes mit seinem jeweiligen Gegensatz, wie Freude und Traurigkeit, Wohlwollen und Grausamkeit usw., zusammengestellt werden. Neben den Leidenschaften, von denen wir uns knechten lassen, gibt es auch Gefühle, in denen die Macht der Vernunft sich offenbart, wie: Mäßigkeit, Seelenstärke, Geistesgegenwart und Keuschheit.

Da nun (viertes Buch) ein Affekt nur durch einen stärkeren überwunden werden kann, so muß die Erkenntnis des »Guten« und »Bösen« – zunächst für diesen sonderbaren »Ethiker« ganz relative Begriffe (die Musik heißt zum Beispiel gut für den Schwermütigen, bös für den Trauernden, keines von beiden für den Tauben) – selbst zum Affekt, und zwar zum Lustgefühl für uns werden. Das geschieht aber, sobald wir einsehen, was unserer wahren Natur, unserem innersten Wesen, d. h. der *Vernunft*, entspricht. Auf dem, was der Mensch »klar und deutlich« (der Descartessche Maßstab!) einsieht, beruht sein höchstes Glück: die *Seelenruhe*. Darin besteht auch seine wahre »Freiheit«. Darum handelt das fünfte und letzte

Buch der »Ethik«: »Von der menschlichen Freiheit *oder* der Macht des Intellekts«.

Diese höchste Seelenruhe ist bei Spinoza aufs engste verwachsen mit der wahrhaften, *geistigen Gottesliebe*, einem Teil der unendlichen Liebe, mit der Gott sich selbst, mithin auch uns, somit auch wir ihn lieben. Zwar wer Gott wahrhaft liebt, verlangt nicht, daß dieser ihn wieder liebe, sondern ist schon selig durch sein Sicheinsfühlen mit ihm. Und diese Liebe währt fort, wenn auch unser Leib zerstört ist. Aber solange wir leben, wirkt sie auch zurück auf unser Fühlen und Handeln. Je mehr unser Geist der Erkenntnis des Ewigen sich weiht, um so weniger leidet er von den Trieben, um so weniger fürchtet er den Tod. Und selbst wenn wir nicht wüßten, daß unser Geist ewig ist, würden wir doch an allem festhalten, was Seelenstärke und Hochsinn ausmacht; die Tugend bedarf keines Lohnes. Der Weg freilich zu ihr ist steil, aber doch zu finden. »Allein«, so schließt die »Ethik«, »alles Erhabene ist ebenso schwierig zu erreichen als selten.«

Für Spinoza war Religion einerlei mit Liebe, Gerechtigkeit und Gottergebenheit. Nur nach seinem Handeln ist der Mensch zu beurteilen. Glauben, denken, ja auch sagen können muß in einem freien Staate jeder Mensch, was er für recht hält. Der Staat darf nur das Gebiet äußerer Handlungen, nicht das Gemüt beherrschen wollen. Spinoza vertritt demgemäß reinliche *Scheidung* zwischen *Religion* und *Staat*, Theologie und Philosophie; keine darf der anderen untergeordnet sein. Wissenschaft hat allein den Zweck der Wahrheitsforschung, Religion soll uns zur Sittlichkeit und zu Gott führen und darf darum auch Sinnbilder gebrauchen. Der *»Theologisch-politische Traktat«* (1670), der diese Fragen behandelt, will beweisen, daß »die Freiheit des Philosophierens ohne Schaden der Frömmigkeit und des staatlichen Friedens nicht aufgehoben werden könne«, und versucht selbst, zum erstenmal, eine unbefangene philosophisch-historische Kritik der Bibel, hauptsächlich des Alten Testaments. In seinem, ebenfalls erst mit der »Ethik« zusammen veröffentlichten »Politischen Traktat« tritt er gleich Hobbes für eine starke Staatsgewalt ein, die jedoch, wenn anders der Staat zu

Macht und Blüte kommen, ja nur selbständig bleiben will, an Recht und Vernunft sich halten muß. Nützlicher als eine unumschränkte Monarchie, die im Grunde nur eine versteckte Herrschaft der Beamten darstellt, scheint dem Bürger der holländischen Republik und Freund der liberal-kapitalistischen Brüder de Witt eine *aristokratische* Regierung zu sein, besonders wenn sie sich aus einer größeren Zahl gewählter Patrizier zusammensetzt, zu denen dann noch vom Volk gewählte Abgeordnete treten können. Die politische Unerfahrenheit der Menge rührt davon her, daß man sie in Unwissenheit über öffentliche Angelegenheiten hält. Ein freier Staat aber soll seine Bürger nicht zu Tieren oder Maschinen herunterdrücken, sondern ihnen freie Entfaltung ihrer Anlagen ermöglichen.

Daß unseres Philosophen fortgeschrittene religiöse und religionspolitische Ansichten auf starken Widerspruch stoßen würden, hatte er selbst sich nicht verhehlt. Hatte er doch seinen schon 1665 verfaßten »Theologisch-Politischen Traktat« erst nach fünf Jahren und auch dann nur anonym und unter falschem Druckort und Verlegernamen zu veröffentlichen gewagt. Aber daß seine tiefreligiöse Schrift eine wahre Flut von Streit- und Schmähschriften gegen den »unreligiösesten Verfasser« und »krassesten Atheisten« hervorrief, so daß selbst in dem seiner Denkfreiheit halber berühmten Holland die Schrift verboten wurde, zeigt doch, wie rückständig die Zeit noch war. Und nicht bloß von der Orthodoxie aller Bekenntnisse wurde er angefeindet, sondern auch von so freigesinnt sein wollenden Männern wie Bayle, Leibniz und Christian Wolff abgelehnt und (schlimmer als das) seine Lehre totgeschwiegen, so daß Lessing mit Recht von Spinoza sagen konnte, man habe ihn wie einen toten Hund behandelt. Erst als er bereits mehr denn ein Jahrhundert im Grabe ruhte, wurde durch Jacobi, Herder und Goethe eine bessere Würdigung seiner edlen Persönlichkeit und seiner Lehre herbeigeführt.

4. Leibniz

Leibniz vertritt nicht bloß in seiner Volkszugehörigkeit, sondern auch in seiner Persönlichkeit einen ganz anderen Typus als seine drei Vorgänger. Den des frühreifen Gelehrtensohnes, von einer seltenen geistigen Beweglichkeit und Vielseitigkeit; man könnte beinahe sagen einer an die Genies der Renaissancezeit erinnernden Allseitigkeit, wenn nicht doch die künstlerische und die technische Seite bei ihm ausschieden. Begabt mit einer fast unglaublichen Arbeitskraft und Belesenheit, lehnt er dennoch schon mit zwanzig Jahren den ihm angebotenen Lehrstuhl an einer kleinen Universität ab, um nicht in die Pedanterie des damaligen Gelehrtenlebens hinabzugleiten. Ein Polyhistor (Vielwisser), ist er doch ohne Kleinlichkeit, im Gegenteil voll Scharfsinn und geistiger Schöpferkraft. Frühzeitig in die große Welt eingetreten, später geadelt, lebt er zeitweise an den Höfen von Mainz, Paris, Wien, Berlin, am dauerndsten in Hannover, als Hofhistoriograph des dortigen welfischen Fürstenhauses. Neben Philosophie treibt er vor allem Mathematik und Physik, aber auch Rechtswissenschaft, Politik, Theologie, Sprachwissenschaft und Geschichte. Er beschäftigt sich nebeneinander mit zum Teil so weit auseinanderliegenden Dingen wie Einrichtung einer nationalen Akademie (nach französischem und englischem Vorbild), Unterrichts- und Sprachreform, Vereinigung der Religionsbekenntnisse, Bergbau, Medizin, Wohlfahrt der ärmeren Klassen, Völkerrecht, Moral der Chinesen! Und führt, neben seiner Schriftstellertätigkeit, über alle diese Dinge noch einen umfangreichen Briefwechsel, von dem heute noch etwa 15 000 Nummern in der Bibliothek zu Hannover aufbewahrt werden. Eine Zeitlang war er auch, dem Rufe seiner ehemaligen Schülerin Sophie Charlotte, der ersten Königin in Preußen, folgend, Präsident der auf seine Anregung in Berlin gegründeten Akademie der Wissenschaften; mit Peter dem Großen, mit dem Prinzen Eugen zu Wien ist er in Verbindung. Und doch stirbt der große Geist und gewandte Weltmann, über seiner ungeheuren Vielgeschäftigkeit nicht zur Ehe gelangt, am 14. November 1716 zu Hannover in tragischer Einsamkeit, von den Großen mit Undank belohnt, dem Volke, das aus seinem Namen ein »Löve-nix (Glaube nichts)« machte, als Freigeist verdächtig.

Wohl eben infolge jener zersplitternden Vielgeschäftigkeit ist Leibniz nicht dazu gelangt, sein System in einem besonderen großen

Werke zu entwickeln, wie es fast alle übrigen großen Denker getan. Die wichtigsten Gedanken hat er zum Teil nur in Zeitschriftenaufsätzen, fast sämtlich in lateinischer oder französischer Sprache veröffentlicht, ja manche in Briefen an andere Gelehrte geäußert. Gerade das einzige von ihm selbst 1710 herausgegebene größere Werk, die französisch geschriebene »Theodizee«, ist, wie wir noch sehen werden, zugleich sein schwächstes. Die besonders wichtigen »Neuen Versuche über den menschlichen Verstand« (französisch) waren bis 1765 noch im Staube der Hannoverschen Bibliothek vergraben. Der beiden Fremdsprachen mußte er sich, trotzdem er selbst sich gerade für die Verwendung des Deutschen in philosophischen Schriften ausgesprochen hat, zu seiner Zeit noch bedienen, weil er sonst von den Gebildeten und Gelehrten unter seinen Zeitgenossen nicht gelesen worden wäre. Aus allen diesen Gründen ist es zu begrüßen, daß Ernst Cassirer, unterstützt von Artur Buchenau, eine zweibändige deutsche Neuausgabe von Leibniz' »Hauptschriften zur Grundlegung der Philosophie« in der »Philosophischen Bibliothek« (Leipzig 1904/06) veranstaltet hat, her sich eine Neuübersetzung der *Nouveaux Essais* von 1765 anschließt. Eine vor dem Kriege von den vereinigten Berliner und Pariser Akademien geplante, auf 40 bis 50 Quartbände veranschlagte vollständige Gesamtausgabe wird wohl auch zu den Opfern des leidigen Weltkriegs zählen.

Gleich Descartes geht auch Leibniz durchaus idealistisch vom menschlichen *Selbstbewußtsein* als letztem Quell und Maßstab der Dinge aus. »Ich aber setze überall und durchweg nichts anderes, als was wir in unserem Bewußtsein zugestehen ..., und erschöpfe darin mit einem Schlage die ganze Summe der Dinge. ... Ausdehnung, Materie und Bewegung sind daher bloße Erscheinungen, die ihre rationale Begründung im Begriff der Kraft finden: sie sind so wenig Dinge wie das Bild im Spiegel oder der Regenbogen.« Das wahre Merkmal ihrer »Wirklichkeit« besteht darin, »daß sie untereinander, wie mit den ewigen Wahrheiten übereinstimmen«. Lockes (siehe folgendes Kapitel) Satz, daß »nichts im Verstand existiere, was nicht vorher in den Sinnen existiert habe«, setzt er den charakteristischen

Zusatz entgegen: »außer dem Verstand selbst«. Die Einheit des Bewußtseins erzeugt auch die Einheit des Gegenstandes.

Die *Stufen* der Erkenntnis bestimmt er ähnlich, wie schon vor ihm Descartes und Spinoza. Er teilt sie in die »verworrene« der Sinnlichkeit (Sinnenwahrnehmung) und die »deutliche« des Verstandes, die sich dann ihrerseits zu der »intuitiven« Anschauung steigern kann, die uns alle Merkmale eines Dinges auf einmal erblicken läßt. Der Durchschnittsmensch folgt bei dreiviertel seiner Vorstellungen, blind wie das Tier, seiner Erfahrung; er erwartet zum Beispiel den kommenden Tag bloß gewohnheitsmäßig. Er hält sich an die bloß zufälligen oder *tatsächlichen* Wahrheiten; auch die von Baco so gepriesene Methode der Induktion führt uns bloß zu solchen. Der astronomisch Denkende dagegen sieht den kommenden Tag aus wissenschaftlichen Gründen voraus. Er vertraut nur den notwendigen, ewigen oder *Vernunft*wahrheiten der Logik, der Zahlenlehre und der Geometrie.

Damit stehen wir an dem für die Fruchtbarkeit einer Philosophie ausschlaggebenden Punkte: ihrer Stellung zur *Wissenschaft*. Schon als Zwanzigjähriger hatte Leibniz den Plan eines »Alphabets der menschlichen Gedanken« entworfen, das, von den einfachsten ausgehend, alle menschlichen Begriffe bis zu den zusammengesetztesten in streng-mathematischem Beweisverfahren ableiten und so »Ordnung in dem Laden der menschlichen Erkenntnis schaffen« sollte. Als Musterbild der Gewißheit ist ihm denn auch sein ganzes Leben lang die *Mathematik* erschienen, in der er selbst so Bedeutendes wie die Erfindung der Infinitesimalrechnung geleistet hat: sowohl die Arithmetik, die er einmal geradezu als »eine Art Statik des Universums« bezeichnet, »in der die Dinge sich enthüllen«, als die Geometrie. Und noch die seinen letzten Lebensjahren entstammenden »Metaphysischen Anfangsgründe der Mathematik« enthalten eine ganze Reihe ebenso knapper wie klarer Bestimmungen der mathematisch-physikalischen Grundbegriffe: der Zeit, des Raumes, der Größe, der Bewegung; des Punktes, der Linie, der Fläche usw.

Gemeinsam der Mathematik und Naturwissenschaft ist das von ihm zuerst entdeckte Prinzip der *Kontinuität* oder Stetigkeit. Durch kontinuierliche Veränderung können Punkt und Raum, Augenblick und Zeit ineinander übergehen, ist die Gleichheit nur ein besonderer Fall der Ungleichheit, das Gerade des Krummen, die Ruhe ein solcher der Bewegung. So vollzieht sich auch in der Natur nichts sprungweise, sondern alles in unmerklichen Übergängen. In allem Sein steckt ein Werden (vergl. Hegel). Ein Ding ist, indem es sich im Nacheinander seiner einzelnen Bestimmungen entfaltet. So sind alle wahrhaften Begriffsbestimmungen von entwickelnder (genetischer) Art. Die wirkliche Definition eines Kreises zum Beispiel, ja im Grunde dessen Möglichkeit ergibt sich erst aus der Konstruktionsregel, durch die er entsteht. Raum und Zeit sind – wir werden Ähnlichem bei Kant wieder begegnen – bloße Ordnungen der Dinge; selbst die Bewegung ein bloß relativer Begriff.

Doch weiter. Der Satz der Identität (Einerleiheit), wonach $A = A$, und der des *Widerspruchs*, wonach A nicht = Nicht- A sein kann, ist wohl die »große Grundlage der Mathematik« und auch in der Logik mindestens ein notwendiges Hilfs- und Verbindungsmittel in der Kette der Schlußfolgerungen. Allein die *Physik* läßt sich nicht aus bloß mathematischen Sätzen ableiten; sondern es muß ein neuer Grundsatz, der des »*zureichenden Grundes*« hinzukommen: »daß sich nämlich nichts ereignet, ohne daß es einen Grund gibt, weshalb es eher so als anders geschieht«. Wir nennen diese Grundvoraussetzung aller Natur- und Geschichtswissenschaft heute das *Kausal-* oder Kausalitäts- (wörtlich: Ursachen-) Gesetz. »Hieraus sieht man nun,« wie Leibniz einmal in einer seiner noch zu wenig bekannten deutschen Schriften sagt, »daß alles mathematisch, d. i. ohnfehlbar zugehe in der ganzen weiten Welt, sogar daß, wenn einer eine genugsame Insicht in die inneren Teile der Dinge haben könnte und dabei Gedächtnis und Verstand genug hätte, umb alle Umbstände vorzunehmen und in Rechnung zu bringen, würde er ein Prophet sein und in dem Gegenwärtigen das Zukünftige sehen, gleichsam in einem Spiegel«, oder, wie Kant ein Jahrhundert später sich ausdrückt, es so sicher vorausbestimmen können wie eine Sonnen- und

Mondfinsternis. Zu der bloßen Ausdehnung der Mathematik muß für die Physik der *Kraft*begriff hinzukommen, sie selbst zur Kraftwissenschaft oder *Dynamik* werden. Jede Substanz (Ding) ist tätig; was nicht wirkt, existiert auch nicht; aller Stoff ist mit Kraft erfüllt. Das, was in allem Wechsel der Naturerscheinungen *erhalten* bleibt, ist die Summe der in der Welt vorhandenen Kraft, welche auch der letzte Grund aller Bewegung ist.

Der Kraft *träger* aber sind viele. Es gibt nicht eine einzige, wie Spinoza meint, sondern unzählige Substanzen, von Leibniz seit 1697 mit einem wahrscheinlich Giordano Bruno (S. 110) entlehnten Wort *Monaden* (Einheiten) genannt. Diese durch die ganze Welt verteilten lebendigen Kräfte sind die »Elemente der Dinge«, die »wahrhaften Atome der Natur«. Sie sind, obwohl in steter Veränderung begriffen, doch unzerstörbar, eine jede von ihnen vollkommen für sich bestehend, keine der anderen völlig gleich; es gibt in der Natur kein Blatt, keinen Wassertropfen, der dem anderen genau gliche. Schon durch Gestalt und äußere Ausdehnung unterscheiden sie sich voneinander und durch ihre inneren Eigenschaften oder Vorstellungen. Es gibt – so wirkt auch hier der Grundsatz der Kontinuität nach – eine ungeheure Stufenreihe von Monaden, von den niedersten, in einer Art Schlaf- oder Betäubungszustand lebenden über die auch in den Tieren wirkenden sinnbegabten und mit Erinnerungsvermögen begabten »Seelen«-Monaden bis zur vernünftigen Seele oder dem Geist des Menschen, und von hier wieder bis empor zur höchsten Monade: Gott.

Streift man das Dunkle und Symbolische von dieser Monadenlehre, die der Philosoph am zusammenhängendsten in seiner »Monadologie« von 1714 entwickelt hat, ab, so bleibt der Begriff des *Individuums* (wörtlich: des Unteilbaren), das vom einfachsten Organismus bis zur Gottheit hinauf in seinen Vorstellungen oder doch seinem Streben überhaupt die Welt, wenn auch in den verschiedensten Graden von Klarheit und Deutlichkeit, widerspiegelt. Hier ist also Leibniz von der bloßen mathematischen Mechanik zur Wissenschaft vom Lebenden, der *Biologie*, fortgeschritten, in der nach seiner Lehre alles von vornherein vorgebildet (»präformiert«) bestanden hat. Lebendig heißt ihm jedes Teilchen der Materie, das sich selbst zu ernähren, fortzupflanzen und fremden Stoff sich anzupassen fähig ist; die Entwicklung selbst vollzieht sich nach »mechanischen, d. i. verständlichen« Gründen. Auch auf diesem Gebiet nimmt er, darwinistische Ideen vorausnehmend, eine stetige Stufenreihe lebender Wesen an und bekennt sich unter anderem zu der Überzeugung, daß es Mittelwesen zwischen Pflanzen und Tieren geben müsse, welche »die Naturgeschichte eines Tages finden wird, wenn sie erst die unendliche Fülle von Lebewesen, die sich durch ihre Kleinheit den gewöhnlichen Untersuchungen entziehen oder sich im Innern der Erde und in den Tiefen der Gewässer verborgen halten, genauer studiert«.

Leibniz' Monadenlehre spielt auch in seine *Psychologie* hinein. Die unbewußten oder »kleinen« Vorstellungen *(petites perceptions)* der »schlafenden« Monade entwickeln sich zu den bewußten und deutlichen *apperceptions* (ein Begriff, der dann bei Kant und Herbart zu großer Bedeutung gelangt) des Selbstbewußtseins: in der Wahrnehmung schlummert bereits der Gedanke. Und da die Monade keine »Fenster« hat, durch die etwas von außen in sie hineindringen kann, so erblickt er in den »ewigen« oder notwendigen Wahrheiten, im Gegensatz zu Locke (Seite 164), unserem Geist angeborene Vorstellungen, die sich aus den ihnen keimhaft zugrunde liegenden, noch »verworrenen« Sinnesempfindungen entwickeln. Nun ist aber doch unsere Seele von einem Körper, der sogar auch einmal als ein »Aggregat« (Sammlung, Gesellschaft) von Monaden, in diesem Falle wohl ein Eigenleben führenden Teilchen, bezeichnet wird, umgeben. Wie läßt sich ein Zusammenwirken von so verschiedenartigen Elementen, wie dem in der Hauptsache doch von mechanischen Gesetzen beherrschten *Körper* und der ganz unräumlich, nur als »ursprüngliche Kraft und Wirksamkeit« gedachten *Seele*, denken?

Denken wir an das von Geulincx (Seite 141) gebrauchte Gleichnis von den beiden gleichgestellten Uhren zurück! Nicht in der Einwirkung der einen auf die andere, wie die »gewöhnliche« Philosophie meint, auch nicht in beständigen Eingriffen des Schöpfers, wie der Okkasionalismus annimmt, kann nach Leibniz die Lösung der Frage liegen, sondern darin, daß der oberste Urheber aller Dinge zwischen Leib und Seele eine so genaue Regulierung von vornherein angelegt hat, daß jede von beiden Substanzen, obwohl sie selbst nur ihren eigenen Gesetzen folgt – der Körper rein körperlichen, die Seele rein geistigen –, doch mit der anderen aufs genaueste zusammenstimmt, in einer eben von Gott vorher festgesetzten oder »prästabilierten« Harmonie. Diese Harmonie herrscht denn auch zwischen dem System, wir würden sagen: dem Gesichtspunkt der *Ursache* und *Wirkung* und dem des *Zweckes*. Leibniz will die mechanische Erklärung der Natur, der ein Teil seiner eigenen Entdeckungen angehört, keineswegs umstoßen. In der mechanischen Ordnung der Dinge betätigt sich im Gegenteil gerade die göttliche Weisheit. Die Annahme einer besonderen Lebenskraft, wie sie Paracelsus und die heutigen Vitalisten zum Teil wieder annehmen, wird von ihm ausdrücklich verworfen. Allein beide Betrachtungsweisen können ganz wohl miteinander verbunden werden. Er selbst zum Beispiel hat nach seiner Erzählung aus der zweckhaften Voraussetzung, daß der Lichtstrahl stets den einfachsten und leichtesten Weg wähle, bestimmte mechanische Gesetze der Lichtbrechung gewonnen und diese sodann durch das Experiment bestätigt.

Allerdings spielen bei unserem Denker *religiöse* Gesichtspunkte mit hinein. Er will im Gegensatz zu einem »scharfsinnigen, aber irreligiösen Schriftsteller« (Spinoza) »Religion mit Vernunft in Einklang bringen« und so »die rechtschaffenen Seelen« beruhigen, »welche die mechanische oder Korpuskularphilosophie fürchten, als ob sie uns von Gott und den unkörperlichen Substanzen entfernen könnte, während sie im Gegenteil, mit den erforderlichen Berichtigungen und bei richtiger Auffassung des Ganzen, uns darauf hinführen muß«. Und so mündet die Harmonie zwischen den beiden natürlichen »Reichen« der bewirkenden und der Zweckursachen bei ihm aus in eine zweite, noch erhabenere zwischen dem Reich der Kraft oder der *Natur* und dem Reich der göttlichen Weisheit oder der *Gnade*. Die »Wege der Natur« sind schließlich doch nur dazu da, die göttlichen Endzwecke zu erfüllen. Damit sind wir bei dem Gedanken der *Theodizee* angelangt: daß nämlich die ganze Welt eine

Rechtfertigung von Gottes Weisheit darstellt, daß dieser schon bei Erschaffung der Welt »den bestmöglichen Plan gewählt hat, in welchem sich die größte Mannigfaltigkeit mit der größten Ordnung vereint, Ort, Raum und Zeit am besten ausgenutzt, die größte Wirkung auf den einfachsten Wegen hervorgebracht und bei den Geschöpfen die meiste Macht, das meiste Wissen, das meiste Glück und die meiste Güte findet, welche das Universum fassen konnte«. Die bestehende Welt ist die beste, die möglich war!

Wir brauchen, zumal in einer Zeit wie der heutigen, die Schwäche eines solchen *Optimismus* unseren Lesern nicht erst darzulegen. Die in der Welt vorhandenen Übel kann denn auch Leibniz nicht wegleugnen, aber nach seiner echt-theologenhaften Erklärung haften sie teils als natürliche Unvollkommenheit allem Endlichen an, teils dienen sie als Leiden der Menschen dessen göttlicher Erziehung, teils sind sie als Sünde von Gott zugelassen, um als ihren Gegensatz das Gute hervorzurufen und so die Menschheit vor Abstumpfung zu bewahren. Und schließlich sollen wir den Blick nicht auf einzelne Flecken und Mängel, sondern auf das Ganze richten, von dem wir ja bloß einen Teil, und zwar möglicherweise den mit den meisten Übeln behafteten, kennen! Doch wir wollen nicht mit diesem Ausblick auf das schwächste Werk des großen Denkers schließen, das er auf den Wunsch seiner fürstlichen Schülerin Sophie Charlotte, um den scharfsinnigen Angriffen des Franzosen Bayle (S. 176 f.) entgegenzutreten, in seinen letzten Jahren in ermüdender Weitschweifigkeit niedergeschrieben hat, sondern mit einem Blick auf seine, freilich noch nicht zu voller Entfaltung gediehene, Begründung der *Geisteswissenschaften*.

Die *Ethik* wird zwar noch stark von religiösen Begleitgedanken überwuchert, aber ihr Kern doch in dem Streben nach *Vollkommenheit*, der eigenen wie der fremden, erblickt, die vor allem »in der Kraft, zu wirken« liegt und allein zu wahrer, dauernder Glückseligkeit führt. Für den »Weisen« ist ohnehin die *Religion* einerlei mit dem Streben nach Sittlichkeit; nur für den, der zur wahren Weisheit noch nicht gelangt ist, vermag sie etwas zur Sittlichkeit hinzuzufügen. Der Glaube an Gott bedeutet zugleich den Glauben an die Möglichkeit eines sittlichen Fortschritts der Menschheit. Im ganzen erscheint Leibniz als Vertreter einer allen Konfessionen (deren »Wiedervereinigung« er ja erstrebte) gemeinsamen natürlichen Religion mit dem Glauben an einen persönlichen Gott und an Unsterblichkeit: womit freilich in seltsamem Widerspruch steht, daß er in einer Jugendschrift (1670) nicht bloß die Dreieinigkeitslehre, sondern sogar die Luthersche Abendmahlsauffassung mit – philosophisch-physikalischen Gründen zu »beweisen« suchte. – In seiner *Rechts-philosophie* tritt er, mit Grotius und gegen Hobbes, für das natür-liche, aus der Vernunft gezogene Recht gegen die positiven Satzungen ein: Verletze niemand! Gib jedem das Seine! Setze dir die Wohlfahrt aller durch geistige Aufklärung und Tätigkeit zum Ziel! Dann trägst auch du deinen Teil zu der großen Weltharmonie bei. – In diese Gedanken der Harmonie münden schließlich auch seine *ästhetischen* Ideen aus, die das Schönheitsgefühl, wenigstens im Gegensatz zu der gleichzeitigen dürren Verstandespoesie, von der Verstandeserkenntnis abtrennen und es als eine uninteressierte Empfindung betrachten; womit die spätere Begründung durch Kant vorbereitet war.

So hat Leibniz, der erste große *deutsche* Denker in der Geschichte der neueren Philosophie und zugleich einer der vielseitigsten Menschen, die je gelebt haben, auf den mannigfachsten Gebieten der Wissenschaft wertvolle Grundlagen gelegt und ist daneben auch für die allgemeine Geistesentwicklung in Deutschland, als Vater der deutschen *Aufklärung*, von Bedeutung geworden. Ehe wir indes zu dieser übergehen, müssen wir ihre wichtigere Entwicklung in den westlichen Nachbarländern betrachten.

Achtes Kapitel. Die Aufklärungsphilosophie

Aufklärung ist nach Kants berühmter Abhandlung: »Was ist Aufklärung?« (1784) »der Ausgang des Menschen aus seiner selbstverschuldeten Unmündigkeit«, und ihr Wahlspruch lautet: »Habe den Mut, dich deines eigenen Verstandes ohne Hilfe eines anderen zu bedienen!« Jene Unmündigkeit kann eine religiöse, politische oder soziale sein. Die Aufklärung hebt gewöhnlich auf religiösem Gebiet an. Spuren davon haben wir, wenn wir von der Philosophie des Altertums ganz absehen, schon im Mittelalter (Abälard, Roger Bacon und andere) wahrgenommen. Aber erst in der Zeit des Humanismus und der Renaissance beginnt sie größeren Umfang anzunehmen, und erst im achtzehnten Jahrhundert bricht sie mit Macht herein. Jetzt verbreitet sie sich allmählich auch auf das politische und soziale Gebiet, wenngleich sie zunächst erst kleinere Kreise, noch nicht die Massen erfaßt. Sie nimmt ihren Anfang in *Großbritannien*, wo nach den wechselvollen politischen Stürmen des siebzehnten Jahrhunderts die sogenannte »glorreiche«, d. h. friedliche, fast ohne jeden Widerstand erfolgte Revolution des Jahres 1688 den endgültigen Sturz des Absolutismus besiegelte und zugleich die Bahn für eine mächtige Entfaltung der materiellen Interessen frei machte, geht von da nach *Frankreich* über, wo sie unter dem staatlichen, kirchlichen und sozialen Druck der alten Verhältnisse eine besonders scharfe Oppositionsstellung einnimmt, und ergreift zuletzt auch *Deutschland*, wo sie sich mit den Bestrebungen von Leibniz und seinen Nachfolgern verschmilzt.

A. In England[5]

1. Locke (1632 bis 1704)

An der Spitze steht hier John Locke, der, bereits in einer freisinnigen Familie herangewachsen, zwei Generationen hindurch der liberalen Adelsfamilie der Shaftesbury als Erzieher, Arzt, Sekretär und Freund seine Dienste leistete, aber erst mit Beginn der neuen

---

5 Unter England ist im folgenden und später Schottland, das ja dieselbe Sprache redet, stets mitverstanden.

liberalen Regierung (1688) in das öffentliche Leben eintrat und nun eine reiche literarische Tätigkeit entfaltete.

Seine beiden Abhandlungen »Über die Regierung« (1690) verkünden das Programm des modernen *Liberalismus*. Aufgabe des Staates ist es, Eigentum und persönliche Freiheit seiner Bürger zu schützen. Die höchste Gewalt in ihm kommt der vom gesamten Volk gewählten gesetzgebenden Versammlung zu. Die ausübende ist von der gesetzgebenden Gewalt zu trennen. Der König steht nicht über, sondern unter dem Gesetz und macht sich durch Mißbrauch seiner Macht seiner Würde verlustig. Kurz, wir haben hier eine theoretische Rechtfertigung des englischen Parlamentarismus vor uns, der freilich bis beinahe in die Gegenwart tatsächlich nur eine Herrschaft der besitzenden Klassen, abwechselnd zwischen den großgrundbesitzenden Tories und den kapitalistisch-industriellen Whigs, gewesen ist. Auch auf wirtschaftlichem Gebiet huldigt Locke dem Liberalismus des »Gehenlassens«. Immerhin ist eine gelegentliche Bemerkung für den Sozialisten von Interesse: der Arbeiter habe Anspruch auf die Frucht seiner Arbeit, mindestens solange den anderen noch »genug« (?) übrigbleibe.

In *religiöser* Beziehung hatte schon der 1669 niedergeschriebene Verfassungsentwurf Lockes für die nordamerikanische Kolonie Südkarolina Trennung von Kirche und Staat und Duldung aller Religionsbekenntnisse befürwortet, ausgeschlossen – die Atheisten! In ähnlichem Sinne äußern sich seine noch ohne seinen Namen veröffentlichten »Briefe über Toleranz« (1689 ff.). Der Inhalt seiner theologischen Hauptschrift »Von der Vernunftmäßigkeit des Christentums, dargestellt nach der Schrift« (1695) ergibt sich schon aus dem Titel. Der Kern dieses vernunftmäßigen Christentums besteht im Glauben an Jesus den Erlöser, verbunden mit einem der Religion der Liebe geweihten Leben. Locke las oft in der Bibel, verkehrte gern mit Quäkern und unterhielt sich öfters mit dem gleichgesinnten Newton über theologische Probleme. Die verpflichtende Kraft des Sittengesetzes erblickt er im Willen Gottes.

Demgemäß ist seine *Ethik* unselbständig. Dem Sittengesetz der bloßen Vernunft, wie es zum Beispiel die Antike aufstellt, mangelt die Autorität des göttlichen Gesetzgebers. Die Offenbarung darf zwar nicht das klare Zeugnis der Vernunft umstoßen wollen, aber sie gibt uns die Wahrheit mühelos, die wir ohne sie nur sehr schwer hätten finden können. Der Gedanke an Strafe und Lohn im Jenseits zählt nach ihm mit Recht zu den Haupttriebfedern sittlichen Handelns. Die Gottesvorstellung ist uns zwar nicht angeboren, sein Dasein wird aber von keinem Vernünftigen geleugnet werden.

Weit wichtiger für eine Geschichte der Philosophie als diese allgemeinen Gedanken ist die *philosophische Begründung*, die Locke diesen seinen Anschauungen in seinem 1675 bis 1687 verfaßten, jedoch erst 1690 veröffentlichten, leichtverständlichen, aber auch recht breit geschriebenen Hauptwerk »Versuch über den menschlichen Verstand« gegeben hat. Das Wichtigste kann man auch schon aus der nachgelassenen kleineren Schrift »Über die Leitung des Verstandes« kennenlernen. Sein Interesse ist weniger auf die Gewißheit, als auf das *Zustandekommen* der menschlichen Erkenntnis gerichtet. Angeborene Ideen gibt es nicht. Sondern der Anfangszustand der Seele gleicht einem unbeschriebenen weißen Blatt (lateinisch: *tabula rasa*), das dann ausgefüllt wird »durch das *eine* Wort – Erfahrung«. Diese zerfällt in äußere (durch Sinneswahrnehmung) und innere (durch Selbstbeobachtung). Die äußere und innere Wahrnehmung sind die beiden Fenster, durch welche die Dunkelkammer unseres Inneren erhellt wird; der Verstand gleicht dem mattgeschliffenen Spiegel der *Camera obscura*, der die Bilder der Dinge »reflektiert« (zurückwirft). Die Empfindungen zum Beispiel des Süßen, Heißen, Weichen, Gelben sind »Eindrücke« (Impressionen) der Außendinge auf uns, die Vorstellungen (in der Sprache Lockes und seiner Nachfolger »Ideen«) deren Kopien. Woher der Geist, woher das Bewußtsein kommt, wird nicht gefragt, dagegen die Verbindung (Assoziation) der Vorstellungen ausführlich klargelegt.

Sie sind nämlich entweder *einfach*, wie die der Farbe, Dichtigkeit, Ausdehnung in Raum und Zeit, des Denkens und Wollens, der Kraft, Einheit und vieler anderer Grundbestandteile unserer Erkenntnis; oder *zusammengesetzt* (komplex), und in diesem Falle Verallgemeinerungen unseres Verstandes, Kunstgriffe desselben oder Zeichen zur Erleichterung der sprachlichen Mitteilung und des geistigen Verkehrs. Daher auch die Wichtigkeit der sprachlichen Untersuchungen, denen das dritte von den vier Büchern der Lockeschen Hauptschrift gewidmet ist. Wir haben uns daran gewöhnt, körperliche und geistige »Dinge« oder *Substanzen* vorauszusetzen, ähnlich wie die indische Mythologie ihren Elefanten oder ihre Riesenschildkröte als Träger des Erdballs. Ihr Wesen jedoch bleibt uns völlig unbekannt; nur ihre Eigenschaften (Attribute) oder Zustände (Modi) und Wirkungen sind uns erkennbar. Die »Relationen«, d. h. Verhältnisbegriffe (zum Beispiel Gattung, kleiner) entstehen durch Entgegensetzung oder Vergleichung mehrerer Dinge. Zu ihnen gehören der Begriff von Ursache und Wirkung, die Zeit- und Ortsbestimmungen, die moralischen Verhältnisse und viele andere.

Lockes Stärke beruht auf der *empirischen* (erfahrungsgemäßen) *Psychologie*, als deren eigentlicher Begründer er gelten darf. Von wissenschaftlicher Wichtigkeit unter seinen weiteren Unterscheidungen ist ferner noch die der Eigenschaften (»Qualitäten«) der Dinge in: 1. *primäre* oder ursprüngliche, die von unserer Vorstellung von Körpern unzertrennlich sind, wie Ausdehnung, Gestalt, Undurchdringlichkeit, Zahl, Beweglichkeit; und 2. *sekundäre* oder abgeleitete, die nicht in den Körpern an sich, sondern nur in unserer Vorstellung von denselben existieren, wie Farben, Töne, Geschmacks-, Geruch-, Wärmeempfindungen. Unsere Empfindungen werden durch gewisse »Kräfte« erzeugt, die sich von den Gegenständen durch die Nervenbahnen bis zum Gehirn, dem »Audienzzimmer des Geistes«, fortpflanzen. Würden unsere Augen nicht sehen, unsere Ohren nicht hören, unsere Hände nicht fühlen usw., so blieben nur die »primären« oder wirklichen (»realen«) Qualitäten der Dinge übrig; was wir zum Beispiel als Wärme empfinden, ist im Gegenstand selber nur Bewegung.

Alle unsere Erkenntnis geht von den Sinnen *(sensus)* aus, weshalb Lockes Lehre auch als *Sensualismus* bezeichnet wird. Wir können unser Wissen zwar teils durch weitere Erfahrungen, teils durch Schlüsse des Verstandes erweitern, aber es bleibt beschränkt. Insbesondere die gesamte Naturwissenschaft – er selbst kannte eingehender nur Chemie und Medizin, nicht Mathematik und Mechanik – kann es nach ihm nur zur Wahrscheinlichkeit bringen. Dennoch bleibt er kein konsequenter Empirist. Völlige Gewißheit bieten uns durch ihre demonstrative (logisch beweisbare) oder intuitive Erkenntnis (unmittelbare Anschauung) die mathematischen und die – moralischen Begriffe.

Locke hat sich schließlich als einer der ersten ausführlicher mit den Fragen der *Erziehung* beschäftigt. Seine »Gedanken über Erziehung«, auf der Grundlage der Freiheit und Natürlichkeit, freilich mehr eine aus der Erfahrung geschöpfte Anleitung zur Ausbildung eines jungen Gentlemans als eine pädagogische Theorie und stark auf das Nützliche gerichtet, sind heute noch in seinem Vaterland von Wirksamkeit.

2. Freidenker und Moralphilosophen
a) Natürliche Religion (Freidenkertum)

Während Hobbes äußerlich der positiven Religion gegenüber sich noch unterwürfig zeigt, stellte ein anderer englischer Denker schon vor ihm dem Autoritätsglauben der Kirche die allen Menschen gemeinsame Vernunft und die auf sie sich gründende *natürliche Religion* entgegen. Es ist Lord *Herbert von Cherbury* (1582 bis 1648), der in seinen Schriften »Von der Wahrheit« (1624) und »Von der Religion der Heiden« (1645, vollständig erst 1663 und zwar in Amsterdam erschienen!) folgende fünf Glaubensartikel dieser Religion entwickelt: 1. Es gibt ein höchstes Wesen. 2. Es soll angebetet werden. 3. Den wichtigsten Teil seiner Verehrung bilden Tugend und Frömmigkeit. 4. Der Mensch soll seine Sünden bereuen und von ihnen ablassen. 5. Gutes und Böses werden in diesem und jenem Leben belohnt und bestraft. Was über diese fünf Sätze hinausgehe, sei Erfindung herrschsüchtiger Priester und der wahren Gottesverehrung hinderlich.

Wie man steht, geht Herbert noch keineswegs radikal vor. Auch John *Tolands* (1670 bis 1721) im Jahre 1696 erschienene Jugendschrift »Das Christentum ohne Geheimnisse« hielt sich noch in dem sehr gemäßigten Rahmen Lockescher Religionsauffassung; in den Wundern zum Beispiel sieht er noch eine göttliche Steigerung der Naturgesetze über ihre gewöhnlichen Wirkungen hinaus. Dagegen ist in seinen »Briefen an Serena« (1704), d. i. Leibnizens Freundin, die preußische Königin Sophie Charlotte, der Glaube an einen persönlichen, außerweltlichen Gott *(Theismus)* und an die persönliche Unsterblichkeit bereits aufgegeben. Ja, es ist kaum mehr *Deismus*, d. h. Glaube an einen Schöpfer der Welt, der sie nachher ihren eigenen Gesetzen überläßt, sondern schon *Pantheismus*: Gott ist das dem Weltall innewohnende Leben, das menschliche Denken eine Tätigkeit des Gehirns, an die von Gott beseelte Materie gebunden. In seinem – ohne seinen Namen und mit dem Druckort »Kosmopolis« (Weltbürgerstadt) 1720 veröffentlichten – »Pantheistikon« entwirft er von dieser Auffassung aus eine Religion der Zukunft und eine Art Liturgie für ihre Bekenner.[6]

Als »Freidenker« hat sich Wohl zuerst Collins (1676 bis 1729) in seiner »Abhandlung über das freie Denken« (1716) bezeichnet, der, über Locke hinausgehend, das nur sich selbst verantwortliche Denken für ein unveräußerliches Recht der Vernunft erklärt. Ähnlich schrieben Lyons über »Die Untrüglichkeit der menschlichen Vernunft«, Tindal über »Das Christentum so alt wie die Schöpfung« (1730), der Handwerker Chubb über »Das wahre Evangelium Jesu Christi« (1738). Gemeinsam ist diesen und anderen Schriften verwandten Inhalts, neben der rein-moralischen und rationalistischen (vernunftgemäßen) Richtung, die ungeschichtliche Auffassung des Christentums. Den meisten auch ein bedauerliches Klassenvorurteil: die Vernunftreligion für die Gebildeten, die Kirchenlehre für die Masse! Ein Zug, den wir schon in Scävolas Lehre von der »drei-

---

6 Abgedruckt in der überhaupt für die Geschichte der Aufklärung sehr empfehlenswerten »Literaturgeschichte des achtzehnten Jahrhunderts« von H. Hettner. 6 Bände, 5. Auflage, 1894.

fachen« Religion (S. 66) bemerkten, und dem im damaligen England der geistreiche Bolingbroke (1698 bis 1751) folgenden ungeschminkten Ausdruck gab: In den Salons darf man die unvernünftigen Vorstellungen der Kirche belächeln, im öffentlichen Leben dagegen sind sie unentbehrlich, weil sie die Menge in Gehorsam halten; deshalb tun die Freidenker übel daran, wenn sie ein Gebiß aus deren Maul herausnehmen, anstatt ihr noch mehr anzulegen.

Zu den, wenn auch nicht religiösen, Freidenkern kann man wohl auch den eigenartigen *Mandeville* (aus französischer Familie, 1670 in Holland geboren, später Arzt in London) rechnen, der 1705 in den Straßen Londons ein poetisches Flugblatt in vierhundert Versen verteilen ließ, das den merkwürdigen Titel führte: »Der summende Bienenkorb oder die ehrlich gewordenen Schelme« und in Form einer Fabel den ungewöhnlichen Satz verteidigte: daß Macht und Glück eines Gemeinwesens *nicht* auf Tugend und Rechtschaffenheit seiner Bürger, vielmehr auf deren lasterhaften Neigungen (Eitelkeit, Ehrsucht, Heuchelei, Betrug, Schwelgerei usw.) beruhen. Die eigenartige Schrift – seit 1714 unter dem Titel »Die Bienenfabel« oder »Private Laster Wohltaten für die Gesamtheit« öfters in vermehrter Auflage herausgegeben – führte weiter aus, daß nur *egoistische* Interessen den Menschen zur Arbeit, Verbindung mit anderen und damit zur Kultur überhaupt treibe. Was man gewöhnlich als »Tugenden« bezeichne, sei von schlauen Staatsmännern erfunden worden, um die Massen zu beherrschen. Bei einer allgemeinen Zufriedenheit würde zuletzt alle Kultur stillstehen. Trotzdem sieht der Verfasser für das Gedeihen der letzteren die Armut und Beschränktheit der unteren Klassen als notwendig an. Jedenfalls ist Mandeville, von dem wir einzelne Gedanken bei A. Smith, Kant, Lassalle, Marx und Nietzsche wiederfinden, im Gegensatz zu den meisten seiner Zeitgenossen, heute noch von Interesse.

b) Die Moralphilosophie Shaftesburys und anderer

Mandevilles scharfer, ja wohl gewollt übertriebener Wirklichkeitspessimismus richtete sich unter anderem gegen die gleichzeitige, von vielen bewunderte Philosophie des Lord *Shaftesbury* (1671 bis 1713), die dieser in seinen allgemeinverständlich und sehr gefällig geschriebenen »Charakteristiken von Männern, Sitten, Ansichten und Zeiten« (1711) verkündete. Der feingebildete und reiche, übrigens früh kränkelnde und im Süden verstorbene Edelmann, begeistert für alles Wahre, Gute und Schöne, predigt einen schönheitsfreudigen Optimismus, der die Schattenseiten und Tragödien des Lebens übersieht und, Leibniz verwandt, eitel *Harmonie* in der gesamten Natur und Welt erblickt. Harmonische Ausbildung der Persönlichkeit nach Art der von ihm hochverehrten großen Griechen, begeisterte Liebe zum Schönen, dessen Urbild die Gottheit ist, gibt uns auch die Kraft zu tugendhaftem Handeln, das auf der Verbindung richtiger Selbstliebe mit den sympathischen Gefühlen gegen andere beruht. Shaftesburys liebenswürdige Schönheitsphilosophie hat auf die Franzosen Diderot und Voltaire, von unseren Klassikern auf Herder, Wieland und den jungen Schiller stark gewirkt, bleibt aber im Grunde doch eine Lebensphilosophie nur für die »oberen Zehntausend«.

Systematischer ausgebaut wurden Shaftesburys, auch Religion und Ästhetik berührende, meist in Brief- oder Gesprächsform hingeworfene, in viele Kultursprachen übersetzte Gedanken von dem Schotten Hutcheson (1694 bis 1747), der einen besonderen, auch den Nichtgläubigen von Gott verliehenen, »*moralischen Sinn*« annimmt und außerdem – ein Gedanke, den wir ein Jahrhundert später gleichfalls in England wieder auftauchen sehen werden – als moralischen Endzweck »das größtmögliche Glück der größtmöglichen Anzahl« betrachtet.

Im Gegensatz zu Shaftesbury hält Bischof Butler (1692 bis 1753) die Befriedigung des *Gewissens*, das sich nicht durch Rücksicht auf Erfolg oder Mißerfolg unserer Handlungen bestimmen lassen darf, für die Hauptsache. Entgegen einem platten Optimismus vieler Anhänger der natürlichen Religion, weist er auf die zahlreichen Übel in der Welt, auf das ungerechte Leiden vieler Unschuldigen und anderes mehr hin. Über die nicht von Begeisterung erfüllten kühleren Stunden unseres Lebens können uns – nun kommt der

Theologe zum Vorschein – nur der Glaube an Gott und ein besseres Jenseits hinweghelfen.

In dieser Zeit beginnen in England auch die ersten Untersuchungen über *ästhetische* Fragen. Home (1696 bis 1782) verlegt die Schönheit aus dem Gegenstand in die Seele, dringt auf Naturwahrheit und hält deshalb den steifen Dramen der französischen Klassiker und den Lehrgedichten seines Landsmanns Pope das Vorbild Shakespeares entgegen. Der später als Politiker berühmt gewordene Edmund *Burke* (1728 bis 1797) gab in seiner »Untersuchung über den Ursprung unserer Ideen vom Erhabenen und Schönen« (1756) mancherlei anregende psychologische Zergliederungen, die auf Mendelssohn, Lessing, Kant und andere Zeitgenossen Einfluß geübt haben.

Gegenüber den im vorigen behandelten, mehr kulturgeschichtlich als philosophisch bedeutsamen Denkern, kehrte

3. Berkeley (1685 bis 1753)

wieder zu den Grundfragen der Erkenntnis zurück. Das Eigenartige seiner philosophiegeschichtlichen Leistung liegt in einem ausgeprägten, sozusagen *absoluten* theoretischen *Idealismus*. Es gibt, wie er in Fortbildung Lockescher Gedanken schon als Fünfundzwanzigjähriger in seiner Grundschrift »Abhandlung über die Prinzipien der menschlichen Erkenntnis« (1710) behauptet, keine abstrakten Ideen. Wir können uns wohl gelbe, grüne, blaue Gegenstände, aber keine Farbe an sich, wohl dies bestimmte Dreieck, aber kein Dreieck im allgemeinen vorstellen: »wir denken in Beispielen«. Und noch weniger eine Farbe, eine Bewegung oder einen Ton außerhalb eines sie wahrnehmenden Geistes: »*Sein*« bedeutet also nichts anderes als »*vorgestellt oder erkannt werden*«. Die einzige Substanz ist das vorstellende Ich oder der Geist (wir würden lieber sagen: das Bewußtsein), der die Vorstellung erst erzeugt und je nachdem als Verstand oder als Wille sich bemerkbar macht. Läßt sich Berkeleys Philosophie bis dahin mit dem Standpunkt der modernen Wissenschaft vereinen, zumal da er die wahre »Realität« der sogenannten Dinge oder Ideen in der Festigkeit und Ordnung ihres Zusammen-

hanges erblickt, so entfernt er sich von ihr wieder durch seine Überschätzung der unmittelbaren Sinneswahrnehmungen, wonach ihm
zum Beispiel die Vorstellung der »wirklichen« Sonne, die wir tags-
über sehen, »realer« erscheint als ihr Erinnerungs- oder Phantasie-
bild bei Nacht. Infolgedessen verkennt er denn auch den Wert der
physikalischen Grundbegriffe, wie zum Beispiel der Materie, der
Bewegung oder der mathematischen Abstraktionen. Er eifert gegen
Newtons Mechanik, erklärt die Infinitesimalrechnung für eine unnütze Spekulation, die den gesunden Menschenverstand verletze.
Die Zahlen, ja die allgemeinen Naturgesetze seien bloße »Zeichen«,
denen keine wirklichen Gegenstände entsprächen; der tausendste
Teil einer einen Zoll langen Linie sei – nichts, und anderes mehr.

Als edleres Ziel gegenüber solchen nutzlosen theoretischen »Er-
götzungen« betrachtet er es, aus der Ordnung, Schönheit und
Mannigfaltigkeit der Natur auf die Weisheit und Güte ihres
Schöpfers zu schließen und sie dessen Zwecken, daneben auch der
»Erhaltung und Schmückung unseres Lebens für uns und unsere
Mitgeschöpfe« dienstbar zu machen. Nicht die »natürlich
wirkenden«, sondern die »Zweckursachen« der Dinge sind in erster
Linie aufzusuchen. Er empfiehlt seine Lehre, durch welche »die
Materie aus der Natur ausgetrieben wird«, als Bollwerk gegen die
nichtswürdigen Materialisten, Atheisten und Fatalisten von der Art
Epikurs, Hobbes' und Spinozas, die er ebenso wie alle »Freidenker«
bekämpft; was wir dem aufrichtig frommen Manne, der nach
längerer segensreicher Wirksamkeit als Bischof in Irland starb, nicht
übelnehmen. Zu den »Aufklärern« gehört er selbstverständlich nicht,
hat dagegen in psychologisch-physiologischer Beziehung (vergl.
seine »Neue Theorie des Sehens«, 1709) manches richtiger gesehen
als seine Zeitgenossen: z. B., daß wir erst durch die Verbindung
unseres Gesichts- mit dem Tastsinn einen Körper wahrnehmen und
in die Ferne sehen können; daß erst Gewohnheit und Übung uns auf
»äußere« Gegenstände »im Raume« schließen lassen u. a. Zur Einführung in seine Gedankenwelt eignen sich am meisten seine besonders schön und anschaulich geschriebenen »Dialoge zwischen

Hylas und Philonous« (1713), die ebenso wie seine anderen Schriften in der »Philosophischen Bibliothek« neu verdeutscht sind.

4. Hume (1711 bis 1776)

David Hume, Sohn eines schottischen Gutsbesitzers, war hintereinander Kaufmann, philosophischer und literarischer Schriftsteller, Bibliothekar, Gesandtschaftssekretär in Wien, Turin und Paris, konservativer Politiker und Diplomat, zuletzt seinen Neigungen und Freunden lebender Privatmann, eine bei aller kühlen Nüchternheit doch heitere und liebenswürdige und bei aller Menschenkenntnis gutmütige und offenherzige Natur. Er hat außer seinen drei philosophischen Hauptschriften: der wenig bekannt gewordenen »Abhandlung über die menschliche Natur« (1739 f.), der »Untersuchung über den menschlichen Verstand« (1748) und »Über die Prinzipien der Moral« (1751), auch eine Reihe »Moralischer, politischer und literarischer Aufsätze« (1741 f.), die seinen Namen zuerst in weiteren Kreisen bekannt machten, ferner eine »Naturgeschichte der Religion« (1755) und zuletzt noch eine umfangreiche »Geschichte Englands« (1754 bis 1761) geschrieben, außerdem eine Selbstbiographie und »Gespräche über Religion« hinterlassen. Er schreibt klar und einfach. Seine Stärke ist das verstandesmäßige Zergliedern. Er fühlt sich als »Anatom«, nicht als »Maler« der menschlichen Seele.

In seiner *Erkenntnislehre* zieht er die Folgerungen von Lockes und Berkeleys Philosophie der Sinneswahrnehmung, indem er als die wahren »angeborenen Ideen« unsere »Eindrücke«, d. i. die lebhaften und starken Empfindungen betrachtet, deren matte Nachbilder (Kopien) die Gedanken sind. Er bestreitet die Gewißheit des reinen Denkens, in seinem Jugendwerk sogar die der Mathematik. Unsere Überzeugung von der Gültigkeit des Kausalgesetzes beruht nach seiner Meinung nur auf der – *Erfahrung.* Unsere Erwartung zum Beispiel, daß morgen die Sonne aufgehen wird, leitet er nicht von astronomischen Gesetzen ab, sondern nur von der Macht der *Gewohnheit* und dem daraus entspringenden Glauben. Gewohnheit »ist die große Führerin im Leben«, sie allein »läßt uns in der Zukunft einen gleichen Lauf der Ereignisse erwarten, wie sie in der Vergangenheit geschehen sind«. Selbst die Physik, zum Beispiel der

Begriff des Raumes und der Ausdehnung, beruht nach ihm auf den gewohnheitsmäßigen Wahrnehmungen unserer Sinne und deren Verbindung (Assoziation) durch den Verstand. Das »unbekannte und unsagbare Etwas«, das nach Wegdenken der Sinneswahrnehmung als deren Ursache und Gegenstand übrigbleibt, dünkt solchem *Skeptizismus* keines Streites wert. Der Philosoph tut ihm zufolge besser, sich an die Tatsachen des »gewöhnlichen Lebens« zu halten, deren »Berichtigung« und »Regelung« – eine solche traut er also doch dem reinen Denken zu – seine einzige Aufgabe ist. Was darüber hinausgehe, überlasse er den Rednern und den Dichtern oder den »Künsten der Priester und Politiker«. »Können wir doch nicht einmal einen genügenden Grund angeben, weshalb wir nach tausend Proben glauben, daß der Stein fallen und das Feuer brennen wird! Wie können wir mithin hoffen, irgendeine befriedigende Erkenntnis über den Ursprung der Welt und den Zustand der Natur zu erreichen?« So lautet denn die Schlußaufforderung in Humes Hauptschrift, der »Inquiry« von 1748: Ein theologisches oder ein metaphysisches Buch, das weder »eine dem reinen Denken entstammende Untersuchung über Größe und Zahl« (also *Mathematik*), noch »eine auf *Erfahrung* sich stützende Untersuchung über Tatsachen und Dasein« enthält, werfe man getrost ins Feuer; »denn es kann nur Spitzfindigkeiten und Blendwerk enthalten«.

Nicht bloß die Ästhetik, sondern auch die *Moral* ist Hume Sache des bloßen Geschmacks und *Gefühls*. Es gibt nichts, was an sich wertvoll oder verwerflich wäre. Maßstab der sittlichen Beurteilung ist vielmehr das Gefühl der Lust oder Unlust, welches die betreffende Handlung in uns erregt. Die Hauptaufgabe der Moralphilosophie ist überhaupt eine Naturbeschreibung der Gefühle (vergl. Spinoza). Neben dem Gefühl der Selbstliebe steht allerdings als gleichberechtigt das der Sympathie mit unseren Mitmenschen; wie er denn für die höchsten Tugenden die sozialen des Wohlwollens, der Menschenliebe und der Gerechtigkeit erklärt. Der Ursprung der letzteren liegt ihm freilich in den *Interessen* der Gesellschaft begründet. Das durch stillschweigende Übereinkunft entstandene *Recht* hat den Zweck, diejenigen Güter, ohne welche die

185

menschliche Gesellschaft nicht bestehen könnte: Eigentum und Aufrechthaltung des gegebenen Versprechens, zu schützen. Als die beste Verfassung erscheint Hume diejenige, die einen erblichen König, einen Adel ohne weitere Lehnsleute und eine »geordnete« Volksvertretung besitzt (also die großbritannische).

Seine persönliche Stellung zur *Religion* läßt unser Philosoph nicht mit völliger Klarheit durchblicken. In seinen hinterlassenen »Dialogen über natürliche Religion« schenkt er seinen Beifall zum Schluß dem vernunftgläubigen Kleanthes, hat aber auch offensichtlich seine Freude an den Einwänden des Skeptikers Philo gegen die Außerweltlichkeit eines persönlichen Gottes, gegen die Vollkommenheit der Welt und das Schließen von den Teilen auf das Ganze, wie sie der rechtgläubige Demea vertritt. In seinen früheren Schriften drückt er sich noch vorsichtiger aus. Auch gesteht er den zügelnden Einfluß der religiösen »Vorurteile«, wie des Glaubens an Vorsehung und künftiges Leben, auf die menschlichen Leidenschaften zu; wer das Volk von diesem Glauben befreien wolle, möge ein guter Logiker sein, aber kein »guter Bürger und Politiker«! So besuchte denn der Skeptiker Hume selbst die Kirche, wie er gelegentlich auch von dem »Kunstwerk« der Natur auf das Dasein einer Gottheit schließt. Doch tritt er für unbedingte Duldung auch Atheisten gegenüber ein; seien doch die Lehren der Philosophen für die Menge nicht verlockend oder begeisternd. Gegen den Glauben an Wunder und Prophezeiungen spricht er sich in einem besonderen Kapitel der Inquiry deutlich aus. Übrigens scheint ihm die natürliche Rechtschaffenheit stärker und beständiger auf unser Handeln zu wirken als alle religiösen Beweggründe. – In seiner kulturhistorisch und psychologisch interessanten »Naturgeschichte der Religion« gibt er zum erstenmal eine naturgeschichtliche Entwicklung der religiösen Vorstellungen, die nicht von außen »gemacht« werden, sondern mit Naturnotwendigkeit im Menschengeiste entstehen, von dem rohesten Glauben der Urvölker über die Vielgötterei der Griechen, Römer u. a. bis zu ihrer allmählichen Läuterung zum Glauben an einen Gott (Monotheismus).

Humes Lehre bildet den Gipfel der englischen Aufklärungs-philosophie. Er ist der letzte große Philosoph Englands gewesen, wenn man nicht Herbert Spencer, den Entwicklungsphilosophen des neunzehnten Jahrhunderts, als solchen betrachten will. Unmittelbar gewirkt hat er jedoch, mehr als in seinem Vaterlande, auf Frankreich und durch Kant auch in Deutschland.

5. Zeitgenossen Humes

Nicht auf theoretischem, dagegen auf moralphilosophischem und nationalökonomischem Gebiet wurde Humes Werk fortgesetzt durch seinen jüngeren Freund und Landsmann *Adam Smith* (1723 bis 1790), der in seiner »Theorie der moralischen Gefühle« (1759) namentlich den *Sympathie*gedanken Humes weiter ausbaut und einen »unparteiischen inneren Zuschauer« in jedes Menschen Brust annimmt, somit von dem bei Hume vorwiegenden Eudämonismus (Glückslehre) einigermaßen wieder ablenkt. Berühmter als durch seine Moraltheorie ist Smith durch das große *volkswirtschaftliche* Werk geworden, das er, nach Niederlegung seiner Glasgower Moralprofessur und im Anschluß an eine Reise nach Frankreich, in der Stille seines schottischen Heimatdorfes ausarbeitete: »Unter-suchung über die Natur und die Ursachen des Reichtums der Völker« (1776). Als Quelle des Reichtums sieht er Arbeit und Spar-samkeit an. Der Staat soll den natürlichen Erwerbstrieb seiner Bürger frei und unbeschränkt sich entfalten lassen; Angebot und Nachfrage werden, wie sie es immer getan, den Wirtschaftsprozeß schon von selbst aufs beste regeln, die angemessene Arbeitsteilung bewirken usw. In den Gewinn sollen sich der die Rohstoffe liefernde Grund-eigentümer und der die Betriebsmittel bereitstellende Kapitalist mit dem Arbeiter teilen.

Dieser den Bedürfnissen des englischen Wirtschaftslebens angepaßte Grundsatz des *Laissez aller, laissez faire* (d. h. des »Gehen-lassens« der wirtschaftlichen Dinge) bedeutete für die damalige Zeit einen wichtigen Fortschritt. Smith gilt als der Begründer der wissen-schaftlichen Nationalökonomie und hat in Deutschland auf Kant, in England auf Ricardo, Mill und andere Vertreter der »klassischen« Volkswirtschaftslehre starken Einfluß geübt.

Nach der *psychologischen* Seite weitergebildet wurden Lockes und Humes Lehren durch die sogenannten *Assoziationspsychologen* Hartley und Priestley, die alle seelischen Erscheinungen auf die »Assoziation« (Zugesellung, also Verbindung) einfachster Vorstellungen zurückführen. So können nach *Hartley* (1705 bis 1757) aus anfangs automatischen bewußte, aus ursprünglich sinnlichen und eigennützigen ideale, zum Beispiel religiöse Vorstellungen werden. Der seelischen Verbindung der Vorstellungen entspricht genau die körperliche der Gehirnschwingungen. Noch weiter ging sein Schüler *Priestley* (1733 bis 1804), bekannt als Entdecker des Sauerstoffs, der für wichtiger als alle psychologischen Zergliederungen die Physik des Nervensystems erklärte und das Wesen der Materie in der anziehenden oder abstoßenden Kraft der Atome erblickt. Mit diesen fast materialistischen Anschauungen auf naturwissenschaftlichem und entschiedenem Freisinn (Begeisterung für die Französische Revolution) auf politischem Gebiet verband er merkwürdigerweise durchaus »positive« religiöse Anschauungen, z. B. den Glauben an Auferstehung und Unsterblichkeit. Er starb, von der englischen Hochkirche verfolgt, als Prediger einer freien Gemeinde in Philadelphia.

Eine Überleitung von der »Assoziationspsychologie« Hartleys und Priestleys zur allgemein-biologischen Entwicklungslehre des neunzehnten Jahrhunderts bildet *Erasmus Darwin* (1731 bis 1802), der in seinen »Gesetzen des organischen Lebens« (1794 bis 1796) bereits die Entstehung der Instinkte, die Anpassung an die Verhältnisse, die Vererbung erworbener Eigenschaften im Sinne seines großen Enkels darstellt.

Entgegen Humes Anzweiflung »aller Wissenschaft, Tugend und Religion« machten andere seiner Landsleute den Standpunkt des sogenannten *gesunden* oder *gemeinen Menschenverstandes* geltend, der uns von Gott verliehen und älter als alle Philosophie sei. Seine Wahrheiten, zum Beispiel die Wirklichkeit der äußeren Dinge, der Kausal»instinkt«, die mathematischen und logischen Sätze, das Dasein der Seele, leuchten »von selbst« durch eine natürliche Gewißheit ein, ebenso wie auf praktischem Feld die des uns ebenfalls eingepflanzten »moralischen Sinnes« (vergl. Hutcheson, S. 169). Diese »*Schottische Schule*« – so genannt, weil sie in der zweiten Hälfte des achtzehnten Jahrhunderts an den Universitäten Schottlands die Herrschaft gewann – bezeichnet, wie schon Kant in seinen Prolegomenen erklärt hat, ein »auf die Neige Gehen von Einsicht und Wissenschaft«, oder, wie man sagen könnte, den Selbstverzicht auf Philosophie zugunsten jenes orakelhaften »gemeinen Verstandes«, mit dem man alles beweisen kann, was einem beliebt. Sie hat gleichwohl auf die deutsche, französische und englische »Popular«-, d. h. angeblich »Volks«-Philosophie nicht unbedeutend eingewirkt.

B. In Frankreich

Die französische Aufklärung trägt, besonders zu Anfang, weniger philosophische Züge als die englische, dringt dagegen um so stärker in die politischen, kirchlichen, sozialen Verhältnisse ein.

1. Bayle, Montesquieu, Voltaire

1. Als der »Beginner des Kampfes« wird schon von Friedrich dem Großen in einem Brief an Voltaire Pierre *Bayle* (1647 bis 1706) bezeichnet. Sohn eines hugenottischen Geistlichen, als Jüngling eine Zeitlang durch jesuitischen Einfluß katholisch, dann wieder kalvinisch, Lehrer der Philosophie in Sedan, später in Rotterdam, dort 1693 wegen seiner freien Ansichten abgesetzt, hatte er am eigenen Leibe den Dogmatismus und die Unduldsamkeit beider herrschenden Religionsbekenntnisse erfahren. Freilich mit seinen persönlichen Anschauungen hält auch er ebendarum, noch mehr fast wie Hume, zurück. Aber er weist in schärfster Art auf den *Widerspruch* zwischen Wissenschaft und Religion, *Vernunft* und Offenbarung hin. Und daraus ergibt sich ihm die Forderung unbedingter Duldsamkeit *(Toleranz)*, selbst gegenüber einer Gemeinschaft von Atheisten, wie er das zum ersten Male in der Geschichte der christlichen Philosophie erklärt hat. Denn die Sittlichkeit eines Menschen ist unabhängig von seinen religiösen oder metaphysischen Ansichten. Eigentlich philosophische Leistungen hat Bayle nicht aufzuweisen, dafür ist sein naturwissenschaftliches Interesse zu gering,

seine skeptische Natur zu stark ausgebildet. Das Werk, in dessen ausführlichen kritischen Anmerkungen er mit philologischem Scharfsinn, an das Größte wie das Kleinste herangehend, selbst die verwickeltsten Fragen klarzulegen versteht, war ein großes, vierbändiges »historisch-kritisches Wörterbuch« *(Dictionnaire historique et critique)*, zuerst 1695/97 in Rotterdam gedruckt; denn unter Ludwigs XIV. Absolutismus konnte ein so freigeistiges Werk in Frankreich nicht veröffentlicht werden. Durch seine lebendige, geistvolle, schlagfertige Schreibart weiß Bayle, darin Lessing ähnlich, auch den sprödesten Stoff interessant zu machen. So ist er denn auch viel gelesen worden. Er ist von Einfluß auf Leibniz und Hume gewesen; der bekannte Gottsched hat sein Werk 1744 ins Deutsche übersetzt. Seine eigentliche Wirksamkeit in Frankreich begann erst mehr als ein Menschenalter nach seinem Tode, indem die radikaleren Aufklärer aus seinem Satz von der Widervernünftigkeit der Kirchenlehren den Schluß zogen, daß nicht die Vernunft der Kirche, sondern die Kirche der Vernunft sich unterzuordnen habe.

2. Während Bayle seine aufklärerische Kritik vorzugsweise der Religion zuwandte, übertrug sie der adlige Südfranzose *Montesquieu* (1689 bis 1755) in erster Linie auf die *Politik*. Bekannt wurde er zuerst durch seine *Lettres Persanes* (1721), in denen er, unter der Maske zweier reisender Perser, die heimatlichen Zustände vom Standpunkt eines religiösen und politischen Liberalismus mit Schärfe geißelte. Ähnlich erblicken seine »Betrachtungen über die Ursache der Größe der Römer und ihres Verfalls« (1734) Roms Größe in seiner politischen Freiheit. Sein aufsehenerregendes philosophisches Hauptwerk aber war »Der Geist der Gesetze« (1748), das in umfassenderer Weise als früher Bodin (S. 123 f.) den »Geist der Gesetze« eines Volkes aus der Summe seiner *natürlichen* und *geschichtlichen* Bedingungen (Klima, Bodenbeschaffenheit, Sitten, Religion usw.) herzuleiten suchte und schon den Satz ausspricht: »Das Interesse ist der größte Monarch in der Welt.« In einen gewissen Widerspruch mit dieser realistischen Auffassung stellt er dann doch als nachahmenswertes Staatsideal den Konstitutionalismus *Englands* hin, das er während eines zweijährigen Aufenthalts (1729 bis 1731) näher

kennengelernt hatte, mit seiner Dreiteilung der Gewalten: gesetzgebende, vollziehende und richterliche. Staatliches Hineinregieren
will er möglichst vermieden wissen: »Man lasse uns, wie wir sind,«
»die Natur verbessert alles.« Im übrigen fehlt ein festes philosophisches Prinzip.

3. Weit einflußreicher als seine beiden Vorgänger für die Verbreitung der Aufklärung in Europa ist *Voltaire* (eigentlich
F. M. Arouet, 1694 bis 1778) geworden, der gleichfalls durch einen
englischen Aufenthalt (1726 bis 1728) nachhaltige Eindrücke
empfangen hatte und Newtons Naturphilosophie, daneben aber
auch Lockes Empirismus und den Deismus nach Frankreich ver-
pflanzte. Seine bewundernden »Briefe über die Engländer« (1728)
haben einen bedeutenden Einfluß auf das französische Geistesleben
geübt. Voltaire ist jedoch beinahe noch weniger als Bayle und
Montesquieu ein philosophischer Kopf oder gar Systematiker,
sondern nur ein höchst beredter Verbreiter fremder Ideen. Übrigens
ist in der Entwicklung seiner Weltanschauung eine gewisse
Wandlung wahrzunehmen. Ein Gottesleugner freilich, für den ihn
seine Gegner gern ausgeben, ist er nie gewesen. Er bekennt vielmehr
einmal: »Wir verdammen den Atheismus, verabscheuen den Aberglauben, lieben Gott und die Menschheit.« Was er vielmehr mit in-
grimmigem Hasse bekämpft, ist nur der Fanatismus und die Unduldsamkeit der Kirche. Sein »Vertilgt die Verruchte!« brachte er
häufig am Schluß seiner Briefe an vertraute Freunde an. Ganz ernsthaft gemeint ist deshalb auch, trotz seiner sonstigen Spötterlaune,
sein bekannter Ausspruch: »Gäbe es keinen Gott, so müßte man ihn
erfinden, denn die ganze Natur verkündet laut, daß er existiert.«
Dagegen greift er allerdings, bezeichnenderweise nach dem Erd-
beben von Lissabon (1755), besonders bissig in seinem »Candide«
(1757), den Leibniz-Wolffschen Optimismus an. Auch die Unster-
lichkeit der Seele dünkt ihm später nur eine schöne Hoffnung.
Überhaupt soll man sich von der nutzlosen Erörterung spekulativer
Fragen möglichst abwenden, statt dessen lieber »hingehen und
unseren Garten bebauen«, wie der »Candide« schließt.

So erscheint ihm denn als die wahre Religion und Philosophie die *Moral*, über die uns unsere Vernunft so sicher belehrt wie das Einmaleins. Deshalb lehren ihm zufolge auch alle Philosophen von Zoroaster bis Shaftesbury im Grunde dasselbe. Aber das Zeitalter der Vernunft und Aufklärung, für das er begeistert streitet und das er bald anbrechen sieht, gilt in seinem Sinne nur für die »anständigen Leute«, nicht für die »Lakaien, Schuster und Dienstmädchen und die andere Canaille«. Vergleicht er doch das Volk, das »immer dumm und barbarisch bleiben« muß, einmal mit »Ochsen, die Joch, Peitsche und Heu brauchen«. Er selbst freilich hatte sich durch sein Talent, aber auch durch seine Geschmeidigkeit und Biegsamkeit gegenüber den Mächtigen reichlich »Heu«, d. h. ein großes Vermögen erworben. Für seine Gebildeten und Besitzenden erwartet er das Heil und die ihnen zukommende Bewegungsfreiheit vom aufgeklärten Despotismus seiner Zeit, wie er denn auch mit dessen Vertretern: Friedrich II. von Preußen, Katharina von Rußland, den Königen von Schweden und Dänemark in persönlicher Verbindung stand. So ist Voltaire im Grunde nur *religiöser* Aufklärer. Sein *politischer* Liberalismus ist äußerst gering: »Das Volk hat zur Selbstbildung weder Zeit noch Fähigkeit. Es scheint nötig, daß es einen unwissenden Pöbel gebe; wenn dieser zu vernünfteln anfängt, so ist alles verloren!« Und doch sollte er noch erleben, daß einstige »Lakaien« wie Rousseau zu philosophieren begannen; und kaum war ein Vierteljahrhundert seit seinem Tode verflossen, da ging die große Revolution auch über seine »gute Gesellschaft« zur Tagesordnung über.

Seine »Philosophie der Geschichte« (1765) – der Ausdruck stammt von ihm – will Montesquieu weiterbilden, doch fehlt es ihm, wie fast allen Aufklärern, an geschichtlichem Sinn. Und er bevorzugt die »moralischen« vor den physischen Ursachen.

2. Sensualisten, Enzyklopädisten

Philosophischer als Voltaire, mehr friedlicher Gelehrter als streitbarer Kämpfer ist der Abbé B. von *Condillac* (1715 bis 1780). Er läßt in seiner »Abhandlung von der Empfindung« (1754), über Locke hinausgehend, als einzige Quelle der Erkenntnis die Empfindung oder Sinnenwahrnehmung gelten. Alle Bewußtseinstätigkeit ist umgeformtes Empfinden: so zum Beispiel Aufmerksamkeit Hingabe an *eine* Empfindung, Erinnerung deren Nachwirkung, Abstrahieren heißt eine Empfindung von den anderen absondern usw. Auch die Ethik beruht auf der Empfindung von Lust und Unlust. Schön und gut nennen wir, was uns Lust gewährt.

In einem gewissen Gegensatz zu diesem theoretischen Sensualismus (von *sensus* gleich Sinn) nimmt dann der gut katholische Abbé doch die Einheit und Unsterblichkeit der Seele, einen göttlichen Gesetzgeber, ein allgemeingütiges Sittengesetz und eine grundsätzliche Verschiedenheit der Empfindung von der Ausdehnung an. So konnte sowohl eine spiritualistische als eine materialistische Richtung sich auf ihn berufen: sowohl der Genfer Naturforscher Bonnet (1720 bis 1793), der die sinnlichen Reize nur als Gelegenheitsursachen für die Betätigung des einheitlichen Bewußtseins betrachtet und mit seinem phantasiereichen Landsmann Lavater einen ätherischen Seelenleib annimmt, als der Reorganisator der medizinischen Schulen Frankreichs *Cabanis* (1757 bis 1808), der die Gedanken für Absonderungen des Gehirns erklärt, übrigens doch die Erkenntnis der »ersten Ursachen« für unmöglich hält, darum einer Art Pantheismus huldigt. Überhaupt warf sich in Frankreich der von den metaphysischen Systemen sich abgestoßen fühlende Trieb später, Condillac folgend, immer mehr auf das Feld der psychologischen Zergliederung oder »*Ideologie*«, so daß schon seit der Revolution die Bezeichnung als »Ideologe« die gewöhnliche für einen Philosophen wurde.

Nach der ethischen Seite war der Sensualismus schon vorher ausgebaut worden durch *Helvetius* (1715 bis 1771), der in seinem Hauptwerk »Vom Geist« (1758, zweite, neubearbeitete Auflage unter dem Titel »Vom Menschen, seinen Fähigkeiten und seiner Erziehung«, 1772) als die alleinige Norm menschlicher Handlungen die *Selbstliebe* bezeichnet. Unter der Erziehung versteht er die Gesamtheit aller auf den Menschen wirkenden Einflüsse, darunter besonders den der staatlichen Gesetzgebung. Da nun Interesse und Leidenschaft allein unsere Seele wahrhaft erregen, so muß die

Gesetzgebung diese auf das öffentliche Wohl zu lenken verstehen; daneben sind religiöse Gebote überflüssig oder schädlich. Die wahre Religion stimmt mit der wahren Moral überein.

Mit Helvetius nähern wir uns dem Kreise der sogenannten *Enzyklopädisten*, d. h. den Herausgebern und Mitarbeitern an der »Enzyklopädie (d. h. zusammenfassende Darstellung) der Wissenschaften, Künste und Gewerbe«, die als eine Art Konversationslexikon der Aufklärung in 35 Bänden in den Jahren 1750 bis 1780 erschien und, neben zahlreichen nützlichen Kenntnissen, vor allem eine freigeistige Weltanschauung weit über Frankreichs Grenzen hinaus verbreitete, indem sie in vorsichtiger Form, zuweilen mit raffinierter Schlauheit, das Kühnste zu sagen wußte.

Die wissenschaftliche Einführung in die Enzyklopädie schrieb der eine ihrer beiden ersten Herausgeber, der berühmte Mathematiker *d'Alembert* (1717 bis 1783), der einige Jahre später in seinen auf Anregung Friedrichs II. verfaßten »Elementen der Philosophie« (1759) eine durchaus sensualistische Logik lehrte. Die Philosophie soll eine bloße Wissenschaft der Tatsachen, eine Art »Experimentalphysik der Seele« sein. Auch die Moral muß nach ihm auf der Grundlage des »wohlverstandenen« eigenen Nutzens ruhen. Immerhin macht seine Kritik vor den auch ihm feststehenden mathematisch-physikalischen Grundbegriffen halt. Von der »Enzyklopädie« zog sich der scharfsinnige, aber etwas zaghafte Gelehrte, im ganzen eine kühle Skeptikernatur, später zurück.

Anders der zweite Herausgeber, die eigentliche Seele des Unternehmens, zu dem er allein etwa tausend Artikel beigesteuert hat: Denis *Diderot* (1713 bis 1784), der in seiner bewegten Geistesentwicklung zugleich den Verlauf der französischen Aufklärungsphilosophie überhaupt widerspiegelt. Anfangs mit Locke und Shaftesbury entschiedener Gottesgläubiger (Theist), huldigt er dann eine Zeitlang der Skepsis Bayles: »O Gott, ich weiß nicht, ob du bist; aber ich will in meinen Gesinnungen und Taten so verfahren, als ob du mich denken und handeln sähest!« Darauf erst geht er zu seinem endgültigen Standpunkt eines pantheistischen oder, wenn man will, atheistischen Materialismus über. Danach gibt es nur ein einziges großes Individuum: das Weltall, das einem sich selbst spielenden Klavier gleicht und eines persönlichen Gottes nicht bedarf. Trotzdem verwahrt er sich gegen eine rein mechanische Naturauffassung. Der Organismus sei es, der die Nahrung in Blut und Nerven umsetze. Sogar der Stein »fühlt«. Und vom Bewußtsein bekennt er einmal, daß es sich aus einem bloßen Beieinander empfindungsfähiger Stoffteile nicht erklären lasse.

Auf dem Gebiet der *Ethik* hatte er anfangs, wie die Engländer und Schotten (Seite 169), einen besonderen moralischen Sinn angenommen, den er jedoch später aufgab. Seine Tugendbegeisterung dagegen behielt er trotzdem bei. Ja, er erklärt ganz ungeschichtlich die politisch-sozialen Schäden der Zeit für das Machwerk herrschsüchtiger Schurken; man brauche dem Menschen nur seine ursprüngliche Freiheit wiederzugeben, um ihn glücklich zu machen. Der religiöse Glaube erscheint ihm in seinen Wirkungen verderblich. Gegen das Dasein eines gütigen Gottes sprechen die zahlreichen Übel in der Welt. Einer anderen Unsterblichkeit als unseres Fortlebens im Nachruhm bedürfen wir nicht (ähnlich Schiller).

Auch auf dem Gebiet des Romans, des Dramas und der *Kunsttheorie* ist der vielseitige Diderot schöpferisch tätig gewesen. Seinen »Rameaus Neffe« sowie seinen »Versuch über Malerei« (1765) hat Goethe übersetzt und mit Anmerkungen begleitet. Aber das Schöne wird von ihm dem »Wirklichen« untergeordnet – für die »Natur« ist ein Buckliger in seiner Art ein nicht minder vollkommenes Geschöpf als die Venus von Medici – und büßt so seine Selbständigkeit ein.

Diderot blieb im Grunde seines Herzens ein begeisterter Idealist, den nur Zeit und Umgebung in das materialistische Lager getrieben hatten. Anders die nun folgenden eigentlichen

3. Materialisten

Schon *Buffon* (1707 bis 1788), der Direktor des berühmten Botanischen Gartens in Paris, hatte in seiner glänzend geschriebenen 43bändigen »Allgemeinen und besonderen Naturgeschichte« (1749 bis 1789), einem naturwissenschaftlichen Seitenstück zu der großen

»Enzyklopädie«, alle Lebewesen aus organischen Stoffverbindungen, sogenannten »Molekülen«, abgeleitet, überhaupt die ganze Natur als *einen* großen Organismus angesehen; nur daß er anstatt der Bezeichnung als »Naturkraft« vorsichtshalber noch den Namen des »Schöpfers« gebrauchte.

Ganz offen dagegen tritt der Materialismus zutage in den Werken des Mediziners *Lamettrie* (1709 bis 1751), der infolgedessen nicht bloß seine Stellung als französischer Militärarzt verlor, sondern sogar in dem »freien« Holland sich nicht halten konnte und erst bei dem freidenkenden Friedrich II., als »Opfer der Pfaffen und der Narren«, eine Zuflucht fand, von dem er auch nach seinem plötzlich erfolgten frühen Tode durch eine akademische Lobrede geehrt wurde. Erst F. A. Lange in seiner »Geschichte des Materialismus« hat eine gerechtere Würdigung des wegen seiner »epikureischen« Schriften teils geschmähten, teils totgeschwiegenen Materialisten bewirkt.

Durch Selbstbeobachtung während einer Fieberkrankheit wurde Lamettrie zu dem Gedanken gebracht, daß unser ganzes Denken vom Körper abhängt. Eine körperliche Seele ist undenkbar. »Je weniger Sinn, desto weniger Gedanken,« führt er in seiner »Naturgeschichte der Seele« (1745) aus. Indem er Descartes' mechanische Lehre von den Tieren auf die Menschen ausdehnte, behauptete er: »Auch der *Mensch* ist eine Maschine« (*L'homme machine*, 1747). Das Leben steckt in den kleinsten Körperfasern, nicht in einer rätselhaften »Seele«; das Denken ist eine bloße Eigenschaft des Gehirns. Übrigens ist nach ihm alles Lebendige mit Empfindung begabt; der Mensch nimmt nur deshalb mit seinem Geiste die oberste Stelle ein, weil er die meisten Bedürfnisse und – die feinsten Gehirnwindungen besitzt.

Die *Ethik* wird dementsprechend durchaus auf das *Lust*gefühl gegründet, das jedoch je nach seiner Dauer und Feinheit von sehr verschiedenem Werte sein kann. Durch Wohltun, Sympathie, gemeinnütziges Handeln erhöht man seine Lust. Reue und Gewissensbisse dagegen sind (wie übrigens auch der Idealist Kant meint) nutzlos. Der Verbrecher ist als Kranker anzusehen (heute Lombroso!); an Stelle der Priester und Rechtsgelehrten sollten Ärzte treten! Alle Menschen sind geschaffen, um glücklich zu sein. Welt und Menschen lernen wir nur durch Beobachtung und Erfahrung kennen. Um jenseitige Dinge oder um das Dasein einer Gottheit soll man sich keine Sorgen machen; wenn er auch einmal meint, die Möglichkeit eines Weiterlebens nach dem Tode sei nicht gänzlich unmöglich, wie ja auch die Raupe nicht wisse, daß einst ein Schmetterling aus ihr werde.

Der folgerechteste Materialist des achtzehnten Jahrhunderts in Frankreich ist bezeichnenderweise ein eingewanderter Deutscher gewesen. Im Jahre 1770 erschien unter dem Namen des bereits ein Jahrzehnt früher gestorbenen Mirabaud ein Buch, das sich als »System der Natur« mit dem Untertitel »Gesetze der natürlichen und der sittlichen Welt« bezeichnete. Als der wahre Verfasser ergab sich erst zwanzig Jahre später der früh nach Frankreich ausgewanderte und als Mitarbeiter für das Gebiet der Chemie an der Enzyklopädie beteiligte Pfälzer Baron Dietrich von *Holbach*, der sein gastfreies Haus zu Paris, ebenso wie seinen Landsitz, zum Sammelpunkt eines erlesenen Kreises von Freigeistern gemacht hatte. Holbach will, wie einst im Altertum Epikur und Lukrez, die Menschen von der Furcht vor dem Übersinnlichen erlösen und zur Natur zurückführen. Übersinnliche Wesen existieren nur in unserer Einbildung. In Wahrheit gibt es nichts als die von Ewigkeit her durch sich selbst bestehende *Materie* und deren Bewegung, die nach unverbrüchlichen, jeden Zufall ausschließenden Gesetzen vor sich geht. Alles stammt aus ihr, alles kehrt wieder zu ihr zurück. Zwecke und Werte sind Dinge, die nur von uns in die Natur hineingetragen werden.

Auch der *Mensch* steht unter den keine Ausnahme duldenden Gesetzen der Materie. Das, was wir seine »Seele« zu nennen pflegen, ist abhängig von seinen Gehirnnerven. Er besitzt keinen freien Willen, keine Unsterblichkeit. Der Tod ist bloß ein Übergang in eine andere Daseinsform. Was in der Physik als Anziehung, Abstoßung, Trägheit bezeichnet wird, ist in der moralischen Welt Liebe, Haß,

Selbstsucht. Einziges Motiv und letzter Zweck alles Handelns ist die Erlangung dauernden Glücks, zu dem jedoch auch Liebe und Beifall der Mitmenschen, ja mehr als das: das Bewußtsein des Wirkens für andere, Arbeit, Bedürfnislosigkeit und die daraus hervorgehende Selbstachtung gehören; wie andererseits nach Holbach die Habsüchtigen, Lüstlinge, Gewaltherrscher usw. schon von der Natur selbst gestraft werden. So erweist sich dieser konsequente Materialist in der Ethik gleichwohl als Idealist.

Als größten Feind der natürlichen Moral und des Menschenglücks betrachtet Holbach die Kirche oder, was für ihn das nämliche ist, die *Religion*. Denn sie entfremdet die Menschen der Natur und dem Leben; sie trennt sie, anstatt sie zu einigen. Für das religiöse Gemüt und für das innerste Wesen des Christentums besitzt er kein Verständnis, sondern schiebt alles ihm Mißfällige den angeblichen Erfindungen einer herrschsüchtigen Priesterschaft in die Schuhe. Seine ganze Darstellungsart ist trocken und dogmatisch (lehrhaft), wie er denn zum Beispiel noch mit höchst weitschweifigen Erörterungen die scholastischen »Beweise« für das Dasein Gottes widerlegen zu müssen glaubt. Aber er ist wenigstens ehrlich und folgerecht. Da es nur *eine* Wahrheit gibt und *die Wahrheit niemals schaden* kann, so darf sie auch nicht Alleinbesitz weniger Gebildeter bleiben, sondern muß *allen* verkündet werden: obgleich es, wie der Verfasser fürchtet, der Masse des Volkes noch lange an Zeit und Neigung zu den eindringenden Studien gebrechen wird, welche die Sache fordert. Politisch ist Holbach Demokrat. Der Regierung ist ihre Gewalt von der Gesellschaft übertragen; sie muß daher auch für deren Wohlfahrt sorgen. Darüber aber geht er nicht hinaus.

Geistlichkeit und Gericht schritten natürlich alsbald gegen das revolutionäre Buch ein. Aber auch die Masse der »Aufgeklärten«, Voltaire voran, lehnte es ab, es bekannte sich zu ihm nur Diderot und sein engster Kreis. Der französische Geist fühlte sich schon durch die trocken-lehrhafte Schreibart des gründlich vorgehenden Deutschen abgestoßen. Indes auch die deutsche Jugend der Sturm- und Drangperiode fand das Werk nach Goethes Äußerung »grau« und »totenhaft«. Ganz anders stellte sie sich, wenigstens ihr besserer,

begeisterungsfähiger Teil, zu dem Evangelium eines anderen
französischen Denkers:

4. Jean Jaques Rousseau

Rousseau (1712 bis 1778) kann ein »Aufklärer« nur im weitesten
Sinne des Wortes genannt werden. Er ist im Gegenteil ein erbitterter
Gegner der bloßen Verstandesaufklärung. Wir haben hier nicht die
abenteuerliche Lebensgeschichte des Genfer Uhrmachersohnes zu
erzählen, die man überdies in seinen sehr ungeschminkten Selbstbekenntnissen *(Confessions)* nachlesen kann, sondern nur sein philosophisches Denken zu charakterisieren. Dies ist durchaus *Gefühls-
philosophie.*

Im damaligen Frankreich bestanden auch in einer Reihe von
Provinzstädten sogenannte »Akademien«, d. h. gelehrte Gesellschaften, die von Zeit zu Zeit wissenschaftlich-literarische Preisauf-
gaben ausschrieben. So hatte die Akademie von Dijon 1749 die Preis-
frage gestellt: ob die Erneuerung der Wissenschaften und Künste zur
Verbesserung und Reinigung der Sitten beigetragen habe? Diese
Frage traf Rousseau, wie er uns selbst erzählt hat, bis ins Mark. Er
wurde sich mit einem Male bewußt, daß der Welt des Verstandes,
der Äußerlichkeit, der leeren Formen, die er allerwärts um sich her
erblickte, in seinem Innern eine ganz andere, wertvollere Welt
gegenüberstand: die des Gefühls, der Innerlichkeit, der Persönlichkeit. Deshalb beantwortete er jene Frage in seiner Abhandlung
(Discours) »Über die Wissenschaften und die Künste« mit einem
entschiedenen »Nein!« Die rein verstandesmäßige, abseits vom wirklichen Leben des Volkes stehende, nur der »guten Gesellschaft« vor-
behaltene »Kultur«, wie sie Voltaire und seine bisherigen enzyklopädistischen Freunde verkündeten, muß ersetzt werden durch einen
völlig anderen Zustand, der auf der Rückkehr zur *Natur,* d. h. nicht
in die Urwälder oder zu den Vierfüßlern, wie ihm Voltaire spottend
vorwarf, sondern zur natürlichen Einfachheit, Unverdorbenheit des
Herzens, Freiheit und Güte beruht. Wohl war Rousseaus Begründung philosophisch ziemlich unreif; aber die Glut der Begeisterung, die aus seinen Worten sprach, machte den Verfasser der

Arbeit, die denn auch den Preis gewann, mit einem Schlage zum berühmten Mann.

Fünf Jahre darauf bearbeitete er eine zweite Aufgabe derselben Akademie: »Welches ist die Ursache der *Ungleichheit* unter den Menschen, und ist sie durch das Naturgesetz gerechtfertigt?« Hatte er 1749 der falschen Bildung den Krieg erklärt, so wandte er sich jetzt mit schärfster Kritik gegen die bestehenden politisch-gesellschaftlichen Verhältnisse, die bloß Herren und Knechte kennen, und stellte ihnen als Ideal die Gleichheit des ursprünglichen Naturzustandes entgegen. Die Ungleichheit begann mit der Entstehung des Privateigentums: »Der erste, der ein Stück Land einzäunte und dann zu sagen sich anmaßte: das gehört mir, und Leute fand, die einfältig genug waren, es zu glauben, wurde der wahre Begründer der bürgerlichen Gesellschaft.« Das Eigentum umgab sich dann alsbald mit Gesetzlichkeit und Recht – es entstanden Arme und Reiche: bemächtigte sich der Obrigkeit – es gab Starke und Schwache; und ging schließlich über zu Willkür- und Gewaltherrschaft: es bildeten sich Herren und Diener. Ob jene ideale Gleichheit eines Naturzustandes wirklich jemals existiert hat, ist einerlei. Rousseau stellt den letzteren durchaus nicht, wie man häufig hört, als historische Tatsache, sondern nur als Richtmaß hin. Wir müssen, wenn anders wir zu gedeihlichen Zuständen gelangen wollen, wieder zu »natürlichen«, d. h. der natürlichen Vernunft entsprechenden Staatseinrichtungen zurückkehren.

»*Zurück zur Natur!*«, so lautet überhaupt der Ruf, den Jean Jaques auf allen Gebieten erhebt. Sein Liebesroman »Die neue Heloïse« (1761) kämpft für das Recht des Herzens gegenüber der Ungleichheit der gesellschaftlichen Verhältnisse und für die Heiligkeit der Ehe; sein »Emil« (1762) für eine natürliche *Erziehung*, sein unmittelbar darauf erschienener »Gesellschaftsvertrag« (*Contrat social*) für eine natürlich-vernünftige *Staats*ordnung. Uns gehen nur die beiden letzteren Schriften an.

Der »Emil« schildert in halb roman-, halb lehrbuchartiger Form die *Erziehung* seines Helden, und im vierten und letzten Buch auch seiner zukünftigen Gattin (Sophie) von Kindesbeinen an bis zu ihrer Heirat. Die Erziehung findet statt durch einen sehr weisen Hofmeister. Sie soll vor allen Dingen »negativ« sein, d. h. die Natur walten, den jungen Menschen von innen heraus natürlich sich entfalten lassen und alle Künsteleien fernhalten (wozu freilich gewisse Kunstgriffe von Emils weisem Erzieher nicht immer stimmen). Am liebsten möchte Rousseau das Kind, das nach seiner Ansicht von Natur gut ist und nur durch die sozialen Verhältnisse verdorben wird, ganz der Erziehung durch die Natur und die Dinge selbst überlassen; indes er sieht ein, daß die nun einmal bestehenden Verhältnisse zu einer überlegten Erziehung durch Menschen zwingen. Darum begnügt er sich, seinen Emil und seine Sophie zu möglichst natürlichen, nach den Grundsätzen der Vernunft und des natürlichen Gefühls gebildeten Wesen heranreifen zu lassen. Es war das für seine völlig verbildete und im Erziehungswesen äußerst rückständige Zeit eine ungeheure Tat, so daß manche Schwächen des Buches, wie die noch ziemlich untergeordnete Meinung von der Frau und das Absehen von der öffentlichen Erziehung, dem Verfasser gern nachgesehen werden können. Von seiner gewaltigen Wirkung auf die Zeit soll später noch die Rede sein. Vorläufig wurde das Buch, ebenso wie der »Gesellschaftsvertrag«, in Paris wie in seiner Genfer Heimat auf Gerichtsbeschluß öffentlich verbrannt!

Der »Emil« enthält zugleich Rousseaus *Religion*philosophie, in dem in das Buch eingeschalteten berühmten »Glaubensbekenntnis eines savoyischen Vikars«. Schon der Umstand, daß dieser es dem jungen Emil in der freien Natur im Anschauen der herrlichen Alpenwelt vorträgt, ist bezeichnend. Rousseaus Religion – und sie gilt ihm als der Kern und der Gipfel echter Bildung – ist eben durch und durch *Gefühls*religion, wie sie dem unverdorbenen Menschenherzen natürlich ist, dagegen vom bloßen Verstand nicht erfaßt werden kann. »Ich sehe Gott in seinen Werken, fühle ihn in mir und um mich her, kann aber nicht erkennen, wer er ist und was sein Wesen ist.« Damit soll jedoch nicht gesagt sein, daß die wahre oder *natürliche* Religion der Vernunft widerstreite. Im Gegenteil, Rousseau verteidigt ihre Vernunftmäßigkeit gegen die alle Religion bekämpfenden Materialisten einer-, gegen die Rechtgläubigen beider Konfessionen andererseits. Eine besondere göttliche Offenbarung, noch dazu in einem geschriebenen Buche, ist für sie nicht notwendig; sie, auch das wahre Christentum, besteht vielmehr in dem von Gott unmittelbar in unser Herz gesenkten religiösen Gefühl. Natürlich stieß er damit, wie schon mit seiner Betonung der natürlichen Gutheit des Menschen und seiner Verwerfung allzu früher religiöser Einwirkung auf die Seele des Kindes, auf die schärfste Gegnerschaft der Kirche, gegen die er seinen Standpunkt an einem offenen Briefe an den Pariser Erzbischof und besonders glänzend in seinen »Briefen vom Berge« (Amsterdam 1764) gegen den gegnerischen Genfer Staatsanwalt verteidigte.

Im Zusammenhang mit jener Bekämpfung des Materialismus stehen auch die wenigen allgemein-philosophischen Ausführungen, die sich überhaupt bei Rousseau finden. Er tritt als Streiter für die Freiheit des Willens und die auch von unserem Gerechtigkeitsgefühl geforderte Unsterblichkeit der Seele auf. Mag auch die Wahrnehmung allein aus den Sinnen stammen, das Vergleichen und Urteilen kann nur aus einem selbständigen Geist entspringen, welcher dem bloßen Stoff als völlig andersartiges Prinzip gegenübersteht.

Das Hauptinteresse unseres Philosophen ist jedoch auf Staat und Gesellschaft gerichtet. Griff der »Diskurs« von 1755 den bestehenden Staat der Willkür und Ungleichheit an, so entwirft der *Contrat social* von 1762 den *idealen* Staat. Denn ebensowenig wie dort der »Naturzustand« ist hier der »Gesellschaftsvertrag«, durch den der einzelne freiwillig auf seine ursprüngliche Freiheit zugunsten der Gesamtheit verzichtet, als geschichtliche Tatsache der Vorzeit gedacht, sondern nur als der Maßstab dessen, was sein *soll*. Rousseau vertritt nicht mehr die konstitutionelle Monarchie Lockes oder Montesquieus mit ihrer »Trennung der Gewalten«, sondern die Volkssouveränität der demokratischen Republik. Letzter Quell aller Staatsgewalt und alles Rechtes ist der *Gemeinwille (volonté générale)*, der nicht mit der Summe sämtlicher ihrem persönlichen Interesse nachgehenden Einzelwillen zusammenfällt, sondern seiner Natur nach einzig auf das Wohl des Ganzen gerichtet ist. In der Anwendung dieser radikalen Grundsätze zeigt sich Rousseau zurückhaltender, als man von seiner Leidenschaftlichkeit erwarten sollte. Auf die äußere Regierungsform zum Beispiel kommt es ihm weniger an. Die reine Demokratie hält er nur in kleinen Gemeinwesen – er wird an sein heimatliches Genf gedacht haben – und selbst in diesen nur für annähernd durchführbar. Je größer das Gebiet, desto stärker muß die Zentralgewalt sein, die unter Umständen sogar in den Händen einer Wahlaristokratie liegen kann, falls sie nur durch den unmittelbar zu äußernden Volkswillen kontrolliert wird. Für sehr große Staatsgebilde empfiehlt er einen Staatenbund, wie ihn ja bald darauf die nordamerikanischen Freistaaten durchführten. Auch in seinen politischen Anschauungen bricht vielfach sein Gefühlsleben durch: das platte Land ist ihm lieber als die Stadt, Ackerbau und Handwerk lieber als Handel und Industrie. Auch eine Staatsreligion mit dem Glauben an Gott und eine Vergeltung nach dem Tode wird durch seine Staatsverfassung eingeführt!

Nach jenem Satz von dem ersten Begründer der »bürgerlichen Gesellschaft« und nach seinen leidenschaftlichen Angriffen gegen die ganze Kultur seiner Zeit sowie gegen die fortschreitende Arbeitsteilung, die den wirtschaftlich Schwächeren vom Belieben des Stärkeren abhängig macht, könnte man versucht sein, den so oppositionellen »Bürger von Genf« für einen *Sozialisten* zu halten. Das ist er aber noch nicht. Die am stärksten sozialistisch klingende Stelle, die uns in seinen Schriften aufgefallen ist (Emile in der Reclam-Übersetzung II, S. 505 f.), spricht doch nur von der Berechtigung des souveränen Staates, wenn es not tut, sich durch Gesetz alles Einzelbesitzes zu bemächtigen, wie es – in Sparta zur Zeit des sagenhaften Lykurg geschehen sei. Im Widerspruch damit wird vielmehr sonst gerade die »Heiligkeit« und »Unverletzlichkeit« des Privateigentums anerkannt, geradeso wie sie ein Dutzend Jahre nach seinem Tode die »Menschenrechte« der Französischen Revolution feierlich proklamierten. Und durch den »Gesellschaftsvertrag«, durch den er für die verlorene natürliche Freiheit die bürgerliche eintauscht, erhält der neue Staatsbürger (*citoyen*) statt des bisherigen Rechtes auf alles das »Eigentumsrecht von allem, was er besitzt«.

5. Rousseaus Nachwirkungen. *Sozialistische Anfänge*

Rousseaus anfangs von allen Seiten, von den herrschenden staatlichen und kirchlichen Gewalten wie von den enzyklopädistischen Aufklärern, bekämpfte Anschauungen erwiesen sich auf die Dauer siegreich und übten einen gewaltigen Einfluß schon auf die Zeitgenossen aus. In geistiger Beziehung fast mehr noch, als in Frankreich selbst, in dem politisch noch ganz tot daliegenden Deutschland. Nicht bloß die »Stürmer und Dränger« der deutschen Dichtung sind von ihm bewegt, nicht bloß der junge Schiller ist leidenschaftlich zugetan ihm, »der aus Christen Menschen macht«. Sondern sogar so bedächtige Menschen wie Immanuel Kant gestanden, von ihm »zurechtgebracht« worden zu sein. Die neuen Erziehungsbestrebungen Basedows und Pestalozzis reichen auf ihn zurück. In Frankreich aber ist er vor allem, obschon er einen gewaltsamen Umsturz der bestehenden Ordnung für seine Person abgelehnt hatte, der Philosoph der großen Revolution geworden. Ihre drei Schlagworte: »Freiheit! Gleichheit! Brüderlichkeit!« sind Geist von seinem Geiste. Sein »Gesellschaftsvertrag« war die »Bibel der Revolution«, nach der die Robespierre und Saint-Just die Konventsverfassung von 1793 entwarfen.

Schon zu Rousseaus Lebzeiten waren übrigens seine Ideen auch an den Volkswirtschaftern und Politikern nicht spurlos vorübergegangen. So zeigt namentlich der edle Turgot, in den Anfangsjahren Ludwigs XVI. kurze Zeit Reformminister, wie die nationalökonomische Schule der *Physiokraten* überhaupt, der er angehört, Anklänge an Rousseau. An ihn anknüpfend, vertreten diese Männer gegenüber dem alten Schutzzoll- und Merkantil- (Handels-) System auch auf volkswirtschaftlichem Gebiet die »Herrschaft der Natur« (denn das bedeutet eben »Physiokratie«). Das will sagen: auf dem Felde des Handels freies Waltenlassen *(laissez passer, laissez aller)* der natürlichen Kräfte, daneben starke staatliche Fürsorge für die Landwirtschaft, da eben die Erzeugnisse der Natur, des heimischen Bodens die beste Quelle des Volkswohlstandes seien.

Ein Anhänger Rousseaus ist auch der wackere *Condorcet* (1743 bis 1794), ein bedeutender Gelehrter, der den Ausbruch der Revolution als Beginn der Vernunftherrschaft mit Freuden begrüßte, aber in ihren Stürmen unterging und in den letzten neun Monaten vor seinem Tod in einem einsamen Versteck seine glänzende »Skizze eines historischen Gemäldes der Fortschritte des menschlichen Geistes« niederschrieb. Danach ist der von Natur gute Mensch einer unendlichen Vervollkommnung fähig; man muß ihn nur über sein wahres Interesse aufklären, das auf dem Waltenlassen der Vernunft auf allen Gebieten beruht. Das höchste Gut besteht in dem Fortschritt der Gesamtheit. Die natürlichen Ungleichheiten der Geistesanlagen und des Besitzes können durch geeignete Einrichtungen und Gesetze, namentlich eine gründliche Umgestaltung der Erziehung, mit der Zeit verringert werden.

Rousseau hatte aus seinem Satze, daß die Erde niemand, ihre Früchte allen gehören, noch nicht die wirtschaftlichen Folgerungen zu ziehen vermocht; ebensowenig die wohlmeinenden Turgot und Condorcet. Dennoch fallen schon in seine Zeit die Anfänge einer *sozialistischen* Theorie in Frankreich. Utopistische Vorläufer traten bereits im siebzehnten Jahrhundert auf. So der aus Allais in Südfrankreich stammende *Vairasse*, der im Jahre 1677 eine utopistische »Geschichte der Sevaramben« veröffentlichte, in der auch Industrie und Handel schon sozialisiert erscheinen, während das Gegenstück dazu für die Sozialisierung des platten Landes Jean *Meslier* (1664 bis 1730) lieferte. Dieser merkwürdige Mann war Pfarrer in einem elenden Ardennendorf und durch seine Lebenserfahrungen zu einem leidenschaftlichen Atheisten, Materialisten und Hasser alles Bestehenden in Kirche und Staat geworden, hat aber gleichwohl sein ganzes Leben lang sein Amt beibehalten. Um so glühender hat er dann seinen Gefühlen in seinem hinterlassenen »*Testament*« Ausdruck gegeben, das man erst 1864 vollständig und in Amsterdam (!) herauszugeben gewagt hat. Die Hauptsache an dem dreibändigen Werk ist allerdings die kühne und leidenschaftliche Kritik der bestehenden Zustände, während der an die damals noch in vielen Gegenden Frankreichs vorhandenen »Ackerbaugemeinschaften«

anknüpfende positive soziale Neubau ziemlich dürftig ist. (Über Vairasse und Meslier unterrichtet anschaulich C. Hugo (Lindemann) in den »Vorläufern des neueren Sozialismus«, Stuttgart, J. H. W. Dietz Nachf.)

Sozialistisch weiter ausgeführt ist das 1755, natürlich ohne Verfassernamen erschienene »Gesetzbuch der Natur« *(Code de la nature)*, das lange Zeit Diderot zugeschrieben wurde, aber von einem niederen Geistlichen (Abbé) *Morelly* herrührt, der zwei Jahre vorher einen ziemlich phantastischen utoptistischen Staatsroman, »Die Basiliade« herausgegeben hatte. Morelly sieht die Wurzel alles Übels im Privateigentum, an das er deshalb, radikaler als Rousseau, die Axt angelegt wissen will. Sein Gesetzbuch umfaßt zwölf Abschnitte mit im ganzen 117 Artikeln. Das »unabänderliche Grundgesetz« besteht aus drei Paragraphen: 1. Nichts soll im Privatbesitz eines einzelnen stehen, ausgenommen die Gegenstände des täglichen Gebrauchs. 2. Jeder Bürger gehört dem Staat und wird auf Kosten der Gesamtheit unterhalten und beschäftigt. 3. Jeder Bürger wird nach seinen Kräften, seinen Anlagen und seinem Alter zum Allgemeinwohl beitragen; demgemäß werden seine Pflichten durch das Wirtschaftsgesetz geregelt. Es findet weder Tauschhandel noch Verkauf statt, sondern tägliche Verteilung aus den öffentlichen Magazinen nach dem Bedürfnis. Die Arbeitszeit wird von den Produktionsleitern bestimmt. Vom 20. bis 25. Jahre sind alle zu landwirtschaftlicher Arbeit verpflichtet. Die Alten, Kranken und Arbeitsunfähigen kommen in besondere Asyle. Jeder Bürger erhält vom Staat ein einfaches und ein Festkleid. Jeder Bürger soll nach Erreichung des heiratsfähigen Alters sich vermählen; die erste Ehe ist für zehn Jahre unauflöslich. Jede Mutter ist verpflichtet, ihr Kind selbst zu stillen. Die Erziehung ist bis zum 14. Jahre gemeinsam. Von Gott soll den Kindern nichts weiter gesagt werden, als daß er die allgütige Endursache aller Dinge ist, und daß er sich im Menschen durch dessen soziale Triebe offenbart, wie denn überhaupt die soziale Erziehung die Hauptsache ist.

Als eine Art »Revisionist« gegenüber dem prinzipielleren Morelly erscheint sein Berufsgenosse, der Abbe *Mably* (1709 bis

1785), der in seiner Schrift »Von der Gesetzgebung« (1776) das Ideal ebenfalls in der von Natur und Vernunft gewollten Gleichheit aller sieht, indessen, weil eine völlige Gleichheit sowie Gütergemeinschaft in der heutigen Welt doch unerreichbar, die bestehenden Übel wenigstens durch eine streng moralische Erziehung und gute Gesetze wie Gleichstellung der Stände, Aufhebung des Privaterbrechts, Verordnungen gegen den Aufwand bis zu einem gewissen Grad einschränken will.

Der gewaltsame Versuch des sechsundzwanzigjährigen Gracchus Babeuf, durch seine »Verschwörung der Gleichen« 1796 die bestehenden Verhältnisse umzustürzen, der nach Lage der Dinge notwendig scheitern mußte, hat keine philosophische Unterlage von Bedeutung gehabt. Die weitere Geschichte sozialistischer Theorien in Frankreich und Europa überhaupt gehört erst dem neunzehnten Jahrhundert an.

C. In Deutschland

1. Christian Wolff, seine Vorgänger und Nachfolger

Noch in Leibnizens Zeitalter fällt das Wirken des berühmten Natur- und Völkerrechtslehrers Samuel *Pufendorf* (1632 bis 1694), der sein naturrechtliches System aus einer Verbindung von Hobbes' Selbsterhaltungs- mit Grotius' Geselligkeitstrieb in streng geometrischer Abfolge, also nach der Methode Spinozas, ableitet. In die Geschichte der Aufklärung gehört er deshalb, weil er, zum erstenmal in Deutschland, die Philosophie grundsätzlich von der Theologie absondert. Das Naturrecht gilt für Juden und Türken genau so wie für Christen.

Ebenso will Christian *Thomasius* aus Leipzig (1655 bis 1728) zwar die Theologie aus der Bibel, aber die Philosophie aus der Vernunft abgeleitet wissen. Am wichtigsten ist er in kulturgeschichtlich-nationaler Hinsicht, indem er, nach dem Vorbild der großen französischen Schriftsteller, zum erstenmal in der Muttersprache zu seinen Vorlesungen einlädt und die erste wissenschaftliche Zeitschrift in deutscher Sprache herausgibt. Er mußte eben darum auch von seiner verzopften heimatlichen Universität weichen, um später an der neugegründeten Hochschule von Halle (1694) Anstellung zu finden. Philosophisch ist er sehr flach; seine Philosophie ist die des »schlichten« Menschenverstandes, und seine Sittenlehre hat den vergnüglichen Zweck, »durch Vernunft und Tugend zu einem glückseligen, galanten (!) und vergnügten Leben zu führen«.

Leibniz besaß keinen seiner würdigen Schüler. Denn der ihn im Laufe des achtzehnten Jahrhunderts an Berühmtheit beinahe noch übertreffende Breslauer Gerberssohn Christian *Wolff* (1679 bis 1754) ist das Musterbild deutscher Gründlichkeit, aber auch – Pedanterie. Wir brauchen deshalb auch auf den Inhalt seiner zahlreichen Lehrbücher über Natur, Gott, Welt, Seele und »alle Dinge überhaupt« nicht näher einzugehen. Anzuerkennen ist, daß er standhaft den Standpunkt der Vernunft gegenüber allem Autoritätsglauben verfocht; wie er denn deshalb auch 1723 von dem preußischen Soldatenkönig Friedrich Wilhelm I. von der Universität Halle aus den preußischen Landen »bei Strafe des Stranges« verwiesen wurde, um an der Marburger Hochschule eine Zuflucht zu finden und erst nach der Thronbesteigung seines Verehrers Friedrich II. (1740) nach Halle zurückzukehren. Auch hat er das Verdienst, in seiner überhaupt verständlichen philosophischen Sprache eine große Anzahl uns jetzt ganz geläufiger Ausdrücke (wie Bewußtsein, Vorstellung, Verhältnis) geschaffen oder doch in allgemeinen Gebrauch gebracht zu haben. Allein seine alles Schwunges bare, rein verstandesmäßige Auffassung der Dinge, jene Wut, alles unter ein bestimmtes Schema, in eine neue Rubrik zu bringen, die Goethe als jungen Leipziger Studenten so abstieß, seine weitschweifige und schulmeisterhafte Trockenheit machen ihn uns heute ganz ungenießbar. Von ihm, als dem Vertreter der Staatsallmacht eines aufgeklärten Absolutismus, stammt übrigens auch das berüchtigte Wort vom »beschränkten Untertanenverstande«. Die geoffenbarte Religion darf ihm zufolge *Über*vernünftiges, bloß nichts *Wider*vernünftiges enthalten.

Nur noch ein paar uns heute humoristisch anmutende Beispiele davon, wohin sich diese über alles mitreden wollende Nüchternheit zuweilen verirrte. Die Sterne haben nach Wolff den Zweck, – uns nachts zu leuchten. Die Geschichte ist dazu da, »Tugenden und Laster, insonderheit die Klugheit und Torheit, durch ihr Exempel zu lehren«. Die Poeten dienen »zur Belustigung der Ohren«, sind aber unter staatliche Aufsicht zu nehmen, auf daß sie nicht »durch verliebte und unzüchtige Verse gute Sitten verderben«. In einem der acht Quartbände von Wolffs Naturrecht wird unter anderem ausführlich die Frage erörtert: ob lautes Schmatzen beim Essen gegen das Naturrecht sei!

Wolffs echt deutsche Pedanterie machte *Schule*. Ein Schriftsteller der Zeit, der 1737 eine Geschichte der Wolffschen Philosophie herausgab, zählte schon damals 107 schriftstellernde Wolffianer auf! Anhänger Wolffs hatten bald fast alle deutschen Katheder inne. Zu ihnen gehörten daneben aber auch Männer und Frauen aller Stände und Religionsbekenntnisse; denn auch für Damen wußte man das Wolffsche System zurechtzumachen, wie es von Formey, dem einflußreichen Sekretär der Berliner Akademie, in seinem bändereichen Werke *La belle Wolffienne* (»Die schöne Wolffianerin«) geschah. Wie Gottsched im literarischen, so war Christian Wolff im philosophischen Deutschland der allgebietende Diktator. Es verlohnt sich nicht, auf alle Glieder der Wolffschen Schule, auch auf die etwas selbständigeren unter ihnen einzugehen. Wir nennen nur einen von ihnen, Alexander *Baumgarten*, und auch ihn nicht deshalb, weil er den heute üblichen Sprachgebrauch von »subjektiv« und »objektiv« eingeführt hat, oder weil seine vielgebrauchte, tausend Paragraphen zählende, natürlich lateinisch geschriebene »Metaphysik« auch von dem ihn schätzenden Kant als Vorlesungshandbuch benutzt worden ist. Sondern weil er zuerst das künstlerische Schaffen unter dem Namen *Ästhetik*, d. h. Empfindungslehre, von der verstandesmäßigen Logik abgesondert hat. Der logischen Vollkommenheit der Wahrheit entspricht nach ihm die sinnliche der Schönheit; freilich besteht für ihn die Kunst noch in der Nachahmung der Natur, und seine »Wissenschaft vom Schönen« ist im Grunde nur eine weitschweifige und recht langweilige Poetik.

Vor diesem Durchschnitt der Kathederphilosophen zeichneten sich nur wenige selbständige Köpfe aus. Dazu gehört außer dem jüngeren Kant der berühmte Mathematiker *Euler* (1707 bis 1783), der bereits Zeit und Raum als unentbehrliche mathematisch-physikalische Voraussetzungen (nicht »Dinge«) bezeichnet; ferner der gleichfalls mathematisch und naturwissenschaftlich durchgebildete *Lambert* (1728 bis 1777), der nicht bloß in der Weltentstehungstheorie seiner »Kosmologischen Briefe« (1761), sondern auch in seinen philosophischen Schriften Kant schon näher steht, der ihm seine Kritik der reinen Vernunft widmen wollte: beide übrigens keine Universitätsprofessoren. Endlich *Tetens* (1786 bis 1801, in Kiel, später Kopenhagen), dessen Hauptverdienst in seiner feinen psychologischen Zergliederung besteht, und dem selbst Kant manches, wie die Einteilung der sogenannten »Seelenvermögen« in Erkennen, Begehren und Fühlen verdankt.

2. »Popularphilosophie«

Schon an dem Beispiel Formeys hatten wir gesehen, wie manche Wolffianer die Lehre des Meisters durch eine noch weitere Verwässerung, als sie der Philosophie Leibnizens schon durch Wolff selbst zuteil geworden war, der breiten Masse der »Gebildeten« mundgerecht zu machen suchten. Das geschah dann im Laufe des achtzehnten Jahrhunderts auch seitens anderer Richtungen in immer steigendem Maße. Da gerade die Wolffsche Schule durch ihre Pedanterie und Schematisierung alles Denkbaren sich »ungenießbar und endlich entbehrlich gemacht hatte« (Goethe in »Wahrheit und Dichtung«), räumte sie allmählich der sogenannten »Philosophie des gesunden Menschenverstandes« in weitem Maße das Feld. Für »Volksphilosophie« sollte eigentlich das Beste gerade gut genug sein. Statt dessen trieben sich die meisten dieser Volks- oder Popularphilosophen in dem seichtesten Gewässer oberflächlichen Denkens herum. In der *theoretischen* Philosophie dürre Verstandesaufklärung nach dem Muster der in vierzig umfangreichen Jahrgängen vorliegenden »Allgemeinen Deutschen Bibliothek« (1765 bis 1805) des Berliner Buchhändlers Friedrich *Nicolai*, der gerade durch seine Plattheit einen großen Teil des »gebildeten« Lesepublikums für sich gewann. Die Beförderung der menschlichen Glückseligkeit galt als einziger Zweck der *Ethik*, die damit zur langweiligen Moralpredigt herabsank. Der wegen seiner »Allgemeinen Theorie der schönen Künste« (1771 bis 1774) lange Zeit als *ästhetische* Autorität angesehene Sulzer stellt noch die trockenen Lehrgedichte des Engländers Pope über die Gesänge Homers; seine Kunstlehre bleibt teils verstandesmäßig, teils moralisierend. In der *Religion* wurden die verschiedenartigsten theologischen Standpunkte vertreten, von rechtgläubigem Bibelchristentum bis zum krassen Naturalismus des *Dr.* Bahrdt. Allein die eigentlichen Glaubensartikel der deutschen Aufklärung waren doch der Glaube an Gottes Dasein, Weisheit und Güte und an die persönliche Unsterblichkeit, mit Aussicht auf eine unendliche Vervollkommnung im Jenseits. Dabei sollte sich Gottes Weisheit und Güte auf das Kleinste erstrecken, z. B. auf das Reifen der erquickenden Kirschen im heißen Sommer statt im kalten Winter. In der *Psychologie* endlich sah man von ernsteren wissenschaftlichen Untersuchungen in diesen Kreisen ganz ab, erging sich dagegen in oberflächlichen seelischen Betrachtungen aller Art oder gab sich der Mode gewordenen, in Selbstbeobachtungen, Selbstbekenntnissen, Beschreibung fremder Seelenzustände schwelgenden Gefühlsseligkeit hin. Viele »Philosophen« sahen überhaupt von eigenem Denken ab und kochten sich als »Eklektiker« ein Gemisch aus anderer Leute Brei zusammen; denen war dann, wie Kant einmal sagt, »die Geschichte der Philosophie selbst ihre Philosophie«. Andere, wie König Friedrich II., kamen theoretisch über ihre französischen Vorbilder (Voltaire, d'Alembert) nicht hinaus, von denen sie doch ihre andere seelische Artung im Grunde hätte trennen müssen. Will man sich ein Bild davon machen, was in den sechziger und siebziger Jahren des achtzehnten Jahrhunderts in Deutschland als »Philosophie« bewundert wurde, so denke man an die uns heute durch ihre Weitschweifigkeit und Oberflächlichkeit aufs äußerste langweilenden »philosophischen« Romane Wielands oder an die Schriften des »Philosophen für die Welt«, Engel in Berlin.

Trotz alledem wollen wir nicht verkennen, daß selbst ein Nicolai als konsequenter Kämpfer gegen Vorurteile aller Art seine Verdienste besitzt, und daß Basedow, trotz seiner von oberflächlichen

Gemeinplätzen wimmelnden »Praktischen Philosophie«, doch einen kräftigen Anstoß zur Erziehungsreform gegeben hat. Überhaupt gab es doch, gerade in dem allezeit mit Recht durch seine Gründlichkeit berühmten Deutschland, mancherlei ernstere Naturen, die sich mit der vulgären Aufklärungsphilosophie nicht zufrieden gaben. Der von den Berliner Aufklärern, die sich um Biesters »Berlinische Monatsschrift« gruppierten, als ihr Meister sehr bewunderte *Moses Mendelssohn* (1729 bis 1786) freilich zeigt, bei aller warmen Empfindung, reinen Gesinnung und Klarheit des Stils, doch keine philosophische Kraft und Tiefe: weder in seinem »Phädon« (1767), in dem er einen sehr ungeschichtlichen Sokrates die Unsterblichkeit der Seele »beweisen« läßt, noch in seiner letzten Schrift, den »Morgenstunden«, in denen er das Dasein eines persönlichen Gottes unumstößlich nachgewiesen zu haben glaubte. Die Philosophie soll nach ihm nur behandeln, was mit des Menschen Glückseligkeit zusammenhängt. Strenge Logik, Natur- und Geschichtsforschung liegen ihm fern. Darum hatte er auch, seitdem 1781 die Kritik des »alles zermalmenden« Kant erschienen war, das Gefühl, daß seine und der ihm Gleichgesinnten Rolle in der Philosophiegeschichte ausgespielt war.

Tiefer gingen einige rationalistische (vernunftgemäße) Theologen, von denen wir den Hamburger Gymnasialprofessor H. S. *Reimarus* (1694 bis 1768) deshalb nennen, weil er, als Verfasser der nach seinem Tode von Lessing herausgegebenen sogenannten »Wolfenbütteler Fragmente«, als einer der frühesten Bibelkritiker in Deutschland bekannt geworden ist. Sie bildeten übrigens nur einen Teil der von ihm – notgedrungen infolge der damaligen Rückständigkeit – zurückgehaltenen »Schutzfrist für die vernünftigen Verehrer Gottes«, in welcher er vom Standpunkt der natürlichen oder Vernunftreligion zwar den Pantheismus Spinozas und Lamettries materialistische Theorien bekämpfte, aber auch den Glauben an übernatürliche Offenbarungen bestritt und, in vermeintlicher Konsequenz dieses Standpunktes, ganz unhistorisch die biblischen Lehren für ein Gemisch von Betrug und Irrtum erklärte.

Mit *Lessing* (1729 bis 1781) haben wir bereits den Mann genannt, der den Gipfel der Aufklärung darstellt und sie doch in gewissem Sinn schon zu überwinden beginnt. Mit ihr und im Geiste Leibnizens behauptet er: »Zufällige Geschichtswahrheiten können der Beweis von notwendigen Vernunftwahrheiten nie werden.« Aber er vertritt doch eine geschichtlichere Auffassung als die meisten Aufklärer in seiner letzten Schrift »Die Erziehung des Menschengeschlechtes«, der zufolge das Judentum des Alten und das Christentum des Neuen Testaments nur Vor- und Entwicklungsstufen zu dem reinen Menschentum sind, das für den göttlichen Erziehungsplan der Menschheit das Endziel bildet. Sein »Christentum der Vernunft«, das er ja auch von seiner dramatischen »Kanzel« in Nathan dem Weisen predigte, will er übrigens nicht mit dem »vernünftigen Christentum« seiner Zeitgenossen schlechtweg gleichgesetzt wissen, sondern erblickt dessen Kern im »Testament« des Johannes, d. h. der Nächstenliebe. Ob er in seinen letzten Lebensjahren zum Spinozismus sich bekannt hat, wie F. H. Jacobi später behauptete, ist mit Sicherheit nicht mehr festzustellen. Wichtiger als alle Einzelmeinungen ist zudem sein allgemeiner Standpunkt, dem das immerwährende *Streben* nach Wahrheit höher stand als ihr vermeintlicher Besitz, und der überall auf reinliche Scheidung der Begriffe und Erkenntnisgebiete drang. In beiderlei Hinsicht, wie auch in dem Kern seiner Religionsauffassung, war er der Vorläufer eines Größeren: in Lessings Todesjahr erscheint das kritische Hauptwerk *Immanuel Kants*.

Neuntes Kapitel. Immanuel Kant

1. Leben. Philosophische Entwicklung bis 1781

Das äußere Leben von Deutschlands größtem Philosophen entbehrt aller hervorstechenden Ereignisse. Als einfacher Sattlerssohn am 22. April 1724 zu Königsberg geboren, besucht er vom neunten bis siebzehnten Lebensjahr das fromme »Friedrichskolleg«, vom siebzehnten bis zum dreiundzwanzigsten die Universität seiner Vaterstadt, studiert hauptsächlich Philosophie, Mathematik und Naturwissenschaft, wird dann sieben bis acht Jahre lang Hauslehrer in zwei oder drei verschiedenen Gegenden Ostpreußens und läßt sich im Herbst 1755 als Privatdozent der Philosophie an der heimischen Hochschule nieder, um sie nicht wieder zu verlassen. Erst mit 46 Jahren erhält er die ordentliche Professur für »Logik und Metaphysik«, das heißt theoretische Philosophie: erst im 57. Jahr (1781) veröffentlicht er, nach zwölfjähriger Arbeit daran, sein Hauptwerk »Kritik der reinen Vernunft«, erst gegen Ende der achtziger Jahre wird er, zunächst durch seine ethischen Schriften, ein berühmter Mann. 1794 wird ihm von der rückschrittlichen Regierung Friedrich Wilhelms II. das Schreiben über religionsphilosophische Gegenstände verboten, 1796 stellt er seine Vorlesungen, 1798 seine schriftstellerische Tätigkeit ein. In seinen letzten Jahren siecht er langsam an Altersschwäche dahin, von der ihn am 12. Februar 1804 ein sanfter Tod erlöst.

Aber hinter dieser Dürftigkeit äußerer Lebensereignisse steht eine reiche geistige Entwicklung, von der ich hier nur einzelnes andeuten kann, indem ich bezüglich des übrigen auf meine ausführliche Darstellung an verschiedenen anderen Orten verweise.[7] Gleich

---

[7] Zur Einführung sei empfohlen: I. Kant und sein Einfluß auf das deutsche Denken. Bielefeld 1921. Kants Leben. Leipzig 1911, 2. Auflage 1921. Kants Weltanschauung aus seinen Werken. Darmstadt 1919. Für eindringenderes Studium meine größere »Geschichte der Philosophie« (6. Auflage 1921), Band 2, Kapitel 9 bis 13, wo man auch weitere Literatur verzeichnet findet. Für die einzelnen Schriften vergleiche die Einleitungen meiner Kant-Ausgabe in der »Philosophischen Bibliothek«.

seine erste größere Schrift, die infolge eines ärgerlichen Zufalls (Bankrott des Verlegers) zu ihrer Zeit kaum bekannt gewordene »Naturgeschichte und Theorie des Himmels« (1755), behandelt ein hochinteressantes Thema: die *Entstehung* unseres *Weltalls*. Als den Urzustand der Welt denkt sich der Philosoph, ähnlich dem alten Anaximander (S. 13), einen noch vollkommen unbestimmten einfachen Urstoff, begabt nur mit den zwei Urkräften Newtons: der Anziehungs- und der »Zurückstoßungs«kraft. Daraus folgt dann von selbst die gesamte weitere Entwicklung. Durch die Anziehungskraft bildeten sich an den Stellen, wo die Elemente zufällig etwas dichter lagen, »Klumpen«, das heißt Zentralkörper, die sich rasch vergrößerten. Durch die Abstoßungskraft jedoch wurden die diesen Mittelpunkten zustrebenden Teilchen von ihrer Bahn abgelenkt, es entstanden Wirbelbewegungen und inmitten dieser gewaltig kreisenden Nebelmasse eine durch die beständige Reibung der Atome in ungeheure Hitze versetzte feurige Kugel: die Sonne. Von dem sie umkreisenden Nebelring splitterten sich dann weitere kleinere Weltkörper ab: die Erde und die übrigen Planeten oder Wandelsterne mit den sie begleitenden Monden oder Trabanten. In einer ganzen Reihe von Jahrmillionen hat sich die Welt zu ihrem heutigen Zustand entwickelt: in wiederum »ganzen Gebirgen von Millionen Jahrhunderten« werden sich immer neue Welten, ja Weltsysteme bilden. Ja, es harren vielleicht noch unendliche uns unbekannte Welträume ihrer Entwicklung. Einst jedoch wird die Umlaufsbewegung der Planeten ermatten; sie werden, die nächsten (darunter unsere Erde) zuerst, in die Sonnenmasse niederstürzen und so einen Weltenbrand herbeiführen, in dem unser ganzes Sonnensystem sich selbst verzehrt: bis einst aus seinen Trümmern, einem Phönix gleich, eine neue Welt entsteht. Noch heute ist Kants Weltentstehungstheorie, die vier Jahrzehnte später, ganz unabhängig von ihm, von dem Franzosen Laplace erneuert wurde, in ihren wesentlichen Stücken Gemeingut der Wissenschaft. Auch zu einer Naturgeschichte der *Erde* hatte Magister Kant, wie neuerdings sein Nachlaß gezeigt hat, umfangreiche Vorstudien gemacht. Und wenn er auch zu deren Ausarbeitung nicht gekommen ist, so blieb doch sein im Sommer 1756 zum ersten Male von ihm gehaltenes Kolleg über physische Erdkunde eine seiner Lieblingsvorlesungen, die er bis ans Ende seiner Lehrtätigkeit fast allsommerlich gelesen hat.

In philosophischer Beziehung schien er sich zunächst nicht allzu weit von der herrschenden Leibniz-Wolffschen Richtung zu entfernen. Nur daß er von Anfang an bei seinen Zuhörern auf *Selbst*denken und auf eigenen Füßen Stehen drang, auch seinen Vortrag mit Geist und Laune würzte. Zu Anfang der sechziger Jahre erfaßte der freiere Zug aus dem Westen auch in Deutschland die aufgeklärteren Köpfe. So haben auch auf Kant, gewiß an sich einen der selbständigsten Denker, die je gelebt haben, die zwei eigenartigsten Philosophen, die wir im vorigen Kapitel kennenlernten, einen bedeutsamen Einfluß geübt: der Franzose Rousseau und der Schotte Hume.

Von *Rousseau* bekennt eine berühmte Stelle seines Nachlasses geradezu: »Rousseau hat mich *zurechtgebracht*.« Vorher habe er nur den Erkenntnisdrang, aber auch das Selbstgefühl des Gelehrten gekannt »und den Pöbel verachtet, der von nichts weiß«. Durch Rousseau habe er gelernt, »die Menschen zu ehren« und würde sich »viel unnützer finden als die gemeinen Arbeiter«, wenn nicht eben dieser Gedanke ihn auf die rechte Spur gebracht hätte. Rousseaus Bild war das einzige, das die sonst kahlen Wände seiner Gelehrtenwohnung schmückte: die Lektüre von dessen »Emil« hielt ihn mehrere Tage lang ganz gegen seine Regel von dem gewohnten Nachmittagsspaziergang zurück. Auch auf seine politische Gesinnung sollte der »*Contrat social*« von Einfluß werden. Überhaupt wendet er sich jetzt, wie einst die griechische Philosophie zu Sokrates' Zeit, von der Naturbetrachtung dem Menschen zu. Seine Schriften seit 1762 bekämpfen »die Spitzfindigkeit der logischen Figuren«, das dogmatische »Geschwätz der hohen Schulen«, die metaphysischen »Luftschlösser«, die spiritistischen »Träume eines Geistersehers – erläutert durch Träume der Metaphysik« (1766). Er schreibt die anmutig plaudernden, auch für Damen lesbaren »Beobachtungen über das Gefühl des Schönen und Erhabenen«, er wird im Verkehr mit gebildeten Kaufleuten, höheren Offizieren und Damen der Königsberger Gesellschaft der »galante Magister«: leider, ohne für sich selbst eine Frau zu finden. Vor allem aber brachte ihn Rousseau auf die Bahn der *Erziehungsreform* oder vielmehr, wie er selbst sagt, einer völligen »Revolution« oder »Umschaffung« der bisherigen Pädagogik. Er wirbt um 1777 in Zeitungsartikeln und persönlich für eine der neuen Erziehungsanstalten, das Dessauer »Philanthropin« (Schule für Menschenfreunde). Er empfiehlt auch in seinen pädagogischen Vorlesungen eine *natürliche* Erziehung, die das freie Menschentum der Vernunft möglichst früh in ihren Zöglingen walten läßt, alles künstlich von außen, zum Beispiel von der Kirche, in sie Hineingetragene solange wie möglich von ihnen fernhält, sie an Freimütigkeit und Fröhlichkeit, Aufrichtigkeit und Selbständigkeit gewöhnt, sie frei sein und doch arbeiten lehrt, sie zum *Menschen* und *Staatsbürger* erzieht: alles Aufgaben auch noch für die heutige Zeit!

Zu seinem philosophischen Auftreten, das heißt seinem Kampf gegen die um 1760 in Deutschland noch auf freilich schon wankendem Thron sitzende Metaphysik hatte übrigens, vielleicht noch stärker als Rousseaus Ruf zur »Natur«, die scharfsinnige Skepsis (S. 172) *Humes* beigetragen, die ihn nach seinem eigenen Bekenntnis »aus dem dogmatischen Schlummer weckte«. Der alles bezweifelnde Skeptizismus konnte freilich für ihn nur ein Durchgangspunkt sein. Er befreite ihn nur von dem »wurmstichig« gewordenen *Dogmatismus*, das ist der Anmaßung der Vernunft, alle Erkenntnis aus selbstgedachten Begriffen »ohne vorhergehende Kritik ihres eigenen Vermögens« herleiten zu wollen. Er bildete für ihn nur den Übergang zum *Kritizismus*, der »von der Untersuchung der Vermögen der menschlichen Vernunft anfängt und nicht ins Blaue hinein vernünftelt«.

Nach zwölfjährigem Gedankenringen erscheint im Frühjahr 1781

2. Die Kritik der reinen Vernunft

A. Die Begründung der Wissenschaft

Nur in den allergröbsten Zügen können wir hier ein Bild nicht von dem Inhalt, sondern nur von der allgemeinsten Grundrichtung dieses vielleicht schwierigsten aller philosophischen Bücher entwerfen, während wir den interessierten Leser auf unsere eigene, mit Einleitung und erklärendem Sachregister ausgestattete Ausgabe (Hendel, Halle) verweisen.

Kant fordert von seinen Lesern gleich zu Anfang eine völlige »Revolution«, also Umstellung der »Denkungsart«, die dem naiven Menschen zunächst ganz und gar widerspricht. Die Blume hier, das Haus dort, alle die scheinbaren »Dinge« oder »Gegenstände« da draußen in der Natur: sie sind im Grunde nichts anderes als ein – Bündel von *Vorstellungen*, zusammengesetzt aus Sinnenwahrnehmungen und Verstandesdenken. Selbst *Raum* und *Zeit*, in die wir, wie in ungeheure Behälter, die sogenannten Dinge hineinzu»verlegen« gewohnt sind, sind in Wahrheit nichts als Formen unserer äußeren (der Raum) oder inneren (die Zeit) *Anschauung*: Formen, die wir keinen Augenblick fortdenken können, sobald wir etwas mit unseren Sinnen wahrnehmen. Aber mit den Sinnen allein würden wir in der Rose dort bloß einen so oder so gefärbten, riechenden, gestalteten, anzufühlenden Gegenstand erblicken. Es muß erst der *Verstand* hinzukommen, der die sinnliche Anschauung »unter Begriffe bringt«, sie uns »verständlich« macht, in unserem Falle zum Beispiel die Rose unter die Gattung der Blumen bringt usw. Konnte uns ohne Sinn kein Gegenstand »gegeben«, so kann ohne Verstand keiner gedacht werden. Begriffe ohne Anschauungen sind »leer«, Anschauungen ohne Begriffe sind »blind«.

Darum muß die Philosophie nicht bloß die allgemeinsten Bedingungen und notwendigen Voraussetzungen – Kant gebraucht dafür den Ausdruck a priori, das heißt das »von vornherein« Gegebene – unserer Anschauung, sondern auch unseres Denkens feststellen. Die »Kritik« findet sie in den zwölf Ur- oder Stammbegriffen des reinen, das heißt mit unseren Einzelerfahrungen noch nicht vermochten Verstandes, von ihm mit dem altaristotelischen Ausdruck (S. 47) *Kategorien* genannt. Er teilt sie in die vier Klassen der Qualität

(Beschaffenheit), Quantität (Größe), Relation (des Verhältnisses) und der Modalität (Art und Weise). Für uns genügt es, wenn wir uns die Sache kurz an der bekanntesten von ihnen, der Kausalität, klarmachen. Diese oder der Begriff von Ursache und Wirkung bildet eben die unentbehrliche Grundlage alles wissenschaftlichen Begreifens der gesamten uns umgebenden Welt. Stellen wir uns diesen Gedanken recht lebendig vor Augen, so wird uns auch der Satz Kants nicht mehr lange »widersinnisch« erscheinen: »Der Verstand ist selbst der Quell der Naturgesetze« oder »schreibt der Natur die Gesetze vor«.

Auf diese Weise will nun Kant die ganze wissenschaftliche, sittliche und künstlerische *Erfahrung* der Menschheit erklären, genauer gesagt, ihre Möglichkeit, ihre obersten Bedingungen feststellen. Mit Erfahrung hebt alle unsere Erkenntnis an. Denn »wodurch sollte«, so lautet der erste Satz der »Kritik«, »das Erkenntnisvermögen sonst zur Ausübung erweckt werden, geschähe es nicht durch Gegenstände, die unsere Sinne rühren und teils von selbst Vorstellungen bewirken, teils unsere Verstandesfähigkeit in Bewegung setzen ..., den rohen Stoff zu einer Erkenntnis der Gegenstände zu verarbeiten«, die eben – »Erfahrung heißt«. Auch die Begriffe des reinen Verstandes »dienen gleichsam nur, Erscheinungen zu buchstabieren, um sie als Erfahrung lesen zu können«.

Aber als *wissenschaftliche* Erfahrung. Kant will die Philosophie, nach so vielen neugeschaffenen und immer wieder umgestürzten »Systemen«, aus dem bisherigen »bloßen Herumtappen« endlich einmal, wie namentlich die wichtige Vorrede zur zweiten Auflage (1787) ausführt, in den »sicheren Gang einer Wissenschaft« bringen. Deshalb lautet die Grundfrage der kleineren Schrift, die der Philosoph 1783 zur Erläuterung seines fast überall noch unverstandenen Hauptwerks schrieb, der eben deshalb heute noch als geeignetste Einführung zu empfehlenden »Prolegomena« (gleich Vorwort oder Einleitung): Wie ist Metaphysik als *Wissenschaft* möglich?

Wissenschaft aber geht nach dem damaligen Sprachgebrauch, und nach ihrem strengsten Sprachgebrauch auch noch heute, auf die sogenannten »exakten« (genauen) Wissenschaften, das heißt das Gebiet des mathematisch-naturwissenschaftlichen Erkennens. Daher lauten die beiden weiteren Fragen der Prolegomena: Wie ist reine *Mathematik*, und wie ist reine oder mathematische *Naturwissenschaft* möglich? Und die Antwort: Durch die von der Kritik der reinen Vernunft festgestellten reinen Formen der Anschauung und die Stammbegriffe (Kategorien) und Grundsätze des reinen Verstandes. So ist die Vorstellung des Raumes nicht bloß die notwendige Voraussetzung unserer Erfahrung überhaupt, sondern auch im besonderen der Geometrie; desgleichen die Zeit diejenige der Arithmetik und, in Verbindung mit dem Raum, der Mechanik. Von den » *Grundsätzen* des reinen Verstandes« stellen die beiden ersten oder »mathematischen« alle Gegenstände als »extensive«, d. h. ausgedehnte, oder »intensive«, d. h. einen bestimmten Grad bezeichnende Größen dar. Die drei folgenden oder »dynamischen« begründen: 1. die bei allem Wechsel der Erscheinungen in ihrer Menge beharrende *Substanz*; 2. das allen Veränderungen zugrunde liegende Gesetz von *Ursache* und *Wirkung*; 3. die durchgängige *Wechsel*wirkung aller im Raum zugleich wahrgenommenen Substanzen aufeinander. Die drei letzten endlich, »als Postulate«, also Forderungen unseres Erfahrungsdenkens überhaupt bezeichnet, geben in den drei Begriffen der Möglichkeit (heute Hypothese), Wirklichkeit (Tatsache) und Notwendigkeit (Gesetz) die methodischen Wertbestimmungen alles wissenschaftlichen Denkens wieder.

Die *Methode*, das ist das Verfahren nach Grundsätzen, bildet überhaupt Kern und Stern des Kantischen Philosophierens. Nennt er doch seine »Kritik der reinen Vernunft« in der Vorrede zur zweiten Auflage ausdrücklich einen »Traktat von der Methode« und den zweiten Teil des Werkes: »Methodenlehre« der reinen Vernunft. Wiederholte er doch in seinen Vorlesungen immer wieder: er wolle seine Zuhörer keine fertige Philoso *phie*, sondern philoso *phieren* lehren. Wer ein bestimmtes philosophisches Lehrgebäude »gelernt« habe, sei nur ein »Gipsabdruck von einem lebenden Menschen«, habe seine Gedanken bloß anderen »nachgebildet«, anstatt, wie echte

Wissenschaft es tut, sie frei »erzeugt«. Man könnte deshalb Kants Philosophie, zum Unterschied von anderen, als *wissenschaftlichen* oder *methodischen Idealismus* bezeichnen. Er selbst bezeichnet sie meist als *kritischen* Idealismus, weshalb sie denn auch von den Zeitgenossen in der Regel mit dem Namen Kritizismus belegt wurde. Die kritische Methode unterscheidet sich sowohl von der formallogischen, die sich bloß mit den äußeren Formen unseres Denkens beschäftigt, als von der entwicklungsgeschichtlichen, die in Geschichte, Biologie und Psychologie die erste Rolle spielt. Sie fragt nicht danach, wie Erkenntnis entsteht, sondern, ob und warum sie notwendig ist.

B.Die Lehre von den Ideen

Indes die menschliche Vernunft findet sich durch die Begriffe und Grundsätze des reinen Verstandes nicht völlig befriedigt: selbst nicht durch den »höchsten Punkt« des gesamten Erfahrungsdenkens: die ursprüngliche, alles andere Geistige aus sich erzeugende Einheit des Selbstbewußtseins (von Kant die ursprüngliche »synthetische«, das heißt zusammenfassende Einheit der Apperzeption genannt). Sie strebt rastlos von dem Bedingten weiter zu seiner letzten Voraussetzung, dem *Unbedingten*, hin und findet es in dem Vernunftbegriff oder, wie Kant, die alte platonische Benennung wieder zu Ehren bringend, sagt: der *Idee*! Die Idee bedeutet, im Gegensatz zu den »konstitutiven« Grundsätzen der Erfahrung, ein bloß »regulatives« Prinzip derselben, einen bloßen Gesichts- oder Zielpunkt unseres Denkens. Durch sie wird uns kein fertiger Begriff gegeben, sondern ein Problem *auf*gegeben. Machen wir uns das an ihrer Anwendung klar.

Die Lehrbücher der alten Metaphysik, die auch unser Philosoph, den bestehenden Vorschriften gemäß, seinen Vorlesungen noch zugrunde legen mußte, behandelten nacheinander die Lehre vom Seienden überhaupt (Ontologie), von der Seele (Psychologie), von der Welt (Kosmologie) und von Gott (Theologie). Kant zerstört nun im zweiten Teil seines Werkes mit unbarmherziger Dialektik diese Scheinwissenschaften. Er weist zunächst nach, daß die *Seele* kein für sich bestehendes, womöglich noch dazu stoffliches *Wesen* ist, sondern nur den »an Inhalt gänzlich leeren« Begriff des »Ich«, als bloßen Trägers unserer Vorstellungen, enthält, im übrigen als Idee uns höchstens das Problem der Einheit aller seelischen Tätigkeiten aufgibt. Ihre Unsterblichkeit ist schon deshalb unbeweisbar, weil der dazu notwendige Begriff der Beharrlichkeit der Erfahrung entstammt, mit der doch unser Tod ein Ende macht.

Auch die Lehre vom *Welt*ganzen führt, ohne vorausgehende Kritik unseres Denkvermögens, zu lauter »Antinomien« (Widersprüchen). Man kann durch »gleich einleuchtende, klare und unwiderstehliche Beweise« ebensogut dartun, daß Raum und Zeit unendlich als daß sie endlich, daß alles in der Welt einfach als daß es teilbar, daß es zufällig wie daß es notwendig sei. Beides läßt sich gerade so gut beweisen als widerlegen, wird aber begreiflich vom Standpunkt der *Idee*. Nehmen wir als Beispiel die uralte Frage, über die sich noch heute so viele Leute den Kopf zerbrechen: Gibt es *Freiheit* in der Welt oder allein das eherne Gesetz der *Naturnotwendigkeit*? Ohne Zweifel sind vom Standpunkt der Naturwissenschaft alle menschlichen Handlungen dem keine Ausnahme duldenden Gesetz von Ursache und Wirkung unterworfen, so daß man, die genaueste Kenntnis von eines Menschen Charakter oder inneren Beweggründen vorausgesetzt, alle seine künftigen Handlungen so unumstößlich vorherberechnen könnte wie eine Mond- oder Sonnenfinsternis. Wie kommt es, daß wir trotzdem Handlungen, die nach dem unvermeidlichen Laufe der Natur doch geschehen *mußten*, dem einzelnen als *Schuld* anrechnen, sie als Verbrechen bestrafen? Nun, weil wir eben in diesem Fall einen anderen Maßstab als den des bloßen *Zeit*verhältnisses anlegen, nämlich den der *Idee*: des Verhältnisses jener Handlungen zu »objektiven *Vernunft*gründen«. Vom Standpunkt des »intelligiblen« oder Vernunftcharakters behaupten wir, daß ein Teil dieser notwendig geschehenen Handlungen nicht hätten geschehen *sollen*, und erklären umgekehrt Handlungen für moralisch »notwendig«, die nicht geschehen sind und vielleicht auch nie geschehen werden. Damit stehen wir indessen schon an der Eingangspforte der kritischen *Ethik* (S. 211 ff.).

Nicht anders wie mit der Seelen- und der Welt-, steht es schließlich mit der *Gottesidee*. Die menschliche Vernunft hat den natürlichen Trieb, ihre Frage nach dem Warum? der Dinge immer höher hinauf bis zu einem »obersten Inbegriff aller Möglichkeit« auszudehnen. Allein anstatt bei einem solchen Inbegriff als einer bloßen Idee oder Richtlinie stehenzubleiben, setzt man ihn zu einem dinglichen Wesen herab, das man verstandesmäßig zu »beweisen« sucht. Kants Kritik legt nun ausführlich die Haltlosigkeit der viele Jahrhunderte lang, von vielen Menschen jetzt noch für unwiderleglich gehaltenen vermeintlichen »*Beweise*« für das Dasein Gottes dar: sowohl des sogenannten »ontologischen«, der aus dem bloßen Begriff eines höchsten Wesens seine Wirklichkeit folgern will, als des »kosmologischen«, der aus dem Dasein der Welt oder des Endlichen auf ein Unbedingtes, Unendliches ohne weiteres schließen zu können meint; oder des verbreitetsten und einleuchtendsten Beweises: aus der zweckmäßigen Einrichtung der Natur, der übrigens im besten Fall nur einen Weltbaumeister, keinen Weltschöpfer beweisen würde. Ebensowenig freilich, wie sein Dasein, vermag die Wissenschaft auch Gottes Nichtwirklichkeit nachzuweisen. Die wahre Begründung des Gottesglaubens, falls überhaupt eine solche möglich ist, liegt nach Kant auf dem Gebiet der Ethik.

So sind wir bereits von zwei Punkten aus an die Ethik herangeführt worden, müssen vorher jedoch noch auf eine andere Bedeutung der Idee zurückkommen, die auf *naturwissenschaftlichem* Gebiet liegt und mit dem soeben gestreiften Begriff des *Zweckmäßigen* in Zusammenhang steht. Ohne das Prinzip der Zweckmäßigkeit läßt sich die Natur, mindestens die *lebende* Natur, nicht begreifen. Das Organische, die Lebens- und Entwicklungserscheinungen des Individuums gehen in bloßer Mechanik der Atome nicht restlos auf. Selbst ein Newton, meint sein Bewunderer Kant einmal, vermöchte die Erzeugung auch nur eines Grashalms aus rein mechanischen Gesetzen nicht zu erklären. So bedeutet denn auch der biologische Grundbegriff des *Organismus*: »ein Naturprodukt, in welchem alles Zweck und wechselseitig auch Mittel ist«. Auch die Unterscheidung von Gattungen und Arten, die Prinzipien der Gleichartigkeit, Mannigfaltigkeit und Stetigkeit, die uns überhaupt erst die Natur als ein geordnetes Ganzes erfassen lassen, gehören hierher. Sie alle sind jedoch nur »regulative Ideen«, Gesichtspunkte der Beurteilung[8] nicht der mechanisch-physikalischen Erklärung. Diese letztere soll denn auch durch die Zweckbetrachtung keineswegs verdrängt oder ersetzt werden. Die »mechanische« Erklärungsart, die streng nach der Ursache der Wirkung fragt, muß vielmehr immer die Grundlage bleiben. Die Teleologie ist bloß ein nützlicher Gesichtspunkt für die Fragestellung und Beobachtung des Naturforschers.

In diesen Zusammenhang gehört auch die Verwandtschaft der Kantischen Anschauung mit den großen Grundgedanken des *Darwinismus*. Schon in seiner (allerdings anonymen) Besprechung einer Schrift des Italieners Moscati (1771) hatte der Philosoph es auszusprechen gewagt, daß der Mensch einst auf allen vieren gegangen sei und erst später die Gewohnheit angenommen habe, aufrecht zu gehen und »sein Haupt stolz über seine Kameraden zu erheben«. Aber er hat, mehr als das, in § 80 seiner »Kritik der Urteilskraft«, bereits eine »gemeinschaftliche Urmutter« alles Lebendigen und eine *allmähliche Entwicklung* desselben durch stufenartige Annäherung einer Tiergattung zur anderen, von der ersten »rohen« Materie über die Moose und Flechten zum Polyp, und von diesem bis zum Menschen als wahrscheinlich angenommen. Die Entstehung der organischen Wesen allerdings leitet er aus Zeugung anderer ab; wie der Urstamm selbst entstanden sei zu erklären, liege über die Grenzen der dem Menschen möglichen Wissenschaft hinaus.

Innerhalb der Naturwissenschaft aber, daran hat Kant stets festgehalten, muß alles »natürlich« erklärt werden. Den Namen *Gottes* soll man nicht »verschwenden«; »zum Behuf der Naturerklärung brauchen wir ihn nicht«. Gott in die Naturwissenschaft hineinzuziehen, ist vielmehr gleichbedeutend mit dem Geständnis, daß es bei

---

8 Weshalb das ganze Thema denn auch in der dritten von Kants Kritiken, der Kritik der Urteilskraft (1790), und zwar deren zweitem Teil: der Kritik der teleologischen (den Zweck betrachtenden) Urteilskraft, abgehandelt wird.

uns mit der letzteren zu Ende sei. Kant ist daher von seiner ersten großen »Naturgeschichte des Himmels« an bis zuletzt stets für reinliche *Scheidung* zwischen *Wissenschaft* und *Glauben*, Naturforschung und Theologie eingetreten; wenn er auch, ebenso wie die freiesten Geister des damaligen Deutschlands: die Lessing, Herder, Schiller und Goethe, von der Weisheit, Fürsorge, Sparsamkeit, Absicht, Wohltätigkeit nicht bloß der »Natur«, sondern bisweilen auch der »Vorsehung« redet. Aber die Wissenschaft von der Natur muß ihren Weg verfolgen, ungehindert von religiösen und auch moralischen Gesichtspunkten. Wiewohl sich die Natur als ein »System von Zwecken« betrachten läßt, so gibt es doch in ihr keinen Endzweck. Ein solcher existiert allein in der *Ethik*.

3. Die neue Ethik und Religionslehre

A.Die neue Ethik

Wie einst Sokrates, so erstrebt auch Kant eine Neubegründung nicht bloß des Wissens, sondern auch der Sittlichkeit. Nicht »als ob vor ihm die Welt in dem, was Pflicht sei, unwissend oder in durchgängigem Irrtum gewesen wäre«, wie in unseren Zeiten zuweilen neu auftretende »Umwerter aller Werte« prahlerisch verkündet haben. Vielmehr ertönt nach unserem Philosophen »die Stimme der Vernunft in bezug auf den Willen so deutlich, so unüberschreibar, selbst für den gemeinsten Menschen so vernehmlich«, daß nur die »kopfverwirrenden Spekulationen« der Philosophenschulen »dreist genug sind, sich gegen jene himmlische Stimme taub zu machen«. Aber auf die philosophische *Begründung* kommt es an. Die neue Ideenlehre mußte erst geschrieben sein, ehe die neue Ethik entstehen konnte. Denn die Idee allein läßt uns »Aufgaben«, läßt uns ein »Unbedingtes«, den Gedanken eines »Sollens« entgegen allem »Sein« erfassen, versetzt uns in eine ganz andere »Ordnung« der Dinge als die der Zeit, in eine ganz neue Gesetzmäßigkeit, die eine andere ist als die mathematische des »Zirkels«. Ein Mensch »mag künsteln, soviel als er will« und sein gesetzwidriges Handeln mit dem »Strom der Naturnotwendigkeit« entschuldigen: er wird gleichwohl in seinem Innern das Bewußtsein einer sittlichen Schuld, den »inneren

Gerichtshof« des eigenen Gewissens verspüren und legt darum auch an andere den Maßstab der moralischen Zurechnung an, nimmt sich das Recht zu ihrer Bestrafung. Ein solcher Standpunkt, wie ihn schon Kants Antinomienlehre (siehe oben S. 208) entwickelt hatte, läßt sich allerdings nicht mehr weiter »erklären«, das heißt auf ein Naturgesetz zurückführen, sondern nur noch *»verteidigen«*.

Um jedoch die Sittlichkeit in ihrer Eigenart und Reinheit zu erkennen, müssen wir aus den Bestimmungsgründen unseres Handelns alles ausschalten, was durch irgendeinen außerhalb ihrer, gelegenen – wie Kant sagt »materialen« – Maßstab beeinflußt ist. So vor allem das Lust- oder Glückseligkeitsgefühl. Mag letzteres noch so geistig aufgefaßt werden, mag es in noch so edlen Wallungen oder erhabenen Schwärmereien seinen Ausdruck finden, mag es sich selbst auf den Willen Gottes berufen: in allen diesen Fällen nimmt es den letzten Maßstab unseres Wollens und Handelns aus etwas anderem als der reinen Sittlichkeit her und taugt deshalb nicht zum obersten Grundsatz einer Ethik. Denn nicht auf *Gefühle*, das Wandelbarste, was es gibt, läßt sich eine solche bauen, sondern nur auf feste *Grundsätze*. So kann denn das Grundgesetz des reinen Willens oder das *Sittengesetz* nur »formal« sein, seinen obersten Maßstab bloß in seiner Eignung zu einer allgemeinen Gesetzgebung suchen. Es lautet daher bei Kant: »*Handle so, daß die Maxime (der Grundsatz) deines Willens jederzeit zugleich als Prinzip einer allgemeinen Gesetzgebung gelten könne.*« So Kants ethisches Hauptwerk, die »Kritik der praktischen (handelnden) Vernunft« (1788). Und in der als leichter verständlich zur ersten Einführung empfehlenswerten »Grundlegung zur Metaphysik der Sitten« (1785) heißt es: »Es ist überall nichts in der Welt, ja überhaupt auch außer derselben zu denken möglich, was ohne Einschränkung für gut könnte gehalten werden als allein ein *guter Wille.*«

Dieses anscheinend »formale« oberste Sittengesetz aber birgt den reichsten und tiefsten Inhalt in sich. Der bloße Gedanke einer *»allgemeinen Gesetzgebung«* soll unser Wollen bestimmen! aller Sonderinhalt von bestimmten Gütern, Tugenden oder Pflichten, wie ihn »die Sittenlehren der bisherigen Philosophen ausmalten, bleibt vorderhand ausgeschlossen. Es soll gelten »*jederzeit*«, das heißt von Ewigkeit her und in alle Zukunft, solange vernünftige Wesen existieren. »*Allgemein*« heißt die Gesetzgebung, weil sie alle Vernunftwesen umfaßt und zu einem durch gemeinschaftliche Gesetze verbundenen »Reich der Sitten« vereinigt. »*Deines*« Willens; denn wir haben uns das Gesetz, dem wir gehorchen sollen, selber gegeben, sind nicht bloß »Untertanen«, sondern gesetzgebende Mitglieder dieses Reiches. Die Idee der uns alle umfassenden *Menschheit* aber, die der Mensch als das Urbild seiner Handlungen in seiner Seele trägt, wird damit zum Gedanken der Menschheit *in mir*, das ist der *Persönlichkeit*.

Endlich verbindet sich diese neue Ethik auch mit dem uns schon bekannten *Zweck*gedanken. Der erkennende Mensch fragt nach dem *Warum?*, der wollende oder handelnde nach dem *Wozu?* der Dinge, mit anderen Worten: er setzt sich Zwecke. Jedes »Wozu?« oder jeder Zweck aber weist wieder auf einen übergeordneten hin, bis wir zuletzt zu einem obersten End- oder *Selbstzweck* kommen. Nun kann man sich alles andere in der Welt auch als bloßes Mittel zu irgendeinem Zwecke denken; »Zweck an sich selbst« ist bloß der Mensch. Nicht der Mensch schlechtweg – vielleicht ist es gar nicht nötig, *daß* Menschen existieren –, aber, *solange* sie existieren, der Mensch als vernünftiges Wesen. So erhält das Sittengesetz jetzt die weitere, noch unmittelbarer zu uns sprechende und die ganze sittliche Begründung des *Sozialismus* in sich bergende Formulierung: »Handle so, daß *du die Menschheit, sowohl in deiner Person als in der Person eines jeden anderen, jederzeit zugleich als Zweck, niemals bloß als Mittel gebrauchst*!«

Gegenüber dem Menschen, wie er nun einmal ist, mit allen seinen zum Teil widerstrebenden Gefühlen, kleidet sich das Sittengesetz in die Form des Gebots und, weil es unbedingt (»kategorisch«) befiehlt, in die des *kategorischen Imperativs*. Da es ferner zur Triebfeder unseres Handelns werden soll, entsteht in unserem Innern das Bewußtsein der *Pflicht*, die unseren *Neigungen* oft genug entgegensteht. »Es ist sehr schön,« sagt Kant einmal, »aus Liebe zu Menschen und teilnehmendem Wohlwollen ihnen Gutes zu tun,«

indes die erste moralische Maxime (Grundsatz) für unser Verhalten ist nur die Pflicht. Diese Strenge hat dem Philosophen häufig, selbst in den Augen Wohlgesinnter, den Vorwurf des Rigorismus (starrer Härte) zugezogen. Allein sie war gerechtfertigt, wenn und weil er seine Ethik auch in ihrer Anwendung reinhalten mußte vor aller Vermengung mit dem Glückseligkeitsprinzip. Das hat auch *Schiller*, den man gewöhnlich wegen eines bekannten Epigramms als Kronzeugen wider ihn ins Feld führt, ausdrücklich anerkannt. (Näheres siehe im zweiten Kapitel meines Buches: »Kant, Schiller, Goethe«.)

Kant legt daher auch den größten Wert auf die Einheit des *Charakters*, worin ihm die Vollkommenheit des Menschen besteht; ja, es ist, scheint ihm, »eher zu ertragen, daß jemand böse in Grundsätzen ist als im Guten inkonsequent«! Tugend bedeutet: moralische Gesinnung im Kampfe. Überhaupt ist seine ganze Sittenlehre von starker Männlichkeit erfüllt. »Werdet nicht der Menschen Knechte!« so ruft noch der dreiundsiebzigjährige Greis in der Tugendlehre, dem ersten Teil seiner »Metaphysik der Sitten« (1797) aus, und: »Laßt euer Recht nicht ungeahndet von anderen mit Füßen treten!«, denn »wer sich zum Wurm macht, kann nachher nicht klagen, wenn er mit Füßen getreten wird«. Reue und Buße sind ohne Wert; ja selbst »mit Hoffnungen sich zu füttern ist kindisch«. Dagegen ist Arbeit »die beste Art, sein Leben zu genießen«. Und wider die Hypochondrie oder »Grillenkrankheit« hilft die »Macht des Gemüts, durch den bloßen Vorsatz seiner krankhaften Gefühle Meister zu sein«, wie er in einer besonderen Abhandlung unter diesem Titel ausgeführt hat, die er 1798 seiner letzten Schrift, dem »Streit der Fakultäten«, einverleibte. Der Wert des Lebens liegt im Tun, nicht im Genießen. Als die größte Pflichtverletzung des Menschen gegen sich selbst, als der »faule Fleck unserer Gattung« erscheint ihm die Lüge. Vollkommene Offenherzigkeit – das heißt die ganze Wahrheit, die man weiß, auch offen vor allen auszusprechen – ist leider in dieser Welt nicht immer möglich; aber Aufrichtigkeit: daß alles, was man sagt, mit Wahrhaftigkeit gesagt sei, verlangt der Philosoph von jedem Menschen und hat auch für seine Person danach gehandelt.

Wir beschließen unsere notgedrungen nur kurze Übersicht über die Kernzüge von Kants Ethik mit dem Gedanken, mit dem er selber sein ethisches Hauptwerk schließt, und dessen Kernworte man denn auch, als die seine Persönlichkeit am besten kennzeichnenden, auf seinen Grabstein gesetzt hat. Zwei Dinge seien es, sagt er zum »Beschluß« seiner »Kritik der praktischen Vernunft«, die das menschliche Gemüt immer aufs neue mit stets zunehmender Ehrfurcht und Bewunderung erfüllen, je mehr wir darüber nachdenken: der *bestirnte Himmel über mir*, der mir meine Geringfügigkeit als eines sehr vergänglichen Geschöpfs auf einem kleinen Punkt des unermeßlichen Weltalls zum Bewußtsein bringt, und *das moralische Gesetz in mir*, das mir die trotzdem ins Unendliche gehende Bestimmung meines »unsichtbaren Selbst«, das heißt meiner Persönlichkeit offenbart.

Eigentlich nur einen Anhang zu Kants Ethik bildet seine

B.Religionslehre
Gerade der allzu pietistische Geist des Friedrichskollegs, die Übersättigung mit dem, was als das Zarteste und Feinste in der Seele eines heranwachsenden Knaben und Jünglings gepflegt werden sollte, verbunden vielleicht mit einer angeborenen Verstandeskühle, hat den jungen Kant schon früh von aller *Gefühls*religion entfernt und zum Vertreter einer rein *moralischen* Religionsauffassung gemacht: »Religion ist das Gesetz in uns, insofern es durch einen Gesetzgeber und Richter über uns Nachdruck erhält.« Alles, was der Mensch außer einem guten Lebenswandel noch »tun zu können vermeint, um Gott wohlgefällig zu werden«, ist ein bloßer »Religions *wahn* und Afterdienst *Gottes*«, ja ein »Götzen-und Fetischdienst«. So hat denn auch Kant selbst in seinen reiferen Jahren die kirchlichen Gebräuche nicht mehr mitgemacht. Selbst wenn der feierliche Zug der Professoren nach der Wahl des neuen Universitätsrektors, die jedes Semester stattfand, in den Dom ging, pflegte er vorher abzuschwenken; nur als er selber 1786 bzw. 1788 Rektor wurde, konnte er sich der Sitte nicht entziehen. Auf sittliches Handeln, nicht auf das »Glauben und Nachsagen unbegreiflicher Dinge« oder gar auf das Wortemachen kommt es an. Der heutige »statutarische«, das heißt an

bestimmte Satzungen sich bindende, bloß historische oder *Kirchen-glaube* muß allmählich in einen reinen Vernunft- oder *Religions-glauben* übergehen.

Im Grunde kann es nur *eine* Religion geben, von der die bestehenden Religionsbekenntnisse nur höchst unvollkommene Ausdrücke sind. Von diesem Standpunkt aus sucht seine 1793 erschienene »Religion innerhalb der Grenzen der bloßen Vernunft« die Hauptlehren der evangelischen Kirche, der er äußerlich angehörte, moralisch auszulegen. So bedeutet ihm »an Christus glauben« *nicht*: die Erzählungen der Evangelisten über sein Leben als wahr annehmen, sondern das Ideal des »Sohnes Gottes«, »das ist des Gott wohlgefälligen Menschen, durch einen guten Lebenswandel zu verwirklichen suchen. Die »Erlösung« vom Bösen – denn einen uns angeborenen Hang zum Bösen nimmt auch Kant, im Gegensatz zu der »Aufklärung« und auch unseren klassischen Dichtern, an – muß jeder einzelne in sich selbst vollbringen, indem er durch eine »Revolution der Denkungsart«, eine »einzige unwandelbare Entschließung« eine völlige »Wiedergeburt« seines besseren Menschen erlebt. Allerdings nähert er sich darin der kirchlichen Auffassung, daß er meint: Falls der Mensch nach besten Kräften bemüht sei, ein besserer Mensch zu werden, so dürfe er hoffen, »was nicht in seinem Vermögen ist, werde durch höhere Mitwirkung ergänzt werden«. Aber Goethes Faust schließt doch auch mit dem Gedanken: »Wer immer strebend sich bemüht, den können wir erlösen.« Im übrigen sind in Kants Augen »Himmel« und »Hölle« bloße Bilder für das Sittlich-Gute und Sittlich-Böse; Taufe, Kirchgang und Abendmahl bloße Sinnbilder der sittlichen Gemeinschaft, die uns mit unseren Nächsten verbindet. Der Wunder- wie überhaupt aller bloß historische Glaube besitzt nicht den mindesten sittlich-religiösen Wert, desgleichen besteht das wahre Beten nicht im Aussprechen von allerlei Wünschen, durch das man auf Gott wirken will, sondern im »Geist des Gebets«, das heißt der sittlichen Gesinnung, die »ohne Unterlaß« unser ganzes Leben begleiten soll.

Den *Gottes*begriff hatte schon die »Kritik der reinen Vernunft« (vergl. S. 209) in das Reich der Ideen verwiesen und es höchstens als ein »moralisches Bedürfnis« für uns gelten lassen, uns das Dasein eines Wesens vorzustellen, »unter welchem unsere Sittlichkeit mehr Stärke ... gewinnt«. Die »Kritik der praktischen Vernunft« verstärkt, nicht gerade sehr beweiskräftig, diesen Gedanken dahin, daß sie ihn zusammen mit der Seelenunsterblichkeit und »der Willensfreiheit – übrigens ganz im Geiste der Zeit – als »Postulate« hinstellt, das heißt Sätze, die zwar »theoretisch nicht unerweislich sind, jedoch dem Sittengesetz »unzertrennlich anhängen« sollen. Die Unsterblichkeit wird überdies in demselben Werk einmal nur als »tröstende Hoffnung«, nicht Gewißheit bezeichnet. Und in dem unvollendet gebliebenen Werke seiner letzten Lebensjahre heißt es auch von dem Sein Gottes wieder folgerechter im Sinne des kritischen Idealismus: »Gott ist nicht ein Wesen *außer* mir, sondern bloß ein Gedanke *in* mir.«

4. Kants Kunstlehre. Seine Rechts-, Staats- und Geschichtsphilosophie

Als Schiller und Goethe ihre unsterblichen Werke schufen, war Kant zunächst durch die gewaltige Arbeit seiner Neubegründung der Philosophie, später durch sein hohes Alter gehindert, sie voll zu würdigen; er hat in Sachen der Dichtkunst den altväterischen Geschmack seiner Jugend- und Manneszeit beibehalten. Und ebenso stand ihm nur eine höchst mangelhafte Anschauung von Werken der bildenden Kunst und Erzeugnissen der Tonkunst zu Gebote. Trotzdem hat er kraft seines Genies die tiefsten Blicke in das Wesen der *Kunst* getan. Vor allem hat er ihr eine eigene Provinz des menschlichen Gemüts erobert: das *Gefühl*. Die Ästhetik oder Philosophie des »Geschmacks« hat es nach ihm mit einem unmittelbaren Wohlgefallen zu tun, das, ohne alles persönliche Interesse und ohne Verstandesbegriffe, aus dem freien Spiel der Phantasie erwächst und gleichwohl Allgemeingültigkeit beansprucht. Die ästhetische Zweckmäßigkeit ist weder auf das Nützliche noch auf das Gute gerichtet, sondern – ein nur scheinbarer Selbstwiderspruch – eine »Zweckmäßigkeit ohne Zweck«. Die ästhetische Idee ist eine Darstellung des Unendlichen, die von keinem Verstandesbegriff, ja von keiner Sprache erreicht werden kann. Sie ist eine Schöpfung des *Genies*, aus dessen Taten alle echte Kunst ihre Regeln ableitet. Der angeblich so nüchterne Kant preist die Phantasie in seinem Nachlaß einmal als unseren »guten Genius oder Dämon«, als die »Quelle aller unserer entzückendsten Freuden, ingleichen unserer Leiden«.

Das Wesentliche aller Kunst besteht nach ihm nicht in Reiz und Rührung, die, aufs Genießen angelegt, das Gemüt launisch und unzufrieden machen, sondern in der *Form*, die den Geist zu Ideen stimmt. Das *Schöne*, von dem ihm das Natur- über das Kunstschöne geht, erhält den Beschauer in ruhiger Betrachtung; das *Erhabene* dagegen, ob es nun der äußeren Natur oder der menschlichen Seele entspringt, erregt mehr Bewunderung oder gar heiligen Schauer als Lust. Es hat daher mehr Zusammenhang mit moralischen Gefühlen. »Ohne Enthusiasmus ist niemals in der Welt etwas Großes ausgerichtet worden.« Von den einzelnen Künsten stellt der Philosoph die Dichtkunst am höchsten, weil sie die Phantasie befreie, das Gemüt stärke und erweitere und mit einer Gedankenfülle versehe, die dem wissenschaftlichen Begriff versagt ist. Die Kunst der Töne freilich bewegt, obschon sie durch lauter »Empfindungen ohne Begriffe« zu uns spricht, unsere Seele noch mannigfaltiger und inniger: während die bildenden Künste einen dauernderen Eindruck auf das Gemüt machen. Ewige Muster der schönen Kunst bleiben in seinen Augen die alten Griechen. Zum echten Künstler muß man geboren sein; aber auch die wahre Erziehung zu Kunst besteht einzig in der »vereinigten Kultur aller Gemütskräfte«, das heißt der *Humanität* (echtem Menschentum).

Kant war schon seiner ganzen lauteren und mannhaften Persönlichkeit nach von starkem *Rechts*gefühl beseelt. 1771 dichtet er zu Ehren eines gestorbenen juristischen Amtsgenossen den Denkvers:

»Umsonst schwillt das Gehirn von Sprüchen und Gesetzen, Lernt nicht der Jüngling früh das *Recht* der *Menschen* schätzen.«

Und zu Anfang der achtziger Jahre schreibt er: »Rechtskunde ist vor alle Menschen. ... Man soll keine Rechte erfinden, sondern nur dasjenige, was sich jeder denkt, deutlich und bestimmt ausdrücken.«

Und zwar ist seine Rechtsauffassung ebenso ideal wie streng. Er verdeutscht den alten Ausspruch: *Fiat justitia pereat mundus* dahin: »Es herrsche Gerechtigkeit, die Schelme in der Welt mögen auch insgesamt darüber zugrunde gehen,« und nennt ihn »einen wackeren, alle durch Arglist oder Gewalt vorgezeichneten krummen Wege abschneidenden Rechtsgrundsatz«. Das Recht muß aller Rücksicht auf Wohlbefinden vorangehen, ist auch im öffentlichen Leben wichtiger als Ordnung und Ruhe. Diese können mit allgemeiner Unterdrückung verbunden sein, während »Unruhen, welche aus der Rechtsbegierde entspringen, vorübergehen«. Auch die Rechts *strafe* darf ihm zufolge nie als bloßes Mittel zum Zweck, etwa der Besserung oder der Abschreckung, sondern nur als Sühne für das Verbrechen verhängt werden. Darum ist er auch ein Anhänger der Todesstrafe für den Mörder.

Von der Verwaltungsjuristerei und -bureaukratie, die schließlich zur Unterjochung der Vernunft und zum Verzicht auf alles eigene Urteil führt, dagegen in allen Sätteln gerecht ist, hält der Philosoph sehr wenig. Diese Leute tun groß mit ihrer Menschenkenntnis, weil sie mit vielen zu tun haben, »ohne doch *den* Menschen und was aus ihm gemacht werden kann, zu kennen«.

Aber Recht geht nach Kant nicht bloß über Gütigkeit und Wohltätigkeit, sondern auch vor *Gewalt*. »Wenn einmal nicht von Recht, sondern nur von der Gewalt die Rede ist, so dürfte auch das Volk die seinige versuchen und alle gesetzliche Verfassung unsicher machen.« Damit kommen wir von Kants »Rechtslehre«, der er 1796 eine besondere Schrift als ersten Teil seiner »Metaphysik der Sitten« gewidmet hat, zu seinen Anschauungen vom

Staat
Am stärksten von seinen politischen Ansichten tritt seine *Freiheits*liebe hervor: »Es kann kein Abscheu natürlicher sein, als den ein Mensch gegen die Knechtschaft hat.« »Der Mensch, der abhängt, ... ist nichts als das Zubehör eines anderen Menschen.« Dem üblichen Einwand, die Menschen seien zur Freiheit (der politischen, wirtschaftlichen oder religiösen) »*nicht reif*«, hält er, nicht mehr ein

schwärmender Jüngling, sondern ein welterfahrener und bedächtiger Greis, in seiner »Religion« (1793) den Gedanken entgegen: Zur Freiheit »reifen« könne nur der, welcher zuvor in Freiheit gesetzt worden sei. Darum bekämpft er in seiner »Rechtslehre« alle Standesprivilegien und Herrenrechte. Darum begeisterte er sich für den Freiheitskampf der Nordamerikaner gegen ihre englischen Unterdrücker. Vor allem aber für die große *Revolution*, die sich seit 1789 in Frankreich vollzog. Und zwar redete er ihr auch dann noch »an den vornehmsten Tafeln das Wort«, als Klopstock und Wieland, Herder und – leider! – auch Schiller, durch den gewaltsamen Gang der Dinge erschreckt, von ihrem anfänglichen Enthusiasmus für die neue Ordnung der Dinge zurückgekommen waren: unbekümmert darum, ob er dadurch in den Geruch eines »Jakobiners« geriet. Wohl zog er an sich den friedlichen Weg der *Reformen* und der allmählichen Entwicklung gewaltsamem Beginnen vor; aber echte Staatsweisheit werde einmal ausgebrochene Revolutionen »nicht zur Beschönigung einer noch größeren Unterdrückung«, sondern als »Ruf der Natur« benutzen, endlich eine auf Freiheitsgrundsätzen begründete Verfassung, als die einzige Dauer versprechende, zustande zu bringen.

Theoretisch ist also Kant Demokrat, wie er denn auch einmal, ganz wie Rousseau, den »Willen aller« als den »Urquell alles Rechts« bezeichnet. Praktisch begnügte er sich freilich mit der Forderung der parlamentarischen Verfassung. Für einen Deutschen des achtzehnten Jahrhunderts wahrhaftig schon viel, besonders wenn wir bedenken, daß vor 1789 die einzige parlamentarische Verfassung in Großbritannien und dort, wie gerade Kant schon tadelt, vielfach nur zum Schein bestand. Und wenn er das Stimmrecht nur den bürgerlich Selbständigen gewähren will, alle Bediensteten dagegen und natürlich auch »alles Frauenzimmer« noch davon ausschließt, so folgte er auch damit nur den Spuren der neuen Republik im Westen: so daß der junge Marx mit Recht Kants Staatslehre als »die deutsche Theorie der Französischen Revolution« bezeichnet hat. Im übrigen paart sich mit dieser aufrichtig freiheitsliebenden doch eine strenge, fast konservative *Staats*gesinnung. Wie er schon 1784 in seinem berühmten Aufsatz: Was ist Aufklärung? mit dem aufgeklärten Despotismus Friedrichs II. im wesentlichen zufrieden gewesen war, weil er wenigstens den Gebildeten und Gelehrten die Freiheit des Denkens und der Feder einigermaßen sicherte, so erklärt er auch noch in den neunziger Jahren alle Widersetzlichkeit »gegen die oberste gesetzgebende Gewalt«, alle Aufwiegelung zur Rebellion usw. als »das höchste und strafbarste Verbrechen im gemeinen Wesen«, weil es »dessen Grundfeste zerstört«. Allerdings bedeutet dieser anscheinende Absolutismus bei ihm im Grunde nur die Allgewalt des *Gesetzes*, während ihm der patriarchalische Despotismus, der die Staatsbürger als Kinder behandelt, der verhaßteste von allen blieb.

Kants Staatsideal ist der durchgebildete *Rechtsstaat*, der unter anderem auch grundsätzliche Trennung von Staat und *Kirche* fordert und dem ersteren das Recht zuspricht, sich des »angemaßten« irdischen Eigentums der letzteren zu bemächtigen, die natürlich von der *Religion* als innerer Gesinnung sorgfältig unterschieden werden muß. Den Gedanken des *Sozial*staats hat er noch nicht gefaßt, wie er denn auch in wirtschaftspolitischer Hinsicht, unter dem Einfluß von Adam Smith (S. 174 f.), den Grundsatz des freien Spiels der Kräfte vertritt. Eine noch wenig bekannte Stelle seines Nachlasses lautet: »Das Wesen aller Regierung besteht darin, daß ein jeder seine Glückseligkeit selbst besorge und ein jeder die Freiheit habe, in dieser Absicht mit jedem anderen in Verkehr zu treten. Das Amt der Regierung ist nicht, diese Sorge den Privatpersonen abzunehmen, sondern nur die Harmonie derselben zu bewirken.« Doch muß »jedes Glied zu jeder Stufe eines Staates ... gelangen dürfen, wozu ihn sein Talent, sein Fleiß und sein Glück hinbringen können«. Darum sieht er auch sein Staatsideal schon in der »Kritik der reinen Vernunft« (1781) in einer »Verfassung von der größten menschlichen Freiheit nach Gesetzen, welche machen, daß *jedes Freiheit* mit *der anderen* ihrer zusammen bestehen kann«.

Zu diesem Ideal führt schließlich auch Kants

Geschichtsphilosophie

hin. Er ist kein Historiker und will auch keiner sein; dafür ist sein Interesse viel zu sehr den erkenntniskritisch-philosophischen Fragen zugewandt. Ihn interessiert eigentlich nur das Woher? und das Wozu?, das heißt die ersten Anfänge und das letzte Ziel der Geschichte, beziehungsweise der Weg, den die Menschheit zu letzterem nimmt. Gibt es überhaupt einen solchen Weg in diesem Menschengeschlecht, dessen Charakter »geschäftige Torheit« ist? Und ist hinter dem oft so widersinnigen, uns als reines Possenspiel anmutenden Gange der Dinge überhaupt irgendwelche Regel, irgendeine zweckvolle »Absicht der Natur« zu erkennen? Kant meint trotz alledem in seiner »Idee zu einer allgemeinen Geschichte in weltbürgerlicher Absicht« (1784) diese Frage bejahen zu können. Ja, er glaubt, trotz seines scharfen Blickes für die Schäden seiner Zeit, an einen Fortschritt der Menschheit als Gattung, und daß alle Naturanlagen eines Geschöpfes bestimmt seien, »sich einmal vollständig und zweckmäßig auszuwickeln«. Die »Natur« bedient sich zu diesem Zwecke jedoch häufig sehr unethischer Mittel. Weit mehr als Zuneigung und Liebe ist es die Not des Kampfes ums Dasein, sind es die eigennützigen Eigenschaften der Ehrsucht, Habsucht und Herrschsucht gewesen, die den Menschen aus der »Rohigkeit« zur Kultur getrieben haben und noch treiben; denn »aus so krummem Holz, als woraus der Mensch gemacht ist, kann nichts ganz Gerades gezimmert werden«. Und wir sind zwar – ein Nachklang von Rousseau – »in hohem Grade durch Kunst und Wissenschaft *kultiviert*. Wir sind *zivilisiert* bis zum Überlästigen, zu allerlei gesellschaftlicher Artigkeit und Anständigkeit. Aber uns für schon *moralisiert* zu halten, daran fehlt noch sehr viel.« Als das Endziel aber bezeichnet er auch hier die »Erreichung einer allgemein das Recht verwaltenden bürgerlichen Gesellschaft«, die durch gesetzlichen Zwang gleichwohl die größte *Freiheit* aller ihrer Glieder bewirkt. Das will sagen: Im *Inneren* ein Zustand, in dem man nicht mehr Vorteile genießt, um deren willen andere desto mehr entbehren müssen; im *Äußeren* »nach vielen Verwüstungen, Umkippungen und selbst durchgängiger innerer Erschöpfung ihrer Kräfte« – man denke an heute! – zuletzt trotz alledem doch ein großer *Völkerbund*.

Dieses Endziel hat der Philosoph in seinem hohen Alter noch einmal hell beleuchtet und begründet in der kleinen Schrift, die man als sein *politisches Testament* bezeichnen kann: *»Zum ewigen Frieden«* (1795). Wir können hier weder auf die Einzelheiten der kleinen Schrift, etwa die sechs Vorfriedens- und die drei Definitiv-, also endgültigen Friedensartikel, noch auf Kants Ansichten über Krieg und Frieden überhaupt während seiner verschiedenen Lebensepochen eingehen: das alles findet man, zusammen mit einer ausführlichen Einleitung über die geschichtliche Entwicklung des Friedensgedankens, in meiner Sonderausgabe der Schrift (2. Auflage 1919). Und ebenso, was der Philosoph über die Idee des Völkerbundes gedacht hat, nebst einem Vergleich mit dem durch die »Real«-Politik seiner Verbündeten völlig überwundenen Wilson, in meiner Schrift »Kant und der Gedanke des Völkerbundes« (Leipzig 1919). Sondern es kommt uns hier nur auf den philosophischen Charakter, auf die allgemeine Tendenz seiner Friedensschrift an. »Zum ewigen Frieden« bedeutet für ihn keineswegs einen eingebildeten, etwa bald zu erreichenden immerwährenden Friedenszustand – solche Phantasien oder Prophezeiungen entsprächen ganz und gar nicht dem nüchternen Wirklichkeitssinn und der besonnenen Welterfahrung unseres Denkers –, sondern nur die Tatsache einer »ewig« als solche vor uns stehende *Aufgabe*, ein beständig uns vorschwebendes Ziel, dem uns mit der Zeit mehr und mehr anzunähern unsere Pflicht ist. Das *philosophisch* Wichtigste steht in dem Anhang seiner Schrift, der von dem Verhältnis der *Politik* zur *Moral* handelt. Er, der gewiegte Menschenkenner, verhehlte sich wahrlich die ungeheuren Schwierigkeiten nicht, die einer moralischen Politik von jeher entgegengestanden haben und immer entgegenstehen werden. Er verfolgte alle politischen Ereignisse seiner Zeit mit regster Teilnahme und überraschte seine Freunde häufig durch den Scharfsinn, mit dem er kommende Ereignisse voraussah. Wenn er *trotzdem* seine von den »Real«-Politikern, wie er voraussah, »sachleer« gescholtenen Ideen der Welt zu verkünden nicht ermüdet, so besaß er nicht weniger Weltklugheit als jene; aber – *dazu* noch ein gutes Stück jenes unüberwindlichen Idealismus, der nach Goethe doch »früher oder später den Widerstand der stumpfen Welt besiegt«. Wie denn das letzte Kennzeichen seiner Philosophie überhaupt ein besonnener, aber tiefliegender Idealismus ist.[9]

5. Nächste Wirkungen. Kant und unsere Klassiker

Die »Kritik der reinen Vernunft« wirkte auf die Zeitgenossen zunächst nur verblüffend; niemand wußte aus dem schwer verständlichen Werke etwas zu machen. Erst die populäreren »Prolegomena« (1783) bewirkten einen Umschwung zum Besseren. Auch die von Professor *Schütz* zu Jena 1785 gegründete »Allgemeine Literaturzeitung« wirkte eifrig im Sinne der neuen Lehre. Vollständig aber wurde der Umschwung erst durch die warm und allgemeinverständlich geschriebenen »Briefe über die Kantische Philosophie«, die K. L. Reinhold in seines Schwiegervaters Wieland »Teutschem Merkur« 1786/87 veröffentlichte. Nach dem Erscheinen der beiden anderen Kritiken (1788 und 1790) erfolgte dann rasch ihre Ausbreitung auf alle deutsche Hochschulen, selbst die süddeutschen und katholischen nicht ausgeschlossen.

Selbstverständlich fehlte es auch nicht an Gegnern. Namentlich seitens der *Gefühls-* und *Glaubens*philosophie, deren Führer bis 1788 der merkwürdige »Magus des Nordens«, Kants Landsmann J. G. *Hamann* (1730 bis 1788) war, der alle methodische Philosophie als »Schulfuchserei und leeren Wortkram« befeindete und ihr gegenüber auf die »lebendige Wirklichkeit« der unmittelbaren Empfindung in Sprache, Offenbarung und Tradition hinweisen zu müssen glaubte; während sein und Goethes Freund F. H. *Jacobi* (1743 bis 1819) ähnliche Anschauungen in gemäßigterer Form vertrat, ja sich sogar zum Teil auf Kants Scheidung zwischen Wissen und Glauben berief. Auch *Herder*, der den vorkritischen Kant als seinen Lehrer verehrt hatte, fühlte sich durch die methodische

---

9 Vergleiche auch meine Charakterschilderung Kants in »Kant als Deutscher« (O. Reichl, Darmstadt 1919).

Strenge des Kritizismus abgestoßen, zumal da eine Besprechung Kants die logischen Schwächen seiner im übrigen geistvollen »Ideen zur Philosophie der Geschichte der Menschheit« scharf hervorgehoben hatte. Der Leibniz-Wolffsche Eklektizismus dagegen und die seichte Popularphilosophie waren seit dem entscheidenden Sieg der neuen Lehre wie mit einem Schlage tot.

Freilich ein Teil der nun allmählich die philosophischen Lehrstühle der deutschen Universitäten einnehmenden »Kantianer« erwiesen sich als allzu unselbständige Schüler des Meisters, über die Schiller spottete:

»Wie doch ein einziger Reicher so viele Bettler in Nahrung Setzt! Wenn die Könige baun, haben die Kärrner zu tun.«

Aber andere, vor allem Friedrich *Schiller* selbst, hatten die Kantische Denkweise um so tiefer in sich aufgenommen, wenn sie sie auch in selbständiger Weise weiterbildeten. Mehr als Kants theoretische Philosophie lag dem Dichter-Philosophen die Ethik und Ästhetik am Herzen. Die Strenge und Reinheit der kritischen Ethik hat er übrigens, entgegen dem, was darüber im Anschluß an seinen bekannten Sinnspruch über den Gegensatz von Pflicht und Neigung in den Philosophie- und Literaturgeschichten häufig zu lesen steht, in ihrer methodischen Notwendigkeit durchaus anerkannt. Auch nach ihm würde eine ästhetische oder Gefühlsmoral die Sittlichkeit »in ihren Quellen vergiften«, und entspringt das bloße Glückseligkeitsstreben einem Ideal der – Begierde, das die »Tierheit« in uns hervorbringt. Aber er hat die Kantische Ethik durch seine *Ästhetik* bereichert und ergänzt. Auch für ihn steht neben den Gebieten des Erkennens und der Sittlichkeit die neue Welt der Kunst, die aus dem »freien Spiel« der beiden anderen im Gemüt entspringt. Zu dem »physischen« Zustand des Menschen, in dem er die Macht der Natur »erleidet«, und dem »moralischen«, in dem er ihr überlegen ist, fügt Schiller als dritten den »ästhetischen«, in dem er sich ihrer »entledigt« dadurch, daß er die Gegensätze Natur–Sittlichkeit, Leiden–Tätigkeit, Stoff–Form in die Harmonie der Kunst auslöst. Darum ist ästhetische Bildung als Erzieherin zu wahrer Vollendung der Sittlichkeit notwendig.[10]

Durch seinen 1794 geschlossenen Freundschaftsbund mit Schiller ist auch *Goethe*, der bis dahin seine philosophische Nahrung hauptsächlich aus Herder und Spinoza gezogen hatte, der Kantischen Philosophie nähergeführt worden. Schon seit 1790 hatte er sich durch den ästhetischen wie dem naturphilosophischen Teil der »Kritik der Urteilskraft« (S. 210 f., 217 f.) lebhaft angeregt, ja sie »seinem bisherigen Schaffen, Tun und Denken ganz analog (entsprechend)« gefunden. Von nun an trat er ihr noch näher; und wenn auch seine »anschauende« Künstlernatur sich dem Trennen und Zergliedern der Philosophie nie völlig in dem Maße wie Schiller hinzugeben vermochte, so hat er doch der kritischen Philosophie, die ihn »auf sich selbst aufmerksam machte«, auf ihren verschiedenen Gebieten bis an sein Ende verehrende Dankbarkeit bezeigt.

Auch Wilhelm *v. Humboldt*, der berühmte Sprachphilosoph und Staatsmann, dessen politische Erstlingsschrift »Versuch, die Grenzen der Wirksamkeit des Staates zu bestimmen« (1792) einen folgerechten Individualismus verkündet, hat unter dem Einfluß Kants gestanden; wie denn überhaupt die Männer der preußischen Reformzeit, die nur allzubald von der reaktionären Welle wieder überflutet wurde, allesamt von dem sittlichen Geist und der hinreißenden Kraft der Kantischen Ethik ergriffen waren: »die Welt ist das, wozu wir sie machen«.

Gerade dieser erhebende sittliche Zug des Königsberger Denkers war es, der die Gemüter packte; übrigens auch in der Rechtswissenschaft und noch mehr in der *Theologie* der Zeit kräftige Spuren hinterließ. In der evangelischen Kirche ist sogar der von Kant ausgehende *Nationalismus*, der die Vernunft zum obersten Maßstab

---

[10] Vergleiche Schillers philosophische Abhandlungen (in der Philosophischen Bibliothek in Auswahl herausgegeben von E. Kühnemann) und Gedichte. Näheres über das Verhältnis Schillers und Goethes zu Kant siehe in meinem Buche: Kant, Schiller, Goethe. Leipzig 1907.

auch in Religionssachen erklärt, beinahe ein halbes Jahrhundert lang die vorherrschende Richtung geblieben, während er mit dem Geist der römischen Kirche, in die er anfangs auch eingedrungen war, auf die Dauer als unversöhnbar sich erwies. Hat man doch von jener Seite her noch 1914 in Kants »Subjektivismus« den »intellektuellen Urheber« des Mordes von Serajewo und noch vor kurzem, in den Ausschußverhandlungen der Preußischen Landesversammlung von 1920, des russischen Bolschewismus erblicken wollen! Um so sicherer können sich diejenigen allezeit auf Kant berufen, die, keine irdische Autorität anerkennend, allein in dem eigenen Gewissen die oberste Richtschnur ihres Handelns sehen.

Auch bedeutende Historiker wie Niebuhr und Schlosser, Naturforscher wie der Begründer der modernen Physiologie Johannes Müller und andere haben starke Eindrücke von Kant empfangen. Desgleichen bauten Philosophen wie der freisinnige Jenaer Professor *Fries* (1773 bis 1843), der 1817 wegen seiner Beteiligung am Wartburgfest der deutschen Burschenschaft für längere Zeit seines Amtes entsetzt wurde, und dessen Philosophie seit 1904 eine Wiederauferstehung in der neuen »Friesschen Schule« in Göttingen erlebt hat, auf seinem Grunde weiter.

Allein gerade auf philosophischem Felde setzte doch bereits zu Kants Lebzeiten, während er altersschwach dem Tode zusiechte, eine Entwicklung ein, die, von seiner behutsamen kritischen Methode nicht befriedigt, neue abweichende Bahnen einschlug. Wie im allgemeinen Geistesleben, in Religion, Literatur und Kunst um die Wende des Jahrhunderts der Klassizismus sein Zepter an die *Romantik* abtritt, so auch in der Philosophie.

Zehntes Kapitel. Die Philosophie der Romantik: von Fichte bis Hartmann und Nietzsche

1. Fichte (1762 bis 1814)

Gleich Kant, Herder und Schiller ist der am 19. Mai 1762 geborene *Johann Gottlieb Fichte* ein Sohn des Volkes, ein Bandwirkerssohn aus der sächsischen Oberlausitz, der seinem Vater am Webstuhl hilft und die Gänse hütet, dann von einem Edelmann der Nachbarschaft entdeckt und dem heute noch bestehenden berühmten Gymnasium Schulpforta zugeführt wird. Auch hier, wie auf den Hochschulen Jena und Leipzig, muß er sich schwer durchschlagen, bis er sich 1790 in Zürich mit der Tochter eines dortigen nicht unbemittelten Bürgers verlobt. Inzwischen lernt er die »kopfzerbrechende«, aber »herzerhebende« Lehre Kants kennen, den der fast Dreißigjährige in seiner Begeisterung in dem fernen Königsberg aufsucht und auch um materielle Hilfe bittet. Sein dort innerhalb eines Monats niedergeschriebener »Versuch einer Kritik aller Offenbarung«, der anfangs für ein Werk Kants gehalten wurde, macht ihn mit einem Schlage berühmt. Im nächsten Jahre (1793) folgen von Zürich aus seine beiden in Rousseaus Geist gehaltenen, noch ohne seinen Namen herausgegebenen politischen Schriften: »Zurückforderung der Denkfreiheit von den Fürsten Europas« und »Beiträge zur Berichtigung der Urteile des Publikums über die Französische Revolution«. Mit seiner Berufung auf Reinholds Lehrstuhl nach Jena (1794) beginnt dann die Reihe seiner grundlegenden philosophischen Werke.

Die Philosophie Fichtes fließt, in weit höherem Grad als diejenige Kants, aus der Persönlichkeit des Urhebers. »Was für eine Philosophie man hat, hängt davon ab, was für ein Mensch man ist.« Fichte aber ist durch und durch *Wille*. »Zu einem Gelehrten vom Metier (Handwerk) habe ich gar kein Geschick; ich mag nicht bloß denken, ich will handeln,« sagt er, und ein anderes Mal: »Je mehr ich *handle*, desto glücklicher scheine ich mir.« Dieser Charakter, der schon in seinem trotzigen Gang, seinem großen strafenden Auge zutage trat, prägt sich ebenso in seinen Vorlesungen wie in seinen

Schriften aus: er *predigt* seine Philosophie, öfters in herrischer, beinahe gewaltsamer Weise. Schon der angehende Professor erklärt in seiner »Bestimmung des Gelehrten«: »Hinstehen und klagen über das Verderben der Menschen, ohne eine Hand zu regen, um es zu verringern, ist weibisch. ... Handeln! handeln! das ist es, wozu wir da sind.« Den besten Eingang in seine Denkweise findet man daher auch in dieser populären ... Zeile fehlt im Buch. Re.... holds Lehrstuhl nach Jena (1794) beginnt dann die Reise seiner grundlegeneden philosophischen Werke.

Kant, von dem er ausgeht, ist ihm zu kritisch, geht ihm nicht tief genug auf den letzten Grund, das heißt das eigene *Ich*, zurück. Der erste Grundsatz aller Philosophie muß die » *Tat*handlung« sein: »Setze (denke) dein Ich!«, was aber nur Sinn hat, wenn es von einem »Nicht-Ich« sich unterscheidet. So entsteht die Grundlage von Fichtes theoretischer Philosophie: »Das Ich setzt sich als *bestimmt* durch das Nicht-Ich« und der praktischen: »Das Ich setzt sich als *bestimmend* gegenüber dem Nicht-Ich.« Die »Grundlage der gesamten Wissenschaftslehre« (1794), die übrigens im Laufe seiner philosophischen Entwicklung von ihrem Urheber vielfach umgearbeitet ward, entwickelt nun in rein abstrakter, zum Teil an die Scholastiker oder Spinoza erinnernder Art, in öfters ermüdenden Ketten von Folgerungen, neuen Lehrsätzen usw. die Begriffe der Empfindung, der Anschauung, des Verstandes, der Urteilskraft und der höchsten Stufe und zugleich Grundlage alles Wissens: der Vernunft oder des *Selbstbewußtseins*, aus dem die gesamte Erfahrung abgeleitet wird.

Hatte das rein theoretische Denken uns mit dem gemeinen Menschenverstand entzweit, so versöhnt uns wieder mit ihm die das erstere in Wahrheit erst begründende und bestimmende *praktische* Philosophie, wie sie zuerst im »System der Sittenlehre« von 1798 entwickelt wird. Sie baut sich auf dem »festen *Entschluß*« zur unbedingten *Selb*ständigkeit, auf dem »Glauben« daran auf. »Ich bin wirklich frei« oder der Grund meiner selbst, lautet der erste Grundsatz der Fichteschen Ethik. Nicht das Tun ist aus dem Sein, das

Lebendige aus dem Toten abzuleiten, sondern umgekehrt: »allein dein Handeln bestimmt deinen Wert«. Darauf werden dann die Grundbegriffe der Kantischen Ethik: Sollen, kategorischer Imperativ, Autonomie, Sittengesetz usw. entwickelt, sowie der Unterschied zwischen meinem Trieb als Naturwesen und meiner Tendenz als »reiner Geist«, die mich, auch wieder durch meinen festen »Entschluß«, über das Naturhafte erhebt. Den kategorischen Imperativ faßt Fichte noch kürzer als Kant in die Formel zusammen: *Handle nach deinem Gewissen!* Wer auf irgendwelche Autorität hin handelt, handelt gewissenlos; Erziehung zur Sittlichkeit heißt Erziehung zur Selbständigkeit.

Im einzelnen decken sich seine sittlichen Ansichten meist mit denjenigen Kants: so bezüglich des radikalen Bösen, der drei »Grundlaster« der Trägheit, Feigheit und Falschheit, und der Notlüge. Noch stärker als bei Kant ist Fichtes Sittenlehre von vornherein *sozial* gefärbt. Jeder Mensch hat ein *Recht* auf Eigentum, jeder Arme ein solches auf staatliche Unterstützung; es soll weder Bettler noch Almosen geben. Deshalb stellt Fichtes »Naturrecht« (1796) drei *Urrechte* des Menschen auf: über den eigenen Leib, auf Eigentum, auf Selbsterhaltung; kurz die Verwirklichung des Rechtsstaats mit Volkssouveränität und Volksvertretung, wie Rousseau und Kant. Aber er geht insofern über beide hinaus, als er in seinem »Geschlossenen Handelsstaat« von 1800 zum *ersten* Male in Deutschland den Plan eines *sozialistischen* Gemeinwesens mit durchgehender staatlicher Organisation der Arbeit entwirft. Zu diesem Zwecke soll der Staat die gesamte Ein- und Ausfuhr selbst in die Hand nehmen, Gütererzeugung und -verteilung durch die drei »geschlossenen« Stände der Produzenten (d. h. Landwirte), »Künstler« (Fabrikanten) und Kaufleute regeln, die Preise nach einem besonderen Landesgeld (aus Papier oder – Leder!) festsetzen usw. Nähere Einzelheiten und weitere sozialistische Gedanken Fichtes überhaupt siehe in meiner Schrift: Kant, Fichte, Hegel und der Sozialismus. Berlin 1920, Seite 58 bis 72. Die Verquickung idealer Grundsätze mit wirtschaftlich-reaktionären, im Geiste der friderizianischen, eben doch zum Untergang reifen Ständetrennung gehaltenen Maßregeln hat es bewirkt, daß die Schrift ohne alle praktische Wirkung auf die Folgezeit blieb und bald vergessen ward. Darum behalten jedoch heute noch ihren Wert soziale Grundgedanken wie der: »Es sollen erst alle satt werden und fest wohnen, ehe einer seine Wohnung verziert; erst alle bequem und warm gekleidet sein, ehe einer prächtig sich kleidet.« Und vor allem die herrlichen Worte: »Der Mensch soll arbeiten, aber nicht wie ein Lasttier. ... Er soll angstlos, mit Lust und Freudigkeit arbeiten und Zeit übrig behalten, seinen Geist und sein Auge zum Himmel zu erheben, zu dessen Anblick er gebildet ist.« Jeder Mensch, sagt er später in seiner »Rechtslehre«, muß so leben, daß *alle* anderen dabei bestehen, ja so angenehm leben können, als es möglich ist. Von dem Augenblick an, wo jemand Not leidet, gehört der Überfluß des anderen *rechtlich* dem Notleidenden. Jeder soll, neben seiner Arbeit, auch das Recht auf Muße (wie später Paul Lafargue sagt: auf »Faulheit«) haben. Ja, Fichte hat einen ganz neuen *Eigentums*begriff aufgebracht, wonach das »Eigentum« in dem ausschließlichen Recht auf eine bestimmte *freie Tätigkeit* besteht. Bergbau und Forsten sind natürlicher Staatsbesitz; aber auch mit allem übrigen Grundeigentum hat der Staat die einzelnen erst zu belehnen. Fichte hatte seinen »Geschlossenen Handelsstaat« dem preußischen Finanzminister v. Struensee gewidmet, der darin ein »Ideal aufgestellt« fand, »nach welchem zu streben jedem Staatsdiener ... Pflicht sein sollte«!

Der Philosoph befand sich damals schon in Berlin. Der sogenannte Atheismus-Streit hatte seine Entfernung von Jena herbeigeführt. Er hatte in seinem »Philosophischen Journal« eine ziemlich radikale religionsphilosophische Abhandlung eines gewissen Forberg veröffentlicht und bei dieser Gelegenheit selber »Gott« mit der sittlichen Weltordnung gleichgesetzt. Daraufhin von der kursächsischen Regierung des »Atheismus« angeklagt, verteidigte er seinen Standpunkt mit gewohnter Energie und drohte, im Fall eines Verweises, mit seinem und anderer Kollegen Fortgang von Jena. Gerade dadurch – er war zudem mit seinen theologischen Kollegen wegen volkstümlicher Vorlesungen am Sonntag und mit einem Teil der Studenten infolge seines Vorgehens gegen ihre rohen Burschensitten schon vorher in Zwist geraten – führte er seine Entlassung herbei, der jetzt auch Minister – Goethe seine Zustimmung gab. In Berlin, wohin er ging, geriet Fichte nun in die ganz andere geistige Luft der neuen *Romantik* (Schleiermachers, Tiecks, der beiden Schlegel und anderer) hinein, war überdies Wohl auch durch die neue Philosophie seines jüngeren Jenaer Kollegen Schelling (S. 233 ff.) beeinflußt worden; kurz, er hat den wissenschaftlichen Standpunkt seines ersten philosophischen Jahrzehnts nicht festgehalten. Sein Denken bekommt vor allem eine viel stärkere *religiöse* Färbung.

Die rein moralische Religion des freudigen Rechttuns, das keinen Lohn begehrt und die Gottheit nicht zum bloßen »Geber der Glückseligkeit« erniedrigen will, genügt ihm nicht mehr. Religion ist ihm jetzt kein Tun mehr, sondern ein *Gefühl*: Leben, Liebe, Seligkeit. Er schreibt eine »Anweisung zum seligen Leben« (1806). Als Hauptgegner betrachtet er jetzt nicht mehr die Rechtgläubigkeit, sondern die »Aufklärung« Nicolais. Die höchste Wissenschaft ist die des seligen Schauens, der höchste Zustand der Menschheit, wie die »Grundzüge des gegenwärtigen Zeitalters« (1806) erklären, der der »vollendeten Rechtfertigung und Heiligung« unter der freien Herrschaft der Vernunft; denn – *dabei* ist er doch geblieben – der Zweck des Erdenlebens für die Menschheit besteht darin, daß sie »alle ihre Verhältnisse mit Freiheit nach der Vernunft einrichte«.

Nun aber kam dazwischen in dem Jahre 1806/07 die Niederwerfung und völlige Demütigung des preußischen Staates, dem der geborene Sachse sich begeistert angeschlossen hatte, durch Napoleon I. Und jetzt hielt er, während draußen die französischen Trommeln wirbelten, im Winter 1807/08 in der Berliner Singakademie seine berühmten »*Reden an die deutsche Nation*«, von denen Ferdinand Lassalle sagt, daß sie »an Tiefe und Kraft weithin alles übertreffen, was uns in dieser Gattung und Literatur aller Zeiten und Völker überliefert ist«. Gewiß äußert sich in ihnen ein manchmal überschwenglich sich gebärdender Kultus der »Deutschheit«. Aber nicht im »alldeutschen« Sinne der Eroberungs- und imperialistischen Politik, die der Redner im Gegenteil ausdrücklich ablehnt. Sondern *deutsch sein* heißt ihm: »an ein absolut Ursprüngliches im Menschen selber, an Freiheit, an unendliche Verbesserlichkeit, an ewiges Fortschreiten unseres Geschlechts glauben.« Er fordert darum, ähnlich wie Kant, eine gänzliche Umänderung des bisherigen *Erziehungssystems*, aber noch schärfer als dieser für das *ganze* Volk, ohne Unterschied von Stand und Geschlecht, die obligatorische Staats- und Arbeitsschule für alle, wobei er sich im Praktischen vielfach an den großen Erneuerer Pestalozzi anschließt. Und zwar nicht »lediglich zur Seligkeit im Himmel«, den er vielmehr schon mitten in die Gegenwart hineinführen will, sondern zur Tüchtigkeit auf Erden. Einem Tyrannen steht es an, diejenigen, »denen er auf Erden kein Plätzchen verstatten will, an den Himmel zu verweisen«. Fichte »ist vor allen Dingen *dies* religiöser Sinn, daß man sich gegen die Sklaverei stemme«! Die wahre Religion »macht bloß den Menschen sich selber vollkommen klar und verständlich, beantwortet die höchste Frage, die er aufwerfen kann, löset ihm den letzten Widerspruch und bringt so vollkommene Einheit mit sich selbst und durchgeführte Klarheit in seinen Verstand«.

Die »Reden an die deutsche Nation« waren ursprünglich als Teil eines umfassenden Ganzen gedacht, von dem jedoch nur eine Reihe in seinem Nachlaß aufgefundener Bruchstücke zustande gekommen sind, die denselben Geist der Freiheit und der Staatsunterordnung zugleich atmen. Er selbst war Feuer und Flamme für den sittlichen Wiederaufbau des zerstört daniederliegenden Staates und wurde 1811 der erste gewählte Rektor der neugegründeten Berliner Universität, zu der er durch eine Denkschrift schon 1807 die erste Anregung gegeben hatte. Im Kampfe gegen den Unterdrücker hielt er auch machiavellistische Mittel (»Machiavell« 1812) für geboten. Mit Begeisterung sah er deshalb die Erhebung von 1813 und wollte anfangs persönlich als religiöser Redner mit ins Feld ziehen. Er starb im Januar 1814 an einem ansteckenden Fieber, das seine Frau sich bei der Pflege Verwundeter geholt und auf ihn übertragen hatte.

Fichtes unmittelbare Schüler sind ohne Bedeutung. Und seine »Reden« wurden zehn Jahre nach seinem Tode in Preußen verboten, so daß eigentlich erst der angeblich »Vaterlandslose« Lassalle wieder an sie angeknüpft hat. Seine Hauptbedeutung für die Geschichte der Philosophie, abgesehen von seinem hochgemuten sittlichen Idealismus, besteht darin, daß er, von der besonnenen Bahn des Kantischen *Kritizismus* ablenkend, durch sein System die ganze folgende *spekulative* deutsche Philosophie einleitet. Seine Nachfahren auf diesem Wege sind *Schelling* und *Hegel*.

2. Schelling (1775 bis 1854)

Schelling, ein frühreifer schwäbischer Pfarrerssohn, der schon mit fünfzehn Jahren als Studiosus der Theologie das Tübinger Stift bezog, mit siebzehn sich die Magisterwürde erwarb, ward, nach zweijährigem Hauslehrertum in Leipzig, bereits 1798 durch Fichtes und Goethes Einfluß als Professor nach dem damaligen Mittelpunkt der deutschen Philosophie, Jena, berufen, wo sich jene geistreich-witzige »Republik von Despoten« zusammengefunden hatte, die man die »Romantische Schule« zu nennen pflegt, und deren tonangebender Philosoph bald der erst dreiundzwanzigjährige junge Schelling wurde. Er ist eine glänzende und vielseitige Persönlichkeit, aber ohne strenge Zucht des Denkens, läßt sich leicht von anderen bis zur Begeisterung beeinflussen und modelt deshalb seine Lehre fortgesetzt um, so daß wir uns mit ihm nicht allzulange aufzuhalten brauchen.

Schon sehr bald verläßt er seinen ersten Meister Fichte und wirft sich auf die von diesem vernachlässigte *Natur*philosophie. Aber er setzt sich genial über die mühevolle wissenschaftliche Einzelforschung hinweg; die »blinde, empirische« Naturforschung eines Boyle oder Newton stößt ihn ab. Er will statt dessen die Natur »von innen her« konstruieren (aufbauen) als einen gewaltigen Organismus, ein großes von der »unreifen Intelligenz« der Materie bis zum menschlichen Bewußtsein emporführendes Entwicklungssystem. Die bei dem damaligen Wissensstand notwendig vorhandenen Lücken füllt er ohne langes Bedenken mit allerlei geistreichen, oft aber auch durchaus in die Irre führenden Hypothesen aus: so daß der Name Natur *philosophie* durch seine und seiner Anhänger Schuld bei den ernsten, nüchternen Männern der Wissenschaft auf Jahrzehnte hinaus in Verruf gekommen ist. Die Natur wirkt nach ihm durch einander widerstreitende Kräfte: ihr einendes, sie organisierendes Prinzip ist »die Weltseele«.

Aber die Naturphilosophie (1799) – er gründet auch eine Zeitschrift für »spekulative« (!) Physik – ist nur ein Teil seines »Systems des transzendentalen Idealismus« (1800), das noch einmal in Fichtescher Weise vom Selbstbewußtsein oder Ich ausgeht und neben die Naturphilosophie eine religiös gefärbte Geschichtsphilosophie und, als Schlußstein des Ganzen, eine Philosophie der Kunst stellt, übrigens schon im folgenden Jahre in ein neues, das »Identitäts«-System oder die Philosophie des *Absoluten* übergeht, welches letztere erhaben über dem Gegensatz von Natur und Geist, Objekt und Subjekt thront und mit der ewig sich selbst gleichen Vernunft einerlei ist, die sich in der »Welt« offenbart, übrigens wieder ein Jahr später bereits mit dem Namen *Gottes* bezeichnet wird. Schelling ist so in die Nähe Spinozas und Giordano Brunos gerückt, nach dem denn auch eine Schrift von 1802 genannt ist. In populärer, anziehender und klarer Form (was man nur von wenigen Schriften unseres philosophischen Romantikers sagen kann) stellen seinen damaligen Standpunkt die »Vorlesungen über die Methode des akademischen Studiums« (1803) dar, die sich daher am besten zur Einführung in seine Denkart eignen. Aufgabe der Wissenschaft ist nicht die trockene Erfahrung, sondern die von »höheren« Gesichtspunkten ausgehende »*Konstruktion*« der Religion, die mit Poesie, der Wissenschaft, die mit der Kunst zusammenfällt, der Geschichte, des Staates, aber auch – der Materie, des Lichtes, der Schwere. Erster Zweck der Philosophie bleibt: die Geburt aller Dinge aus Gott oder dem Absoluten zu begreifen!

Mit dieser Geistes- und Schriftenfülle hat sich aber der erst Achtundzwanzigjährige, der jetzt in das damals modern gewordene Bayern (erst nach Würzburg, später nach München) übersiedelte, sozusagen auch erschöpft. Was nun noch kommt, bedeutet einen entschiedenen Abstieg. Freilich seine seelischen Wandlungen dauern noch fort. Es folgt namentlich eine Wendung zur *Religion*, die den Abfall von Gott zur Ichheit aus der »Freiheit« des menschlichen

Willens, das heißt im Grunde dem Dunklen, Verstand- und Bewußtlosen in Gott erklärt. Damit beginnt – obgleich dazwischen noch eine kurze Epoche einzuschalten ist, in der er die *Kunst* als höchste Gestaltung des Irdischen verehrt – sein Einlenken in die Bahn des Irrationalen (Vernunftlosen), Mystischen und Theosophischen, die ihn unter anderem in der Schrift von den »Weltaltern« (1815) Gottes Offenbarung *vor* der Weltschöpfung, *in* dieser Welt und in der Zeit, die *nach* ihr kommen wird, behandeln läßt. Das ist schon keine Philosophie mehr, sondern Mystik!

Eben deshalb berief ihn der romantische Preußenkönig Friedrich Wilhelm IV. ein Jahr nach seiner Thronbesteigung (1840) nach Berlin, um der »Drachensaat« des »Unglaubens« zu steuern. Allein er enttäuschte Freund wie Gegner. Seine schon lange angekündigte »Philosophie der Offenbarung« kam nicht zustande. Es kam nur zu einer Antrittsvorlesung, die den Spott und Unwillen aller freier Denkenden erregte, unter anderen den jungen Friedrich Engels zu seiner kecken Erstlingsschrift (1842) veranlaßt. Der alte Philosoph zog sich bald von seiner Lehrtätigkeit zurück und starb fast vergessen in einem Schweizer Bad im August 1854.

3. Hegel (1770 bis 1831)

In vollstem Gegensatz zu dem beweglichen, auch äußerlich Leben sprudelnden Schelling vertritt sein Landsmann Georg Friedrich Wilhelm Hegel, als Sohn eines herzoglich württembergischen Rechnungsbeamten am 27. August 1770 in Stuttgart geboren, die schwerfällige, bedächtige, ganz aufs Innere gerichtete Seite der schwäbischen Art. Schon im Tübinger Stift, das er, obwohl fünf Jahre älter, mit Schelling und dem Dichter Hölderlin gemeinsam besucht, heißt er »der alte Mann«. Erst als Dreißigjähriger beginnt er seine philosophische Laufbahn, indem auch er sich zu Anfang 1801 in dem damaligen philosophischen Mittelpunkt Deutschlands, dem kleinen Jena, als Privatdozent der Philosophie niederläßt. Anfangs wirkt er mit Schelling gemeinsam, aber die blendenden Einfälle und kecken Gedankensprünge des Jüngeren befriedigen den Systemdrang seines nüchterneren und doch tiefen Geistes nicht. 1807 veröffentlicht er sein erstes größeres Werk, die »Phänomenologie (Lehre von den Erscheinungsformen) des Geistes«, wird dann für acht Jahre Rektor des Nürnberger Gymnasiums, um 1816 wieder in den ihm gemäßeren Beruf des Philosophiedozenten, diesmal als ordentlicher Professor in Heidelberg, zurückzukehren. Von da 1818 nach Berlin berufen, erlebt er dort seine Glanzzeit. Sozusagen als philosophischer Diktator Deutschlands, von seiner Studierstube und seinem Katheder aus – ein eintöniger und unbeholfener Redner ist er allerdings geblieben – die geistige Welt erobernd, indem er in sein »System« den gesamten geistigen Inhalt seiner und aller vergangener Zeit einzuschließen suchte. Mitten aus dieser Tätigkeit raffte ihn am 14. November 1831 die Cholera hinweg.

Es ist unmöglich, auf wenigen Seiten ein auch nur annäherndes Bild dieses umfassenden und höchst verwickelten Systems zu geben. Begnügen wir uns mit einigen groben Umrissen, um nur dasjenige etwas genauer ins Auge zu fassen, was auf seine Zeitgenossen und Nachfolger am stärksten gewirkt hat und auch heute noch fruchtbar erscheint.

Hegel faßt einmal in einem Jugendentwurf den Kerngedanken seiner ganzen späteren Philosophie in den kurzen Satz zusammen: »Das *Absolute* ist *Geist*, und es ist *dialektischer* Art, das heißt in beständiger Entwicklung begriffen.« In diesen wenigen Worten ist in der Tat der Grundgedanke seines Systems beschlossen.

Es geht aus von dem, womit eine behutsame, auf dem Boden der Tatsachen bleibende Philosophie, wie die Kantische, allenfalls endet, dem »Grund der Welt«, dem »*Absoluten*«, das heißt von allen Einzelbestimmungen völlig »Losgelösten«, das er auch als die »Vernunft«, die »Idee«, den »Geist« bezeichnet. So beginnt denn sein wissenschaftliches Grundwerk, die »Wissenschaft der *Logik*« (3 Bände, 1812 bis 1816), mit dem »reinen«, das bedeutet für ihn: noch ganz inhaltlosen und unbestimmten »Sein«. Aus diesem wird in rein abstrakter, von aller Wirklichkeit gelöster Gedankenführung das Werden, das Dasein und das unendliche Für-sich-sein oder die »Qualität« (Beschaffenheit) abgeleitet, die ihrerseits dann in die erst ebenfalls reine, darauf bestimmte und zuletzt unendliche »Quantität« »umschlägt«. Und so geht es weiter, in unendlichen Dreiteilungen zu Wesen, Erscheinung und Wirklichkeit, von da zum subjektiven, zum objektiven Begriff und zur Idee.

Die Idee entschließt sich, »sich als Natur frei aus sich zu entlassen«: die Logik wird zur *Natur*philosophie. Denn die Natur ist nichts anderes als »die Idee in der Form ihres Andersseins«. Gewiß, sie ist ein »System von Stufen«, die aber beileibe *nicht* als »eine aus der anderen *natürlich* erzeugt« betrachtet werden, sondern allein aus »der inneren, den Grund der Natur ausmachenden Idee« fortschreitend von der Mechanik über die Physik zur Organik. Im Tier befreit sich »die Idee« von der Angewurzeltheit am Boden, aber erst im menschlichen Geiste findet sie sich zu sich selbst zurück. Der Hauptteil der Hegelschen Philosophie ist denn auch die Philosophie des *Geistes*. Nach seinem »Heraustreten« aus der Natur richtet der Geist seine Aufmerksamkeit zunächst auf sich selbst, als »*subjektiver*« Geist: in der Anthropologie, der »Phänomenologie« (S. 236) und der Psychologie. Dieser subjektive Geist geht dann, in seiner sich selbst bestimmenden Freiheit, über in den *objektiven*, der sich verwirklicht in der Welt des Rechts, der Moralität und der Gemeinschaft in Familie, bürgerlicher Gesellschaft und Staat. Völlig zur Entfaltung kommt er jedoch erst in der Weltgeschichte (S. 239 f.). Der subjektive und der objektive Geist finden ihre höhere Einheit endlich im »*absoluten*« Geist, der die Gegensätze von Subjekt und Objekt, Sein und Denken aufhebt und das »Wesen« des Endlichen wie Unendlichen erkennt. Er stellt sich wiederum in drei Formen dar: Indem er sich in voller Freiheit anschaut, wird er zur *Kunst*; indem er sich andächtig vorstellt, zur *Religion*, indem er sich denkend begreift, zur *Philosophie*; womit der ganze Kreis vollendet ist.

Hegels gesamtes System ist in übersichtlicher Darstellung in seiner Enzyklopädie (zusammenfassenden Darstellung) der philosophischen Wissenschaften im Grundriß (1817, 3. Auflage 1830) zusammengefaßt. Besonders erschien außerdem nur noch die »Rechtsphilosophie« (1821), während die übrigen Teile, abgesehen von kleineren Abhandlungen, erst von seinen Schülern in Gestalt seiner Vorlesungen (in 18 Bänden, 1832 bis 1845) veröffentlicht worden sind. Je mehr er sich der tatsächlichen Welt, namentlich in Staat und Geschichte, zum Teil auch in Religion und Kunst, nähert, desto anziehender wird seine Darstellung: ganz wird man freilich den Eindruck des Gekünstelten, zum Behuf des »Systems« Zurechtkonstruierten nicht los. Wir begnügen uns im folgenden, die unserer Ansicht nach heute noch am stärksten wirkenden Teile herauszugreifen: seine *Geschichts*- und seine *Staats*philosophie. Zuvor aber müssen wir das eigentlich Fruchtbare daran wenigstens kurz skizzieren: den seiner sogenannten »dialektischen« Methode zugrunde liegenden *Entwicklungs*gedanken.

Alles in der Welt ist – wir denken an den alten Heraklit zurück – *Werden*, ist Entwicklungsprozeß vom kleinsten Grashalm bis zu ganzen Sternensystemen. Überall steht neben dem »Sein« ein Nichtmehr-, ein Noch-nicht-, ein Nichtganz-Sein. Leben steckt nur im Werden; bloß auf dem Wege der Entwicklung kann ein Ding, was es auch sein mag, in die Wirklichkeit treten. Alles heute Vorhandene war schon vom Uranfang her im Keime da. Nun aber kommt zu dem Gedanken der Entwicklung überhaupt noch ein zweiter hinzu, der zwar in Fichtes und Schillings Philosophieren sich schon leise andeutete, aber erst bei Hegel zur vollen und bewußten Durchführung kommt. Es liegt nach ihm im Wesen des Begriffs, da er ja begrenzt ist, sich selbst zu entzweien, »in sein Gegenteil umzuschlagen«. Auf solche Weise entspringt ein neuer Begriff (These – Antithese), aus dessen Verbindung mit dem ersten dann eine höhere Einheit (Synthese) entsteht, und so geht es bis ins Unendliche fort. Diese vorwärtstreibende, die Gegensätze erst schaffende, dann überwindende Methode nennt Hegel mit einem alten platonischen Worte die »*dialektische*«. Sie beherrscht das gesamte uns bekannte Dasein. Auf dem Gipfel der Entwicklung bereitet sich schon die Auflösung vor. Andererseits sind Einseitigkeiten notwendig und nur in dem Falle vom Übel, daß die Entwicklung durch sie ins Stocken gerät. Jede Entwicklungsstufe aber muß ganz durchgemacht werden. Je stärker die Einseitigkeit war, um so sicherer stürzt sie von selbst zusammen.

Dieses allgemeine Entwicklungsgesetz herrscht nun nicht bloß in der äußeren Natur und im Leben des einzelnen, sondern vor allem auch in der menschlichen *Geschichte*. Auch hier ist jede Stufe notwendig, demnach für ihre Zeit berechtigt, insofern also der »Vernunft« der Dinge entsprechend. So kommt Hegel zu dem berüchtigten Satze, der in der Vorrede zu seiner »Rechtsphilosophie« von 1821 steht und ihm so viele Angriffe zugezogen hat: »Was *vernünftig* ist, das ist *wirklich*; und was *wirklich* ist, das ist *vernünftig*.« Die gesamte Wirklichkeit ist eben nach Hegel die Verwirklichung der Vernunft. Eigentlich darf es daher für ihn nichts »Gutes« und nichts »Schlechtes« geben; eine Ethik im Sinne des Kantischen oder Fichteschen *Sollens* ist mit seinem Standpunkt unvereinbar. Aber natürlich kann Hegel doch nicht umhin, von Gutem und Schlechtem, von einem »Fortschritt« zur »Freiheit« zu reden. Auch in der Geschichte erweist sich das »Böse« als ein Teil von jener Kraft, die zum »Guten« vorwärtstreibt, zum Beispiel der Krieg zum Frieden, die Willkür zum Gesetz, die Herrschaftslosigkeit zur Herrschaft. Die »List« der Vernunft ist es eben, »daß sie die Leidenschaften der Menschen für sich wirken läßt«. Und so heißt die Geschichte erklären für Hegel: »die Leidenschaften der Menschen, ihr Genie, ihre wirkenden Kräfte enthüllen«, deren sich – und nun spielt seine religiöse Überzeugung hinein – die göttliche Vorsehung bedient, um ihren Plan, nämlich den vernünftigen Endzweck des Menschengeschlechts, zu verwirklichen. Auf die zahlreichen, vielfach höchst geistvollen, freilich oft auch sehr »konstruktiven« (absichtlich aufgebauten) geschichtlichen Einzelausführungen können wir leider nicht eingehen.

Die Vollendung der »Sittlichkeit« erblickt Hegel, in einem gewissen Widerspruch mit der »Vernünftigkeit« *alles* Wirklichen, im *Staate*. Allerdings will er auch auf diesem Gebiet kein Ideal aufstellen. Politische Ideale gelten ihm als leere Träumerei, und er befehdet seinen liberalen Kollegen Fries (S. 227), weil er »sich nicht entblödet« habe, zu behaupten, daß in einem Staate, in dem echter Gemeingeist herrsche, »das Leben von *unten*, aus dem Volke« oder, wie Hegel hochmütig sagt, aus dem »sogenannten« Volke komme.

Er selbst will vielmehr den Staat »als ein an sich Vernünftiges begreifen und darstellen«. Aber er kommt dabei beinahe zu einer Vergöttlichung desselben. Der Staat stellt für ihn »die vollständige Realisierung des Geistes im Dasein«, ja »die göttliche Idee« dar, »wie sie auf Erden vorhanden ist«. Daß er auch die Organisation der »Freiheit« bedeuten soll, davon merkt man in dem konstitutionellen Erbfürstentum, das Hegel für die beste Verfassung erklärt, nicht viel. Das »Volk« erhält nur einen sehr bescheidenen Anteil am Staatsleben in den sogenannten »Ständen« zugewiesen; dagegen repräsentiert der Monarch in seiner geheiligten Person die »lebendig gewordene Gattungsvernunft«. Auch am Privateigentum hält der Philosoph durchaus fest. Und die »Besten« des platonischen Idealstaats (S. 41) sind ihm, am Schlusse seiner »Philosophie der Geschichte«, zu den »Wissenden« der preußischen Bureaukratie seiner Zeit geworden; denn »die Regierung ruht in der Beamtenwelt«!

Wir werden sehen, wie die in Hegels Philosophie nebeneinanderliegenden sehr verschiedenen, teilweise einander entgegengesetzten Gedankenreihen schon bald nach seinem Tode zu einer völligen Spaltung seiner »Schule« führten, haben aber vorläufig noch mehrere zeitgenössische kritische Neben-, ja zum Teil Gegenströmungen gegen die Philosophie der Romantik zu betrachten.

4. Schleiermacher, Herbart und Beneke

Von ihnen gehört

1. Schleiermacher (1768 bis 1834)

ursprünglich dem Kreise der Romantiker selbst an, entfernt sich aber durch seine kritische Besonnenheit später von ihnen. Er ist wohl der größte Theologe, den der Protestantismus seit der Reformationszeit besessen hat. Auch auf philosophischem Gebiet beruht seine Bedeutung im wesentlichen auf seiner *Religions*philosophie. Seine Herkunft aus einer alten schlesischen Predigerfamilie, seine Erziehung in einer Herrnhuter Anstalt haben dauernde Spuren bei ihm hinterlassen, wie frei er sich auch später religiös entwickelte. Denn seine »Reden über die Religion an die Gebildeten unter ihren Verächtern«

(1799) – diese waren damals unter jenen die große Mehrzahl – haben alles Dogmatische ganz abgestreift. *Religion* ist ihm nichts anderes als das Gefühl *schlechthinniger Abhängigkeit vom Unendlichen;* Unsterblichkeit: Eins sein mit dem Unendlichen mitten in der Endlichkeit; »Offenbarung« kann jede neue und ursprüngliche Anschauung des Alls heißen. Ja, »es gibt keine gesunde Empfindung, die nicht fromm wäre«. Das religiöse Gefühl soll nur »wie eine heilige Musik alles Tun des Menschen begleiten«; er soll »alles *mit,* nichts *aus* Religion« tun.

Hat Schleiermacher auch in seinen späteren, theologischen Schriften, namentlich »Der christliche Glaube« (1821/22) und »Die christliche Sittenlehre«, diese seine freie Religiosität mit dem Christentum als der »schlechthin vollkommenen« Religion zu verbinden gesucht, so hat er doch seine geistige Auffassung des letzteren stets bewahrt und wegen seines kirchlichen wie politischen Freisinns zu Berlin, wo er seit 1809 als Prediger und seit Gründung der Universität auch als Professor der Theologie wirkte, viele Anfeindung, unter anderen auch von Hegel, erfahren.

Neben Kant und Spinoza hat namentlich auch Plato, dessen Werke er zum größten Teil verdeutscht hat, auf ihn gewirkt. Sein wichtigstes philosophisches Werk sind die »Grundlinien einer Kritik der bisherigen Sittenlehre« (1803). Eine zum Vermitteln und Versöhnen der Gegensätze geneigte Natur, erstrebt er auch auf dem Gebiet des sittlichen Handelns Einheit von Vernunft und Natur, Sollen und Sein, die nach ihm keine Gegensätze sind. Gegenüber der Kantischen Ethik, die ihm zu starr und juristisch erscheint, betont er stark den Wert des *Individuellen:* Jeder soll die Menschheit auf seine eigene Art darzustellen, »immer mehr zu werden« suchen, »was er ist«, wenngleich er auch nie damit fertig wird. Auch die Erziehung soll sich, unabhängig nicht bloß von der Kirche, sondern auch vom Staat, rein auf die Grundlage der Wissenschaft und des allgemein Menschlichen stellen.

Die freie und gemütsinnige, aber der Schärfe der Begriffe ermangelnde Persönlichkeit Schleiermachers war nicht dazu geeignet, eine philosophische Schule, wie die Hegelsche oder Herbartsche, zu bilden. Dagegen hat seine Verbindung von Philosophie und Religion nicht bloß die moderne evangelische Theologie mitbegründen helfen, sondern auch manche philosophische Denker lebhaft angeregt, wie zum Beispiel meinen Vater Franz Vorländer (in Marburg, 1806 bis 1867), der jedoch in seiner letzten Schrift »Das Evangelium der Wahrheit und Freiheit, gegründet auf das Natur- und Sittengesetz« (1865) die Frage nach der Wahrheit *nur* durch die Wissenschaft beantwortet wissen will.

2. *Herbart* (1776 bis 1841)

Im Gegensatz zu dem gemütvollen, warmherzigen Schleiermacher ist Johann Friedrich Herbart, Sohn eines Oldenburger Justizrats, von 1797 bis 1800 Hauslehrer in der Schweiz, seit 1805 Professor in Göttingen, Königsberg und wieder Göttingen, eine vorzugsweise verstandesmäßige Gelehrtennatur. Dem entspricht auch sein aller Gefühlsromantik abgeneigter philosophischer Standpunkt. Wenn er sich einmal als einen »Kantianer, aber vom Jahre 1828« (dem Erscheinungsjahr seiner »Metaphysik«) bezeichnet hat, so hat er doch mit dem kritischen Philosophen eigentlich nichts anderes gemein als das Ausgehen von der Erfahrung oder, wie er sagt, vom »Gegebenen«, in dessen »begrifflicher Bearbeitung« die Aufgabe der Philosophie bestehe. Seine *Metaphysik* ist die Wissenschaft von den »*Realen*« oder der Vielheit der einfachen »wirklichen« Dinge, deren »starres Dingsein« sich gegen den Gedanken der Entwicklung sträubt; die daher auch ziemlich unfruchtbar geblieben ist und heute wohl nirgendwo Anhänger mehr besitzt. Die Ethik oder *praktische* Philosophie ist für ihn nur ein Teil der – Ästhetik, nämlich Lehre vom sittlichen Geschmack, der sich in der Beurteilung der menschlichen Handlungen äußert, oder: »Aufstellung dessen, was gefällt oder mißfällt, in den einfachsten Ausdrücken.« Solcher Wertbestimmungen einfacher Willensverhältnisse oder »praktischer Ideen« unterscheidet er fünf: die der inneren Freiheit, der Vollkommenheit, des Wohlwollens oder der Güte, des Rechts und bei Billigkeit. Von ihnen abgeleitet werden weitere fünf soziale Ideen: der Rechtsgesellschaft, des Lohn-, des Verwaltungs-, des Kultursystems und der »beseelten Gesellschaft«. Das Wesen des Staates erblickt Herbart in dem Gleichgewicht, der »Statik und Mechanik«, der sozialen Kräfte. Gute Sitten und eine gute Regierung, der vertrauend man »dankbar zum Himmel blicken soll«, dünken diesem konservativen Denker weit wertvoller als »abstrakte Rechtsformen« und verfassungsmäßige Bürgschaften. Er hat denn auch an dem mannhaften Auftreten der »Göttinger Sieben« gegen den Umsturz der hannoverschen Verfassung (1837), überhaupt am politischen Leben nicht teilgenommen.

Weit wichtiger als diese gesamte »praktische Philosophie«, einschließlich seiner ziemlich farblosen Religionsphilosophie – auch von den religiösen Kämpfen seiner Zeit hat der vorsichtige, persönlich am kirchlichen Bekenntnis festhaltende Gelehrte sich durchaus ferngehalten –, ist seine *Psychologie*, das heißt die Lehre von der Selbsterhaltung der Seele wider die ihr von außen drohenden Störungen. Aufgabe einer wissenschaftlichen (»exakten«) Psychologie, wie Herbart sie erstrebt, ist eine mathematisch begründete Statik und Mechanik der seelischen Vorstellungen oder Kräfte, die einander je nachdem verdunkeln, hemmen, im Gleichgewicht halten oder fördern. Gleichartige Vorstellungen verschmelzen, ungleichartige verbinden sich (zum Beispiel grün und sauer zu dem Bild der Gurke): mehr als ihrer drei sind selten im Bewußtsein vereinigt. Die psychologische »Statik« sucht die Gesetze der im Gleichgewicht befindlichen Vorstellungen in mathematische Formeln zu kleiden, die »Mechanik« erörterte ihre Bewegung, das heißt ihr Aufsteigen und Sinken, ihre Verbindung (Assoziation) und Wiederherstellung (Reproduktion). Auf die Vorstellungen werden alle anderen seelischen Erscheinungen, wie Gefühle und Begierden, die sich zum Willen »heraufarbeiten«, zurückgeführt. Der Charakter eines Menschen zum Beispiel beruht darauf, daß bestimmte Vorstellungsmassen, durch Aufnahme (Apperzeption) verwandter angewachsen, herrschend geworden sind und nun die entgegengesetzten niederhalten. Der physiologische Sitz der Seele ist das Gehirn. Ihre Unsterblichkeit versteht sich, infolge der Zeitlosigkeit alles Realen, »von selbst«. Herbarts unbestrittenes Verdienst besteht in seiner oft recht scharfsinnigen Zurückführung verwickelter seelischer Vorgänge auf die gesetzmäßige Verflechtung einfachster Vorstellungen und Empfindungen. Aber mit mathematischen Formeln läßt sich die vielgestaltige Welt menschlicher Gefühle nicht erfassen. Dieser Teil seiner Psychologie ist denn auch von seinen Anhängern heute fast allgemein aufgegeben.

Am erfolgreichsten hat sich ihre Anwendung auf die *Pädagogik* erwiesen. Herbart, schon als Hauslehrer für die theoretischen Probleme der Erziehungskunst interessiert, hat sich 1803 als erster Privatdozent der Pädagogik in Göttingen niedergelassen, in Königsberg das erste pädagogische Seminar gegründet und neben einer »Allgemeinen Pädagogik« (1806) den volkstümlichen »Umriß pädagogischer Vorlesungen« (1835) verfaßt, der zur Einführung in seine Gedanken am geeignetsten ist. Während die *Ethik* auf das *Ziel* der Erziehung, die »Tugend« oder das richtige Verhältnis von Einsicht und Wille, hinweist, so erörtert die Haupt- oder Grundwissenschaft, die *Psychologie*, Weg, Mittel und Hindernisse. Der Erziehung schreibt Herbart drei Aufgaben zu: 1. die *Regierung*, das heißt Gewöhnung an äußere Ordnung, Gehorsam usw., 2. den *Unterricht* und 3. die *Zucht*, das heißt Bildung des Willens und Charakters; doch werden die beiden letzten nicht klar genug voneinander geschieden, sondern das Schlagwort vom »erziehenden Unterricht« geprägt. Der intellektualistische (verstandesmäßige) Charakter tritt, wie schon in seiner Psychologie, stark in den Vordergrund. Von den sozialen Gedanken eines Fichte und Pestalozzi bleibt dieser Pädagoge unberührt.

Da er sich jedoch in Theorie und Praxis um die Sache der Erziehung, lange Zeit fast allein unter den Philosophen, unleugbar große Verdienste erworben hat, ebenso wie er durch seine scharfsinnigen Zergliederungen die Psychologie vielfach gefördert hatte, so gewann zuerst die letztere, dann auch die Pädagogik zahlreiche Anhänger; ja es bildete sich, zumal nach der Spaltung und dem Verfall des Hegelianismus, die wir noch kennenlernen werden, eine förmliche *Herbartsche Schule*, die sich namentlich unter unseren Volksschullehrern stark verbreitete und erst neuerdings durch die an

Kant und Pestalozzi anknüpfende soziale Pädagogik Natorps zurückgedrängt worden ist.

Anhangsweise sei hier noch der an Herbart anknüpfende Denker Eduard *Beneke* (in Berlin, 1798 bis 1854) genannt, der wie jener die Psychologie für die philosophische Grundwissenschaft erklärt und sie als Erfahrungswissenschaft nach der Methode der Naturwissenschaft behandeln will, die Logik als »Kunstlehre des Denkens«, die »praktische Philosophie« als Wertschätzung der Gefühle auffaßt und auf seine »Erfahrungsseelenlehre« (1820) gleichfalls eine »Erziehungs-und Unterrichtslehre« (1835/36) gegründet hat. Konnte er bei Lebzeiten auch nicht gegen den herrschenden Hegelianismus aufkommen, so haben doch seine Psychologie und seine Pädagogik eine ganze Reihe Anhänger gefunden.

Nach dieser Abschweifung ins »realistische« Lager haben wir nunmehr einen, trotz seines anscheinend religiösen Radikalismus doch zur Romantik gehörigen, von der Laienwelt mehr als von den Philosophen bewunderten Denker zu betrachten.

5. Schopenhauer

Artur Schopenhauer (1788 bis 1860) stammt aus einer wohlhabenden Danziger Kaufmannsfamilie, zieht aber nach des Vaters Tod mit der Romane schreibenden Mutter Johanna nach Weimar, erwirbt sich rasch die Reife zur Universität und studiert in Göttingen und Berlin Plato, Kant und, der romantischen Zeitströmung folgend, die Inder. Während die deutsche Jugend zum Freiheitskrieg gegen Napoleon sich erhebt, schreibt er seine Doktorarbeit »Über die vierfache Wurzel des Satzes vom zureichenden Grunde«; bald darauf wird er durch Goethe zu einer kleinen Schrift »Über das Sehen und die Farben« angeregt. Dann arbeitet er sein erstes großes Werk »Die Welt als Wille und Vorstellung« (1819) aus, das bereits seine ganze Weltanschauung im großen enthält, aber länger als ein Menschenalter hindurch nahezu unbekannt bleibt. Auch als Berliner Privatdozent vermag er gegen den allmächtigen Hegel nicht aufzukommen und verläßt, zugleich aus Angst vor der Cholera, 1831 endgültig diese Stadt, um von 1833 ab den Rest seines Lebens in der freien Reichsstadt Frankfurt a. M. als einsamer Sonderling zu verbringen. Schon Goethe hatte gezweifelt, ob »die Herren vom Metier (Handwerk) ihn in ihrer Gilde passieren lassen« würden. Aus der gänzlichen Nichtbeachtung auch der weiteren Werke Schopenhauers durch die offizielle Wissenschaft erklärt sich zum Teil der in seinen Schriften oft hervorbrechende Haß gegen die »Windbeutel« von Philosophieprofessoren, die » *von* der Philosophie, nicht *für* sie lebten«. Erst die 1851 unter dem an eine Schrift Goethes erinnernden Titel »Parerga und Paralipomena« (wörtlich: Nebenwerke und Ausgelassenes) veröffentlichten allgemeinverständlichen und geistvollen Erläuterungen seiner Hauptgedanken legten Bresche in diesen Wall. Seine bis dahin vereinzelten Anhänger mehrten sich, er wurde bekannt; 1856 stellte eine philosophische Fakultät eine Preisaufgabe, die seine Lehre betraf. Im Genuß seines anfangenden Ruhmes starb der noch Schaffensfrohe im September 1860.

In noch weit stärkerem Maße als bei Fichte oder Schelling ist die Lehre Schopenhauers eine Widerspiegelung seiner Persönlichkeit mit ihren Vorzügen und ihren Schwächen. Er proklamiert sie denn auch als *Lebenskunst*, und als ihren Quell und höchsten Maßstab, im Gegensatz zur wissenschaftlichen Denkweise – schon deshalb gehört er, trotz des vielfach abweichenden *Inhalts* seiner Lehre zur Romantik –, die »unmittelbare Anschauung«.

Diese »unmittelbare Anschauung« hat freilich mit der naivdinglichen Vorstellung des gewöhnlichen Menschen nichts zu, tun. Im Gegenteil, sein an Kant und mehr noch an Berkeley anknüpfender Anfangssatz lautet: »Die Welt ist *meine Vorstellung*.« Kants Denkformen werden jedoch auf drei beschränkt: Raum, Zeit und Kausalität. Ihr gemeinsamer Ausdruck ist der weiter nicht erklärliche »Satz vom Grunde«, her uns in vierfacher Gestalt erscheint: 1. des Seins in der Mathematik (ihre Gegenstände: Raum und Zeit), 2. des Erkennens in der Logik (ihre Aufgabe: Verbindung der Begriffe), 3. der Motivation (also des inneren Beweggrundes) in der Geschichte (die Taten der Menschen im großen), 4. der Kausalität in der Naturwissenschaft (die Materie).

Das »innerste Wesen« der Dinge jedoch liegt nicht in dieser meiner Vorstellung, die bloß ein Trugbild, ähnlich dem indischen »Schleier der Maja« (des Scheines), darstellen würde, falls nicht ein Ding an sich hinter ihr verborgen wäre: die »jedem lebenden Wesen unmittelbar gewisse« Urtatsache des *Willens*. Wille aber bedeutet für Schopenhauer, im schärfsten Gegensatz zu *Kant*, auf den er sich im übrigen sehr häufig als auf den trefflichsten aller – *vor*schopenhauerschen Philosophen beruft, nicht die bewußte Vernunft, sondern den unbewußten *Trieb*, dessen »Objektivation« beim Menschen sein Leib darstellt; während seine niederste Stufe in den allgemeinsten Naturkräften wie Schwere, Flüssigkeit, Elektrizität usw. enthalten ist. Der Wille an sich ist »grundlos«, das heißt dem Kausalgesetz nicht unterworfen und doch »der alleinige Kern jeder Erscheinung«. Er offenbart sich ebensosehr in *einer* wie in Hunderttausenden von Eichen. Während er in der unorganischen Natur noch »blinder Drang« ist und auch noch bei den Pflanzen und dem vegetativen Teil der tierischen Vorgänge völlig erkenntnislos bleibt, nur auf Reize antwortet, so bricht bei dem seine Nahrung wählenden Tier und noch mehr natürlich beim Menschen die »Welt als Vorstellung« und mit ihr das Licht des Verstandes über ihn herein, wodurch ihm freilich die bisherige Unfehlbarkeit seines Instinkts verlorengeht. So ist die Welt, in der wir leben, gleichzeitig »durch und durch« *Wille und* »durch und durch« *Vorstellung*.

Aber erst in der Erkenntnis der *Idee* (vergl. Plato) reißt sich der Mensch von dem Sklavendienst seines Willens los und schaut die Dinge in ihrer wahren, ewigen Gestalt. Das ist indes nicht Sache der Wissenschaft, die nur Einzelbeziehungen zu erkennen vermag, sondern der *Kunst*, weil des Genies, dessen der gewöhnliche Mensch, diese »Fabrikware der Natur«, nicht fähig ist. Die künstlerische Betrachtung versenkt sich ganz in die Seligkeit des willenlosen Anschauens; ihr ist es einerlei, ob sie den Untergang der Sonne aus dem Palast oder dem Kerker erblickt. Schopenhauers *Ästhetik*, im dritten Abschnitt seines Hauptwerks enthalten, bietet durch ihren reizvollen Einzelinhalt den wertvollsten Teil seines Systems und hat darum so musikalische Naturen wie Richard Wagner und Friedrich

Nietzsche, wenn auch den letzteren nur vorübergehend, in ihre Kreise gezogen. Die Kunst vermag uns von der Qual und Unruhe des Lebens zu erlösen; aber stets nur auf kurze Zeit. Die wahre Erlösung bringt uns erst der »ernsteste« und für Schopenhauer wichtigste Teil seiner Philosophie: die *Ethik*. Freilich lehrt sie kein »unbedingtes *Sollen*«; so redet man nur zu Unmündigen. Sie will nicht einmal vorschreiben oder leiten, sondern rein betrachtend (»theoretisch«) sich verhalten, als das »klare Weltauge«, das die Dinge widerspiegelt. Was ist denn nun das Wesen dieser Welt? Wille ist *Wille* zum *Leben*. Da jedoch dieser Wille, sogar derjenige der äußeren Natur, beständig gehemmt wird, so ist alles Leben *Leiden*, und zwar ein um so stärkeres, je feiner und klüger das leidende Geschöpf ist. Not ist die beständige Geißel des Volkes, Langeweile die der Reichen, unser ganzes leibliches Leben nur ein immer aufgeschobener Tod. Übrigens verdient die Menschheit im ganzen dies ihr trauriges Schicksal, weil sie im ganzen nichts wert ist. Bringt doch die meisten schon die unmittelbare Not des Lebens dazu, ihre Lebens *bejahung* recht egoistisch auf die Mittel zur Befriedigung ihres elementarsten »Willens zum Leben«, des Selbsterhaltungs- und Fortpflanzungstriebs, zu verwenden. Daher ist Schopenhauers ethisches Endziel die *Verneinung* des Willens zum Leben, der *Pessimismus*. Die Erkenntnis des wahren Wesens der Dinge führt zu freiwilliger Entsagung, gänzlicher Willenlosigkeit und ruhiger Gelassenheit, wie sie das Urchristentum, die deutsche Mystik, die mittelalterlichen Bettelmönche und die indischen Buddhisten verkündet und gelebt haben, ja zur sich selbst verleugnenden und sich selbst kasteienden »Heiligkeit«. So christlich-romantisch endet des »Atheisten« Schopenhauer irrationale (die Vernunft verleugnende) Philosophie.

Nur noch ein kurzes Wort über seine gegenüber allem vorigen ziemlich in den Hintergrund tretende *Rechts-* und *Staatslehre*. Um den natürlichen »Krieg aller gegen alle« (Hobbes) zu dämpfen und die Masse des Unrechtleidens zu mindern, ist der Staatsvertrag oder das Gesetz geschaffen; es legt gleichsam den Raubtieren den Maulkorb an. Es kümmert sich übrigens nicht um die Gesinnung, sondern bloß um die versuchte oder ausgeführte Tat. Von sozialem Interesse ist die gelegentliche Bemerkung, daß ein »moralisches begründetes« Recht auf Eigentum einzig auf dessen Bearbeitung sich gründen könne. Im übrigen weiß Schopenhauer dem Elend dieser Welt nur das *Mitleid* entgegenzustellen, das auf der altindischen Erkenntnis des »*Das bist du*«, das heißt der Einsicht beruht, daß im anderen dasselbe Wesen wohnt wie in mir selbst. Der wahrhaft »Gute«, d. h. derjenige, in dem die Erkenntnis Herr wird über den blinden Willensdrang, wird sich Genüsse versagen und Entbehrungen übernehmen, um fremdes Leid zu mindern; er wird zum Beispiel auch die Tierquälerei verabscheuen. Daraus entsteht dann die selbstlose, mit dem anderen leidende, reine Menschenliebe, die uns erlöst, weil sie zur völligen Aufhebung des »Willens zum Leben«, mithin aller Triebe führt.

Es ist auffallend, daß diese pessimistische Weltentsagungslehre in den letzten Jahrzehnten des sonst so realistischen neunzehnten Jahrhunderts zahlreiche Gemüter für sich gewinnen konnte. Zum Teil wirkte sie vielleicht als Gegengift gegen den damaligen Kultus der materiellen Interessen und der Macht um der Macht willen bei denen, die zu einem offenen Kampfe gegen diesen vorherrschenden Zug des Bismarckschen Zeitalters nicht den Mut fanden. Andererseits wirkten die schriftstellerischen Vorzüge: die klare, geistreiche Darstellung, die Bekanntheit mit der ganzen Weltliteratur, das Persönliche seines Stils und nicht zum wenigsten auch die Geringschätzung der offiziellen Philosophie bestechend gerade auf die Laienwelt. Von Philosophieprofessoren war sein einziger Anhänger der jüngst in Kiel gestorbene Paul Deussen, der vor einigen Jahren eine Schopenhauer-Gesellschaft gegründet und eine neue Ausgabe Schopenhauers veranlaßt hat, übrigens die Lehre des Meisters mit anderen Elementen: Kant, indischer Philosophie und einem vergeistigten Christentum verbindet. Von sonstigen bekannten Denkern hat er auf Eduard v. Hartmann und Friedrich Nietzsche, die wir nunmehr noch zu betrachten haben, stark gewirkt.

6. Hartmann und Nietzsche

Schon Schopenhauer kann, falls man mehr auf die Zeit seiner Hauptwirkung als auf die Entstehungs- und Erscheinungszeit seiner Werke sieht, als *Nachzügler* der Romantik bezeichnet werden. In noch höherem Grade trifft das auf Eduard *v. Hartmann* (1842 bis 1906) und Friedrich *Nietzsche* (1844 bis 1900) zu, deren Hauptwerke, »Die Philosophie des Unbewußten« und »Zarathustra«, erst 1869 bezw. 1883 erschienen sind. Dennoch behandeln wir sie bereits an dieser Stelle, weil sie, darin mit Schopenhauer verwandt, einen »irrationalen« (widervernünftigen), dem wissenschaftlichen Denken widersprechenden Leitgedanken zum obersten Maßstab ihres Philosophierens machen.

Eduard von Hartmann (Berlin), als junger Offizier durch ein schweres Knieleiden zur Aufgabe seines Berufs genötigt, erregte bereits als Siebenundzwanzigjähriger großes Aufsehen durch seine in die Welt hineingeworfene, in dieser Weise noch nie verkündete »Philosophie des Unbewußten«. Überall nämlich, wo er in der wissenschaftlichen Erklärung der Natur, von der auch er seinen Ausgang zu nehmen vorgibt, eine Lücke wahrzunehmen glaubt, setzt er, allerdings nicht die göttliche Allmacht, aber das Zauberwort des *Unbewußten* ein. Die »bewußte Vernunft« ist nach ihm »nur negierend, kritisierend, kontrollierend, korrigierend, messend, vergleichend, ein- und unterordnend«. Das Unbewußte dagegen ist schöpferisch und erfinderisch, einerlei, ob es bloß im Instinkt, den Reflexbewegungen, der Naturheilkraft oder auch im menschlichen Geist und Charakter, in der Sprache, dem Denken, dem Schaffen des Künstlers zum Ausdruck kommt, oder gar in der Geschichte (vergl. Hegels »List der Idee«) die einzelnen, ohne daß sie es wissen, im Dienst der großen Weltzwecke arbeiten läßt. Da es ein allumfassendes, allerdings unpersönliches, Individuum sein soll, so könnte man dabei an »Gott« denken. Davon scheidet es aber bei Hartmann der Umstand, daß der Weltgrund eben, wie bei Schopenhauer, »vernunftlos« (irrational), eine Art blinden zwecklosen Wollens ist, gegen den das vernünftige Denken und Handeln sich vergebens zur Wehr setzt. Daher ist denn auch seine *pessimistische*

Ethik der Schopenhauerschen verwandt. Umsonst erwartet der Mensch als Kind, weltgeschichtlich im Griechentum das Glück in der Gegenwart, als Jüngling (Mittelalter) in einem besseren Jenseits, als Mann (Neuzeit) in einem dereinstigen Glückszustand der Menschen auf Erden. Der Weise erkennt vielmehr leidvoll, daß alle Kulturfortschritte mit steigender Unseligkeit verknüpft sind. Die wahre Welterlösung besteht demnach im – Ende der Welt!

Mit Erstaunen liest man dann plötzlich, namentlich bei dem späteren Hartmann, daß er gleichwohl »an einen endlichen Sieg der heller und heller hervorstrahlenden Vernunft über die zu überwindende Unvernunft des blinden Wollens *glaubt*«; wie er denn auch mit den politischen Zuständen des neuen Deutschen Reiches zufrieden und ein ebenso heftiger Gegner des Sozialismus wie Nietzsche war. Auch philosophisch hat Hartmann später seine »Philosophie des Unbewußten«, mindestens in ihrer ersten Gestalt, als ein noch außerhalb seines eigentlichen Systems stehendes »Programmwerk« bezeichnet und die Krönung seiner Philosophie in seiner gelehrten, mehr erkenntnistheoretisch gerichteten »Kategorienlehre« (1896) erblicken wollen. Jetzt besitzt er nur noch vereinzelte Anhänger. Auf weitere Kreise hat er seinerzeit gerade durch die populäre, gegen die »Gelehrten-Philosophie« zu Felde ziehende Schreibweise seiner früheren Schriften gewirkt, so daß er zahlreiche Leser gewann (sein Hauptwerk erlebte bis 1904 elf Auflagen und wuchs zu drei Bänden an; dazu kam 1913 eine gekürzte Volksausgabe bei Kröner) und eine ganze Literatur von Schriften für und wider ihn ins Leben rief. In noch viel stärkerem Maße geschah das bei

Friedrich Nietzsche

In seiner ersten philosophischen Periode (1872 bis 1876) steht Nietzsche noch unter dem Einfluß Schopenhauers und Richard Wagners. Seine Weltanschauung ist demgemäß eine, vorzugsweise *ästhetische*, ja musikalische. Aus dem »Geist der Musik« entspringt die »tragische Erkenntnis« des Lebens, die seiner »dionysisch«-leidenschaftlichen Natur besser zusagt als die »apollinisch«-heitere Kunst des Bildhauers oder des epischen Dichters. Mit geistreichem

Spott wendet er sich in seinen »Unzeitgemäßen Betrachtungen« wider den »Bildungsphilister« D. F. Strauß, dessen materialistisch-selbstzufriedener »Alter und Neuer Glaube« (vergl. S. 260) damals gerade erschienen war, und bekämpft das Übermaß des Geschichtlichen in der heutigen Erziehung.

Dann folgt, als Reaktionserscheinung, eine nur etwa drei Jahre (1878 bis 1881) dauernde *positivistische* Periode, in der er, ganz im Widerspruch zu seiner ersten, dem künstlerischen den wissenschaftlichen Menschen vorzieht, Vernunft und Erfahrung empfiehlt, einen Sokrates und einen Voltaire preist; so in dem »Buche für freie Geister«: »Menschliches, Allzumenschliches« (1878 bis 1880) und der »Morgenröte« (1881).

Der endgültige Nietzsche erscheint erst in den Werken von 1883 bis 1888, zunächst in seinem berühmtesten, dem altpersischen Weisen in den Mund gelegten: »Also sprach Zarathustra«. Der wahre Mensch ist Freigeist *und* Künstler, letzteres in dem gesteigerten Sinn des Schaffenden und Tatmenschen überhaupt, der sich gerade durch die Kämpfe und Widersprüche, die Leiden und Mühsale des Daseins zu um so größerer Schaffensenergie und Lebensbejahung – also im vollsten Gegensatz zu Schopenhauer und der späteren christlichen Wendung Wagners (vergl. »Der Fall Wagner«, 1888)– angespornt fühlt. Das höchste Kulturziel ist die Züchtung eines erhöhten Menschentypus: des *Über*menschen, dessen Tugenden der Glaube an sich, der Stolz auf sich, die Ehrfurcht vor sich, die Härte gegen sich und andere sind, dessen »Vornehmheit« in erster Linie auf dem »freien und leichten« Instinkt beruht. Natürlich trägt dieser Individualismus durchaus *aristokratische* Züge. Nietzsche spottet über die »Herdenmenschen«, die »Viel-zu-Vielen«, die Mißratenen und Schwachen, die man zugrunde gehen lassen soll. Die Gleichheitslehren der Demokratie, des Christentums, des Sozialismus betrachtet er als Zeichen des Niedergangs. Die neue »Moral« – er will die »alten Tafeln« zerbrechen, auf neue Tafeln neue Werte schreiben – steht »jenseits von Gut und Böse« (siehe die gleichnamige Schrift von 1886). Einzig die Tapferkeit ist »gut«; man muß »mit dem Hammer philosophieren« (1888). In der »Genealogie der Moral« (1887) wird das »Schlechte« geradezu mit dem Niedrigen, eben darum Gemeinen und Verächtlichen, das »Gute« mit dem brutalen nackten Machtgefühl gleichgesetzt, der »Sklavenmoral« des Christentums die » *Herren*moral« der alten Römer, der Renaissance, des Übermenschen rühmend entgegengehalten. Das Äußerste dieser Art findet sich in seinem schon bei beginnender Geisteskrankheit verfaßten »Antichrist« (1888), dem ersten Buch des geplanten Hauptwerks »Der Wille zur Macht, Versuch zur Umwertung aller Werte«, das in der lückenhaften Gestalt, wie es im Nachlaß vorlag, erst 1908/09 herausgegeben worden ist. Hier verfällt der in seinem Äußeren und seinem Privatleben zarte und rücksichtsvolle Denker in einen wahren Kultus der *Macht* bloß um der Macht willen, ja des Grausamen und Raubtierhaften im Menschen, der »blonden Bestie«. Die echten Christen werden für eine »feige, feministische (weibische), zuckersüße Bande«, an anderer Stelle die soziale Frage für einen bloßen Ausfluß der Dummheit und des entarteten Instinkts erklärt. Übrigens braucht der »Sinn der Erde«, nämlich der Übermensch, keinen Staat mehr. »Dort, wo der Staat aufhört, beginnt erst der Mensch.« »Die Zeit der Könige ist nicht mehr.« Daneben träumt seine Phantasie freilich von einer ewigen »Wiederkunft aller Dinge«.

Eine Philosophie in strengerem Sinne ist das natürlich nicht mehr zu nennen, sondern nur das innere Erlebnis und Selbstbekenntnis einer genialen Persönlichkeit: dieses thüringischen Pfarrerssohnes, der, mit vierundzwanzig Jahren Professor der klassischen Philologie in Basel, ein Jahrzehnt später wegen beginnender schwerer (Gehirn-?) Krankheit dies Amt aufgeben mußte, umsonst im Engadin und in Italien Genesung suchte und seit 1889 in unheilbare Geisteskrankheit verfiel, von der ihn im Hause seiner Mutter, dann Schwester zu Weimar 1900 endlich der Tod erlöste. Sein zeitweise ungeheurer Einfluß, namentlich auf die gebildete und – halbgebildete Jugend, beruht neben dem leidenschaftlichen, von allen bisherigen Autoritäten lösenden Kraftgefühl, zu dem er aufreizt, nicht zum wenigsten auf der Künstlerschaft der

Sprache. Hat man sich erst von deren Zauber freigemacht und gelangt man zu ruhiger sachlicher Prüfung seiner Gedanken, so wird man bald den Einfluß dieses, um mit seinen eigenen Worten zu reden, »Vogelstellers für unvorsichtige Seelen« sich verringern fühlen. Auf die Philosophie im engeren Sinne hat dies mehr glänzende als leitende Gestirn kaum eingewirkt.

Wir müssen jetzt in der Zeit um mehr als ein halbes Jahrhundert zurückschreiten und sehen, welche geistige Gegenbewegung die spekulative Periode des deutschen Denkens von Fichte bis Hegel in Deutschland und seinen Nachbarländern auslöste.

Elftes Kapitel. Der positivistische Rückschlag
(um 1840 bis 1870)

A. In Deutschland

1. Die Junghegelianer, Feuerbach, Stirner

Das Gesetz der Wellenbewegung, wonach Tal auf Berg, Berg auf Tal folgt, gilt auch auf geistigem Gebiet. So auch für die Philosophie. Der Hegelsche Satz, daß die »These« (Behauptung) die »Antithese« (Gegenbehauptung) hervorruft, sollte sich in der Geschichte seiner eigenen Schule erfüllen. Konnte man doch von seinem »Selbstbewußtsein« aus zu den verschiedensten Folgerungen fortschreiten, mit seiner Philosophie, wie nicht ohne Grund gesagt worden ist, »alles beweisen«. Sie zerfiel schon wenige Jahre nach dem Tode ihres Meisters in die verschiedenen, zum Teil ganz entgegengesetzten, bisher in ihr vereinten Elemente. Den äußeren Anlaß gab das 1835/36 erschienene »Leben Jesu« eines der Ihrigen, des Tübinger Theologen David Friedrich *Strauß*, das die Überlieferung der Evangelien größtenteils in Sagen auflöste und Gott mit »dem Unendlichen« gleichsetzte. Nur wenige, vorzugsweise die streng kirchlich und politisch konservativ Gerichteten, blieben dem *Alt*hegelianismus treu. Andere, wie J. Ed. Erdmann, Eduard Zeller, Schwegler und Kuno Fischer, wandten sich der Geschichte der Philosophie zu und haben sich auf diesem Felde einen Namen erworben; wieder andere auf Sondergebieten, wie F. Th. Vischer als Ästhetiker, Gans als liberaler Rechtsphilosoph, Baur und Pfleiderer als freier gerichtete protestantische Theologen. Am meisten Leben aber herrschte bei den sog. *Jung*hegelianern, die jedoch unter sich wieder je nach ihren Hauptinteressen auseinandergingen.

Strauß' (1808 bis 1874) theologische Kritik wurde fortgesetzt und überboten von den Brüdern Bruno (1809 bis 1882) und Edgar Bauer, vor allem aber durch den philosophisch bedeutendsten dieser Junghegelianer *Ludwig Feuerbach* (1804 bis 1872)

Dieser selbst hat seine philosophische Entwicklung einmal charakterisiert mit den Worten: »Mein erster Gedanke war Gott, mein zweiter die Vernunft, mein dritter und letzter der Mensch.« Uns geht nur dieser letzte Standpunkt an, der bereits 1841 in seinem »Wesen des Christentums« unverhüllt zum Ausdruck kam und gewaltiges Aufsehen erregte. Danach erzeugt der Mensch selbst den Begriff Gottes aus den Bedürfnissen des eigenen Herzens, indem er in seiner Religion eigentlich nur sein *eigenes* Wesen, über das er nicht hinaus kann, ins Unendliche steigert und sodann als Gottheit verehrt; man denke an die Gottheiten der alten Griechen, Römer, Germanen oder auch Naturvölker. In seinen »Grundzügen der Philosophie der Zukunft« (1843) geht Feuerbach dann ganz konsequent zu einem ausgesprochenen Sensualismus über, bei von der »sonnenklaren« und unverlierbaren *Empfindung* ausgeht und sich auch in seiner Ethik geltend macht. »Folge unverzagt deinen Neigungen und Trieben,« sagt Feuerbach, »aber allen! Dann wirst du keinem einzigen zum Opfer fallen.« Oft genug geht freilich der Weg zum Glück – Feuerbach hat es bitter genug am eigenen Leben erfahren – nur durch Arbeit und Entsagung. Am meisten aber machte später unser an sich sehr idealistischer Denker von sich reden, als er in einer Buchbesprechung (1850) gelegentlich die Worte niederschrieb: »Der Mensch *ist*, was er *ißt*.« Um gerecht zu sein, muß man jedoch den Satz im Zusammenhang mit den unmittelbar vorhergehenden Sätzen betrachten: »Die Lehre von den Nahrungsmitteln ist von großer ethischer und politischer Bedeutung. Die Speisen werden zu Blut, das Blut zu Herz und Hirn, zu Gedanken- und Gesinnungsstoff. Menschliche Kost ist die Grundlage menschlicher Bildung und Gesittung. Wollt ihr das Volk bessern, so gebt ihm statt Deklamationen gegen die Sünde bessere Speisen!«

Der Eindruck Feuerbachs auf die radikale Jugend war mächtig: »Die Begeisterung war groß,« schreibt Friedrich Engels noch 1886, »wir waren alle momentan Feuerbachianer.« Dann aber gingen auch seine Anhänger nach verschiedenen Richtungen auseinander. Nach der politischen und geschichtsphilosophischen Seite entwickelte sich der Junghegelianismus zu dem Radikalismus eines A. Ruge und vor allem zu dem »historischen Materialismus« von *Marx* und *Engels*, den wir wegen seiner Wirkungen in einem späteren Kapitel gesondert betrachten werden. Der Individualismus Feuerbachs wurde übertrumpft durch den absoluten Egoismus von *Max Stirner*, sein Sensualismus durch den *Materialismus* der Moleschott, Vogt und Büchner (siehe S. 258 f.) in den fünfziger Jahren.

Bereits vor Ende der dreißiger Jahre hatte sich in Berlin um den obengenannten Bruno Bauer ein sogenannter »Doktorklub« radikaler Junghegelianer gebildet, dem auch der Studiosus Karl Marx während seines Berliner Aufenthalts angehörte, und der später in den noch radikaleren Kreis der Berliner »Freien« überging. In letzterem spielte neben Friedrich Engels (1841/42) eine Rolle der später ganz verschollene und in größter Dürftigkeit gestorbene Kaspar Schmidt (1806 bis 1856), der nur unter seinem Schriftstellernamen

Max Stirner

bekanntgeworden ist und unter diesem 1845 ein einzigartiges Buch herausgegeben hat: »Der Einzige und sein Eigentum.« Er will darin nicht die Sache »der Menschheit«, ja nicht einmal die *des* Menschen (wie Bruno Bauer, Feuerbach) vertreten, sondern nur sein Einzel-Ich. Nicht Freiheit soll man erstreben, sondern *Eigen*heit. Laßt eure törichte Sucht, etwas anderes zu sein, als ihr selbst! Nehmt euch die Freiheit, anstatt sie zu fordern oder euch schenken zu lassen, mit einem Wort: seid Egoisten! Geist, Wahrhaftigkeit, Liebe, Sittlichkeit ist bloßer Spuk oder Borniertheit, selbst das Recht nur »ein Sparren, erteilt von einem Spuk«. Der »Eigene« kennt weder Pflicht noch Gesetz; er wird auch vor Eidbruch und Lüge nicht zurückschrecken, wenn es um *seinet*willen geschieht, wie Luther einst sein Mönchsgelübde brach um der »höheren« Wahrheit willen. Weg mit Familie, Volk, Partei, Strafe, Eigentum! Dein Vermögen ist, was du vermagst. Vieles, selbst Leben und Freiheit, will ich dem anderen mit Freuden opfern, nur nicht mich selbst. Nichts mehr von Berufsaufgabe, Ideal! Grüble nicht über dein Leben, sondern genieße es! Was natürlich nicht heißen soll: »Fröne dem Profit!« Denn der Sklave des Geldsacks ist nicht mehr »sein« eigen [was heißt dann aber »sein« oder »Ich«?] *Politisch* wird natürlich der sogenannte Liberalismus der Bourgeoisie verworfen, der nur den Besitzenden bevorrechtet, aber

auch der Kommunismus, der *alle* zu besitzlosen »Lumpen« herab-
drückt. An die Stelle des Staates muß vielmehr ein bloßer »Verein
von Egoisten« treten, in dem jeder tut, was ihm beliebt. Daß trotzdem nicht alles drunter und drüber geht, das wird jedes einzelne Ich
schon verhindern, indem es sich nichts gefallen läßt.

Stirners merkwürdiges Buch erregte nur vorübergehend ein
gewisses Aufsehen und geriet bald in Vergessenheit; erst
E. v. Hartmann hat wieder darauf aufmerksam gemacht, und erst in
dem theoretischen Anarchisten J. H. Mackay (geboren 1864) hat es
einen modernen Anhänger gefunden. Übrigens scheint auch
Nietzsche nicht unbeeinflußt von ihm geblieben zu sein.

2. Naturwissenschaftlicher Materialismus

Indessen hatten die *Naturwissenschaften* (von denen Stirner noch
ganz unberührt erscheint), im Zusammenhang mit der reißend
schnellen Entwicklung von Technik und Industrie, einen gewaltigen
Aufschwung genommen und damit die romantische Naturphilosophie Schellings und seiner hier nicht weiter zu erwähnenden Anhänger in den verdienten Mißkredit gebracht. Schwanns mikro-
skopische Untersuchungen hatten 1839 die Zelle als Urorgan des
Pflanzen- und Tierkörpers, Liebigs »Chemische Briefe« 1844 die
chemische Grundlage der Pflanzen- und Tierphysiologie entdeckt,
Robert Mayer und Hermann Helmholtz, fast gleichzeitig mit
englischen und dänischen Forschern, das Gesetz von der Erhaltung
und Verwandlung der Kraft aufgestellt. Während aber die Mehrzahl
der genannten Naturforscher sich auf ihr Fach beschränkten, ja mit
der neuen Naturanschauung sogar religiöse Ansichten verbanden,
fühlten sich andere zu einer Erneuerung des naturwissenschaftlichen
Materialismus (S. 182 ff.) bewogen.

So legte der geborene Holländer Jakob *Moleschott* (1822 bis 1893)
in seinem »Kreislauf des Lebens« (1852) den Gedanken von der Erhaltung der Kraft in rein stofflichem Sinn aus. Von unserer stofflichen Nahrung ist unser Leben, von der Ernährung des Gehirns
unser Denken und Wollen abhängig. Der Mensch ist die Summe von

Eltern und Amme, Zeit und Ort, Wetter und Luft, Kleidung und Kost, die wichtigste und höchste Wissenschaft daher die Chemie.

Zu einem heftigen Zusammenstoß mit der alten Richtung kam es auf der *Göttinger Naturforscherversammlung* des Jahres *1854*. Der dortige Physiologe Rudolf Wagner hatte in seinem Vortrag »Menschenschöpfung und Seelensubstanz« sich mit dem alttestamentlichen Schöpfungsbericht einverstanden erklärt und geäußert, in Sachen der Religion schätze er den »schlichten, einfachen Köhlerglauben« am höchsten. Dagegen zog nun der Zoologe *Karl Vogt* (1817 bis 1895), der wegen seiner materialistischen Gesinnung und seiner Beteiligung an der 1848er Bewegung seine Gießener Professur hatte aufgeben und nach Genf weichen müssen, in einer sehr grobkörnigen Streitschrift »Köhlerglaube und Wissenschaft« (1855) zu Felde, die sich unter anderem zu dem Satze verstieg, »daß, um es einigermaßen grob auszudrücken, die Gedanken etwa in demselben Verhältnis zum Gehirn stehen wie die Galle zu der Leber oder der Urin zu den Nieren«. Natürlich bestritt er auch die von R. Wagner verfochtene persönliche Unsterblichkeit und ätherische Seelensubstanz; der Mensch unterscheidet sich nur gradweise vom Tiere. Vogt schloß sich später auch in seinen »Vorlesungen über den Menschen« (1863) in besonders temperamentvoller Weise der Darwinschen Abstammungslehre an. An die Stelle einer »sittlichen Weltordnung, die auf dem Beben vor einer unsichtbaren Feme beruht«, will er die Erkenntnis setzen, daß »kein Mensch einen Anspruch erheben dürfe, den er nicht seinen Mitmenschen in vollstem Maße gestatten will«; was unseres Erachtens erst recht eine »sittliche« Weltordnung ist. Übrigens hält selbst ein so entschlossener Materialist wie Vogt es für unerklärbar, wie das Bewußtsein aus den Gehirnzellen entstehe.

Am bekanntesten von allen materialistischen Büchern in Deutschland dürfte des Darmstädters Louis *Büchner* (1824 bis 1899) »Kraft und Stoff« (1854) geworden sein, das bis 1877 zwölf, bis 1904 einundzwanzig Auflagen erlebte. Stoff und Kraft bilden zusammen, als »unteilbare Zweieinigkeit« (Moleschott), das einzig wahrhaft Existierende. Alle Naturkräfte, auch die sogenannten geistigen, sind an den Stoff gebunden; die seelische Tätigkeit zum Beispiel ist nichts anderes als die »Ausstrahlung einer von äußeren Eindrücken geleiteten Bewegung zwischen den Zellen der grauen Gehirnrinde«. Immerhin hat er später eingeräumt, daß die Begriffe Kraft und Stoff in gewissem Sinn einander »geradezu negieren«, und bekannt, die letzten Rätsel des Lebens überhaupt nicht lösen zu können. Büchner war überhaupt weniger wissenschaftlicher Forscher als geschickter Verbreiter oder, wie Marx es einmal ziemlich geringschätzig ausgedrückt hat, »Reiseprediger« des »vulgären« Materialismus. Er will für das große Publikum der »Gebildeten« schreiben und bleibt häufig recht auf der Oberfläche. Für die soziale Frage insbesondere hat er, trotz seiner Begeisterung für das »Wahre, Gute und Schöne«, auffallend wenig Verständnis en: eine Bemerkung, die auf die meisten seiner Gesinnungsgenossen zutrifft, unter anderem auch auf des alten D. F. Strauß' (siehe S. 255) Bekenntnisbuch »Der alte und der neue Glaube« (1872, 11. Auflage 1881, 14. und letzte Auflage 1895, Volksausgabe 1904).

Wir haben mit Absicht die Auflagenzahlen und -jahre beider materialistischer Aufklärungsbücher angegeben, weil sich aus ihnen die Hauptverbreitungszeit der materialistischen Anschauungen in Deutschland ergibt, die beim bürgerlichen Publikum hauptsächlich in die siebziger und achtziger Jahre fiel, ja in Arbeiterkreisen sich noch länger gehalten hat und zum Teil heute noch hält, weil sie den natürlichen psychologischen Rückschlag gegen die leider in vielen, vielleicht den meisten Schulen noch gelehrte kirchliche Buchstabengläubigkeit darstellt.

In dem Menschenalter zwischen 1840 und 1870 hatte die Philosophie dem Materialismus wenig Brauchbares entgegenzustellen. Ohne weiteres verdammt wurde er selbstverständlich von den herrschenden Gewalten in Staat und Kirche, denen geistreiche »Doktrinäre des Rückschritts« wie Adam Müller († 1829), L. v. Haller († 1854) und der frühere Israelit Julius Stahl († 1861) auch eine philosophische Rechtfertigung zu geben suchten. Keiner der obengenannten Kämpen des Materialismus hat einen Lehrstuhl an deutschen Hochschulen zu erhalten oder ihn zu behalten vermocht.

Die »Philosophen« jener Jahrzehnte waren mit wenig Ausnahmen angestellte Universitätsprofessoren, unter denen Männer mit freieren Anschauungen nicht vorankamen. Sie suchten, soweit sie sich nicht auf historische oder Fachstudien beschränkten oder etwa wie A. Trendelenburg (von 1833 bis 1872 Professor in Berlin) den Aristotelismus in modernerer Form zu erneuern unternahmen, die Philosophie zu verchristlichen, die Theologie »spekulativ« durchzubilden, wie sich denn viele von ihnen, die sich um des jüngeren Fichte »Zeitschrift für Philosophie und spekulative Theologie« gruppierten, als »spekulative Theisten (Gottesgläubige)« bezeichneten. Wir schweigen ganz von der katholischen Neuscholastik; denn wo eine kirchliche Autorität die unüberschreitbare Schranke setzt, kann von Philosophie nur in ganz bedingtem Maße die Rede sein. Erst das Auftreten F. A. Langes und anderer Vertreter des neuerwachenden Kritizismus (siehe nächstes Kapitel) hat mindestens in wissenschaftlichen Kreisen einen hohlen naturwissenschaftlichen Materialismus überwinden helfen, mit dem die *positivistische* Mahnung: »Begnüge dich mit der gegebenen Welt!« nicht zu verwechseln ist.

Betrachten wir jedoch zunächst die Entwicklung der positivistischen Anschauungen in unseren westlichen Nachbarländern.

B. In Frankreich

schließt sich die philosophische Entwicklung fast genau den politischen Wandlungen an. Nachdem schon Chateaubriand in seinem »Geist des Christentums« (1802) der romantischen Zeitströmung Ausdruck gegeben hatte, verkündete man unter den zurückgekehrten Bourbonen (1815 bis 1830) eifrig die Theorie des Rückschritts: da Vernunft und Wissenschaft sich als zur Leitung des Menschen unfähig erwiesen haben, zurück zur Autorität, zum Glauben, zum Papsttum! Dem liberalen Bürgerkönigtum Louis Philippes (1830 bis 1848) dagegen entspricht auf politischem Gebiet der schönrednerische, aber schwächliche Eklektizismus Viktor Cousins (1792 bis 1867) und seiner Schule, deren einziges wissenschaftliches Verdienst in einer Reihe philosophiegeschichtlicher Arbeiten besteht.

Eine Gegenströmung zu dieser an der Pariser »Normalschule« (*Ecole normale*), die noch heute die »höhere« Lehrerschaft Frankreichs ausbildet, verkündeten offiziellen Weisheit kam an ihrer Neben-buhlerin, der *Polytechnischen* Schule, auf, welche die Ergebnisse der neueren Naturwissenschaft nicht bloß für Techniker und Industrielle, sondern auch für eine allgemeine Weltanschauung zu verwerten strebte. Aus ihr ging der Begründer des französischen Positivismus **Auguste Comte** (1798 bis 1857) hervor, der in seinen jungen Jahren dem im dreizehnten Kapitel noch zu behandelnden Sozialisten Saint-Simon nahestand und wohl von diesem zu dem sozialphilosophischen Teil seines Systems die erste Anregung er-halten hat. Comte schuf in den Jahren 1830 bis 1842 seinen sechs-bändigen »Kursus der positiven Philosophie«. Danach durchläuft das menschliche Erkennen, des einzelnen und noch mehr der Menschheit überhaupt, drei Stufen. Die erste ist die *theologische*, in der sich der Mensch die Welt nur durch das Walten übernatürlicher Wesen (vom Fetisch über die Vielgötterei bis zum *einen* Gott) zu erklären vermag. Die zweite ist die *metaphysische*, die uns ebenfalls eine restlose Erklärung der Dinge verheißt, sie jedoch in abstrakten Ideen, Prinzipien oder Kräften findet. Erst die dritte, die *positive* oder wissenschaftliche Stufe, die Comte mit heraufführen will und die sich mit der Einheit der Methode begnügt, wird die Dauer ver-sprechende Philosophie des Wirklichen, Sicheren, genau Bestimm-baren und organisch Zusammenhängenden bringen und damit auch die des Nützlichen, denn sie lehrt uns auch auf die zukünftige Ent-wicklung schließen. Wir übergehen die »Rangordnung« der Einzel-wissenschaften und wenden uns gleich der von Comte am meisten gepflegten *Sozialphilosophie* oder »Soziologie« zu, wie der von ihm zuerst geprägte (halb lateinische, halb griechische, also wenig glück-liche) Name für die neue Gesellschaftswissenschaft lautet. Die soziale »Statik« hat die feststehenden Daseinsbedingungen der menschlichen Gesellschaft, die soziale »Dynamik« die Gesetze ihres Fortschritts zu untersuchen. Nur im sozialen Leben vermögen sich die neben den egoistischen gleichfalls von Anfang an bestehenden Triebe des »*Altruismus*« (der Nächstenliebe) zu entfalten. Den drei zu Beginn genannten Stufen entsprechen auf dem Gebiet der gesellschaftlichen Entwicklung das militärische, juristische und industrielle Stadium. Den »positiven« Denkern und den Proletariern – schon Saint-Simon hatte unter den »Industriellen« alle Schaffenden verstanden – ist das Ziel gemein: *allen* Menschen Gelegenheit zu ihrer geistigen Entwicklung, allen auch das Recht auf Arbeit zu verschaffen. Der Gemeinschaftsgedanke ist zugleich die Quelle des Pflichtbegriffs: Für den Nächsten leben!

Hätte Comte sich mit dieser positivistischen Lehre begnügt, wäre es besser gewesen. So aber ließ er sich, nach seinem eigenen Geständnis unter dem Einfluß einer von ihm vergötterten Frau, zu einem dem Wesen des Positivismus ganz entgegengesetzten Kultus des *Gefühls*, zur Predigt einer »soziokratischen« nicht bloß Zukunftsreligion, sondern geradezu Zukunftskirche, zwar ohne Gott, aber mit Verehrung des »Großen Wesens« der Menschheit, das heißt aller ihrer wahren Wohltäter von der Vergangenheit bis in alle Zukunft, verleiten. Danebenher geht die Ausmalung eines Zukunftsstaats, in dem jedem Arbeiter eine Wohnung von sieben Zimmern und dazu noch ein für die damalige Zeit hoher Monatslohn von 300 Franken verheißen wird. Die Leitung dieses Gemeinwesens soll den »Kapitänen der Industrie«, das heißt Bankiers, Fabrikanten und Grundbesitzern, zustehen, deren etwaigen Übergriffen durch den vereinten Widerstand von Vernunft (Philosophen), Gefühl (Frauen), Tatkraft (Proletariern) und öffentlicher Meinung begegnet werden soll.

Es bildeten sich denn auch in Frankreich, England, Amerika und Schweden einzelne »comtistische« Gemeinden, die jedoch keinen langen Bestand gehabt haben. Gerade der begabteste Schüler Comtes, Littré (1801 bis 1881), hat die später immer mehr ins Mystische gehende Wendung des Meisters – dieser soll ein halbes Jahr vor seinem Tode sogar dem Jesuitengeneral Bekx, natürlich vergeblich, ein Bündnis gegen Protestantismus, Deismus und Skeptizismus angeboten haben! – nicht mitgemacht. Auch heute gibt es in Frankreich und Belgien noch Soziologen, die Comtes Richtung nahestehen. Der bekannte Schriftsteller H. Taine (1828 bis 1893) hat die positivistische Auffassung, insbesondere die Erklärung jeder menschlichen Geistestat aus ihrem *Milieu*, das heißt der gesamten physisch-psychischen Umgebung, aus der sie entstanden ist, auf Geschichtschreibung, Literaturgeschichte und Ästhetik übertragen; während Ribot, Bernard und andere sie in der Psychologie vertraten. Fast noch mehr Anhänger als in seiner Heimat fand Comte übrigens in England.

C. England

In der englisch-schottischen Philosophie ist der Tatsachensinn von jeher heimisch gewesen. Wir erinnern nur an Bacons induktive Methode, an den Erfahrungsstandpunkt Lockes und Humes. So zog schon Ende des achtzehnten, noch mehr aber durch das ganze neunzehnte Jahrhundert

1. Die Nützlichkeitsphilosophie (der »Utilitarismus«)
viele in ihren Kreis. Ihr Begründer, Jeremias *Bentham* (1748 bis 1812) war mehr Jurist als Philosoph und hat ihr Grundprinzip eigentlich nur auf Ethik und Staatslehre angewandt. Ob uns eine Handlung nützt, das heißt unser Glück fördert, kann nach ihm allein die Erfahrung entscheiden. Es ist Torheit oder Heuchelei, von einer Tugend »um der Tugend willen« zu reden; in Wahrheit denkt jeder doch bloß an seinen eigenen Vorteil. Es liegt jedoch in unserem »wohlverstandenen« Interesse, auch das unseres Nächsten zu beachten. Die auf diese Weise zu erwartende »*Harmonie der wohlverstandenen Interessen*« wird zuletzt Benthams ethisch-politisches Ideal, »*größtmögliches Glück der größtmöglichen Anzahl*«, von selbst hervorbringen. In der Gesetzgebung schloß er sich im einzelnen vielfach dem italienischen Strafrechtslehrer Beccaria (1738 bis 1794) an, der als einer der ersten die *Todesstrafe* bekämpft hatte. Im ganzen bleibt seine Betrachtungsweise doch sehr an der Oberfläche des Lebens haften und stieß deswegen doch selbst in England vielfach auf Widerspruch.

Dagegen wurden seine Grundsätze so recht die Kern- und Lieblingsmelodie derjenigen englischen *Liberalen,* die für entschiedene Durchführung politischer und religiöser, namentlich aber auch der Handels- und Gewerbefreiheit eintraten, von denen der Bankier David *Ricardo* und andere Nationalökonomen, in die Fußstapfen von Adam Smith (S. 174 f.) tretend, den wirtschaftlichen Liberalismus tiefer zu begründen suchten (*Manchester*schule genannt, weil sie zuerst von der großen nordenglischen Industrie- und Handelsstadt Manchester aus gepredigt wurde), während James *Mill* (1773 bis 1836) der Morallehre seines Freundes Bentham durch sorgfältige Weiterbildung der Assoziationspsychologie (S. 175) eine haltbarere philosophische Grundlage zu geben suchte.

Der utilitaristische Zug aber ist in der britischen Gedankenwelt bis in die Gegenwart immer wieder hervorgetreten. Zu unserer Zeit hat ihn der Amerikaner W. James (1842 bis 1910) unter dem Titel *Pragmatismus,* einem »neuen Namen für alte Denkmethoden« erneuert, wonach als »annehmbare Wahrheit« einzig das zu gelten hat, »was uns am besten leitet, was für jeden Teil des Lebens am besten paßt, was sich mit der Gesamtheit der Erfahrungen am besten vereinigen läßt«. Was dann von dem Engländer Schiller (geb. 1864) und anderen als »Humanismus« vertreten wird: daß nämlich alle unsere sogenannten »Wahrheiten« von menschlichen Bedürfnissen und Motiven bestimmt werden.

2. John Stuart Mill

Der bedeutendste englische Positivist des neunzehnten Jahrhunderts ist James Mills ältester Sohn *John Stuart Mill* (1806 bis 1873), dessen von ihm selbst beschriebenes Leben eine interessante geistige Entwicklung zeigt. Von seinem Vater rein verstandesmäßig erzogen, hatte der glänzend begabte Knabe schon als Dreizehnjähriger alle möglichen Wissenschaften verschlungen. Er folgte zunächst ganz der Benthamschen Lehre. Bei dem Zwanzigjährigen brach dann aber als Rückschlag gegen diese übermäßige Verstandesausbildung eine körperliche wie seelische Krise aus, die von da an ganz andere geistige Elemente seinem Vorstellungskreis nahebrachte. Gegen die nüchterne Nützlichkeitsauffassung der »Benthamiten« hatte sich unter Coleridge (1772 bis 1834) und namentlich *Carlyle* (1795 bis 1881) eine der deutschen Romantik verwandte Geistesrichtung erhoben, die der rein mechanischen Weltanschauung eine Philosophie der *Persönlichkeit* entgegensetzte und in einer im damaligen England noch ganz ungewohnten Stärke die soziale Frage aufrollte, das soziale Elend in mächtig erschütternden Tönen schilderte (Carlyles »Vergangenheit und Gegenwart«, 1843). Freilich wird die »Heldenverehrung« des auch in seinem Stil durch und durch subjektiven Carlyle oft sehr einseitig, und zu den Philosophen kann er schon wegen seiner völlig unsystematischen Denkweise nicht gerechnet werden. Aber als notwendiges Gegengewicht gegen die vorherrschende liberal-kapitalistische Anschauung des britischen Durchschnittsbürgers wirkte er sehr heilsam.

Im ganzen herrschte gleichwohl bei dem jüngeren Mill zunächst noch die auch durch das Kennenlernen des Comteschen Systems gestärkte positivistische Richtung vor. Das zeigte sich namentlich in seinem Hauptwerk, dem »System der deduktiven und induktiven Logik« (1843), das nicht sowohl ein trockenes Handbuch der formalen Logik, sondern eine *Methodenlehre* der Natur- wie der Geisteswissenschaften darstellt und daher nicht bloß im Vaterland des Verfassers (9. Auflage, 1875), sondern auch in Deutschland (4. Auflage, 1877) seinerzeit starke Verbreitung gefunden hat. Die induktive Methode wird von Mill, ähnlich Baco, der deduktiven vorgezogen, die in Wahrheit doch in der ersteren versteckt ist. Im einzelnen werden dann noch die Methoden der Übereinstimmung, der Differenz, der Reste, der begleitenden Veränderungen unterschieden. Auch die menschlichen Handlungen sind dem unentrinnbaren Gesetz von Ursache und Wirkung unterworfen. Gewiß wird der Charakter eines Menschen durch die »Umstände« gebildet, aber »sein eigener Wunsch, ihn in einer bestimmten Weise zu bilden, ist einer dieser Umstände«, und zwar ein recht einflußreicher. Doch können die Geisteswissenschaften, im Gegensatz zu denen der Natur, es nur zu *annähernden* Verallgemeinerungen bringen. In der Psychologie schließt er sich der Assoziationslehre seines Vaters an.

Die *Ethik* ist Mill zufolge keine Wissenschaft, sondern eine *Kunst,* eine Art »Logik der Praxis«, die sich Zwecke setzt, die sein *sollen.* Ähnlich wie die Politik die Kunst des Zweckmäßigen, die Ästhetik die des Schönen und Edlen ist. »Oberaufseher« aller Zwecke ist die Förderung eigenen und fremden Glückes; wobei jedoch das gereifteste Bewußtsein und die reichste Erfahrung maßgebend sein muß, so daß die geistigen und sozialen Glücksgefühle den sinnlichen Genüssen weit vorangehen. In *politischer* Hinsicht blieb Mill freilich grundsätzlich begeisterter Individualist, wie besonders seine berühmte Abhandlung »Über die Freiheit« (1859) zeigt. Aber in jeder Auflage seiner zuerst 1848 erschienenen »Grundsätze der politischen Ökonomie« verschließt er sich doch weniger den verderblichen sozialen Folgen des wirtschaftlichen »Gehenlassens« der Dinge, so daß er zuletzt zu dem Ausspruch gelangt: »*Wenn* man wählen müßte zwischen dem Kommunismus mit allen seinen Chancen (Wechselfällen) und dem gegenwärtigen Gesellschaftszustand mit allen seinen Leiden und Ungerechtigkeiten: *wenn* die Einrichtung des *Privateigentums* es als notwendige Folge mit sich brächte, daß das Ergebnis der Arbeit sich so verteilte, wie wir es jetzt sehen, fast im umgekehrten Verhältnis zur Arbeit ..., so würden alle Bedenklichkeiten des *Kommunismus,* große und kleine, nur wie Spreu in der Wagschale wiegen!«

Auch dem *religiösen* Gedanken hat sich Mill in seiner späteren Lebenszeit nicht mehr so abweisend wie früher gegenübergestellt, wie die erst aus seinem Nachlaß von seiner Stieftochter Helen Taylor herausgegebenen populären Aufsätze über »Natur«, »Nutzen der Religion« und »Theismus« beweisen. Zwar scheint ihm auch hier endlose Fortdauer des persönlichen Daseins ein bedrückenderer Gedanke als dessen Vernichtung, aber die Existenz eines mächtigen und gütigen Wesens, das unserer freiwilligen Mitwirkung zum Siege des Guten bedarf, wenigstens möglich; auch die Idee eines vollkommenen Menschen wie Jesus, selbst wenn sie geschichtlich im einzelnen nicht beglaubigt wäre, doch sittlich wertvoll.

Von den zahlreichen Anhängern Mills in England nennen wir den Historiker Altgriechenlands Georg Grote (1794 bis 1871), den

Verfasser einer Geschichte und einer Philosophie der induktiven Wissenschaften Whewell, den Psychologen Al. Bain (1818 bis 1903). In Deutschland haben der Straßburger Professor Ernst Laas (1837 bis 1885), die Ethiker Georg v. Gizycki (1851 bis 1895) und Friedrich Jodl (1849 bis 1914, später in Wien) an Mills Positivismus angeknüpft. In seiner Heimat wurde letzterer durch andere Zeitströmungen zurückgedrängt, vor allem durch die *Entwicklungsphilosophie* Darwins und Spencers.

3. Der Darwinismus

Der Gedanke der *Entwicklung* ist von jeher in der Philosophie zu Hause gewesen. Wir begegnen ihm schon bei den ältesten griechischen Philosophen: Anaximander, Heraklit und Empedokles; und nicht bloß bei dem die ganze Scholastik beherrschenden Aristoteles bildet er eines der wichtigsten Prinzipien, sondern auch bei den seinen Gegenpart bildenden Neuplatonikern findet er sich wieder, wenngleich in theosophisch verzerrter Gestalt; andererseits auch bei einem so entschlossenen Materialisten wie Lukrez. Auch zu Beginn der Neuzeit erscheint er von neuem bei dem Kusaner und spielt bei Leibniz eine bedeutende Rolle. Die eigentlichen Aufklärer denken ungeschichtlich; nur Lessing wendet ihn gegen Ende seines Lebens auf die Geschichtsphilosophie an, Kant und Herder auf Natur und Geschichte überhaupt. Mit den Fortschritten der neueren Naturforschung wird seine Verwendung immer reicher: Astronomie und Geologie, Biologie (die Wissenschaft vom Lebenden) und Psychologie nehmen ihn in sich auf. Goethe vertritt ihn aufs nachdrücklichste. In der Naturphilosophie wird er von Schelling zum Hauptprinzip gemacht, was dann von *Hegel* auf die Philosophie überhaupt erweitert wird. Indes zu einem Gemeingut der Gebildeten sozusagen wurde er doch erst durch den Engländer **Charles Darwin** (1809 bis 1882).

Darwin ist einer der gewissenhaftesten und kritischsten Naturforscher gewesen, die es je gegeben hat; er hat seine Lehre erst nach mehr denn zwanzigjähriger Erprobung durch die Tatsachen veröffentlicht. Uns kommt es nur auf ihre philosophische Bedeutung an. Seine »Entstehung der Arten durch natürliche Zuchtwahl« (1859)

wendet die neue Theorie zunächst nur auf die Pflanzen- und Tierwelt an. Danach tragen in dem die gesamte äußere Natur in jedem Augenblick und allerorten erfüllenden »*Kampf ums Dasein*« diejenigen Individuen und weiter auch Arten den Sieg davon, die sich ihren natürlichen Lebensbedingungen durch Variation am besten anzupassen vermögen, so daß eine natürliche »Auslese« oder »Zuchtwahl« entsteht. Erst 1871 übertrug Darwin dann seine Lehre auch auf die *Abstammung des Menschen*, der sich »mit niederen Tierformen durch das natürliche Prinzip der »geschlechtlichen Zuchtwahl« allmählich entwickelt habe. Zwischen ihm und den höheren Tieren bestehen nur Gradunterschiede; auch die letzteren besitzen das Vermögen, sich zu erinnern und zu vergleichen, sind nicht ohne Schönheitssinn und ohne sympathische und Gemeinschaftsinstinkte. So tritt zu dem Kampfe ums Dasein ergänzend das Prinzip der »gegenseitigen *Hilfe* in der Entwicklung«, wie es der bekannte Anarchist Fürst Peter Kropotkin († 1921) in seinem gleichnamigen, von Gustav Landauer übersetzten Buche (1904) näher ausgeführt hat. Da die Erhaltung und Stärkung der Gemeinschaft auch die Erhaltung der Art in der Regel fördern wird, so werden durch die natürliche Auslese auch die uneigennützigen oder sozialen Gefühle immer mehr ausgebildet. Die »Abstammung des Menschen vom Affen«, womit man noch immer wissenschaftliche kleine Kinder gruselig zu machen sucht, hat der mit so viel Selbstkritik ausgestattete englische Forscher in dieser groben Form nicht gelehrt, wohl aber auf die Tatsache hingewiesen, daß die leibliche und geistige Kluft zwischen Mensch und Affen, so »ungeheuer« sie auch bleibt, geringer ist als diejenige zwischen dem Affen und dem niedrigsten Wirbeltier. In bezug auf alles, was über die Erfahrung hinausgeht, verzichtet er überhaupt auf Erkenntnis (»Agnostizismus«), wie er denn zum Beispiel den ersten Ursprung des Lebens, ja auch den ersten Anlaß der Variation (Veränderung) der Arten nicht erklären zu können behauptet. Schon deshalb gehört er zu den Positivisten, die sich »mit der gegebenen Welt begnügen«.

Darwins Abstammungslehre (»Deszendenztheorie«) erregte auf der einen Seite ebenso enthusiastischen Beifall wie auf der anderen, in erster Linie aus theologischen Gründen,[11] stürmischsten Widerspruch. Besonders in den siebziger Jahren gab es eine unzählige Literatur für und gegen den »Darwinismus«, wobei nicht immer mit rein wissenschaftlichen Gründen gefochten wurde. In Deutschland wurde er, nächst Karl Vogt (S. 259), am begeistertsten durch den Jenaer Zoologen Ernst *Haeckel* (1834 bis 1919) vertreten, der durch seine in zwölf Sprachen übersetzte »Natürliche Schöpfungsgeschichte« (1868, 11. Auflage 1909) und »Anthropogenie« (Menschenentstehung) (1874, 6. Auflage 1910) und die noch populäreren und kürzeren »Welträtsel« (1899, 11. Auflage) und »Lebenswunder« (1904) weiteste Kreise für die mit Leidenschaft von ihm verfochtene neue Lehre gewann. Über die von neueren Fachmännern behandelten naturwissenschaftlichen Einzelheiten enthalten wir uns des Urteils. Fraglos erscheint uns sein Verdienst um die Verbreitung des Entwicklungsgedankens; ebenso unbedingt anzuerkennen ist die Entschiedenheit, mit der er gegen alles Hineintragen des »Übernatürlichen« in die Naturforschung protestiert. Dagegen hat er sich infolge seines starken Temperaments philosophisch manche Blöße gegeben; man merkt, daß er nicht durch eine strenge erkenntniskritische Schulung, etwa diejenige Kants (den er zitiert, aber mißversteht) gegangen ist. Sein sogenannter »Monismus« (Einheitslehre) ist im letzten Grunde ein unkritischer und dazu inkonsequenter, weil pantheistisch und poetisch angehauchter Materialismus: wenn er zum Beispiel von dem Lust- und Unlustempfinden der Atome (!) bei ihrer Verdichtung, beziehungsweise Verdünnung, oder von den »Seelen« der niedersten Lebewesen (»Protisten«) spricht. Am fruchtbarsten von seinen Einzellehren scheint uns sein »biogenetisches« (das Werden des Lebens betreffendes) Grundgesetz, wonach die Entwicklung der *Einzel*wesen eine abgekürzte Wiederholung der *Stammes*entwicklung darstellt.

Haeckels »Welträtsel« waren die Antwort auf zwei vorangegangene vielgelesene und philosophisch bedeutsame kleine

---

11 Der Jesuitenpater Wasmann stimmt ihr zu, abgesehen von dem einen Punkte: Abstammung des Menschen.

Schriften des Berliner Physiologen *E. du Bois-Reymond* (1818 bis 1896) über »Die Grenzen des Naturerkennens« (1872) und »Die sieben Welträtsel« (1882), in denen dieser gegenüber verschiedenen letzten Fragen mit dem Ursprung der Bewegung, der Entstehung von Bewußtsein und Empfindung, dem »Wesen« von »Kraft« und »Stoff« ein skeptisches Ignorabimus (Wir werden es nie wissen) ausgesprochen hatte; während Haeckel in seinem jünglinghaften Sturm und Drang von keinen solchen unlösbaren »Rätseln« hören wollte. Von 1877 bis 1886 bestand eine besondere darwinistische »Zeitschrift für einheitliche Weltanschauung«, der von Caspari, O. Jäger und Carus Sterne herausgegebene »Kosmos«. 1902 gründete Ludwig Woltmann (1871 bis 1907) die »Politisch-anthropologische Revue«, welche die natürliche Entwicklungslehre auch auf die »organische, soziale und geistige Entwicklung der Völker«, unter besonderer Bevorzugung der Rassenforschung, ausdehnen wollte und heute noch besteht. Und noch neuerdings hat Francé, der Verfasser des bekannten »Lebens der Pflanze« (1905 ff.) eine »Zeitschrift für den Ausbau der Entwicklungslehre« ins Leben gerufen.

Einzelheiten der Darwinschen Lehre sind im Laufe ihres sechzigjährigen Bestehens sicher veraltet. Eine fruchtbare *Hypothese* aber für die Naturwissenschaft ist sie bis heute noch geblieben; und ihr Mittel- und Ausgangspunkt, der *Entwicklungs*gedanke, ist heute nicht bloß Gemeingut der organischen Naturwissenschaft geworden, sondern mehr oder weniger auch in alle anderen Wissenschaften eingedrungen. Die philosophische Begründung dazu lieferte

4. Spencers Entwicklungsphilosophie

Auch Herbert Spencer (1820 bis 1903) ist insofern »Agnostiker«, als er ein unerkennbares Letztes, eine absolute Kraft annimmt, deren innerstes Wesen wir niemals entdecken werden. Aber wenngleich nicht dies letzte Sein, so ist uns doch sein Werden erkennbar. Und Philosophie bedeutet: *vereinheitlichte Erkenntnis* dieses Weltwerdegangs mit seiner beständigen Andersverteilung von Stoff und Bewegung, Wachstum und Auflösung, Leben und Tod. Die *Entwicklung* vollzieht sich überall in zwei Formen: 1. der »Integration« (Ganzwerdung), das heißt dem Übergang aus einem weniger zusammenhängenden in ein zusammenhängenderes Ganze; 2. der Differenzierung, das ist Übergang von dessen Teilen aus unbestimmter Gleichartigkeit zu bestimmter Ungleichartigkeit. Diese allgemeinen oder »Ersten Prinzipien« (1. Band) seines auch ins Deutsche übersetzten »Systems der synthetischen Philosophie« (1860 bis 1893) werden dann auf die weiten Gebiete der Biologie (2. und 3. Band), Psychologie (4. und 5. Band), Soziologie (6. bis 9. Band) und Ethik (10. und 11. Band) angewandt. Jeder Teil geht zunächst von den Grundtatsachen der betreffenden Wissenschaften aus, um sodann induktiv zu immer höheren Verallgemeinerungen aufzusteigen.

Leben ist »beständige Anpassung innerer an äußere Beziehungen«. Die *Biologie* behandelt demgemäß die Wechselwirkungen zwischen dem einzelnen Lebewesen und seiner Umgebung, vom äußerst unbeständigen und gleichartigen »Protoplasma« (erster Bildung überhaupt) bis zur Entstehung des sehr ungleichartigen, übrigens weiter nicht mehr erklärbaren Bewußtseins. Zu dem Darwinschen Satz von der natürlichen Auslese fügt Spencer den der Vererbung erworbener Eigenschaften hinzu. Die *Psychologie* verfolgt dann die Entwicklung des Bewußtseins durch fortschreitende »Differenzierung« und Bestimmtheit vom Instinkt bis zum vernünftigen Willen, während die vier Bände der *Soziologie* vom Leben des ursprünglichen Wilden bis zum gegenwärtigen Kulturmenschen führen. Auch hier wird, wie überall, der Ton auf das organische Werden gelegt. An Comte erinnert die Unterscheidung einer älteren, »*kriegerischen*« und der daraus sich immer stärker entwickelnden »*industriellen*« Gesellschaftsform; nur daß Spencer unter der ersten zugleich das von ihm verabscheute *zwangsweise*, unter der zweiten das *freiwillige* Zusammenwirken der Menschen versteht, das sich gegenüber jenem Zwang nur langsam und unter oftmaligen Rückschlägen emporringt. Unser Engländer war so eingefleischter Individualist, daß er sogar alle öffentlichen Wohlfahrtseinrichtungen ablehnte. Den Sozialismus, den er trotzdem als unvermeidlich herannahen sieht, hält er »für das größte Unglück, das die Welt je erlebt hat«, und meint überdies, daß er »in einem Militärdespotismus der schärfsten Form« enden werde. Als Ideal erscheint ihm in seiner »*Ethik*«, wie dem ihm philosophisch sonst so unähnlichen Kant (S. 200), ein Zustand, in dem die Entwicklung eines jeden allein durch das gleiche Recht der *anderen* auf ihre Entwicklung eingeschränkt wird. »Gut« heißt ihm entwicklungfördernd, »schlecht« entwicklunghemmend.

Nachdem Spencer viele Jahre unter der Gleichgültigkeit des philosophischen Publikums hatte leiden müssen, brach ihm zuerst um 1870 ein Verehrer in Nordamerika Bahn. Bald fand er dann auch im Mutterland zahlreiche Anhänger, insbesondere ergebene Schüler, die ihm die ungeheure Menge von Stoff zu den neuen Bänden seiner »Synthetischen Philosophie« sammeln halfen; es folgten die übrigen Erdgegenden englischer Zunge. Auch in Rußland, Skandinavien, Frankreich und Italien, ja bis in das ferne Japan fanden jetzt seine Gedanken Verbreitung. Bei uns hat man ihn erst seit Ende der achtziger Jahre eifriger studiert.

Der Spencerschen Philosophie gebührt ohne Frage das Verdienst, den ebenso notwendigen wie fruchtbaren *Entwicklungsgedanken* von der äußeren Natur auch auf die Welt der geistigen, geschichtlichen und sozialen Erscheinungen systematisch übertragen und im einzelnen, wenngleich etwas schematisch, angewandt zu haben. Gleichwohl ist die entwicklungsgeschichtliche Betrachtung, von so ungeheurer Wichtigkeit sie auch ist, doch nur *eine* wissenschaftliche Betrachtungsweise der Dinge. Sie bedarf zu ihrer Ergänzung anderer, vor allem der erkenntniskritischen. Diese fand gleichzeitig in dem Vaterland Kants ihre Erneuerung.

Zwölftes Kapitel. Das Wiedererwachen des kritischen Idealismus (Neukantianismus)

Wir haben die deutsche Philosophie in ihrem Tiefstand um die Zeit der fünfziger Jahre verlassen: an Stelle der an ihrer eigenen Überspekulation zusammengebrochenen metaphysischen Systeme der Schelling und Hegel auf der einen Seite halbtheologischer Spiritualismus oder schwächliche Farblosigkeit der meisten Universitätsprofessoren; auf der anderen ein oberflächlicher, jeder tieferen philosophischen Grundlage entbehrender naturwissenschaftlicher Materialismus. Andere, der wirklichen Welt mehr zugewandte und doch fruchtbare philosophische Gedankenkeime in sich bergende Denkrichtungen, wie die Entwicklungsphilosophie oder Marxens neue Geschichtsauffassung, hatten noch keinen Einfluß gewonnen. Begreiflich genug, daß ernste wissenschaftliche Denker, die zugleich doch an der bloßen Fach- und Spezialforschung kein Genüge fanden, aus diesem Zwiespalt herauszukommen, den Geist der modernen Naturwissenschaft mit der alten idealistischen Gedankenrichtung zu versöhnen suchten. Dahin gehören zunächst die

1. Vermittlungsversuche von Fechner und Lotze

Beide gehen von der Naturwissenschaft aus, beide erstreben eine engere Verbindung mit den Geisteswissenschaften; wie denn überhaupt das Problem des Verhältnisses von Leib und Seele in der Philosophie der nächsten Jahrzehnte eine besonders hervorragende Rolle spielt.

So sind nach dem Leipziger Professor der Physik G. Th. *Fechner* (1801 bis 1887), dessen entscheidende Werke in die Zeit von 1848 bis 1863 fallen, Geistiges und Körperliches bloß zwei verschiedene Betrachtungsarten desselben Ganzen. Er selbst hat, im Anschluß an die Untersuchungen seines Lehrers E. H. Weber, das sogenannte »psychophysische« (seelischleibliche) Grundgesetz formuliert, wonach die Stärke der Empfindung nur im Verhältnis des Reizzuwachses zu der bereits vorhandenen Reizstärke zunimmt, wobei der eben merkliche Unterschied der Empfindung die Maßeinheit bildet. Auch das Atom hat Fechner ganz methodisch als unterste Grenze unseres Naturerkennens und zugleich als bloßes Kraftzentrum ohne Ausgedehntheit bestimmt. Die Naturwissenschaft soll nach einem von ihm gebrauchten Bilde nicht plump »wie der Bär in einen Bienenkorb« in die Natur hineintrampeln, wie es die Schelling-Hegelsche Naturphilosophie getan, der auch er in seinen ersten Jahren zugeneigt hatte; sondern den Bienen gleich sorgsam »von unten auf arbeiten und sammeln«. Seine rege Phantasie trägt ihn dann aber doch über diese rein wissenschaftliche Betrachtung der Dinge hinaus. Alles ist ihm zufolge beseelt: nicht nur Menschen, Tiere und namentlich auch die Pflanzen (»Nanna oder über das Seelenleben der Pflanzen«, 1848), sondern auch die bloße Materie bis zu den fernsten Gestirnen. Und alle Seelen sind Teile einer allumfassenden höchsten »Weltseele«, die zugleich das Prinzip der Ordnung und des Zusammenhanges im gesamten All darstellt. In dem höheren Leben, das unsere Seele nach dem Tode erwartet, werden die nicht mehr an räumliche Schranken gebundenen Geister in freiem, innigem Verkehr miteinander stehen. Allerdings sind das für unseren Philosophen nur »Glaubens«sätze.

Bedächtiger als der phantasievolle und feurige Fechner geht der zartere und kritischer geartete Göttinger Philosoph Hermann *Lotze* (1817 bis 1881) zu Werke, der bis zu seinem fünfunddreißigsten Lebensjahr nur medizinisch-naturwissenschaftliche Bücher geschrieben hatte. Nach ihm muß – ein an Leibniz gemahnender Gedanke – zu dem *mechanischen* Zusammenhang von Wirkung und Ursache, der alles äußerliche Naturgeschehen unweigerlich beherrscht, für unser Gefühl ein allgemeiner *Zweck*zusammenhang hinzukommen. Letzter Grund und Zweck alles Wirklichen ist die ewige Liebe des absoluten Weltgrundes. Auch die Einzelseele ist eine für sich bestehende nicht sinnliche Einheit; die körperlichen Organe (Nerven) liefern ihr nur den Stoff, den sie in ihre eigene Sprache übersetzt. Unsterblichkeit will der Philosoph ihr, wie allem Geschaffenen, bloß insoweit zubilligen, als sie »um ihres Wertes und Sinnes willen ein beständiges Glied der Weltordnung sein muß«.

Wir können nur darauf warten, daß »jedem Wesen geschehen werde nach seinem Recht«. Lotze hat seine Gedanken besonders in seinem für ein allgemeines Publikum geschriebenen, in Titel wie Tendenz einigermaßen an Herders »Ideen« erinnernden dreibändigen Hauptwerk » *Mikrokosmus*, Ideen zur Naturgeschichte und Geschichte der Menschheit« (1856 bis 1864, 4. Auflage 1896 bis 1909) niedergelegt.

2. F. A. Lange

Fechner wie Lotze haben bis in die Gegenwart hinein, gerade infolge ihrer vermittelnden Richtung, manche Anhänger gefunden. Dennoch konnte auch ihr Standpunkt ein tieferes philosophisches Streben nicht befriedigen. Immer lauter tönte daher um die Wende der fünfziger und sechziger Jahre von den verschiedensten Seiten her der Ruf: *Zurück zu Kant!*, dem kritischen Philosophen, den die nachfolgende philosophische Entwicklung zu ihrem eigenen Schaden vernachlässigt, ja beinahe vergessen hatte. Frühere Hegelianer, Herbartianer, Friesianer beriefen sich auf ihn, und Schopenhauer, der ja nachdrücklich auf ihn hingewiesen hatte, begann eben jetzt berühmt zu werden. Dasjenige Buch aber, das den Sieg dieser »*neukantischen*« Bewegung auch in weiteren Kreisen besiegelte, war die »Geschichte des Materialismus« von F. A. Lange (1866, 2. Auflage 1873 bis 1875), den wir nicht zum wenigsten deshalb genauer schildern, weil er sozusagen der erste deutsche Professor gewesen ist, der für die Arbeiterbewegung etwas übrig gehabt hat.

Friedrich Albert *Lange* (1828 bis 1875), dessen Leben uns sein begeisterter Anhänger O. A. Ellissen (1891) erzählt hat, ein Theologensohn aus dem Bergischen Lande, gab in der preußischen Konfliktszeit (1862) seinen Duisburger Gymnasiallehrerposten auf, um freier Schriftsteller und Redakteur, zuletzt Professor in der Schweiz zu werden, von wo er durch den neuen Unterrichtsminister Falk 1872 nach Marburg berufen wurde, um jedoch bereits im November 1875 durch eine lange, schmerzvolle Krankheit der Wissenschaft und dem Lande allzufrüh entrissen zu werden.

Sein Hauptwerk, eben die »Geschichte des Materialismus und Kritik seiner Bedeutung in der Gegenwart« (seit einiger Zeit auch bei Reclam durch Ellissen herausgegeben), noch heute eine der besten und anziehendsten Einführungen in philosophisches Denken, hat damals in Wahrheit erst die materialistische Zeitströmung, wenigstens in der Philosophie – leider nicht ebenso in der Politik! – überwinden helfen, nicht zum wenigsten, weil er ihre *bedingte* Berechtigung anerkannte. Er erklärt den von vielen mit allerlei Schlagworten einfach verfemten Materialismus für »die erste, die niedrigste, aber auch vergleichsweise festeste Stufe der Philosophie«, weil derselbe sich am unmittelbarsten an die Wirklichkeit halte. Allein er muß sich seiner Schranken bewußt bleiben. Schon die moderne Sinnesphysiologie zerstört die naive Ansicht, als ob die Welt in Wahrheit genau so wäre, wie wir sie sehen, hören, schmecken, riechen oder fühlen. Als die Haupttat Kants betrachtet Lange dessen »Kopernikus«-Gedanken, daß nicht unsere Vorstellungen nach den Dingen sich richten, sondern umgekehrt die Dinge nach unseren Begriffen. Nicht bloß Raum, Zeit und Kategorien sind notwendige Formen unserer Anschauung beziehungsweise unseres Verstandes, sondern auch die Materie, das Atom, die Kraft, ja das »Ding« selber sind nichts anderes als unserem eigenen Geist entsprossene wissenschaftliche Hilfsbegriffe. Freilich ist er noch nicht zu dem streng erkenntniskritischen, allein die Bedingungen der Wissenschaft feststellen wollenden Sinn des *a priori* (S. 204) durchgedrungen, sondern findet es in letzter Linie begründet in unserer nun einmal vorhandenen geistig-körperlichen Organisation.

Ähnlich ist sein Standpunkt in der *Ethik*. Auch hier verzweifelt er an der Möglichkeit der streng wissenschaftlichen Begründung Kants, verweist sie vielmehr, zusammen mit Ästhetik und Religion, in das Gebiet der Gedanken *dichtung*, jedoch im höchsten, *Schillerschen* Sinne verstanden: als »eine notwendige und aus den innersten Lebenswurzeln der Gattung hervorbrechende Geburt des Geistes«, die auf die Erzeugung von Einheit und Harmonie in unserem Denken und Fühlen gerichtet ist und uns aus der Welt des

Seienden in die der Werte versetzt. Es ist »der Standpunkt des *Ideals*«, wie ihn der letzte Abschnitt seines Buches in erhebender Weise schildert, des Ideals, in dessen Reich wir mit dem Dichter, die »Angst des Irdischen von uns werfend«, aus dem »engen, dumpfen Leben« uns zu flüchten vermögen, während hinter oder unter uns »des Erdenlebens schweres Traumbild sinkt – und sinkt – und sinkt«. Hier hört allerdings die Welt der Wissenschaft auf. Denn wer könnte die neunte Sinfonie Beethovens »widerlegen« oder die Sixtinische Madonna »des Irrtums zeihen« wollen?

Langes, wenn auch nicht in der Begründung, so doch im tiefsten Sachgehalt echt Kantischer Idealismus in der Ethik hat ihn auch zu seiner *sozialen* Stellungnahme geführt. Er stellte sich ohne Scheu unter »das Banner der großen Idee, die den Egoismus hinwegfegt und menschliche Vollkommenheit in menschlicher Genossenschaft als neues Ziel an die Stelle der rastlosen Arbeit setzt, die allein den persönlichen Vorteil ins Auge faßt«. Mit anderen Worten, er ist *Sozialist* – wie er denn auch mit den damals sich bildenden Arbeitervereinen (A. Bebel) in Verbindung trat – und hat in seiner »Arbeiterfrage« (1866, 1. Auflage, neu herausgegeben von Franz Mehring 1910) auseinandergesetzt, wie er sich den Weg zu diesem seinen Ziele denkt. Weiter in dieser Hinsicht zu arbeiten, hinderte ihn seine Krankheit und sein früher Tod.

3. Der ältere Neukantianismus

Langes Art war nicht dazu angetan gewesen, eine »Schule« zu bilden. Das war einem anderen Denker vorbehalten: dem durch ihn nach Marburg berufenen und dort sein Nachfolger gewordenen

Hermann Cohen (1842 bis 1918)

Cohen hat in eindringender und scharfsinniger Gedankenführung zunächst die Hauptgebiete der kritischen Philosophie bearbeitet in seinen drei Werken: »Kants Theorie der Erfahrung« (1871, 2. Auflage 1885, 3. Auflage 1918), »Kants Begründung der Ethik« (1877, 2. Auflage 1910) und »Kants Begründung der Ästhetik« (1889), die, anfangs vielfach angefeindet oder unbeachtet, allmählich durchdrangen und in weiten wissenschaftlichen Kreisen eine ganz neue Kantauffassung begründeten: eine Auffassung, die den Hauptwert auf die Durchbildung der kritischen oder »transzendentalen« *Methode* legt, ähnlich wie sie auch in der Kantdarstellung unseres Buches zum Ausdruck gekommen ist.

Zu Cohens frühesten Anhängern gehörte der Schweizer August *Stadler* (1850 bis 1910), der bereits in den siebziger und zu Anfang der achtziger Jahre in mehreren vorzüglichen Schriften Kants »Teleologie« (1874), Kants »Grundsätze der reinen Erkenntnistheorie« (1876) und Kants »Theorie der Materie« (1883) beleuchtete und später lange Jahre als Professor in Zürich gewirkt hat. Weiter Kurd *Laßwitz*, in Gotha (1848 bis 1910), der außer seiner bedeutenden »Geschichte der Atomistik« (1889 f.) auch mehrere allgemeinverständliche Schriften, wie »Wirklichkeiten« (1900) und »Seelen und Ziele« (1908), geschrieben hat, in denen er ein an Kant, Schiller und Goethe orientiertes Kulturideal entwickelt. Weiter Franz *Staudinger* (geb. 1849, Darmstadt), dessen »Noumena« (1884) Kants Erkenntnislehre, dessen »Sittengesetz« (1887) sowie »Ethik und Politik« (1899) Kantische Ethik vertreten. Staudinger sehr nahe steht auch der Verfasser *vorliegenden* Buches, der sich schon früh mit der Methode und Anwendung der kritischen Ethik sowie mit dem Verhältnis unserer beiden großen klassischen Dichter zu Kant und zur Philosophie beschäftigt und Kants Werke in der »Philosophischen Bibliothek« herausgegeben hat. Seit Beginn des neuen Jahrhunderts haben sich Staudinger und Vorländer namentlich der Philosophie des Sozialismus gewidmet, weswegen sie im nächsten Kapitel noch zu erwähnen sein werden.

Überhaupt begann, wie einst der Kantianismus, so fast ein Jahrhundert später auch der Neukantianismus seine Wirkungen auf die verschiedensten Gebiete zu erstrecken. So zeigten sich von bedeutenden Vertretern der *Naturwissenschaft* die Physiker Helmholtz, H. Hertz und A. Elsas, der Astronom Zöllner und andere von ihm beeinflußt, während in der evangelischen *Theologie* vor allem die einflußreiche Schule A. *Ritschls* (Bonn), auf Kant zurückgehend, reinliche Scheidung zwischen Wissenschaft und Glauben, Naturerkenntnis und Werturteil, Ethik und Religion forderte und die letztere mit Recht auf die innere Erfahrung, das religiöse Erleben zu stützen suchte; so besonders W. Herrmann (Marburg) in seinem Buche »Die Religion im Verhältnis zum Welterkennen und zur Sittlichkeit« (1879) und neuerdings E. Tröltsch (Berlin). Der Jurist Rudolf *Stammler* (geb. 1856) übertrug die kritische Methode zuerst auf das *sozial-* und *rechtsphilosophische* Gebiet in seinen bedeutsamen Werken: »Wirtschaft und Recht nach der materialistischen Geschichtsauffassung« (1896, 3. Auflage 1914), von dem im nächsten Kapitel noch die Rede sein wird, der »Lehre vom richtigen Recht« (1902) und der »Theorie der Rechtswissenschaft« (1911), während Paul *Natorp* sie, neben ihrer allgemeinen Ausbildung, namentlich auch auf das Feld der *Pädagogik* zuerst anwandte (S. 284).

Danebenher ging die seit den siebziger Jahren immer stärker einsetzende philologisch-historische Beschäftigung mit dem alten Kant. Es entstand eine förmliche *Kantphilologie*, die mit ihrer Textkritik, ihrer Aufhellung von Kants Leben und Persönlichkeit, seines philosophischen Entwicklungsganges und seines geschichtlichen Verhältnisses zu Vorgängern, Zeitgenossen und Nachfolgern oft bis ins kleinste ging. Wir nennen als Beispiel nur H. Vaihingers lexikonartigen, aber in zwei starken Bänden nur wenige Kantische Druckbogen erläuternden »Kommentar zur Kritik der reinen Vernunft« (1881 bis 1892). Einen neuen Mittelpunkt fand die Kantforschung, der schon vorher in Kants Heimatstadt die »Altpreußische Monatsschrift« gedient hatte, in den 1896 von Vaihinger begründeten »Kantstudien« und der von demselben Gelehrten am hundertsten Todestag Kants (12. Februar 1904) begründeten »Kantgesellschaft«, die gegenwärtig über zweitausend Mitglieder zählt. Auch die Kantausgaben haben sich immer weiter vermehrt. Zu den drei alten Ausgaben von Hartenstein (1838 f. und 1867 ff.) und Rosenkranz und Schubert (1838 ff.) sind nicht weniger als vier neue *Gesamt*ausgaben – abgesehen von den zahlreichen Ausgaben einzelner Schriften – getreten, von denen die der »Philosophischen Bibliothek« (F. Meiner, Leipzig) durch ihre Einleitungen, Register und sonstigen sachlichen Beigaben, die der Berliner Akademie der

Wissenschaften sich dadurch auszeichnet, daß sie außer den Werken auch noch den gesamten Nachlaß umfaßt oder vielmehr umfassen will; denn von dem im Jahr 1900 begonnenen, auf 24 Bände veranschlagten großen Unternehmen sind bisher erst 13 Bände erschienen.

Von Deutschland, dem alten Land der »Dichter und Denker«, aus verbreitete sich dann der Neukantianismus auch, in mehr oder minder veränderter Gestalt, über die meisten anderen Länder Europas. In *Frankreich* vertrat ihn vor allem Renouvier (1818 bis 1903) und seine Schule, in *England* Caird, in *Italien* Cantoni (1840 bis 1906), Tocco (1845 bis 1911) und andere; desgleichen verbreitete er sich in Rußland, Holland, Spanien, Portugal und den nordischen Ländern (weitere Namen in meiner zweibändigen »Geschichte der Philosophie«, 2. Band, S. 73). Ja bis in den fernsten Osten ist der Name des Königsberger Denkers gedrungen und 1896 in – Japan ein Kommentar zu »Kants Kritik der reinen Vernunft« herausgegeben worden.

In Deutschland steht ferner diesem älteren Neukantianismus, der eine entschiedene Neigung zum Positivismus zeigt, nahe Alois *Riehl* (geb. 1844, Berlin), der in seinem Werk »Der philosophische Kritizismus und seine Bedeutung für die positive Wissenschaft« (1876 bis 1887) vor allem dessen erkenntniskritische und realistische Seite hervorhebt und alle über die Erfahrungsgrenze hinausgehende Metaphysik als unwissenschaftlich verwirft. Ethik und Ästhetik erstreben ihm zufolge keine wissenschaftliche Erklärung, sondern nur Leitung und Beurteilung unseres Handelns und Fühlens. Philosophie ist überhaupt in erster Linie Erkenntniskritik, nicht Weltanschauungslehre.

Verwandt diesem Positivismus ist auch die von dem früher im wesentlichen nur als »Kantphilologen« bekannten H. *Vaihinger* (geb. 1852, Halle) bereits in seiner Jugend verfaßte, aber erst 1911 veröffentlichte »*Philosophie des Als ob*«, so genannt, weil sie an Kants Sprachgebrauch anknüpft, der die Wendung des »Als ob« häufig zur Bezeichnung des Ideen-Charakters (S. 207 ff.) einer sogenannten

Wahrheit gebraucht. Vaihinger fußt entschieden im Gegebenen der Erfahrung und lehnt alles ab, was darüber hinaus auf Grund angeblicher geistiger oder sittlicher Bedürfnisse noch etwa als »wirklich« angenommen werden mag; aber er erkennt die aus solchen Bedürfnissen entstandenen Fiktionen (»Dichtungen«), hierin sich mit F. A. Lange berührend, als nützliche und wertvolle Hypothesen an, »ohne deren Annahme das menschliche Denken, Fühlen und Handeln verdorren müßte«. Solche Fiktionen sind zum Beispiel die Begriffe des Atoms, des Unendlichen, des Dinges an sich oder Absoluten, der Willensfreiheit, der Kraft, der Materie; aber sie sind auch auf dem Gebiet der Mathematik, der Ethik, der Rechtswissenschaft, der Religion zu Hause. Neuerdings hat diese Philosophie des »Als ob« manche Anhänger gefunden; sie wird sogar durch eine besondere Zeitschrift, »Annalen der Philosophie«, vertreten.

4. Jüngerer Neukantianismus: Die Badener und die Marburger Schule

Seit etwa dem Anfang des zwanzigsten Jahrhunderts hat sich andererseits bei einem bedeutenden, man darf wohl sagen dem größeren Teil der deutschen Philosophen eine stärkere Wendung zum *Idealismus* geltend gemacht, so daß die Prophezeiung Eduard v. Hartmanns, die deutsche Philosophie mache eine Art »Repetitionskursus« durch, indem sie, wenn auch auf neuer, wissenschaftlicherer Grundlage, die Entwicklung vor hundert Jahren, das heißt *von Kant zu Hegel*, wiederhole, bis zu einem gewissen Grade eingetroffen ist. Von Kant sind überhaupt mehr oder weniger *alle* ernst zu nehmenden heutigen Denker idealistischer ebenso wie realistischer Richtung berührt worden oder haben das Bedürfnis einer Auseinandersetzung mit ihm empfunden. Aber manche von ihnen haben auch Fichtesche und Hegelsche Gedanken in sich aufgenommen. Das läßt sich auch bei dem jüngeren Neukantianismus bemerken.

Zu ihm ist unter anderem die sogenannte

Badener Schule
zu rechnen, so bezeichnet nach ihren beiden bekanntesten, an den badischen Hochschulen Heidelberg und Freiburg angestellten oder angestellt gewesenen Häuptern Wilhelm Windelband und Heinrich Rickert. Von ihnen hat *Windelband* (Heidelberg, 1848 bis 1915) schon früh die Philosophie als »kritische Wissenschaft von den allgemeingültigen Werten« unseres Denkens, Handelns und Fühlens bestimmt und später namentlich den Unterschied zwischen dem verallgemeinernden Denken des Naturforschers und dem individualisierenden des Historikers betont. Er selber hat außerdem ein gutes »Lehrbuch der Geschichte der Philosophie«, daneben die populäre Aufsatzsammlung »Präludien« (1884, 6. Auflage 1919) geschrieben.

Seine Gedanken sind dann fortgebildet worden von seinem Freiburger Kollegen und jetzigen Nachfolger in Heidelberg, Heinrich

Rickert (geb. 1863), der ebenfalls die Grenzen zwischen Natur- und Kulturwissenschaften scharf heraushebt und ein größeres Werk über »Die Grenzen der naturwissenschaftlichen Begriffsbildung« verfaßt hat. Ihm nahe stehen Jonas Cohn (Freiburg) und mehrere jüngere Gelehrte, die auch eine besondere Zeitschrift mit dem Titel »Logos« herausgeben; ferner Bruno *Bauch*, der ein bedeutendes Buch über »Kant« (1912), außerdem »Studien zur Philosophie der exakten Wissenschaften« (1911) veröffentlichte. Er ist der Nachfolger O. *Liebmanns* (1840 bis 1912) in Jena, der seinerzeit als einer der ersten (1865) in seiner Schrift »Kant und die Epigonen« die Rückkehr zu Kant gefordert hatte und ein schärferer Denker als sein berühmterer Kollege R. Eucken gewesen ist.

Tiefer noch als die badische schürft die

Marburger Schule,
die unter der Leitung von H. Cohen und P. Natorp in Marburg (Hessen) allmählich heranwuchs und Zuzug auch aus dem Ausland (Rußland, Spanien, Nordamerika) bekam.

Nachdem *Cohen* in seinen älteren Werten seine Behandlung der philosophischen Probleme an den Namen Kants angeknüpft hatte, gab er seit 1902 sein *eigenes* »System der Philosophie« heraus: zunächst die »Logik der reinen Erkenntnis« (1902, 2. Auflage 1914), sodann »Die Ethik des reinen Willens« (1904, 2. Auflage 1907), zudritt »Die Ästhetik des reinen Gefühls« (1911, zwei Bände). Zur Ausführung der noch geplanten »Psychologie« ist er nicht mehr gekommen.

Logik bedeutet für Cohen: Logik der Mathematik und Physik. Im Unterschied von Kant beginnt er nicht mit der reinen Anschauung, sondern mit dem reinen *Denken*, welches kraft des Prinzips des »Ursprungs« alles Bestimmbare bestimmt und wahres, das heißt wissenschaftliches Sein erzeugt (so daß hier eine gewisse Wendung zu Hegel vorliegt). Wie die Logik auf Mathematik und »mathematische« Naturwissenschaft, so bezieht Cohen die *Ethik* auf die Rechtswissenschaft: sie ist die Prinzipienlehre von *Recht* und zugleich *Staat*. Denn aus dem Machtstaat der Stände und herrschenden Klassen muß der Rechtsstaat werden, der das Recht der Menschen verwirklicht. In Kants Gedanken vom Menschen als Selbstzweck (S. 213) verbindet sich die antike Staatsidee mit dem protestantischen Gedanken des freien Individuums zum Ideal des *Sozialismus*. Die Teilung der Arbeit darf nicht so weit gehen, daß dadurch die Einheit der Persönlichkeit vernichtet wird; das Verhältnis der erzeugten Arbeit zum Arbeitsertrag und noch mehr das Problem des Eigentums bildet eine Grundfrage der sittlichen Kultur. Die notwendige Ergänzung zum strikten Recht stellt die Menschlichkeit (Humanität) dar. Die Gesetzlichkeit des *Ästhetischen* wird bestimmt durch die Reinheit des *Gefühls*. Stoff der Kunst, die sich vergegenständlicht im Kunstwerk, sind Natur und Sittlichkeit; ihr Oberbegriff ist die Idee des Schönen, von dem das Erhabene wie der Humor nur einzelne Momente ausdrücken. Die *Religion* endlich ist bei Cohen, ähnlich wie bei Kant, nur ein Anhang der Ethik. Letztere bedarf des Gottesgedankens zwar nicht zu ihrer Begründung, wohl aber zu einem befriedigenden Abschluß, weil nur er die Übereinstimmung von Natur und Sittlichkeit letzten Endes gewährleistet.

Gleich Kant hat auch Cohen, als Lehrer wie als Schriftsteller, das Hauptgewicht stets nicht sowohl auf den fertigen Inhalt philosophischer Lehrsätze, sondern auf die *Methode* des Philosophierens gelegt. Daher haben auch die unter seinem Einfluß stehenden Denker (S. 278 f.) sich nach verschiedenen Seiten hin selbständig entwickelt. Dahin gehört in erster Linie sein langjähriger Amtsgenosse

Paul Natorp (geb. 1855)

in Marburg, wo er in Lehre und Schrift Die reiche Anzahl seiner auf fast alle Gebiete der Philosophie sich erstreckenden Schriften siehe in meinem größeren Werke, II, S. 432 f. seit beinahe vier Jahrzehnten unermüdlich im Sinne des kritischen oder »methodischen« Idealismus gewirkt hat. In der *Logik* oder Erkenntniskritik betont Natorp neben der Cohenschen Grundmethode namentlich den Gedanken, daß das Erkennen als ein unendlicher Prozeß, als eine Aufgabe zu verstehen ist, die stets nur Näherungswerte in der Bestimmung des Tatsächlichen erzielen kann. In seinen »Logischen Grundlagen der exakten Wissenschaften« (1910) gibt er einen streng logischen Aufbau der letzteren. Seine allgemeine oder philosophische *Psychologie* (1912) erörtert Problem und Methode dieser Wissenschaft, die nicht in experimentellen Beobachtungen und naturwissenschaftlicher Erklärung aufgeht, sondern das Unmittelbare im Bewußtsein gedanklich wiederzuerzeugen strebt. Natorps Hauptwerk, die zum ersten Male 1899, kürzlich in vierter Auflage erschienene »*Sozialpädagogik*«, kennzeichnet Natorps Philosophie am besten: sie ist Erkenntniskritik, Ethik, Sozialphilosophie und Pädagogik – alles in knappster Form – zugleich. Die *Ethik* oder, wie er später wohl auch im Gegensatz zur »Theoretik« sagt, die »Praktik« bedeutet in seinem Sinne einheitliche Ordnung der Zwecke unter der Leitung des aus den Trieben und dem Willen im engeren Sinne sich erhebenden reinen Vernunftwollens. Die Sozialpädagogik untersucht die »sozialen Bedingungen der Bildung« und die Bildungsbedingungen des sozialen Lebens. Das sittlich-soziale Endziel der Menschheitsentwicklung sieht Natorp, im Anschluß an Pestalozzi, in der »allseitigen Entfaltung des Menschenwesens im lückenlosen, harmonischen Zusammenhang seiner Grundkräfte«. Auf die Einzelheiten seiner sozialen *Pädagogik*, die er im Sommer 1920 auf der Reichsschulkonferenz in Berlin entwickelt und in seinem neuesten Buche »Sozial-Idealismus« (1920) echt sozialistisch mit ebensoviel Scharfsinn wie Vaterlands- und Menschheitsliebe begründet hat, können wir hier nicht eingehen. Seine » *Religion* innerhalb der Grenzen der Humanität« erblickt mit Schleiermacher deren tiefsten Quell im Gefühl, ihre reinste Form in ernstem dogmenlosem Menschensinn, ihre Erlösungskraft im Glauben an die unendliche Aufgabe des Sittengesetzes. Augenblicklich ist er mit einem neuen, theoretischen Entwurf seiner Gesamtphilosophie beschäftigt, der ihn in manchem von Kants Kritizismus zu entfernen scheint.

Von den Angehörigen der unter der Leitung Cohens und Natorps entstandenen *Marburger Schule* heben wir hervor die beiden jetzt an der neuen Universität Hamburg wirkenden Ernst *Cassirer* (geboren 1874, »Substanz und Funktionsbegriff«, »Form und Freiheit«) und Albert *Görland* (geboren 1869, »Ethik als Kritik der Weltgeschichte«), die beide auch die großen Philosophen der Vergangenheit herausgegeben oder bearbeitet haben, wie Cassirer Leibniz und die Geschichte des Erkenntnisproblems in der neueren Philosophie überhaupt, Görland Aristoteles; ferner die Marburger Dozenten N. Hartmann (Plato) und Heimsoeth (Descartes und Leibniz), den Neuköllner Stadtschulrat A. Buchenau (Descartes, Malebranche und Pestalozzi), der jetzt namentlich auf sozialpädagogischem Gebiet arbeitet, und andere. Nicht weniger als zwanzig hatten sich zu Cohens siebzigstem Geburtstag (4. Juli 1912) zu einer Festschrift »Philosophische Abhandlungen« vereinigt, die sich auf beinahe sämtliche Gebiete der Philosophie erstrecken. Andere sind Mitarbeiter an E. Cassirers Kantausgabe. Gemeinsam ist der Marburger Schule, deren inneren Charakter Natorp in seinem Vortrag vor der Kantgesellschaft 1912: »Kant und die Marburger Schule« am besten geschildert hat, neben der methodischen Weiterbildung Kants in der Richtung des Idealismus, vor allem auch eine starke Betonung des Zusammenhanges der Philosophie mit Mathematik und mathematischer Naturwissenschaft. In ihrer ethischen Auffassung dürften die meisten dem Sozialismus nahestehen, wie die älteren Neukantianer Cohen und Natorp, Staudinger und Vorländer.

Damit ist ein Übergang gewonnen zu unserem letzten Kapitel, das die Philosophie des Sozialismus behandeln soll, dieser gegenwärtig bedeutsamsten politischen Bewegung der Weltgeschichte.

Dreizehntes Kapitel. Die Philosophie des Sozialismus[12]

1. Der utopistische oder rationale Sozialismus

In einem seiner ersten glänzenden journalistischen Artikel in der »Rheinischen Zeitung« vom August 1842 schreibt der vierundzwanzigjährige Marx von der Philosophie: jede »wahre Philosophie« sei die »Quintessenz ihrer Zeit«, drücke also deren wahres Wesen aus, und es müsse »die Zeit kommen, wo die Philosophie nicht nur innerlich durch ihren Gehalt, sondern auch äußerlich durch ihre Erscheinung mit der *wirklichen* Welt ihrer Zeit in Berührung und Wechselwirkung« trete, mit einem Wort »die Philosophie der gegenwärtigen Welt« werde. Auf den Sozialismus angewandt bedeutet das: daß eine eigentliche Philosophie des Sozialismus erst auftauchen konnte, sobald der Sozialismus tatsächlich in die Welt der Erscheinung getreten war. Kann doch auch eine Philosophie der Mathematik, der Naturwissenschaft, der Technik, der Kunst, der Religion usw. nicht eher entstehen, als Mathematik, Naturwissenschaft, Technik, Kunst, Religion usw. wirklich vorhanden sind. Vorher wenigstens konnte eine Philosophie des Sozialismus nur eine solche des *Utopismus* sein, wie wir sie im Altertum in dem Halbkommunismus der platonischen Republik, zu Beginn der neueren Zeit in den Utopien der Thomas Morus, Campanella, Morelly und anderer kennengelernt haben. Es sind in den Köpfen wohlmeinender Idealisten ausgesponnene »Staatsprodukte«, die, um mit einer Stelle aus Kants »Streit der Fakultäten« zu reden, wohl »auf die Bühne gebracht«, aber weder aus dem tatsächlichen Leben gezogen noch auch je versucht worden, sondern aus bloßer Vernunft (*ratio,* daher

---

12 Wir können im folgenden von der neueren Philosophie des Sozialismus nur eine ganz kurze Skizze geben und müssen alle näher Interessierten auf die in unserer größeren Geschichte der Philosophie zu Band 2, § 74 angegebene Literatur sowie auf die Sonderdarstellung verweisen, die wir im Laufe dieses Jahres in einem Bändchen von Teubners »Aus Natur und Geisteswelt« zu geben gedenken. Auch müssen wir uns, schon des Raumes wegen, streng auf das Philosophische beschränken und, so verlockend es auch wäre, das politische, volkswirtschaftliche und biographische Moment ausscheiden.

»rationaler« Sozialismus) ersonnen, ebendarum aber »süße Träume« geblieben sind.

Dahin gehört in Deutschland auch noch Fichtes »Geschlossener Handelsstaat« von 1800 (S. 230), oder noch ein halbes Jahrhundert später das wenigstens halbsozialistische »System der Weltökonomie« (1850 bis 1859) eines heute fast gänzlich vergessenen kurhessischen Stubengelehrten namens Winkelblech, der unter dem Namen Karl Marlo schrieb. Dahin gehören aber auch, obwohl sie den tatsächlichen Verhältnissen des beginnenden Maschinenzeitalters zum Teil schon näherstehen, die sogenannten »großen« Utopisten, die das phantasiereiche Frankreich in der ersten Hälfte des neunzehnten Jahrhunderts hervorbrachte: *Saint-Simon, Fourier* und *Proudhon*.

Von ihnen will der erste, Graf Henri v. Saint-Simon (1760 bis 1825) am Schlusse seines abenteuerlichen Lebens eine neue Gesellschaft begründen, die rein auf der Organisation der *Arbeit* und zugleich auf den Grundsätzen eines »Neuen Christentums« der reinen Nächstenliebe beruht. Allen Menschen soll – ein Gedanke, der übrigens schon bei Kant sich findet – die freie Entwicklung aller ihrer Anlagen gewährleistet werden. Die politische Regierung über Menschen soll sich in eine bloße Leitung wirtschaftlicher Schaffensprozesse verwandeln, die dem Grundsatz folgt: Jedem die Arbeit nach seiner Fähigkeit, jeder Fähigkeit der Lohn nach ihrer Arbeit!

Ein anderer französischer Sozialist, der sein Leben lang ein armer Kommis gebliebene Charles *Fourier* (1772 bis 1837), baut sein kommunistisches Ideal, das er in großen »Phalansterien« (Riesengebäuden für 1800 Menschen) verwirklicht sieht, auf der vernünftigen Befriedigung aller menschlichen Triebe und Neigungen auf. Jeder hat das Recht – und daneben auch die Pflicht – auf eine seiner Neigung entsprechende, ebendadurch für ihn zum Genuß werdende Tätigkeit. Die Gleichgearteten werden sich, dem Prinzip der »passionellen Attraktion« (leidenschaftlicher Anziehung) gemäß, nach Fouriers optimistischer Ansicht schon von selbst zusammentun, der Ertrag wird nach der jedesmaligen Aufwendung von

Kapital, Fähigkeit und Arbeit verteilt werden. Der Aufbau seiner Zukunftsordnung enthält außerordentlich viel Phantastisches; wie denn auch ihr Erfinder bis zu seinem Tode vergebens jeden Tag auf den Millionär wartete, der ihm die Mittel zur Errichtung seines ersten Phalanstères vorschießen sollte.

Nicht viel besser erging es dem Schriftsetzer Pierre Joseph *Proudhon* (1809 bis 1865) aus Besançon, der in seiner ersten Schrift (1840) auf die Frage: »Was ist das Eigentum?« die berüchtigt gewordene, übrigens schon sechs Jahrzehnte vorher von Brissot de Varville gegebene Antwort gab: »Das Eigentum ist Diebstahl.« Womit er jedoch – und in diesem Falle hat er von einem ideal-sittlichen Standpunkt recht – bloß das durch Ausbeutung fremder Arbeit gewonnene Eigentum meint. Proudhon ist im Grunde gar kein Anhänger des Kommunismus, der seiner Meinung nach die Starken ebenso ungerecht zugunsten der Schwachen ausbeutet, wie das System des Privateigentums die Schwachen zugunsten der Starken; beides widerspreche den Grundsätzen der Gleichheit und Gerechtigkeit. So nimmt er eine Art Mittelstellung zwischen Sozialismus und Individualismus ein. Er will auch nicht die privat-kapitalistische Wirtschaftsweise überhaupt, sondern bloß ihre Hauptschäden, Geld und Zins, durch ein von ihm erdachtes, auf dem Gegenseitigkeitsprinzip aufgebautes Kreditsystem beseitigen. Alle *Regierung* ist überflüssig und vom Übel: »die Mutter der Ordnung ist Freiheit.« Insofern kann man diesen Sozialisten auch zu den äußersten Liberalen, das heißt den *Anarchisten* rechnen. Sein auf falsch verstandenen Hegelschen Gedanken beruhendes »System der wirtschaftlichen Widersprüche oder Philosophie des Elends« (1846), das die Stufenfolge der wirtschaftlichen Ideen unmittelbar aus der Vernunft ableiten wollte, wurde in Marxens »Elend der Philosophie« (1847) scharf bekämpft. Übrigens zählt Proudhon heute noch in seinem Vaterland manche Anhänger.

Praktischer ging, der Eigenart seines Stammes entsprechend, der Engländer Richard *Owen* (1771 bis 1858) vor. Als der menschen-freundliche Fabrikbesitzer sah, daß alle Wohlfahrtseinrichtungen der von ihm geleiteten Baumwollspinnerei nicht genügten, um seine

Arbeiter zu freier und vernunftgemäßer Entwicklung ihrer geistigen und Charakteranlagen zu führen, suchte er zunächst, ähnlich Fichte, in seiner »Neuen Gesellschaftsansicht« (1813) das Heil in einer gründlichen Verbesserung der Jugenderziehung, dann aber in seinem »Buch von der neuen sittlichen Welt« (1836 bis 1849) in einer gänzlich veränderten, nämlich sozialisierten Wirtschaftsweise. An Stelle der einander bekämpfenden und vernichtenden Privatbetriebe soll eine genossenschaftliche Produktion treten, welche sodann die von ihr geschaffenen Güter nach dem Bedürfnis verteilt. Aus dieser der »natürlichen« Ordnung der Dinge entsprechenden Umgebung (»Milieu«) werden nach Owens Ansicht von selbst auch gute Menschen hervorgehen. Von den Vertretern des Privateigentums, des Kapitalismus und – der Kirche aufs grimmigste angefeindet, hat der sozialistische Fabrikant auf dem Gebiet des Konsum- wie Produktivgenossenschaftswesens in der Tat bahnbrechend gewirkt, während seine praktischen kommunistischen Versuche in Nordamerika mißglückten.

Auch die »Garantien der Harmonie und Freiheit« (1842) und das »Evangelium des armen Sünders«, das der deutsche Schneidergeselle Wilhelm *Weitling*, ein Vertreter des durch den französischen Utopismus beeinflußten deutschen Handwerksburschen-Kommunismus der vierziger Jahre, schrieb, sind noch durchaus utopistischer Art.

Alle die im vorigen genannten Denker mit ihren in den westeuropäischen Ländern allmählich sich sammelnden Anhängern spinnen das neue soziale Ideal im wesentlichen aus ihrem Kopfe heraus und verkennen mehr oder weniger die wirklichen Mächte des Wirtschaftslebens. Sie waren *Utopisten*, wie Friedrich Engels in seinem »Anti-Dühring« (S. 295) sagt, »weil sie nichts anderes sein konnten zu einer Zeit, wo die kapitalistische Produktionsweise noch so wenig entwickelt war. Sie waren genötigt, sich die Elemente einer neuen Gesellschaft aus dem Kopfe zu konstruieren, weil diese Elemente in der alten Gesellschaft selbst noch nicht allgemein sichtbar hervortraten; sie waren für die Grundzüge ihres Neubaus beschränkt auf den Appell an die *Vernunft,* weil sie eben noch nicht an die gleichzeitige *Geschichte* appellieren konnten.«

Diesem rein aus der Vernunft entwickelten, daher von neueren Gelehrten wohl auch als *»rational«* bezeichneten Sozialismus tritt nun in Marx und Engels zum ersten Male eine ganz andersgeartete Richtung gegenüber.

2. Der marxistische oder historische Sozialismus[13]

a) Karl Marx (1818 bis 1883),

der Sohn des »Advokatanwalts« Heinrich Marx aus Trier, gehört nicht bloß in eine Geschichte der Politik und der Volkswirtschaft, sondern auch in eine solche der Philosophie. Schon als neunzehnjähriger Berliner Student entwirft er zwei philosophische Systeme, ein rechtsphilosophisches und ein metaphysisches; freilich nur, um sie kurz darauf wieder zu verwerfen und sich der damals noch fast allgemein die Geister beherrschenden Hegelschen Philosophie, in ihrer »junghegelschen« (S. 255 f.), von ihm und seinen radikalen Freunden Bruno Bauer und anderen kühn als »Philosophie des Selbstbewußtseins« bezeichneten Form, in die Arme zu werfen. Auch das Vorwort zu seiner April 1841 in Jena eingereichten philosophischen Doktorarbeit über den Unterschied von Demokrits und Epikurs Naturphilosophie bekennt sich noch zu einem »überzeugungstiefen, sonnenhellen *Idealismus«.* Desgleichen sind die größeren Aufsätze und Schriften seiner nächsten Journalistenjahre (1842 bis 1847) noch meist philosophisch gehalten.

Allein es ist eine andere Philosophie als die Meister Hegels, die er jetzt verkündet. Hegels und der Hegelianer Kritik des »Himmels« hat sich für ihn in eine solche der Erde, die der Religion in die des Rechts, die der Theologie in die der Politik verwandelt. Und vor allem gilt es – zu *handeln!* »Die Philosophen haben die Welt nur ver-

---

13 Näheres siehe in meinem Buche »Kant und Marx« (Tübingen 1911), sowie in meiner allgemeinverständlichen kleinen Schrift »Marx, Engels und Lassalle als Philosophen« (Stuttgart 1920).

schieden interpretiert (ausgelegt),« erklärt er 1845 in den »Thesen über Feuerbach«; »es kommt aber darauf an, sie zu verändern.« Es muß zu einer Verständigung der *denkenden* und der *leidenden* Menschheit kommen. Der »Kopf« der kommenden »Emanzipation« (Befreiung) des Menschen muß die Philosophie, ihr »Herz« das Proletariat sein. Marx ist der erste, der dessen weltgeschichtlichen Beruf erkannt hat. Sein Sozialismus ist *historisch* geworden.

Trotzdem bedarf das Proletariat zu seiner Selbstaufhebung eben der Philosophie. Aber sie muß auf den gesunden Boden der Wirklichkeit, vom »Kopf«, aus dem Hegels »Idealismus« die ganze Welt abgeleitet hat, auf die Füße gestellt werden. Marx behält Hegels »dialektische Methode«, das heißt (vergl. S. 239) seinen Entwicklungsgedanken bei, aber nur, um ihn auf die geschichtliche Wirklichkeit anzuwenden. Auch das *soziale* Sein ist nicht starr und unbewegt, sondern in Wahrheit ein stetes *Werden*, in beständigem Fluß begriffen, und zwar in Gegensätzen sich bewegend, aus denen neue Einheiten sich bilden. Die im letzten Grunde es treibenden Kräfte aber, die hinter den scheinbar bloß ideellen oder persönlichen Beweggründen der geschichtlich handelnden Menschen und erst recht der Massen stehen, sind *wirtschaftlicher* Art. So lehrt die neue, im Gegensatz zu Hegels rein idealistischer Geschichtsbetrachtung sich »*materialistisch*« nennende, richtiger *ökonomische* Geschichtsauffassung, die in den Marx-Engelsschen Schriften der vierziger Jahre immer deutlicher sich abzeichnet und zu unverhülltem Ausdruck in dem »*Kommunistischen Manifest*« von Anfang 1848 kommt, das mit dem welthistorischen Aufruf schließt: »Proletarier aller Länder, vereinigt euch!«

Ihre klassische Formulierung erhält sie gleichwohl erst in dem in der Stille des Londoner Exils entstandenen Vorläufer des »Kapital«, der 1859 erschienenen »Kritik der politischen Ökonomie«. Danach bildet der wirtschaftliche Aufbau der Gesellschaft, in die der einzelne ohne sein Zutun hineingeboren wird, das tatsächliche Fundament, auf dem der ganze »ideologische« Überbau, das heißt zunächst die jeweilig durch die materielle Produktionsweise bedingten politischen und rechtlichen, dann aber auch die religiösen, künstlerischen und philosophischen Formen eines Zeitalters sich erheben. »Es ist nicht das Bewußtsein der Menschen, das ihr Sein, sondern ihr gesellschaftliches Sein, das ihr Bewußtsein bestimmt.« So lehrt in gewollter Einseitigkeit der neue, historische »Materialismus« (eigentlich nur Realismus, das heißt Wirklichkeitslehre).

Auf einer gewissen Stufe ihrer Entwicklung nun geraten die ökonomischen Produktiv-, das heißt Schaffenskräfte der Gesellschaft in Widerspruch mit den bisherigen Schaffens- und Eigentumsverhältnissen, die sich überlebt haben, zu Fesseln jener Kräfte geworden sind. Es tritt dann eine Epoche sozialer Revolutionen ein, die je nachdem kürzer oder länger dauert und mit der Zeit eine völlige Änderung der bisher veralteten Produktionsweise und in der Folge auch des gesamten ideologischen »Überbaus« bewirkt. So folgten im Laufe der Geschichte aufeinander: die Barbarei der asiatischen Länder, das Sklaventum der Antike, die Leibeigenschaft des Mittelalters, die Lohnarbeit der Neuzeit mit ihren jeweiligen politischen und Rechts-, sittlichen und religiösen Anschauungen; wobei jede Gesellschaftsordnung die Keime der nächstfolgenden so lange in ihrem Schoße trug, bis diese zur Sprengung der voraufgehenden imstande war.

Mit der modern-bürgerlichen oder kapitalistischen Ordnung schließt die » Vorgeschichte« der menschlichen Gesellschaft ab. Allein innerhalb ihrer hat sich bereits ebenfalls ein Widerspruch entwickelt: zwischen der veränderten und sich ihrer Natur nach immer weiter ausdehnenden sozialisierten Wirtschaftsweise in Fabriken, Großhandel, Großgrundbesitz usw. auf der einen, der veralteten Rechtsordnung des Privateigentums an eben diesen Produktionsmitteln auf der anderen Seite. Dieser Widerspruch, der in verderblichen Handels- und Industriekrisen von Zeit zu Zeit zum Ausdruck gelangt, findet nun dadurch seine endgültige Lösung, daß die veraltete und überlebte Form dem lebendigen neuen Inhalt weicht. »Das Kapitalmonopol« ist, wie Marx gegen Schluß des ersten Bandes seines berühmten volkswirtschaftlichen Werkes »Das Kapital« (1867) ausführt, »zur Fessel der Produktionsweise geworden, die mit und unter ihm aufgeblüht ist. Die Konzentration der

Produktionsmittel und die Vergesellschaftung der Arbeit erreichen schließlich einen Punkt, wo sie unverträglich werden mit ihrer kapitalistischen Hülle. Sie wird gesprengt. Die Stunde des kapitalistischen Privateigentums schlägt. Die Expropriateure (Enteigner) werden expropriiert (enteignet)«. Die heutige planlose Anarchie des Wirtschaftslebens muß so, nach Marx' Meinung von selbst, umschlagen in ein planmäßig organisiertes, zentral geleitetes Zusammenarbeiten, dessen erste Voraussetzung die »Vergesellschaftung« (Sozialisierung) der Produktionsmittel, also des Grund und Bodens, der Rohstoffe, der Maschinen, der Verkehrs- und Bildungsmittel usw. ist: mit anderen Worten in den *Sozialismus*. Das auf eigene Arbeit gegründete Privateigentum wird durch diese, um einen von Hegel übernommenen Marxschen Ausdruck zu gebrauchen, »Negation der Negation« wiederhergestellt, aber jetzt auf Grund »der Kooperation freier Arbeiter und ihres Gemeineigentums an der Erde aus den durch die Arbeit selbst produzierten Produktionsmitteln«. Aufgabe des heutigen Sozialisten ist es nach Marx *nicht*, den Organisationsplan eines zu schaffenden vernunftgemäßen »Zukunftsstaats«, wie es die Utopisten taten, aus ihrem Kopfe herauszuarbeiten, sondern sich und seine Genossen auf die von selbst eintretende Umwälzung vorzubereiten, höchstenfalls ihr »Geburtshelfer« zu werden.

Das ist der Inhalt von Marx' *historischem*, von ihm und seinen Anhängern auch als *»wissenschaftlich«* bezeichneten Sozialismus, gegenüber dem bisherigen rationalen oder utopischen. Auf die zahlreichen vielumstrittenen volkswirtschaftlichen Einzellehren, die er in seinem »Kapital«, von dem sein Freund Engels den zweiten Band 1885, den dritten 1894 aus dem Nachlaß herausgab, mit dieser seiner geschichtsphilosophischen Hauptlehre in Verbindung gebracht hat, wie die Mehrwerts-, die Krisen-, die Zusammenbruchs-, die Verelendungs- und andere Theorien, können wir hier nicht eingehen, da sie in das Gebiet der Nationalökonomie gehören. Dagegen müssen wir des Ausbaus seiner Geschichtsphilosophie durch seinen nahen Freund F. Engels gedenken.

b) Friedrich Engels (1820 bis 1895)

hat sich im Gegensatz zu Marx, der von vornherein in einem freigesinnten Elternhaus aufwuchs, in inneren Kämpfen von den konfessionellen und politischen Vorurteilen seiner Familie, eines Barmer Fabrikantenhauses, losreißen müssen. Auch er geht von der Philosophie aus. Die erste Schrift des Zweiundzwanzigjährigen war, wie wir (S. 236) sahen, gegen den alternden Schelling, gerichtet; er verkehrt mit den Berliner »Freien«, wird dann zeitweise begeisterter Feuerbachianer. Durch seine praktischen Erfahrungen in England Sozialist und Marxens Freund geworden, verfaßt er dann gemeinsam mit diesem die gegen die Gebrüder Bauer gerichtete »Heilige Familie oder Kritik der kritischen Kritik«, die nicht zur Veröffentlichung gelangte »Deutsche Ideologie« und vor allem das »Kommunistische Manifest«, das für beide den endgültigen Übergang von der »philosophisch-schöngeistigen« zur »ökonomisch-historischen« Begründung ihres Sozialismus, den »Schritt von der Utopie zur Wissenschaft« bedeutet.

Engels hat bescheiden stets »den größten Teil der leitenden Grundgedanken, besonders auf ökonomischem und geschichtlichem Gebiet, und speziell ihre schließliche scharfe Fassung« dem Freunde zugeschrieben. Aber er selbst hat dann doch den Kerngedanken des Manifestes auf eine sehr klare Formel gebracht, die wir als Ergänzung zu dem, was wir bei Marx gesagt, hier hinzufügen möchten: »Die ökonomische Produktion und die aus ihr mit Notwendigkeit folgende gesellschaftliche Gliederung einer jeden Geschichtsepoche bildet die Grundlage für die politische und intellektuelle Geschichte dieser Epoche. Demgemäß ist seit Auflösung des uralten Gemeinbesitzes an Grund und Boden die ganze Geschichte« – das Manifest selbst sagt bestimmter: die Geschichte aller *bisherigen Gesellschaft* – »eine Geschichte von Klassenkämpfen gewesen, Kämpfen zwischen ausgebeuteten und ausbeutenden, beherrschten und herrschenden Klassen auf verschiedenen Stufen der Entwicklung. Dieser Kampf aber hat jetzt eine Stufe erreicht, wo die ausgebeutete und unterdrückte Klasse (das Proletariat) sich nicht mehr von der sie ausbeutenden und unterdrückenden Klasse (der

Bourgeoisie) befreien kann, ohne zugleich die ganze Gesellschaft für immer von Ausbeutung, Unterdrückung und Klassenkämpfen zu befreien.«

Während nun Marx mit der Ausarbeitung seines großen nationalökonomischen Werkes beschäftigt war und zu den von ihm beabsichtigten philosophischen Schriften nicht mehr gekommen ist, überließ er den philosophischen und naturwissenschaftlichen Ausbau, namentlich aber die Popularisierung des »historischen Materialismus«, dem Freunde Engels, der freilich kein tiefer und schöpferischer, aber ein klarer Denker war. Diese Popularisierung hat dann Engels besonders in seiner Streitschrift gegen den Berliner Dozenten Eugen Dühring, gewöhnlich kurz als »Anti-Dühring« (1878) bezeichnet, und später (1888) in der kleinen, aber sehr anschaulichen Schrift: »Ludwig Feuerbach und der Ausgang der klassischen deutschen Philosophie« geleistet. Im »Anti-Dühring«, dessen wichtigster Abschnitt auch als Sonderschrift unter dem Titel »Die Entwicklung des Sozialismus von der Utopie zur Wissenschaft« erschienen und in fast alle Kultursprachen übersetzt worden ist, findet sich unter anderem folgender, allein schon gegen einen rein »materialistischen« Standpunkt zeugender Gedankengang:

»Mit der Besitzergreifung der Produktionsmittel durch die Gesellschaft ist die Warenproduktion beseitigt und damit die Herrschaft des Produkts über die Produzenten ..., die nun zum ersten Male bewußte, wirkliche *Herren der Natur*, weil und indem sie Herren ihrer eigenen Vergesellschaftung, werden. ... Erst von da an werden die Menschen ihre Geschichte mit vollem Bewußtsein selbst machen. ... Es ist der Sprung der Menschheit aus dem Reich der Notwendigkeit in das Reich der *Freiheit*.« Das ist echt Fichtescher Idealismus, wie denn auch von Engels der bekannte Satz stammt: »Wir deutschen Sozialisten sind stolz darauf, abzustammen nicht nur von Saint-Simon, Fourier und Owen, sondern auch von Kant, Fichte und Hegel.«

Außerdem hat Engels, der bereits in seinem Jugendwerk von 1845 »Die Lage der arbeitenden Klasse in England« geschildert hatte, in seinem »Ursprung der Familie, des Privateigentums und des Staates« (1884) zu Marx' Darstellung des modernen Kapitalismus eine Darstellung der vor- oder urgeschichtlichen Zeit, in Anlehnung an des Amerikaners Morgan »Urgesellschaft«, hinzugefügt.

Endlich ist wichtig, daß Engels in seinen letzten Jahren den Sinn der »materialistischen« Geschichtsauffassung in Briefen an sozialistische Freunde in bedeutsamer Weise modifiziert hat. Er stellte hier als seine und seines verstorbenen Freundes Marx Ansicht »von jeher« fest, daß die *ökonomische* Lage nicht das »einzig«, sondern nur das »in letzter Instanz« bestimmende Moment der sozialgeschichtlichen Entwicklung sei; und zweitens: daß je stärker sich der politisch-rechtlich-philosophisch-religiöse »Überbau« entwickele, um so mehr »eine *Wechselwirkung* aller dieser Momente« eintrete, indem die »alle aufeinander und auf die ökonomische Basis reagieren«.

c) Jüngerer Marxismus

Schon Marx hat einmal gegenüber blind dogmatischen Anhängern von sich selbst erklärt: *Ich bin kein »Marxist«*, und damit, wie sein großer Widerpart und ihm doch methodisch Verwandter Kant, erkennen lassen, daß es ihm mehr auf die Methode als auf ein Dogma ankomme. Vielmehr hat er an der Stelle, wo er sie zuerst einführt, der »Kritik der politischen Ökonomie« (1850), die materialistische Geschichtsauffassung ausdrücklich nur als »Leitfaden« für seine »Studien« bezeichnet. Wenngleich nun dieser kritische Standpunkt, wie es bei jeder neuen Theorie zu gehen pflegt, namentlich anfangs von übereifrigen Anhängern öfters nicht gewahrt worden ist, so hat doch selbst ein so begeisterter Schüler Marxens wie sein französischer Schwiegersohn Paul Lafargue die »ökonomische« Geschichtsauffassung für ein bloßes »Forschungsmittel«, ein »neues Werkzeug« erklärt, um »eine gewisse Ordnung in die Unordnung der historischen Tatsachen zu bringen«. Und der geistvolle Philosophieprofessor Antonio *Labriola* zu Rom (1843 bis 1904) hat in seinem »Sozialismus und Philosophie« (Paris 1899) wie in seinen »Abhandlungen über die materialistische Geschichtsauffassung« (ebenda 1902) dieselbe als ein neues »Forschungsprinzip«, ähnlich dem Darwinismus, als eine »Untersuchungsmethode«, als einen »Gesichtspunkt« (also Kants Idee. K. V.) bezeichnet, der neues Licht über die sozialgeschichtliche Entwicklung verbreite, jedoch zunächst nur ein Schema liefere, das durch ausgedehnte Einzeluntersuchungen auf allen Gebieten der Geschichte erst ausgefüllt werden müsse.

Ein Sammelpunkt solcher Forschungen suchte die in Marx' Todesjahr (1883) gegründete Monats-, seit 1890 Wochenschrift »Die Neue Zeit« unter der Redaktion Karl *Kautskys* (geb. 1854) zu werden, in der zahlreiche Marxisten der verschiedensten Völker die neue Methode verteidigten oder weiterzubilden suchten. Zu tiefdringenden und eingehenden Einzeluntersuchungen ist es freilich nicht in dem von Labriola gewünschten Maße gekommen: schon aus dem einfachen Grunde, weil nahezu sämtliche marxistische Theoretiker, von Universitätslehrstühlen ausgeschlossen, durch den praktischen politischen Kampf gegen eine Welt von bürgerlichen Gegnern in Anspruch genommen waren. So hat von größeren Arbeiten dieser Art Marx selbst nur den »Achtzehnten Brumaire des Louis Bonaparte« (1852), Engels seinen »Ursprung der Familie« geschrieben. Am meisten hat wohl Kautsky geleistet, der nicht bloß »Marx' ökonomische Lehren« gemeinverständlich dargestellt (1887) und das »Erfurter Programm« der deutschen Sozialdemokratie in seinem grundsätzlichen Teile erläutert (1892), sondern auch in der Einleitung zu »Thomas More und seine Utopie« eine gute Skizze der mittelalterlichen Geschichtsentwicklung gegeben, ferner den »Ursprung des Christentums« von der historisch-ökonomischen Seite her festzustellen versucht (1908) und seine grundsätzliche Stellung zur Ethik in »Ethik und materialistische Geschichtsauffassung« (1906) dargelegt hat. Er hat denn auch im Verein mit Eduard Bernstein, P. Lafargue und C. Hugo (Lindemann) eine »Geschichte des Sozialismus« von Plato bis zum Vorabend der Französischen Revolution herausgegeben, wozu *Franz Mehring* (1846 bis 1919), der vorher schon in der »Lessing-Legende« (1893) das Zeitalter Friedrichs des Großen kritisch beleuchtet hatte, eine ausführliche »Geschichte der deutschen Sozialdemokratie« beigesteuert hat. Den

»Ursprung der Religion« überhaupt suchte H. *Cunow* in seiner gleichnamigen Schrift (1913) aufzuhellen, der sich außerdem mit den sozialen Verhältnissen der Australneger eingehend befaßt und jetzt eben (1921) ein allgemeines Buch über »Die Marxsche Geschichts-, Gesellschafts- und Staatstheorie« herausgegeben hat.

Philosophisch neigen die meisten der genannten Marxisten dem Materialismus zu; am stärksten vielleicht der noch nicht genannte Russe *Plechanow* in seinen »Beiträgen zur Geschichte des Materialismus«. Jedenfalls ist aber ihr Materialismus nicht ohne weiteres mit dem naturwissenschaftlichen (S. 258 f.) gleichzusetzen. Friedrich Adler (Wien) sucht seinen marxistischen Standpunkt mit dem positivistisch-empiristischen Ernst Machs zu verbinden. Aber neben wie innerhalb der Anhängerschaft von Marx und Engels, ja, wenn man will, sogar bei ihnen selbst, zeigten sich doch schon früh kritisch-idealistische Nebenströmungen.

3. Historisch-ökonomische und erkenntniskritisch-ethische Begründung des Sozialismus.[14] Der marxistische Sozialismus lehnt anscheinend den *ethischen* Gesichtspunkt gänzlich ab. Das »Kommunistische Manifest« erklärt Gesetz, Moral, Religion für »ebenso viele bürgerliche Vorurteile, hinter denen sich ebenso viele bürgerliche Interessen verstecken«: und das »Kapital« spottet über die Idee einer »ewigen Gerechtigkeit«. Zeitgeschichtlich und psychologisch läßt sich diese Ablehnung wohl verstehen. Marx und Engels hatten, zumal in der Zeit, wo sich ihr »Materialismus« ausbildete, genug sowohl von der Moral der bloßen Worte, die sich in bloßer Predigt, als von derjenigen des Utopismus, die sich in unausführbaren Plänen und Vorschlägen erging. Sie waren sich bewußt, solchen »Moralpauken« gegenüber den Schritt »vom Utopismus zur Wissenschaft« getan, das ist gezeigt zu haben, wie die tatsächliche geschichtliche Entwicklung der Gesellschaft die Erreichung des vom Sozialismus erstrebten Zieles vorbereite, indem sie seine wirtschaft-

---

14 Näheres über diesen ganzen Abschnitt siehe in meinem Buche »Kant und Marx« (Tübingen 1911).

lichen Vorbedingungen schaffe. Im letzten Grund aber kommen auch sie, kommt kein Sozialist von der Ethik los. So operiert das »Kommunistische Manifest«, wahrscheinlich ohne es zu wollen, mit ethischen Ausdrücken wie »Unterdrücker und Unterdrückte«, »unverschämte Ausbeutung«, wirft der Bourgeoisie vor, sie habe »die persönliche Würde in Tauschwert aufgelöst«, und stellt schließlich ein sittlich-ideales Endziel auf, das Kants geschichtsphilosophischem Endziel zum Verwechseln ähnlich sieht, nämlich »eine Assoziation, worin die freie Entwicklung eines jeden die Vorbedingung für die freie Entwicklung aller ist«. Ja, selbst in einem so streng nationalökonomischen Werke wie »Das Kapital« fehlt es an ethischen Wendungen nicht; und wer darin die berühmten Abschnitte von dem im Gefolge der kapitalistisch-industriellen Entwicklung Englands entstandenen Elend der arbeitenden Klasse gelesen hat, der darf mit Fug und Recht von einem »ethischen« Standpunkt Marxens sprechen, der »freilich nicht in der Manier eines Moralpredigers, sondern in der Form der Satire und eines in der Tiefe des Herzens qualdurchzuckten Spottes und Hohnes zum Ausdruck kommt« (L. Woltmann). So ist es denn begreiflich, daß auch in den vom Marxismus berührten Kreisen die Ethik nicht nur praktisch immer wieder durchgebrochen ist, sondern sich auch für die theoretische Begründung des Sozialismus geltend gemacht hat.

So gleich bei dem ersten Begründer der sozialdemokratischen Bewegung in Deutschland

a) Ferdinand Lassalle (1825 bis 1864)

Lassalle kommt, wie Marx und Engels, von der Philosophie, und zwar derjenigen Hegels her. Sein erstes großes Werk (1857) hat sich nicht ohne inneren Grund den alten *Heraklit* von Ephesus zum Gegenstand gewählt, dessen Kerngedanken von der Entwicklung in Gegensätzen er dann in hegelianisierender Weise weiterbildet, zuweilen auch umdeutet. Schon hier aber wird auch als »ewiger Grundbegriff des Sittlichen selbst« die »Hingabe an das Allgemeine« hervorgehoben. Das zweite rechtsphilosophische Hauptwerk »Das System der erworbenen Rechte« (zwei Bände, 1861) führt den Marxschen Gedanken aus, daß alle Rechtsbegriffe, wie Eigentum,

Vertrag, Familie, Erbrecht usw., nicht sowohl logische als geschichtliche Kategorien seien, bleibt aber methodisch dennoch so sehr auf dem Hegelschen Boden formaler Rechtslogik, daß es von Marx und Engels als zu »ideologisch« abgelehnt wurde. Auch hier wird dem *historischen* System der »erworbenen« Rechte das *sittliche* Recht ihrer Aufhebung gegenübergestellt. Noch stärker und deutlicher tritt Lassalles sittlicher Idealismus in den beiden Fichte-Abhandlungen, dem Aufsatz »Fichtes politisches Vermächtnis an die deutsche Gegenwart« (1860) und der Gedenkrede von 1862: »Die Philosophie Fichtes und die Bedeutung des deutschen Volksgeistes«, hervor, anschließend an das berühmte Fichte-Wort von dem »wahrhaften Reich des Rechts, wie es noch nie in der Welt erschienen ist«, und der »Freiheit, gegründet auf Gleichheit alles dessen, was Menschenangesicht trägt« (vergl. auch S. 230 bis 233). Und ebenso erfüllt von sittlichem Geist, der sich gleichwohl durchaus harmonisch mit der marxistischen Geschichtsauffassung zusammenfügt, zeigt sich seine als »*Arbeiterprogramm*« bekanntgewordene Rede vom April 1862: »Über den besonderen Zusammenhang der gegenwärtigen Geschichtsperiode mit der Idee des Arbeiterstandes«. Die Idee des Arbeiterstandes ist ihm eben der aus Fichte-Hegel gewonnene sittliche Staatsgedanke, welcher der manchesterlichen »*Nachtwächteridee*« vom Staat als bloßen Beschützers von Person und Eigentum dessen *Kultur*aufgabe, »das menschliche Wesen zur Entfaltung und fortschreitenden Entwicklung zu bringen«, entgegenstellt und an den Arbeiterstand appelliert als den »Fels, auf welchen die Kirche der Gegenwart gebaut werden soll«.

Auch der philosophische Gerber aus Siegburg, Josef *Dietzgen* (1828 bis 1888), der später nach Chicago auswanderte, hat, trotz der ihm mangelnden akademischen »Bildung«, mit gesundem Blick entdeckt, daß der Marxschen Geschichtsauffassung, der auch er im übrigen anhängt, die erkenntniskritische Unterlage wie der ethische Ausbau mangelt. Vielleicht, weil er nicht unmittelbar von Hegel herkam, nimmt er eine unbefangenere Stellung zu Kant ein, wie sein »Wesen der menschlichen Kopfarbeit« (1869) und seine »Streifzüge in das Gebiet der Erkenntnistheorie« bezeugen. Auch seine Ethik enthält wesentliche Stücke der Kantischen in den Begriffen des Allgemeinen, der Gattung, der Freiheit als der Gesetzlichkeit, der Selbstbestimmung der Persönlichkeit und vor allem dem des »Zweckes aller Zwecke«. Nachdem zuerst Staudinger und der holländische Marxist Pannekoek wieder aufmerksam auf ihn gemacht, sucht neuerdings besonders sein Sohn Eugen Dietzgen für ihn zu werben, der auch eine Gesamtausgabe der Schriften seines Vaters veröffentlicht hat.

Auch der Russe Peter *Lawrow* (1823 bis 1890), einer der einflußreichsten älteren russischen Sozialisten, sucht in seinen »Historischen Briefen« (1870, 2. Auflage 1891) die »objektive« oder genetische Methode von Marx durch seine vom Bewußtsein ausgehende »subjektive« und den bloßen Glauben an die »Tatsachen« durch eine ethische »Hierarchie der Zwecke« zu ergänzen.

Und der treffliche Friedens- und Deutschenfreund im besten Sinne des Wortes, der zu Beginn des Weltkriegs von nationalistischer Frevlerhand ermordete Jean *Jaurès* hat bereits 1891 in einer lateinischen Dissertation auf die »ersten Umrisse des deutschen Sozialismus bei Luther, Kant, Fichte und Hegel« und im Zusammenhang damit auf die idealistischen und ethischen Wurzeln des Sozialismus hingewiesen: ein Standpunkt, den er nicht bloß 1895 gegen Lafargue vor einer Pariser Studentenversammlung verteidigte, sondern auch, wie er mir noch selbst gelegentlich des Stuttgarter Sozialistenkongresses von 1907 persönlich versicherte, auch später durchaus beibehalten hat.

Inzwischen hatte auch der »bürgerliche«

b) Neukantianismus,
den Spuren F. A. *Langes* und H. *Cohens* folgend, den Sozialismus seinerseits philosophisch zu begründen gesucht. Der Stellungnahme Langes und Cohens haben wir schon (S. 277, 283) gedacht. Auch *Natorp* hat neuerdings seinem längst bekannten ethischen Sozialismus immer deutlicheren Ausdruck gegeben, besonders in seinem letzten tiefdringenden Buche »Sozial-Idealismus« (1920). Er hat vor allem auch, wie übrigens schon Jaurès, auf die Vereinbarkeit

von wahrem Sozialismus und echtem Individualismus hingewiesen, von denen jeder den anderen als notwendige Ergänzung seiner selbst fordere. Am ausführlichsten von den älteren Neukantianern hat sich *Rudolf Stammler* in seinem schon S. 279 zitierten Buche bereits 1894 mit der marxistischen Geschichtstheorie beschäftigt, die er – nächst Tönnies (S. 303) wohl einer der ersten unter den deutschen Universitätsgelehrten – als einheitliche Methode für die kausale Erforschung der wirtschaftlich-rechtlichen Entwicklung anerkennt, jedoch durch die teleologische (Zweck-) Betrachtungsweise ergänzt wissen will. Denn erst diese versteht die aus den jeweiligen sozialen Zuständen erwachsenden praktischen Bestrebungen nach einem obersten Endziel zu leiten, nämlich in einer »*Gemeinschaft frei wollender Menschen*«, in der »ein jeder die objektiv berechtigten Zwecke des anderen zu den seinigen macht«.

Noch stärker kam der Seite 278 genannte *Franz Staudinger* schon in seiner »Ethik und Politik« (1899) dem Marxismus entgegen. Wie ungefähr gleichzeitig Woltmann (Seite 304), verwies er auf die Ähnlichkeit der Marxschen und der Kantischen Methode darin, daß beide keine psychologische Erörterung, sondern sachlich-formale, erkenntniskritische Zergliederung des Gegebenen (»Kritik« hier der »Vernunft«, dort der »politischen Ökonomie«) treiben. Deshalb liegt in Marx' Beschränkung auf das Ökonomische denn auch kein grundsätzlicher Fehler, sondern ein ohne Schwierigkeit zu verbessernder Mangel. Sobald der Marxismus sich bewußte und planmäßige Umgestaltung des Gegebenen zum Ziele mache, was doch seine Absicht sei, genüge als Maßstab nicht mehr die Entdeckung der die heutige Volkswirtschaft beherrschenden Gesetze, sondern es müsse ein oberster Ziel- und Leitpunkt aufgestellt werden, der am letzten Ende nur durch eine wissenschaftliche Ethik (im Sinne Kants) gegeben werden könne. Umgekehrt bleiben freilich auch die schönsten Gesetze ethischer Zweckbildung ein leeres Schema, solange nicht die Naturgesetze des tatsächlichen Lebens die Grundlage der Verwirklichung bieten. So komme, wie der Marxismus zu Kant, ebenso der Kantianer in folgerechter Durchführung seiner eigenen Grundgedanken zu Marx. Diesen Standpunkt hat dann Staudinger in zahlreichen Aufsätzen und größeren Schriften, von welchen letzteren wir nur die »Wirtschaftlichen Grundlagen der Moral« (1907) und die »Kulturgrundlagen der Politik« (1914) nennen, vertreten und weitergebildet. Das wirksamste praktische Mittel zur Erreichung der sozialistischen Ziele erblickt Staudinger in dem Ausbau der Konsumgenossenschaften.

In ähnlichem Sinne wie Staudinger hat auch der Verfasser dieses Buches, *Karl Vorländer* (geb. 1860 in Marburg), seit lange die Vereinbarkeit, ja Zusammengehörigkeit von »Marx« und »Kant«, das heißt von historisch-ökonomischer und erkenntniskritisch-ethischer Begründung des Sozialismus vertreten: von seiner kleinen Schrift »Kant und der Sozialismus« (1900) und seinem Vortrag vor den Wiener »Fabianern« über »Marx und Kant« (1904) an bis zu seinem ausführlichen Buche »Kant und Marx« (1911) und allerlei Schriften der letzten Zeit, wie »Kant, Fichte, Hegel und der Sozialismus« (1920) und anderen.

Endlich möchten wir bei dieser Gelegenheit noch auf das tiefschürfende Buch von *Ferdinand Tönnies* (geb. 1855) »Gemeinschaft und Gesellschaft« (1887, 2. Auflage 1912) hinweisen, ebenfalls eines der ersten »Bürgerlichen«, welche die Bedeutung von Marx erkannten. Enthält das Buch auch keine unmittelbare Begründung des Sozialismus, so will doch der Verfasser von der modernen, von Marx zuerst wissenschaftlich zergliederten bürgerlichen »*Gesellschaft*« zu einer höheren Form der den urwüchsigen, organischen Typus des Gemeinlebens darstellenden »*Gemeinschaft*« zurück oder vielmehr vorwärts zu ihr. Die ursprüngliche, aber für uns vergangene Verfassung der Kultur war kommunistisch, die werdende ist sozialistisch.

c) Kritischer Marxismus

Längere Zeit übte die idealistische Unterströmung (Lassalle, Dietzgen, Jaurès und andere) keine Rückwirkung auf die meisten Anhänger von Marx und Engels, die zudem durch die Politik viel zu unmittelbar in Anspruch genommen waren, als daß sie auf eine tiefere und methodischere *philosophische* Begründung des Sozialismus besonderen Wert gelegt hätten. So blieb man auch philosophisch einfach in dem alten marxistischen Geleise. Das erste Anzeichen einer veränderten Denkrichtung ist eine – damals nirgends beachtete – Äußerung des bekannten langjährigen Führers der österreichischen Sozialdemokratie Viktor Adler in einem Nachruf an den gestorbenen Engels (August 1895), es sei möglich, »die *materialistische* Grundlage der Marx-Engelsschen Lehre durch eine *Kantische* zu ersetzen«!

Und wirklich, schon im Jahre darauf begann, offenbar unter dem Einfluß des Neukantianismus, eine dahin zielende Bewegung auch innerhalb des Marxismus einzusetzen.[15] Der erste war der seinerzeit wegen seines marxistischen Bekenntnisses an keiner deutschen Hochschule als Privatdozent zugelassene Nationalökonom *Konrad Schmidt*, der bereits 1896 den Satz vertrat, daß die alte philosophische Streitfrage »Materialismus – Idealismus« mit der Richtigkeit oder Unrichtigkeit der marxistischen Geschichtsauffassung gar nichts zu tun habe, und im folgenden Jahre offen aussprach, daß es heute, nachdem der von Hegel idealistisch gewaltsam zurechtkonstruierte Entwicklungsgedanke ohnehin in alle Wissenschaften eingedrungen sei, an der Zeit sei, von Hegels dichtender Metaphysik zu einer *wissenschaftlichen* Philosophie mit klar begrenzten Problemen zurückzukehren, wie man sie bei Kant finde. Und wenn ihm auch die Kantische Ethik zu »formal« blieb, wies er um so nachdrücklicher auf die Fruchtbarkeit der kritischen Geschichtsphilosophie für die Theorie des Sozialismus hin.

Nach energischer vertrat der frühverstorbene geistreiche Ludwig *Woltmann* (1871 bis 1907) schon in seiner Doktorarbeit über »Kritische und genetische Begründung der Ethik« (Freiburg 1897), dann in seinem »System des moralischen Bewußtseins« (1899), endlich in der Spezialuntersuchung »Der historische Materialismus« (1900) die Notwendigkeit einer Verbindung von Hegel-Marx-

---

15 . Im folgenden gebe ich von der in meinem »Kant und Marx« eingehend (S. 155 bis 272) geschilderten theoretischen Bewegung nur eine knappe Skizze.

Darwins entwicklungsgeschichtlicher mit Kants kritischer Methode, von denen letztere ohne die erstere »leer«, die erste ohne die zweite »blind« bleibe. Wolle der Marxismus folgerecht verfahren, so könne er der Kantischen Philosophie nicht entfliehen, weder in der Erkenntnistheorie noch in der Ethik. Denn einmal biete gerade der Kritizismus die »logischen Mittel«, um eine systematische Kritik des Marxismus herbeizuführen, in dessen Methode er übrigens die kritische schon im Keim enthalten sieht. Und zweitens sei der Sozialismus vor allem eine *ethische* Notwendigkeit, auf ein Sollen beziehungsweise Wollen zu gründen und in langsamer genossenschaftlicher, gewerkschaftlicher und gesetzgeberisch-politischer Arbeit zu verwirklichen: also eine Art Theorie des »Reformismus«, wie sie zu gleicher Zeit Eduard David auf dem Parteitag zu Hannover (1899) entwickelt hatte, und wie sie auch in fast allen anderen Kulturländern neben den bisher vorherrschenden »Radikalismus« trat.

Weit mehr Aufsehen in der Öffentlichkeit als Woltmanns im wesentlichen doch rein philosophische Schriften erregte das Auftreten des bis dahin als Säule des strengen Marxismus angesehenen Eduard *Bernstein* (geb. 1850), der eben damals aus dem englischen Exil nach Deutschland zurückkehrte und, durch F. A. Lange, H. Cohen und Konrad Schmidt angeregt, schon vorher auch für die Theorie des Sozialismus ein »Zurück auf Kant!« »bis zu einem gewissen Grade« als nötig erklärt hatte. Seine »Voraussetzungen des Sozialismus« (1899) und sein Vortrag im Berliner Sozialwissenschaftlichen Studentenverein vom 17. Mai 1901 über das Thema: »Wie ist wissenschaftlicher Sozialismus möglich?«, das schon in seiner Formulierung an Kants Prolegomena erinnerte, riefen in der »Neuen Zeit« und dem Organ der neuen »revisionistischen« Richtung, den »Sozialistischen Monatsheften« sowie anderen sozialistischen Blättern eine Jahre hindurch fortdauernde, ja eigentlich nie ganz abgebrochene eifrige Diskussion hervor, an der sich auch Sozialisten anderer Nationen beteiligten, deren Namen und Hauptgedanken man in meinem mehrfach erwähnten Buche findet. Wobei Bernstein selber übrigens sich keineswegs als durchgebildeter Kantianer zeigte; wie denn überhaupt die Betonung des erkenntniskritischen und ethischen Moments für die Begründung des Sozialismus durchaus nicht mit sozialistischem »Revisionismus« oder Reformismus zusammenfällt.

Interessant ist vielmehr die Tatsache, daß einer der eifrigsten von Cohen ausgegangenen Kantianer der später so radikal gewordene Kurt *Eisner* war, und daß einer der besten Köpfe unter den heutigen sozialistischen Theoretikern, der Namensvetter von Viktor und seinem Sohne Friedrich Adler, *Max Adler* in Wien (geb. 1873), ein ebenso guter, man darf beinahe sagen »radikaler« Marxist (»Marx als Denker«, 1908, »Marxistische Probleme«, 1913) als Kantianer (»Kausalität und Teleologie im Streit um die Wissenschaft«, 1904) ist; desgleichen sein Freund, der gewesene Reichsminister Otto Bauer.

Durch den Weltkrieg und seine Folgeerscheinungen sind die philosophischen Erörterungen innerhalb des Sozialismus zeitweise zurückgedrängt worden. Aber schon beginnen sie sich, trotz aller Unruhe und Schwere der Zeit, ja vielleicht ebendeshalb wieder zu regen. Und sie werden auch nicht verschwinden, solange es einen Sozialismus gibt. Denn der Sozialismus ist nicht bloß eine wirtschaftlich-politische Bewegung, sondern auch eine sittliche Weltanschauung.

Schluß

Wir haben in den letzten Kapiteln nur die großen *Grund-richtungen* zu skizzieren gesucht, die uns im philosophischen Leben der Gegenwart die hervorragendste Rolle zu spielen scheinen; dies Leben selbst ist damit natürlich nicht erschöpft.

So würde, um gleich mit dem letzten von uns behandelten Thema anzufangen, zu einer Philosophie des Sozialismus im weitesten Sinne des Wortes auch dessen Widerpart, der mit Proudhon verwandte »freiheitliche Kommunismus«, richtiger *kommunistische Anarchismus* gehören, wie ihn die, ihrer Volksart nach dazu besonders neigenden, Russen Bakunin (1814 bis 1876), Marxens bekannter Gegner in der Ersten Internationale, dann der erst vor kurzem gestorbene Fürst Peter Krapotkin vertraten. Er will sein Ziel vollster wirtschaftlicher und sozialer Gleichheit aller, wobei »voll-ständige Entfaltung der Individualität« mit »höchster Entfaltung der Assoziation« vereinigt sein soll, durch freie, *un*politische Organisierung der gesellschaftlichen Kräfte erreichen. Alle Gewalt soll in der staatlosen Zukunftsgesellschaft (Anarchie gleich Herr-schaftslosigkeit) aufgehoben sein; sie ist nur gegenüber der Zwangs-gewalt des heute bestehenden Staates und zu dessen Niederringung gestattet. In Deutschland stand diesem »Anarchosozialismus« von philosophisch Gebildeten der während der Münchener Wirren er-mordete Gustav Landauer (vergl. seinen »Aufruf zum Sozialismus«, 1919) nahe; in Frankreich, Italien und Spanien die theoretischen Ver-treter des sogenannten *»Syndikalismus«*, der gleichfalls das sozialistische Endziel nicht durch politischen Kampf, sondern auf dem Wege »direkter Aktion« der Arbeitervereinigungen (»Syndikate«) zu erreichen strebt. Besondere Philosophen der Bourgeoisie oder des Kapitalismus sind unseres Wissens in der Gegenwart nicht hervorgetreten.

Wie auf politischem und sozialem, so stehen sich auch so ziem-lich auf allen anderen Gebieten in unserer gärenden Zeit die philo-sophischen Ansichten und Überzeugungen, oft mit großer Schroff-heit, gegenüber. Leider machen sich, entgegen den vorgeschrittenen

Tendenzen des ausgehenden neunzehnten Jahrhunderts, vielfach rückläufige Bestrebungen bemerkbar. So hat auf dem Felde der *Naturphilosophie* gegenüber dem Standpunkt eines Helmholtz, der es für das Endziel der Naturwissenschaft erklärt hatte, »sich selbst in Mechanik aufzulösen«, und der kritischen Skepsis eines Du Bois-Reymond (S. 270) auf der einen Seite der monistische Materialismus Haeckels (S. 269 f.), auf der anderen ein neu aufgetauchter *Vitalismus* das Haupt erhoben, der mindestens zur Erklärung der organischen Natur eine besondere »Lebenskraft« für notwendig hält und in einzelnen seiner Vertreter eine religiöse Färbung annimmt. Ihm arbeiten jedoch andere Naturforscher entgegen, wie W. Ostwald mit seiner Lehre von der »Energie«, das heißt »Arbeit und alles, was aus Arbeit entsteht und in sie verwandelt werden kann«, oder W. Roux (Halle) mit seiner »Entwicklungsmechanik«.

Schlimmer ist, daß gegenüber der Vorherrschaft des Denkens, der Vernunft und des zielklaren Wollens, wie sie unsere klassischen Dichter und Denker und später die Wiederbelebung des Kritizismus vor sechzig Jahren von neuem in die Philosophie gebracht, wieder *Gefühle* aller Art, ja so dunkle Triebkräfte wie die Rasse und das Blut als oberste philosophische Maßstäbe in Anspruch genommen werden. Sei es, daß das Bedürfnis der persönlichen Erfahrung, wie vom englischamerikanischen Pragmatismus, als maßgebend anerkannt, oder, wie von dem Franzosen Bergson – eine keineswegs neue, sondern uns von der romantischen Philosophie her bekannte Weisheit –, an die Stelle der wissenschaftlichen die Methode der »Intuition« (Anschauung) gesetzt, oder daß anstatt der zum »Untergang« reifen Kultur des Abendlandes die morgenländische Weisheit der Russen und noch mehr der Inder und Chinesen als das »Licht aus dem Osten« uns angepriesen wird. Oder daß man gar, aus Verzweiflung über das gegenwärtige geistige Chaos, in längst überwunden geglaubte Theosophie und Mystik aller Art zurückfällt. Wir haben in unserer geschichtlichen Darstellung gezeigt, daß wir für das Berechtigte auch der Romantik, ja sogar der religiösen Mystik, wenn sie so tief aus dem Innern quillt wie die eines Eckhart, volles Verständnis besitzen. Nur darf sie sich nicht als philosophisches

Prinzip aufspielen wollen. In diesem Falle halten wir es mit dem scharfen Urteil Goethes über das Klassische als das den Menschen »stark, frisch, froh und gesund«, das Romantische als das ihn »schwach und kränklich« Machende.

Verdienstlich und fruchtbar ist, im Gegensatz zu solchen Abwegen von der Bahn gesunden Denkens, ein anderer, bisher von uns nur flüchtig berührter Zug der Gegenwartsphilosophie: die eifrige Arbeit an den *Einzelfächern*,[16] die seit den letzten fünfzig Jahren, entsprechend der fortschreitenden Arbeitsteilung auf allen Gebieten, auch in der Philosophie in steigendem Maße eingesetzt hat.

So haben unsere *Logiker*, abgesehen von gewissen fossilen Überresten in einem Teil der katholischen »Philosophie«, längst mit dem alten scholastischen Betrieb aufgeräumt und sich nicht bloß mit den Problemen der formalen Logik, sondern auch mit denen der Erkenntnistheorie und Methodenlehre, der Philosophie überhaupt wie der Einzelwissenschaften beschäftigt; desgleichen ihre Untersuchungen auf die logischen Grundlagen der Mathematik und Physik ausgedehnt, wie andererseits eine Reihe hervorragender Mathematiker und Physiker, darunter auch Engländer und Franzosen, bestrebt gewesen sind, ihre Sonderwissenschaft philosophisch zu begründen.

Besonders häufig ist in den letzten Jahrzehnten auch die *Ethik* mit ihren Anwendungen auf *Rechts-, Staats-, Gesellschafts-* und *Erziehungs*wissenschaft behandelt worden, natürlich auch sie von den verschiedensten Standpunkten aus: zum Beispiel dem erkenntniskritischen der Neukantianer oder dem psychologisch-entwicklungsgeschichtlichen, der die Entstehung und Fortbildung der sittlichen Begriffe beim einzelnen wie bei ganzen Völkern untersucht; dem der Wert- oder der Güterlehre usw. In der mit der Soziologie verwandten *Geschichts*philosophie bestreiten sich die

---

16 Wir verweisen für das Folgende die näher Interessierten wiederum auf unsere zweibändige Geschichte der Philosophie, wo in II, § 78 alle bedeutenderen Forscher mit ihren wichtigsten Werken genannt sind.

kollektivistische und die individualistische, die alte ideengeschichtliche und die neue realistische Auffassung. Und ähnlich verhält es sich in und mit der *Ästhetik*, der *Religions-*, der *Sprach*philosophie. Von der *Natur*philosophie haben wir schon gesprochen.

Vielleicht die hervorragendste Stelle unter den philosophischen Einzelwissenschaften aber hat sich in neuerer Zeit die von uns bisher noch nicht genannte *Psychologie* errungen, die von vielen ihrer Vertreter sogar als die philosophische Haupt- und Grundwissenschaft betrachtet wird. Seitdem der erst vor kurzer Zeit in hohem Alter gestorbene Wilhelm *Wundt* in Leipzig gegen Ende der sechziger Jahre, zuerst in Deutschland, ein psychologisches Laboratorium und damit die *experimentelle* Psychologie ins Leben rief, hat dieser neue Zweig der Naturwissenschaft, der nach Wundt »über die Wechselbeziehungen der subjektiven und objektiven Faktoren der unmittelbaren Erfahrung und über die Entstehung der einzelnen Inhalte der letzteren und ihres Zusammenhangs Rechenschaft gibt«, in unaufhaltsamem Siegeslauf sich ausgebreitet. Heute bestehen nahezu an allen Hochschulen Deutschlands und vielen des Auslandes psychologische Institute; eine Reihe von Zeitschriften widmet sich der Erweiterung und Vertiefung der neuen Wissenschaft, und nationale wie internationale Psychologen-Kongresse haben schon seit 1889 stattgefunden. Was man dabei für eine metaphysische Auffassung von der »Seele« hat, ist nebensächlich. Dieser Name ist dem wissenschaftlichen Psychologen nur ein zusammenfassender Ausdruck für die gesamte in beständigem Flusse befindliche innere Erfahrung; die Wissenschaft von ihr (die Psychologie) untersucht die nämlichen Lebensvorgänge im Menschen (und erweitert auch im Tiere), welche die Physiologie unserer Mediziner von außen, von der körperlichen Seite her betrachtet.

Werden die philosophischen Einzelwissenschaften sach- und fachgemäß betrieben, so können sie nicht bloß ein heilsames Gegengewicht gegen allerlei philosophisch sein sollende Schönrednerei, Gefühlsromantik oder scholastische Abstraktion bilden, sondern auch die unentbehrliche Grundlage bieten, auf der eine haltbare Gesamtanschauung sich erhebt (vergl. S. 3). Nur darf der Philosophierende eben nicht bei ihnen stehen bleiben; sonst liegt die Gefahr des »Alexandrinismus« (weil in dem alten Alexandrien entstanden, vergl. S. 73) nahe, der schon die antike Philosophie mit der Auflösung in eine Anzahl ohne inneren Zusammenhang miteinander stehender gelehrter Fachwissenschaften bedrohte. Das beste Gegenbeispiel hat Wilhelm Wundt selbst geliefert, der, anfangs Physiologe, dann Psychologe, nicht bei seiner Hauptwissenschaft stehenblieb, sondern schließlich ein ganzes System der Philosophie mit einer seiner Meinung nach »die Forderungen des Verstandes und die Bedürfnisse des Gemüts befriedigenden Welt- und Lebensanschauung« schuf. Überspannt man dagegen den fachwissenschaftlichen Einzelbetrieb, so ist ein spekulativer Rückschlag, wie er auch heute wieder sich regt, die notwendige Folge.

Dreierlei muß unserer Meinung nach die Philosophie festhalten, wenn anders sie auch in Zukunft Führerin der Menschheit in geistigen Dingen bleiben oder vielmehr es wieder werden will. Sie muß zu allererst *Erkenntniskritik* sein, das heißt, ehe sie ein systematisches Lehrgebäude zu errichten unternimmt, zunächst einmal den Grund und Boden, mit anderen Worten Möglichkeit, Grenzen und Geltungswert menschlichen Erkennens prüfen. Mit solcher nüchternen Prüfung hat Sokrates im Altertum, Descartes zu Beginn der Neuzeit und Kant zu Ende des achtzehnten Jahrhunderts die Philosophie neu begründet. Und sie muß, wie alle echte Philosophie von Plato über Galilei, Leibniz und Kant bis heute es getan, in engster Beziehung zu den *positiven Wissenschaften* bleiben, deren oberste Bedingungen und Voraussetzungen sie feststellen soll, damit auch sie selbst endlich, um mit Kant zu reden, aus dem »bloßen Herumtappen« in den »sicheren Gang einer Wissenschaft« gebracht wird. Sie darf keine andere Autorität als das Denken und die Vernunft anerkennen, »des Menschen allerhöchste Kraft«, von der losgelöst man unweigerlich dem Mephisto verfällt.

Sie muß zweitens dem *Entwicklungsgedanken* auf allen Gebieten Raum geben, wo er seine Fruchtbarkeit beweisen kann: in Natur- wie in Geschichtsphilosophie. Sie folgt damit nur den Spuren, die führende Geister wie der alte Heraklit und Aristoteles, Leibniz und Hegel, Spencer und Marx ihr gewiesen haben.

Aber die Entwicklung muß, wenn anders das ganze Welten- und Menschendasein nicht völlig sinnlos bleiben soll, Entwicklung zu *Etwas* sein; sie muß von den handelnden Menschen selbst, soweit es an ihnen ist, einem bestimmten Ziel zugelenkt werden. Und dies Ziel kann ihr – das ist das Dritte – nur die *Ethik* liefern; nicht im alten Sinne der Moralpredigt, sondern als oberste Zielsetzung menschlichen Wollens und Handelns, wie sie der einfachste Mann aus dem Volke versteht. Dies Endziel aber kann kein individuelles, sondern muß ein *soziales*, die ganze Menschheit umfassendes sein. Es kann nur in einer *Gemeinschaft* frei wollender Menschen bestehen, die keinen Menschen mehr bloß als Mittel, sondern den elendesten Taglöhner, das ärmste Proletarierkind zugleich als Selbstzweck behandelt, die allen ohne Ausnahme freieste Entfaltung ihres Menschenwesens verbürgt, somit echten *Sozialismus* mit wahrem *Individualismus* vereint. Dies Ziel hat uns schon unsere klassische Philosophie in Kant und Fichte verkündet, und die großen Sozialisten des neunzehnten Jahrhunderts haben der Arbeiterschaft den Weg dazu in ihrer Selbstbefreiung und Selbsterhebung gezeigt.

Die Philosophie muß heute aus den Zunftstuben heraus und, wenigstens in ihrem Wesenskern und ihren Grundzielen, zur Sache des ganzen Volkes, das Wort des jungen Marx vom Bündnis der Denkenden und der Leidenden muß endlich zur Wahrheit werden. Der praktische Philosoph, sagt Kant, ist der eigentliche Philosoph, und die Philosophie darf sich nicht mit ihrer theoretischen Aufgabe begnügen, die Welt bloß zu »interpretieren«; es kommt auch darauf an, sie zu verändern (Marx). Mehr als jemals gilt es gerade heute, nach dem Zusammensturz des morsch gewordenen Alten, neues Leben aus den Ruinen erstehen zu lassen. Das kann aber nur dadurch geschehen, daß wir unser klar erkanntes Wollen in die Wirklichkeit zu übersetzen, die *Philosophie* und das *Leben*, des einzelnen wie der Gesamtheit, in Einklang miteinander zu bringen trachten. Und in diesem Sinne gilt noch heute, nach mehr als zwei Jahrtausenden, das von uns S. 44 zitierte Wort des größten griechischen Denkers: daß nicht eher die Staaten, ja das ganze Menschengeschlecht Erlösung von seinen Leiden finden werde, als bis entweder die Philosophen in den Staaten zur Regierung gelangt sind, oder die jetzigen sogenannten Machthaber und Könige – oder setzen wir statt dessen mit Kant ein: » *königliche*, sich selbst nach *Gleichheitsgesetzen* beherrschende *Völker*« – wahrhaft und gründlich zu *philosophieren* gelernt haben.

www.ingramcontent.com/pod-product-compliance
Lightning Source LLC
Chambersburg PA
CBHW032032120726
47901CB00001BA/276